영혼의 길잡이 3

Orientations Volume 2 Part B for
Those Who Accompany Others on the Inward Journey
Copyright © by John A. Veltri, S. J.
Guelph Centre of Spiritualiy, Guelph, Ontario, Canada N1H 6J9

Translated by KIM Yong Taek, S. J.
Korean translation © 2023 by Dong Yeon Press
Published by arrangement with John A. Veltri, S. J.

영혼의 길잡이 3
— 내적 여정을 동반하는 사람들을 위한 책

2023년 12월 11일 처음 찍음
(천주교 서울대교구 인가일 2023년 10월 13일)

지은이 | 존 벨트리
옮긴이 | 김영택
펴낸이 | 김영호
펴낸곳 | 도서출판 동연
등   록 | 제1-1383호(1992년 6월 12일)
주   소 | 서울시 마포구 월드컵로 163-3
전   화 | (02) 335-2630
팩   스 | (02) 335-2640
이메일 | yh4321@gmail.com
S N S | instagram.com/dongyeon_press

ISBN 978-89-6447-973-5 04230
ISBN 978-89-6447-970-4 (영혼의 길잡이 시리즈)

내적 여정을 동반하는
사람들을 위한 책

영혼의 길잡이 3

존 벨트리 지음
김영택 옮김

동연

옮긴이의 글

『오리엔테이션』(Orientations)의 저자인 존 벨트리John A. Veltri, S. J.는 캐나다 예수회 신부이다. 그는 Spiritual Freedom의 저자인 존 잉글리시John English, S. J.와 더불어 캐나다 구엘프Guelph의 예수회 영성센터 로욜라 하우스 Loyola House에서 영성 프로그램 운영과 증진에 탁월한 역할을 하였다.

나는 예수회에서 수련과 철학 과정을 마친 후 서강대학교 교목실에서 사목 실습을 하던 1992년 초에 벨트리의 책『오리엔테이션』을 처음 보았다. 그것은 보급판 피정 지도 안내서였다. 나는 때때로 피정 지도할 때 이 책을 참조하며 많은 도움을 받았다. 벨트리는 이 책의 내용을 증보하여『오리엔테이션 1』(Orientations vol. 1)이라는 이름으로 1994 년에 출판했고『오리엔테이션 2』(Orientations vol. 2)를 A와 B로 나누어서 1998년 2월에 출판했다. 나는『영혼의 길잡이』라는 이름으로『오리엔테이션 1』을 2006년에 번역하고 이냐시오 영성연구소에서 한정판으로 출판했다. 그 후 나는 이 책의 오역과 미진한 부분을 발견하고 교정한 후 이번에『영혼의 길잡이 2』(2A),『영혼의 길잡이 3』(2B)과 함께 출간하게 되었다.

나는 벨트리에게 권유를 받았고, 로욜라 하우스에서 받은 수련과 체험을 잊지 않으려고, 또 예수회를 통해 받은 하느님의 많은 은총에 조금이라고 보답하고 싶은 마음으로 이 책을 번역했다. 그런 마음으로 시작했음에도 나의 부족한 능력 때문에 번역은 지난한 과정이 되고 말았다. 하지만 번역 과정은 십수 년 전 고인이 된 벨트리를 다시 만나 대화하고 가르침을 받는 기회를 내게 주었다. 또한 이 책은 1:1 개인

지도뿐만 아니라, 비록 일곱 명이라는 적은 숫자지만, 지도할 영성 지도자들을 양성하면서 시행착오 겪은 끝에 번역하였는데, 그들은 내게 많은 도움을 주었다. 특히 이 책은 내가 로욜라 하우스의 인턴 과정에서 배우고 체험한 것을 떠올려 주면서 나의 영성 지도자로서 부족한 자질뿐만 아니라 우여곡절을 겪으면서 드러난 나약함과 한계를 돌아보고 계속 다듬고 넘어서도록 도전하고 도와주었다.

보스턴의 웨스턴예수회신학대학원의 마가렛 가이더Margaret Guider 교수는 나에게 영성 지도 실습 과목을 지도하면서 로욜라 하우스의 영성 지도자 과정을 권유했다. 나는 가이더 교수의 권유와 추천에 용기를 얻어 특수 연학으로 1997부터 1998년까지 로욜라 하우스의 영성 지도자 인턴십 프로그램에 참여했다. 그 당시 벨트리는 로욜라 하우스 옆 힐 커뮤니티Hill Community라는 예수회 공동체에서 영성 지도하며 책을 쓰고 있었다. 내가 그를 처음 만났을 때 그의 책『오리엔테이션』을 언급하며 몹시 반가워하자 그는 놀라면서 기뻐하였다. 우리는 때때로 힐 커뮤니티에서 같이 식사하면서 영신수련과 영성 지도에 대해서 대화를 나누었다. 어느 날 그는 자신이 예수회 안에서 많은 고통을 겪었다고 내게 조용히 이야기했다. 그때 나는 오랫동안 로욜라 하우스에서 영신수련 지도에 많은 공헌을 했을 뿐만 아니라『오리엔테이션』이라는 탁월한 책을 쓴 그가 고통을 겪었다는 말에 의아했다.

로욜라 센터의 초기부터 운영에 참여했던 벨트리는 다음과 같이 회상했다. "나는 70년대 초부터 로욜라 하우스의 지도자들과 이것을 체험하는 여러 가지 방법을 개발했다. 그들은 이렇게 사전에 준비하는 기간을 준비 기간(Disposition Days)이라고 불렀다. 나도 그들과 함께 일하고 영신수련 지도 방법을 훈련시키면서 영성 지도의 초기 단계에서 준비 기간 적용 방법을 배웠다"(『영혼의 길잡이 3』, 262). 그의 증언에 따르면, 그들은 기존의 방식에서 벗어나 영신수련 본문과 피정자들의 체험을 바탕으로 서로 대화하며 새로운 지도 방법을 개발하고 적용했다. 추측건대 그는 새로운 영성 지도 방법을 적용하고 시도하는 과정에서 고통을 겪었던 것 같다.

로욜라 하우스에서 지도자들은 피정 지도를 할 때마다 매일 오후에 모여 지도 경험을 서로 나누었다. 그들은 이것을 팀 모임(team meeting)이라고 불렀다(『영혼의 길잡이 3』). 우리는 팀 모임에서 서로 신뢰하고 우리 자신의 나약함과 한계를 나누었다. 이런 나눔은 지도자가 다른 지도자들에게 자격이 없는 사람으로 판단 받을 수 있는 위험한 장소와 시간이 될 수 있었다. 하지만 우리는 모두 한계를 지녔음을 인정하였기에 팀 모임은 동료에게서 도움과 격려를 받으며 영성 지도 기술을 다듬을 수 있는 안전한 장소와 시간이 되었다. 그런데도 나는 팀 모임에 들어가기 전에 늘 긴장했다. 하루는 그곳에서 수년 동안 팀의 일원이었던 제임스 볼러James Bowler S. J.가 "나는 이 모임에 들어가기 늘 두렵고 긴장된다"라고 내게 슬며시 이야기했다. 그때 나는 "나만 그런 줄 알았는데 너도 그러냐"라며 맞장구를 쳤다. 우리는 서로 공감하고 웃으면서 모임에 들어갔다. 비록 내게 긴장과 두려움을 느끼게 했던 모임이었지만 나는 한국에 돌아와 많은 시간을 혼자서 지도할 때면 그들과 함께했던 모임이 무척 그리웠다.

지도자들이 대화를 통해 스스로 나약함과 한계를 드러내면서 새로운 방법을 찾고 시도하는 로욜라 하우스의 문화가 낯설고 불편한 사람들도 있을 것이다. 그러나 실패를 통하지 않은 성장은 없다고, 벨트리를 비롯한 수많은 사람의 주장에 동의하는 사람들은 로욜라 하우스의 문화를 수용하며 성장했을 것이다. 또한 로욜라 하우스의 영성 지도자들이 이런 과정을 통해서 연구하고 발전시킨 영성 지도 방식은 많은 사람에게 영적 도움을 주었다.

이 책은 도전과 실패를 통해서 성장해 온 로욜라 하우스에서 영성 지도하고 영성 지도를 연구하며 자신의 신념을 지키고 살아온 벨트리의 삶과 지도 체험이 녹아있는 작품이다.

벨트리는 지도자의 역량과 필요에 따라서 『영혼의 길잡이』 2권과 3권을 저술했다. 『영혼의 길잡이 2』는 일러두기 19번을 따라 영신수련을 1:1로 지도하는 초보 영신수련 지도자를 위한 것이다. 그러나 벨트리는 피정 센터에서 진행되는 일러두기 20번을 따르는 영신수련 지도에도 『영혼의 길잡이 2』를 사용할 수 있다고 주장한다. 이것은 영신수련을 초대하고 이끄는 분이 성령이라는 것을 생각하면 당연한 주장이다. 하느님께서 우리 영혼에 들어오도록 허락하는 관상적 태도로 기도할 수 있는 곳이라면 그 어떤 곳에서라도 성령께서 이끄시는 영신수련을 체험할 수 있다. 피정자가 관상적으로 기도할 수 있으려면 자신을 안팎으로 잘 준비해야 한다. 피정자가 기도하도록 하고, 때와 상관없이 그렇게 준비할 수 있도록 잘 도와주는 것도 지도자의 역량이다.

『영혼의 길잡이 2』의 준비 기간에 대한 연속 해설은 그런 지도자의 역할을 자세하고 적절하게 설명했다. 이것은 벨트리를 비롯한 여러 지도자의 오랜 지도 체험에서 나온 실천적 지혜로서, 초보 지도자가 1:1 개인 지도에서 일어나는 여러 가지 상황에 잘 대처하면서 피정자를 준비시키도록 도와준다.

『영혼의 길잡이 2』는 준비 기간 해설에 이어서 영신수련의 각 주간에 따른 피정자의 역동과 이에 대한 지도자의 역할에 대해서도 자세하게 설명했다. 게다가 벨트리는 『영혼의 길잡이 2』에 30일 영신수련에 맞춘 매일의 기도 자료 30세트도 열거했다. 이것은 이냐시오의 영신수련 책에 담긴 내용을 바탕으로 하지만 더 다양한 성경 구절도 제시했다. 따라서 독자는 이러한 내용과 자료를 바탕으로, 벨트리의 주장처럼 『영혼의 길잡이』 2권을 일러두기 19번과 20번뿐만 아니라 다양한 방법으로 진행되는 영성 지도에 적용할 수 있을 것이다.

독자는 이 책을 읽으면서 자기도 모르게 벨트리의 주장에 동화되어 이 책의 지시를 곧이곧대로 따르게 될지도 모른다. 벨트리는 이 점을 간파했는지 이 책을 하나의 길잡이로 삼되 스스로 길을 개척하도록 어느 순간에는 이 책에서 벗어나라고 다음과 같이 권했다.

"부칙과 관련해서(그리고 이 책에 담긴 모든 것!!), 그것들은 그저 수많은 가능성과 가상적인 각본에 불과하다는 것을 기억하라. 기도 길잡이는 바로 당신이다. 그리고 당신의 적용과 성찰이 문자로 쓰인 지시보다도 훨씬 더 나은 도구일 수 있다. 실제로 진행되는 영신수련에 맞게 적용하는 것이 영신수련 역동의 본질이다. 지도를 지형에 맞추어야지 지형을 지도에 맞추면 안 된다"(『영혼의 길잡이 2』, 78쪽).

이러한 권유는 책에 쓰인 문자가 아니라 성령께서 영성 지도 현장에 함께하며 이끄신다는 그를 비롯한 로욜라 하우스 지도자들의 체험과 믿음에서 나온 결론일 것이다.

『영혼의 길잡이 3』은 어느 정도 능숙해진 지도자를 위한 영신수련과 관련된 다양한 이론과 접근 방법에 대한 내용이다. 그 첫 번째가 관상에 대한 해석이다. 관상은 영신수련에서 가장 중요한 기도와 식별의 핵심 수단이다. 벨트리는 이냐시오가 영신수련에서 제시하는 관상 방법은 하느님을 직접 만나는 유일한 방법이 아니라 이냐시오가 체험했던 방법이며, 영신수련 본문에 있는 모델이라고 주장했다(3권, 48쪽). 특히 그는 관상을 '복음 관상'이라고 부르면서 이 부분을 깊고 자세히 다루었다. 그는 강생 수련(영신수련 100번)에 담긴 이냐시오의 설명은 이냐시오의 상상 방법이라고 주장했다. 따라서 그는 영신수련 본문의 방법 그대로 관상해야 한다는 주장은 이냐시오와 똑같은 방법으로 복음 관상을 하라고 강요하는 것임을 강조했다.

지도자가 영신수련 책의 문자에 지나치게 고착해서 이냐시오와 똑같은 방법으로 관상하라고 요구한다면 피정자들은 이냐시오와 똑같은 사람이 아니기 때문에 당연히 영신수련을 하면서 어려움을 겪을 것이다. 나도 역시 예수회 입회 후 수련원에서 처음 영신수련을 하면서 비슷한 어려움을 겪었다. 우리는 성격과 삶의 역사와 체험이 서로 다르기에 관상도 다르게 체험하는 것이 당연하다. 벨트리는 우리를 복음 관상의 세계로 이끄는 성령께서는 우리 각자에 맞게 복음 관상의 세계로 이끄신다고 주장했다. 나도 나의 영신수련 체험과 영성 지도 체험에 비추어 봐도 그의 주장이 영신수련의 의도에 합당하다고 생각한다.

복음 관상과 더불어 벨트리는 3권에서 영신수련의 진행 과정을 새로운 방법으로 시도했다. 그는 영신수련을 하는 피정자의 상태를 치유, 용서와 부름으로 나누었다. 이것은 다양한 영적인 움직임을 세 가지로 간단하게 축소하였기에 복잡한 피정자의 상황에서 앞으로 나아갈 방향을 잡는 데 도움을 준다. 한편 일레인 프리고Elaine Frigo, CSSF는 언제나 지도 방향을 이것만으로 축소하는 것은 바람직하지 않다고 내게 충고했다. 나도 그렇다고 생각한다. 그러나 식별과 선택이라는 영신수련의 주목적을 바탕으로 진행됐던 그간의 경향에서 본다면, 벨트리가 세 가지 상태 중에 특히 치유를 영신수련의 관점에서 설명한 부분은 매우 독창적이다.

그는 영신수련을 경험하려고 오는 사람들 대부분이 기억의 상처를 갖고 있고 치유가 필요하다는 것을 발견했다. 이러한 필요에 부합하고자 그는 피정자를 효과적으로 치유하는 방법을 피정자의 상태와 지도자의 역량에 맞게 구체적이고 자세하게 설명했다. 나도 상처 입은 사람들을 영적으로 동반할 때 그의 조언에 따라서 준비 기간이나 영신수련 둘째 주간에 상처를 치유하는 쪽으로 진행했다. 그런 과정을 통해서 나는 하느님을 만나 깊게 치유를 받은 피정자들을 많이 만났다. 따라서 영성 지도자들이 벨트리의 조언을 따른다면 치유가 필요한 피정자에게 도움을 줄 수 있을 것이다.

그 외에 벨트리는 3권에서 그리스도 나라 신화 해석과 접근, 결정 과정에 대한 설명, 4열 종대를 포함한 결정 방법과 승인 과정, 영신수련에 대한 다양한 해석과 접근, 두 번째 식별 규칙 세트와 첫 번째 규칙 세트 사이의 차이점과 관련성을 깊게 탐구했다. 또한 그는 영신수련에서 일어나는 회심 과정, 심리상담과 영성 지도와의 관계, 전통적 세계관과 발전적 세계관, 사회적 분석과 신학적 분석, 영성 지도자의 위상 등등에서 깊이 있고 새로운 이론을 전개하였다. 이러한 전개 과정을 통해 그는 다음과 같이 결론을 내렸다.

"당연히 오늘날 삶의 여정에서 신비에 대한 감각을 유지하거나 회복하고 사람들이 영혼을 잃지 않도록 돕는 우리 가운데 누군가는 '전문성'을 자신의 접근법에 숙련되게 통합하는 도우미가 되어야 할 필요가 있다. 영성 지도가 이렇게 되어야 한다는 것이 나의 지론이다"(3권, 360쪽).

나도 그의 지론에 전적으로 동의하면서 이 책은 영성 지도자들의 전문성 제고에 많은 도움이 된다고 생각한다.

다른 고전과 마찬가지로 우리는 영신수련을 잘못 해석하고 오해할 수 있다. 특히 영신수련은 수련 방법을 체계적이고 조직적으로 설명하였기에 오해가 빈번하게 일어나고 그것이 마치 이냐시오의 의도인 것처럼 사람들에게 전달되기도 한다. 벨트리는 이냐시오가 피정자에게 보내는 편지 형식으로 쓴 글에서 이점을 강조했다. "수년에 걸쳐서 사람들은 불행하게도 내 영성을 너무 엄격하고 조직적으로 생각했습니다. 그들이 그렇게 생각한 것은 영신수련의 외적인 구조와 내용을 내적 역동과 분리했기 때문이며, 언제나 내가 믿어온 매우 단순한 접근법을 때때로 잘못 해석하고 오해했기 때문이기도 합니다. 다시 말하면 우리는 오직 준비하고 창조적으로 개방하면서 최선을 다합니다. 그러면서도 우리는 오직 하느님의 영만이 우리가 찾고 있는 것을 주실 수 있다고 알고 있습니다"(2권, 385쪽).

문자에 갇혀서 체험을 방법이라는 틀에 끼워 넣으려는 지도자들 때문에 피정자들은 잘못 인도되거나 고정된 이냐시오 영성을 지니게 된다. 벨트리는 영신수련을 방법으로만 축소하면 오히려 이냐시오 영성을 배반하는 것이라고 강력하게 주장한다. 영신수련의 방법을 지나치게 고집하는 지도자들은 성령의 활동과 피정자의 유일성을 고려해서 이 말을 새겨들어야 할 것이다.

벨트리는 "이냐시오가 16세기의 사람들을 대상으로 영신수련을 저술했다"는 사실을 지적했다. 하지만 이냐시오는 피정자의 상황과 사정에 맞추어서 영신수련을 적용하라고 권했다. 벨트리는 이러한 관점을 발전적 세계관이라고 정의했다. 이것은 이냐시오가 살았던 중세와 다른 상황에서 살고 있는 사람들을 동반하는 우리에게 반가운 소식이 아닐 수 없다. 『영혼의 길잡이』도 발전적 세계관으로 쓰인 탁월한 책이지만 벨트리가 서문에서 말했듯이 이 책 역시 서구인들의 삶과 문화에서 나온 안내서이다. 따라서 독자들이 이 번역서를 사용하여 한국인들을 위하여 지도할 때는 안내서의 근본 취지를 유지하되 한국인들의 삶과 문화에 맞게 적용하면 더 도움을 받을 것이다.

벨트리는 영성 지도에 담긴 믿음을 다음과 같이 표현했다. "기도 체험을 표현하는 신앙인과 그녀의 이야기를 듣고 그녀가 표현한 내적인 현실을 스스로 주목하도록 돕는 또 다른 신앙인이 있다(3권, 266쪽). 영성 지도는 사제에게만 주어진 성사가 아니다". 이냐시오도 오랫동안 평신도로서 영신수련을 지도하였다. 따라서 영성 지도 카리스마가 있는 사람이면 누구나 이런 사명에 초대되고 파견될 수 있다. 또한 개인 영성 지도에 관심 있고 영성 지도에 대한 잠재력을 가진 가톨릭 평신도를 포함한 그리스도인은 누구라도 이 책을 통해 실질적인 도움을 받을 수 있을 것이다.

이 책을 교정해 준 최선경 카타리나 박사와 동연 출판사의 김영호 사장 이하 직원들 그리고 물심양면으로 후원해 준 사람들에게 감사를 드린다. 또한 부족한 나에게 자신들의 이야기를 나눠준 피정자들을 기억한다. 그들이 없었다면 하느님의 놀라운 손길을 체험하지 못했을 것이고 이 책을 번역할 용기도 내지 못했을 것이다. 그들과 스승이며 친구였던 벨트리를 비롯한 로욜라 하우스의 영성 지도자들에게 이 책을 바치며 감사를 드린다.

2023. 11.

김영택 S. J.

감사의 글

먼저 인내와 통찰과 전망vision을 가지고 지속적으로 살펴봐 준 존 잉글리시, S. J.에게 감사를 드린다. 그가 아니었으면 영신수련을 결코 사랑하지 못했을 것이다. 대부분의 내 생각은 그와 함께 찾아낸 것이다. 나는 1970년대 초 개발했던 첫 번째 기도 방법의 대부분은 존 잉글리시의 영신수련 책에 적힌 핵심 성경 구절에서 나온 것으로 기억한다. 그는 언제나 광범위한 비전에 관심이 있었고, 나는 그것으로부터 얻은 통찰과 함께 그것을 수용하는 특권을 누렸다. 존은 하느님께서 자신에게 준 은총을 자유롭게 나눌 정도로 관대했다. 결국 나는 그가 뿌린 많은 씨앗이 자랄 수 있게 만들었다.

많은 시간이 소요된 책의 문법과 문장을 인내로 교정해 주었고, 나의 직관적인 우뇌에서 떠오르는 통찰의 파편을 끄집어내 준, 성공회 성 조지교회의 사제인 진 미첼Jean Mitchell에게 감사의 빚을 졌다.

나에게 자유를 주고 분위기를 조성해 주면서 책을 출판할 수 있도록 경제적으로 또 진심으로 지지해준 예수회 공동체에 감사드려야 할 빚을 졌다. 늦었지만 심리적인 조명을 알게 해 준 고든 조지Gordon George, S. J.에게 감사를 드린다. 이 책의 문제점을 찾아주고 매우 유익한 제안을 해준 일레인 프리고, 정신적 구조라는 관점에서 생각하도록 가르쳐 준 존 레사지John LeSarge, 사회 분석에 대한 자신의 통찰을 가르쳐 준 잭 밀란Jack Milan, 자신의 예비 수정 원고와 이 책을 마치도록 확신을 더해준 피터 올리펀트Peter Oliphant, 지속적으로 지지해주고 세세한 차이를 제시해 준

프랭크 휠른Frank Whelan, S. J., 문화적 관점에 대해 보게 해 준 존 위컴John Wickham, S. J.에게도 감사를 드린다.

근무기력증을 앓고 있는 나를 직접적이고 지속적으로 돌보는 사람들이 필요했다. 지난 4년 동안 그들의 보살핌이 없었다면 나는 결코 이 책을 완성할 엄두도 내지 못했을 것이다. 따라서 구엘프의 장애인 보호센터의 전체 임직원과 수행 간호사들인 리사Lisa, 린다Linda, 셰릴Cherly, 재니스Janice, 안젤라Angela, 사라Sarah, 조나Jonna, 캐시Cathy, 멜리사Melissa, 줄리Julie E., 베로니카Veronica, 애널리스Annelies, 디Dee, 브랭크Brank, 애슐리Ashley, 레슬리Leslie, 팜Pam, 메리Mary, 브랜이Brani, 헬렌Hellen, 줄리Julie P., 킴Kim I., 킴Kim M., 그리고 마르타Marta에게 감사를 드린다. 내 몸을 지속적으로 돌보아 주고 도서관에서 책을 찾아주며 사려 깊게 도움을 준 진 맥크라렌Gene McLaren, S. J.와 이 책을 타이핑하도록 도와준 카이로프락터인 크리스티 문로Christie Munro에게도 감사드린다.

이 책에 대한 여러 가지 디자인을 포함해서 창조적인 생각을 제시해 준 케빈 볼리아나츠Kevin Bolianatz, 최종 디자인을 결정하는 데 도움을 준 루이스 누겟Louise Nuget, 기도 자료의 해설을 디자인한 블러리 헤인스Rev. Vlerie Haines, 자신의 시를 준 루스 매클린Ruth Mclean, 유익한 제안을 한 프로비도 크로졸레토Provvido Crozzoletto, MCCJ, 격언을 준 타시아 거윙Tarcia Gerwing과 데이빗 하웰스Rev. David Howells, 책의 형식에 관련되어 유익한 추천을 한 블루 아리스 멀티미디어 그룹Blue Iris Multimedia Group의 앨런 레이Alan Ray에게도 감사를 드린다.

축복, 기도, 희망

당신이 이 책을 참조할 때 당신의 기도와 삶에 따라서,
영신수련의 흐름과 당신이 알고 있는 다른 분야의 지식에 비추어
하느님과 함께하는 피정자의 기도와 삶의 체험을
성찰할 수 있기를 바란다.
당신이 이 책을 읽으면서 하느님의 신비로
더 깊이 타인을 안내하는 기술과 이해를 증진시키는
지혜를 발견하기를 바란다.
에페소 3,17-21와 II코린 1,3-7은 여러분을 위한 나의 기도이다.

차례

4부 | 지속적인 영성 지도: 몇 가지 이론과 조언

부록

들어가기

나는 다양한 환경에서 영신수련 여정을 하는 사람들을 동반하는 길잡이들의 학습과 심도 깊은 토론에 도움을 주기 위해 이 책을 썼다. 또한 나는 이 책에서 영신수련 지도자들이 기술에 대해 토론할 때 필요한 대화를 조성하려고 노력했다. 이러한 대화를 통해 이론과 실제, 추측과 획기적인 통찰이 서로 혼합된다. 우리는 이 모두를 경험하면서 끊임없이 놀란다.

나는 쓸 내용이 많아서 책을 두 권으로 나누었다. 나는 영혼의 길잡이 2권에 전반부 1, 2부를 넣었고 3권에 3, 4, 5부를 넣었다.

1부는 몇 차례의 지도 감독을 받으며 19번에 따른 영신수련을 동반하기 시작하는 초보 영적 길잡이를 위한 연속 해설이다. 나는 1부에서 그런 사람을 '기도 길잡이prayer guide'라고 불렀다. 나는 1부 전체에서 기도 길잡이가 피정자의 수련 여정을 안내하면서 영신수련의 내용과 기술을 연구하고 이용할 수 있도록 영신수련 본문의 해당 문장과 이 책의 일부를 참조하였다.

2부는 내가 앞에서 언급한 기도 길잡이를 포함한 모든 영성 지도자들에게 유용한, 일러두기 19번에 따른 영신수련 여정 동반과 영신수련 여정의 적용 자료이다.

3부는 영혼의 길잡이 3권에서 시작하며 더 진전된 이론과 실습으로서 영신수련에 대한 더 깊은 이해이다. 나는 3부에서 영신수련을 다른 방법의 영성 지도에 적용하는 데 필요한 의견을 제시했다. 또한 3부는 연속 해설이 필요 없는 영성 지도자들과 실천적인 영성을 가르치는 사목자들을 위한 것이다. 나는 3부에서 영신수련의 중요 분야를 다음과 같이 체험적이고 실제적으로 탐구했다.

1. 나는 3부에서 영신수련 본문을 영성 지도자의 체험과 연관시켰고 영신수련 여정과 더불어 영신수련 밖에서 일어나는 피정자의 체험도 연관시켰다[1].
2. 3부는 다음과 같이 강의용으로 사용될 수 있다.
● 참고사항은 영신수련 본문과 마찬가지로 연속 해설에 들어있다. 따라서 학생들은 피정자를 안내하면서 강의에서 배웠던 이론을 발견하고 '익숙해질' 수 있다.
● 자신들의 체험과 판단이 이론과 상반되는지 학생들 스스로 점검하도록 독려하는 성찰과 연구 과제는 각 장에 있다.
● 나는 3부에서 심리학적 · 사회학적 · 문화적 소양 · 기타 등등과 같은 지식과 지혜를 갖춘 학생들을 지원하기 위해 계속 연결했다.
4부의 지속적 영성 지도는 영신수련의 이용과 적용 그리고 일반적인 영성 지도와 관련된 문제를 다루었다. 나는 3부에서처럼 강의실에서 연구하고 성찰하며 토론할 수 있도록 도움을 주는 쪽으로 4부를 구성했다. 게다가 나는 초보 영성 지도자들을 위한 프로그램 작성과 광범위하고 다양한 환경에서 수행하는 사도직 촉진을 위한 자료를 4부에 담았다.
5부의 부록은 이 책의 모든 다른 부분과 연결된다. 5부의 내용은 다음과 같다.

A. 영적 안내자의 자질 함양에 필요한 수단

B. 이 책에서 사용되고 내포된 주요 용어와 개념을 '실용적으로 정의한' 용어집

C. 연구 보조 색인, 다이어그램, 성찰 질문, 사례

D. 책 전체에 관련된 주요 용어와 개념 색인

당신이 이 책의 맥락을 더 연구하고 싶다면 30장을 읽어라. 나는 거기서 더 명확하게 구별해서 이 책의 맥락을 밝혔다. 게다가 내가 심혈을 기울인 30장의 구별은 영신수련과 영신수련 적용 토론에서 발생하는 모호성을 규명하는 데 도움을 준다.

진지한 담론에 대한 설명

나는 이 책에서 영신수련을 학문적으로 연구하지 않았다. 나는 내 주장이 전통적이고 확고한 연구 문헌에 근거했음을 입증하기 위한 주석을 달지 않았다. 나는 더 비판적인 성찰에 필요한 자료를 제공했다. 이 책은 대화와 우호적인 회합, 세미나 그리고 실제적인 워크숍 체험을 나눠준 영적 길잡이들의 지혜를 모은 설명서이다. 여기에 담긴 지혜는 매우 다양한 관점에서 기술을 연마한 이냐시오 영성 지도자들의 풍부하고 생생한 구전이다. 나는 설명서 전체를 간결하게 썼다. 어떤 부분은 여러분에게 너무 단순해 보일 수도 있고, 다른 부분은 매우 복잡하고 도전적으로 보일 수도 있다. 이 책은 실제적인 것과 근거가 없이 직관적으로 비약된 것처럼 보이는 방법에서부터, 연결되지 않은 채 남아 있을 수도 있는 고립된 정보 조각 주변을 스스로 맴돌 수 있는, 다소 깊은 통찰에 이르기까지 일률적이지 않고 다양한 측면을 설명한다. 여러분

중 몇몇은 다듬어지지 않은 문체가 불편할 것이며, 다른 이들은 더 사실적이거나 배우기 쉬운 문체가 산파maieutic와 같고 편안할 것이다.

이 책의 사용 방법

나는 이 책을 처음부터 끝까지 한 번에 쭉 읽게 쓰지 않았다. 또한 영신수련을 전통적으로 해설한 책에서 일반적으로 연상되는 동일한 논리를 전개하지 않았다. 대체적으로 나는 연속 해설을 제외하고는 하나의 장에서 다른 장을 연역적으로 전개하지 않았다. 당신은 3권의 각 장을 그 자체로 이해할 수 있고, 다른 장에서 전개됐을지라도 각 장의 지식과 관련되고 반복되는 개념을 만나게 될 것이다. 나는 이 책 자체를 서로 대조했고 이 책과 『영신수련』의 일러두기를 서로 대조했다. 따라서 당신은 필요에 따라 이 책의 가치를 판단할 수 있다.

당신이 영성을 가르치거나 훈련받은 영성 지도자 또는 기도 길잡이의 지도 감독자라면 색인과 용어 풀이에서 관심 사항을 찾아보라. 그다음에 3부나 4부에서 한 장을 선택하고 이 책의 다른 부분까지 참조와 곁들여서 그 장 전체를 읽어라.

당신이 영신수련 피정자를 동반하는 기도 길잡이들을 양성하기 위한 지침서를 찾고 있다면, 특별히 이 책의 4부를 주목하라. 그것은 4부 이전에서부터 『영신수련』 내용 밖의 상황에 이르기까지의 기도 길잡이의 학습에 적용된다. 또한 이어지는 표제에 딸린 내용도 읽어라.

초보 영신수련 지도자를 위한 조언

당신이 일러두기 19번으로 누군가를 도우려고 안내서를 찾을 때 여정 전체를 지도하는 비결recipe을 찾으려고 하지만 않는다면 이 책은 당신이 필요로 하는 모든 것일 수도 있다. 이미 정해진 프로그램이나 지도 방법은 너무 기계적일 수 있다. 그런 것은 피정자의 요구를 식별하는 데 도움을 주는 자료를 적용하도록 안내하지 못하거나, 당신의 직관이나 판단을 믿지 못하게 만들 것이다. 자료 없이 당신 스스로 일하도록 이끌어 주지 않는 설명서는 쓸모가 없다.

1장부터 19장까지의 연속 해설은 19번을 따르는 영신수련 동반에 도움을 주는 다소 상세한 안내서이며 지도map이다. 나는 1장에서 10장까지 매우 상세하게 여정 동반을 설명했으나 거기에서조차 프로그램에서 벗어나서 제시된 구조가 육성하려는 과정에 집중하라고 당신에게 권장했다. 당신은 이 시점에서 피정자에게 원칙elements이 필요하지 않기 때문에 기간을 더 길게 연장해서 제시된 원칙을 적용하거나 무시할 필요를 곧바로 알아챌 것이다. 그런 원칙은 연속 해설이 가정한hypothesized 것과 다른 입장을 지닐 수도 있다. 나는 지형을 지도에 맞출 것이 아니라 지도를 지형에 맞추라고 당신에게 거듭 촉구할 것이다.

가끔 이 책을 사용하는 사람은 나의 직관적인 논리 때문에 혼란스러울 수도 있다. 나는 필요할 것 같은 새로운 주제를 기도 길잡이에게 제시했다. 그러나 나는 꼭 필요할 때마다 새로운 주제를 더 깊이 이해하는 데 도움이 되는 자료를 후반부에 제시했다. 그래서 나는 영적 황폐를 처음 소개할 때 모든 자료를 한꺼번에 주지 않았다. 따라서 나는 피정자나 기도 길잡이에게 추가 자료가 필요할 경우 영적 황폐를 덧붙여서 설명했다. 나는 처음에 주어진 것보다 더 많은 자료가 필요한 기도 길잡이에게는 색인과 용어 풀이에 있는 참고 사항과 여러 사항이 제시하는 이 책의 다른 부분을 찾으라고 권한다.

연속 해설은 11장 이후부터 지시를 절제하면서 줄어든다. 11장까지는, 마치 코치가 수영을 배우는 사람에게 근접하듯이 나는 기도 길잡이에게 근접하려고 노력했다. 그러나 어떤 시점에 이르면 모든 수영 코치가 알고 있듯이, 초보자에게 스스로 수영하라고 촉구해야 할 시점이 다가온다. 11장은 연속 해설에서 그 시점을 표현한다. 나는 그 시점부터 뒤로 빠지고 기도 길잡이에게 스스로 판단하라고 권했다. 나는 주제를 더 깊이 다루면서 보충 통찰과 자료를 제공하는 3부를 더 많이 사용하라고 길잡이에게 권했다. 기도 길잡이가 앞의 열 개의 장이 제시한 프로그램보다 더 벗어나도록 만드는 것이 내 목적이다. 그것은 고정적이고 전통적인 세계관을 무의식적으로 조장하는 프로그램에 매이지 않고 결국에는 직관과 판단에 따라 영신수련을 사용하도록 기도 길잡이를 이끌기 위한 자극이다.

포괄적 용어

현실적인 이유로 나는 1부의 연속 해설에서 기도 길잡이를 지칭할 때는 여성 대명사를, 피정자를 지칭할 때는 남성 대명사를 사용했으며 나머지 부분은 인칭 대명사의 성을 번갈아 사용했다. 예를 들면 23장에서 영성 지도자는 남성, 피정자는 여성이다. 24장은 반대로 사용했다. 나는 한 가지 번역본의 성경 자료를 활용하지 않았고 기억나는 대로 활용했다. 당신은 내가 활용한 성경 자료로 성gender을 더 개방적이고 즉각적으로 인식하며 사용할 수 있을 것이다. 나는 비슷한 방법으로 간스Ganss, 모리스Morris, 풀Puhl, 테틀로우E. Tetlow 등과 같은 이들의 영어 번역본과 함께 뮬란Mullan의 번역본을 내 말과 어투로 바꾸어 먼저 사용하면서 『영신수련』에서 인용한 것을 활용하였다.

나는 다른 방법도 포함시키고자 노력했다. 우리는 다른 방법으로 『영신수련』 본문을 적절하게 사용하기 위하여 『영신수련』의 전문 용어와 독창적인 이미지로 『영신수련』 본문을[2] 이해하는 것이 당연히 필요하다고 생각하지만, 한 수도회의 관점보다 교회 일치와 초교파적으로 영신수련을 사용하는 데 관심을 두고 해설했다.

나는 다른 문화를 고려하며 해설할 수 없었다. 내가 속한 문화는 당연히 북미 문화이다. 이 점은 이 책의 발전적 가치관developmental world view과 사례case에서 매우 분명히 드러난다. 그러나 우리의 영성 지도 방법이 근거한 몇몇 지역의 문화가 북미 문화인지 아닌지 의심스러운 곳이 많다.

다소 독특한 부분

어떤 독자는 여기서 사용하는 대문자, 단편적 인용, 생소한 전문 용어가 혼란스럽고 특이하게 보일 것이다. 그러나 나는 미주에서[3] 설명했듯이 더 분명하게 만들어주고 능숙한 사도직 증진에 필요하다고 생각한 대화(비판적 성찰)를 이끌어 내려고 노력했다.

시작하면서 언급하였듯이, 1부는 일차적으로 기도 길잡이prayer guide를 위한 내용이기 때문에 나는 1부에서 그 용어를 사용하였다. 이 책의 나머지 부분은 영적 안내를 하는 누구에게나 도움을 줄 수 있기 때문에,

나는 '영성 지도자spiritual director', '영적 길잡이spiritual guide' 그리고 '길잡이guide'라는 용어를 서로 바꾸어 사용했다. 게다가 비슷한 이유로 나는 나머지 네 부를 위해 각 장의 제목을 다르게 구성했다.

특별히 나는 여기 구엘프의 성 조지 성당의 성공회 사제인 진 미셸에게 감사해야 할 빚을 졌다. 그녀는 나와 함께 오랜 시간 일하며 이 책을 완성했다. 그녀는 책의 구성과 정확성을 높이는 제안을 많이 했다. 그녀는 참을성 있게 책의 문법과 문장의 구조를 교정하고 내 우뇌에서 떠오르는 작은 통찰 조각들을 찾는 데 도움을 주었다. 나는 이 책을 쓰는 데 도움을 준 사람들에 대한 감사의 마음을『영혼의 길잡이 2』의 안내문에 넣었다.

들어가기 미주

1) 나는 영신수련을 이성적 논리로 삶과 영적 성장을 이해하거나, 좀 더 비판적으로 심지어 이성을 근거로, 영신수련 여정의 결과를 판단하는 저자들과 다르게 해석했다. 나는 지난 20년간 인간 이해와 내면의 심리적 동기intra-psychic motivation와, 특별히 영신수련의 역동에서 상상의 역할을 이해하게 되었다. 이것 때문에 나는 영신수련의 저자인 '로욜라의 이냐시오'가 중세와 현대의 발전적 세계관과 연결하는 것이 더 편안했고 전통적 세계관과 연결하는 것이 훨씬 더 불편했음을 알게 되었다. 나는 여전히 영신수련을 전통적 세계관에 근거를 둔 해석으로부터 보호할 필요가 있다고 생각한다.

2) 영신수련은 정예주의 남성 · 가부장 · 중세 · 로마 가톨릭 · 유럽이기 때문에 매우 배타적이다. 그러나 영신수련은 영적 여정에서 독특하고 문화적으로 다른 수많은 사람의 역동적인 공통성을 놀랍게도 개방적으로 포용한다.

3) 나는 영신수련의 전통에 따라서 영적 안내에 대한 실용 사전의 일부인 전문 용어를 책 전체에 대문자로 썼다. 예를 들면 대문자 G로 된 은총Grace은 '언제나 내가 청하는/내가 원하는 은총을' 가리킨다. 그러나 소문자 g로 된 은총grace은 다른 의미의 은총을 가리킨다. 대문자 C로 된 위안Consolation은 이냐시오가 일러두기[316]에서 설명하는 영적 위안인 반면 소문자 c로 된 위안consolation은 단순히 '위안'이거나 다르게 사용되는 것을 지칭할 수 있다 (한글에 대소문자가 없기에 영적 위안이라고 했고 은총은 굵게 썼다-역자). 가끔 나는 어떤 단어나 구절을 강조하거나 영신수련에서 사용하는 특정한 용어일 필요가 없음에도 그것의 전문성을 지칭하고자 홑따옴표를 넣었다. 예를 들면 영성적인 분야의 '감정affectivity'과 철학에서 사용하는 '적절하게to appropriate'는 일반적인 의미와 다르다. 게다가 나는 영신수련에 나오지만 명확한 명칭이 없는 개념을 지칭하고자 '거짓 영적 위안Counterfeit Consolation'과 '의식 성찰Awareness Examen'이라는 전문 용어도 만들었다. 이와 비슷하게 과정을 지칭하고 1:1 개인 지도로 진행하는 영신수련을 위해 '영신수련 여정journey'이라는 용어를 사용했다. 용어집은 대부분의 용어에 대한 실용 정의working definitions이다.

3부

영성 지도자와 길잡이를 위한
더 깊은 영신수련의 이론과 실제

23장
복음 관상

몇 가지 전문 용어

기도 관련 문헌은 '관상'이라는 단어를 다양한 의미로 사용해 왔다. 그러므로 나는 시작하면서 '관상'을 다양하게 사용하는 방법을 설명하겠다.

먼저, 우리는 영적 문헌에 따라서 관상을 내적 여정의 경지stage라고 지칭할 수 있다. 기도가 이 경지에 이르면 이미지가 거의 사라지고 성찰도 거의 일어나지 않으며 감정도 거의 변하지 않는다. 동시에 마음은 하느님께 온전히 몰입된다. 초월적이고 알 수 없는 하느님을 강조하는 전통을 따르는 작가들은 그것을 관상의 경지라고 불렀다.[1] 우리는 이 경지에서 고요하게 하느님과 결합하였기에 다른 방법으로 하느님과 함께하려고 시도하면 조화가 깨진다. 하느님께서는 우리가 스스로 활동함에도 그 경지에 머물게 둔다. 다시 말해서, 그것은 기도하면서 활동이 사라진 때에 일어나는 한순간의 체험이 아니다(체험하는 많은 순간은 이와 같다). 그것은 기도하는 사람이 대부분의 시간에 이런 방식으로 발견하는 자신의 기도 상태state이다.

그다음에 '관상적인 태도'라는 말이 있다. 우리는 앞에서 언급한 관상의 경지에 있지 않으면서도 관상적인 태도를 지닐 수 있다. 관상적인 태도를 지닌 사람은 삶에 대해 열려있고 감탄하며, 삶을 신비롭게 체험할 수 있다. 이 문구에 따르면 **기도하는 사람은 내면에서 반응이 일어날 때 하느님을 초대할 수 있다**는 뜻이다. 이 문구 자체도 기도 방법과 아무 관계가 없다. 그것은 그저 기도하면서 들을 수 있는 태도나 능력과 관련이 있다. 우리는 하느님의 말씀이 숨겨진 자아 속으로 들어와서 영향을 주도록 허락한다. 즉, **우리는 하느님의 신비가 우리 자신의 신비와 만나게 허락한다**. 히브리서의 저자는 살아있고 움직이는 하느님의 말씀은 마음에 숨은 감정을 드러내는 양날의 칼이라고 말하고 있다.[2] 이것이 관상적인 태도이다. 거기에는 하느님과 사람 사이에 일정하고 자유로운 흐름이 있다. 엄밀히 말하면, 식별은 우리 자신의 내적 반응에 얼마나 집중하느냐에 달려 있으므로, 우리는 반드시 핵심적인 내적 반응이 일어나게 먼저 허락하고 다음으로 주목하기 위하여 관상적인 태도를 지녀야 한다.

우리는 '관상적'contemplative이라는 단어를 명사로 사용할 수 있다. 그런 면에서 카르투시안Carthusians이나 가르멜Carmelites 회원처럼 관상 수도회에 속한 사람은 관상가이다. 그것은 각각의 수도회 회원들이 관상 단계에 이르렀거나 심지어 관상적인 태도를 지녔다는 것을 의미하지 않는다. 그것은 단지 '속세를 떠나서' 외적이고 규칙적으로 기도 생활에 전념하며 산다는 뜻이다. 그러나 우리는 앞에서 설명한 관상의 경지에 근접하고 있거나 도달한 사람을 일컬을 때 관상을 명사로 사용하기도 한다.

우리는 '관상'이라는 말을 또한 형용사로 사용할 수도 있다. 많은 작가가 이냐시오가 사용했던 것처럼 이 단어를 형용사로 쓴다. 예를 들면, 오늘날 영적 길잡이가 피정자에게 "쥬디, 당신의 기도가 관상적으로 되어 가고 있다고 생각합니다"라는 영적 길잡이의 말은 쥬디가 감성적으로 기도하고 있고 앞에서 언급된 관상적인 태도에 근접했거나 도달했다는 것을 뜻한다. 이냐시오는 심지어 이런 방식으로 그 용어를 감성적으로 반응하는 순간에 사용했다. 일러두기[64]에서 그는 피정자에게 '관상적'으로 반응했던 곳으로 돌아가라고 지시한다.

'관상'이라는 말은 또한 예수 기도, 향심 기도 그리고 존 메인이 가르치고 유명해진 그리스도인 묵상과 같은 관상 기도 방식을 일컬을 수 있다. 그런 관상 기도 방식은 홀로 기도하면서 감정·생각·상상이 거의 사라진 관상의 경지에 이른 사람의 기도와 몇 가지 유사한 특성이 드러난다. 그 방식으로 기도하는 사람은 믿음을 갖고 하느님과 함께 거기에 단순히 머문다. 그러므로 그 방식을 따르는 사람은 관상의 경지에 있는 사람처럼 느낌이나 생각이나 이미지의 변화를 거의 못 느끼거나 조금 의식한 채 기도를 끝낼 수도 있다. 그는 기도의 초기 부분에서 기도에 들어가기 위해서 생각이나 이미지를 떠올릴 수도 있고 기도 체험에서 나올 때 이미지와 느낌과 생각을 떠올릴 수도 있다. 그러나 일단 주님의 기도를 낭송하거나 그리스도인 묵상이라는 반복적인 만트라가 자리 잡으면 기도하는 사람은 깊은 믿음으로 **하느님과 함께 머문다.** 내가 보기에 루터교회, 성공회, 가톨릭교회의 많은 신자가 성체를 영한 후 이런 순간을 체험한다. 이런 관상 기도는 단지 그런 방식의 기도이다. 그것은 필수적으로 관상의 경지에 도달했다는 것을 의미하지는 않는다. 왜냐하면 그러한 기도 방법과 체험의 결과는 기도하는 사람 자신의 노력으로 다소 얻어질 수도 있기 때문이다.[3] 옛날 저자들이 기도에 대해서 쓸 때 바로 이것을 근거로 이런 관상 기도를 '수득적 관상'acquired contemplation이라고 불렀다.

전통적으로 거룩한 독서(렉시오 디비나Lectio Divina)로 알려진 방법에서 비롯된 평범한 설명인 라틴어 전문 용어는 꼰템플라티오Contemplatio이다.[4] 이 방법의 첫 구절인 독서Lectio는 때때로 묵상하며 읽거나 듣는 것인데, 사람을 기도하게Oratio 이끌고(곰곰이 생각함), 최소한 앞의 문장에서 설명한 조용한 순간이나 고요한 시점을 포함한 관상Contemplatio으로 이끌면서, 자연스럽게 묵상으로 이끌어 간다(마음으로 반응함). 대부분의 전통은 렉시오 디비나를 주장하고 있고 렉시오 디비나를 하면 성숙한 경지인 관상이라는 선물을 받도록 우리를 근본적으로 준비시켜 줄 수 있다고 말한다.

마지막으로 우리가 영신수련에서 다루려는 것은 복음 관상이다.[5] 나는 이냐시오가 둘째 주간에서 단순하게 '관상'이라고 부르고 많은 사람이 이냐시오 관상이라고 일컫는 것을 지칭하려고 이 용어를 사용한다. 가르멜 영성 전통에 따르면 복음 관상은 일종의 묵상Meditation인데, 렉시오 디비나의 렉시오에서 흘러나온 두 번째 구절인 묵상Meditatio과 같기 때문에 그것은 하느님의 말씀을 들으면서 저절로 도출되는 또 다른 인간적인 숙고pondering이다. 우리가 사랑하는 마음으로 하느님의 말씀을 들을 때, 우리는 상상과 기억을 포함한 인지 능력cognitive power을 사용하여 성찰한다.

복음 관상과 상상력

복음 관상은 첫째 주간의 기도 수련에서 설명하는 영혼의 세 가지 능력을 사용하는 것(종종 '묵상meditation'으로 불림)과 어떻게 다른가? 그것은 출발점에서 근본적으로 다르다.[6] 묵상의 출발점은 마음으로 음미하고 성찰하는 활동이다. 이냐시오는 묵상을 연애편지를 음미하는 것과 매우 비슷하게 생각했기 때문에 마음으로 이해하기로 발전시켰다. 흔히 말하듯이 영신수련의 '핵심' 묵상에서 이냐시오가 제안하는 대부분의 묵상은 이미지와 원형archetypes과 우화로 되어 있다. 그는 금세기 전반에 행해졌던 묵상 방식에 기초를 둔 작업으로서 육체를 벗어나서disembodied 지성intellect에 집중하는 방식을 묵상으로 의도하지 않았다.[7] 이냐시오는 결코 분석적이고 추론적으로discursive 수련하는 '묵상'을 의도하지 않았다.

복음 관상의 출발점은 상상이다. 우리는 이 방법으로 예수님의 삶에서 발생한 특정한 사건을 먼저 능동적으로 상상한다. 복음의 이야기는 상상을 위한 심상 유도 맥락guided imagery context이다. 복음 관상은 기도하는 사람이 어느 정도 복음의 윤곽에서 능동적으로 자신을 유지하는 오늘날의 심리학적 심상 유도 기법guided imagery techniques과 다르다. 복음 관상에서 피정자는 심상 유도 기법에서 할 수도 있는 것처럼 자신의 상상이 제멋대로 펼쳐지게 두지 않는다.[8]

두 번째로 복음 관상은 이미지와 느낌과 생각을 포함하기에 관상 기도와 확연히 다르다. 그러므로 경험에서 나온 법칙은 다음과 같다. 이미지와 느낌과 생각이 사라져 가면, 기도가 복음 관상에 근접하기보다는 앞에서 설명한 관상 기도에 더 근접한다. 당연히 피정자가 여러 가지 방법으로 복음 관상을 할 때, 피정자는 이미지가 오랫동안 사라지고 말이 없어지며 때때로 하느님에 대한 믿음이 깊어지는 쪽으로 이끌린다.

상상의 중요성

복음 관상은 상상으로 시작하기에 언어적 가상假想imagery과 상상의 차이를 이해하는 것이 중요하다. 우리는 언어로 표현한 상상은 사실이 아니고 진실도 아니며 객관적이지 않다고 말한다. 서유럽 문화의 사람들은 두 단어를 혼동해서 상상의 작용과 활동을 의심한다. 19세기 합리주의와 20세기 과학은 객관적으로 인식하려는 자체의 경향 때문에 상상의 작용과 이성의 작용을 분리했다. 그 결과 우리는 종종 상상이 반드시 분석적이 아님에도 매우 '합리적'임을 깨닫지 못했다. 인간의 역사에서 놀라운 발명과 과학적 발견의 초기 영감inspiration은 모두 상상의 덕분이다.

상상하지 않으면 우리는 다른 사람의 말을 알아들을 수 없다. 예를 들면, 내가 당신에게 지난 두 주 동안 일어난 일을 차례로 설명하라고 부탁하고 당신이 말하기 시작하였다면 당신이 기억의 창고에서 그것에 접근할 수 있는 핵심 방법은 상상이다. 더 나아가서 내가 당신의 설명을 정확히 이해하고 적절하게 받아들일 수 있는 유일한 방법은 상상이다. 상상은 분석적인 생각과 마찬가지로 이성적이다. 비록 상상이 분석적 논리와는 다른 논리로 설명하면서 먼저 일어나도 우리는 의미를 이해하고 교환한다. 나는 다음과 같이 효과적으로 언어적 상상을 설명하겠다.

상상은 **지금 존재하지 않은 것을 현존케 하는** 각자의 능력이다. 환경이 주는 정보를 수용하는 감각은 상상과 즉각적으로 연결된다. 상상은 기억이 우리가 가진 정보에 접근하도록 도와줌으로써 기억에 즉각 연결된다. 우리가 인식한 상상은 의미를 파악하고 동일한 것을 주고받는 데 꼭 필요하다.[9] 기억력과 함께 상상은 우리가 무의식과 깊은 느낌으로 들어가는 출입구가 될 수 있다. 상상은 이성을 가진 우리에게 아주 중요한 상징을 사용하고 창조하는 핵심 능력이다.

연구, 토론 그리고 성찰을 위한 자료

다음은 14세기의 까르투시안 수도승인 색손의 루돌프가 쓴 비타 크리스티Vita Christi의 내용이다.[10] 이냐시오는 복음 관상을 할 때 이 책을 바탕으로 상상했다. 이 중세 책의 설명을 읽으면서 상상이 어떻게 다른 인식력과 서로 뒤섞이는지 보라.

"당신이 이러한(신비로운 그리스도의 삶) 장면에서 결실을 얻고 싶다면 모든 걱정과 근심을 한편에 밀어두고, 주 예수 그리스도의 말씀이나 행적을 온전히 사랑하고 집중하면서 스스로 기쁘게 머물러야 한다. 나열된 그리스도의 말씀이나 행적을 마치 귀로 듣고 눈으로 보는 것처럼 (듣고 보라). 왜냐면 그것은 그것을 간절하게 생각하는cogitanti ex desiderio 이에게 가장 달콤하고, 더 나아가서 그것을 맛보는 이에게 훨씬 더 달콤하기gustanti 때문이다. 그리고 그것의 많은 부분이 지난 사건에 대한 설명임에도 당신은 마치 지금 일어나고 있는 것처럼 지난 사건 모두를 묵상해야mediteris 한다. 왜냐하면 당신은 그렇게 해서 분명히 더 달콤한 맛을 강하게 느낄suavitatem gustabis 것이기 때문이다. 그리고 나서 그것이 마치 지금 벌어지고 있는 것처럼 일어난 일을 읽어라lege. 과거의 활동을 마치 눈앞에 있는 것처럼 그려라. 그러면 당신은 그것의 지혜와 즐거움을 깊이 느끼게senties 될 것이다."

당신은 23장의 나머지를 다 읽고 난 뒤에, 원하면 이 인용문으로 다시 돌아와서 복음 관상에 대한 나의 설명과 비교해 볼 수도 있다.

다양한 종류의 상상

누구나 상상을 한다. 우리가 상상으로 삶에서 일어난 사건과 관련된 것을 기억하고 끄집어내며 설명하고 생각할 수 있다. 피정자가 "나는 상상력이 없어서 복음 관상을 못합니다"라고 말해도 그 말을 믿지 마라! 그녀의 말은 시각적인 상상을 하지 못한다는 뜻일 수도 있다. 즉, 그녀의 말은 자신의 마음속에 그림을 그릴 수 없다거나, 상상할 수 있다고 해도 사진과 같은 그림을 생생하게 못 본다는 뜻이다. 그러나 이런 주장이 우리 대부분에게 맞는지 의심스럽다. 교육 심리학과 신경 심리학은[11] 데이터에 접근하는 주요 상상 방법은 적어도 다음과 같이 세 가지가 있다고 알려준다.

— 운동 감각적Kinesthetic 상상: 느낌과 내적 감각으로 상상
— 시각적Visual 상상: 마음으로 그림을 보거나 다양한 상징으로 그림을 그리면서 상상
— 청각적Auditory 상상: 들려오는 소리로 상상

상상이라는 단어가 오직 상상의 한 가지 양상을 대변하는 어원인 이미지라는 단어에서 나온 것이 안타깝다. 피정자가 그 양상의 하나나 두 가지만 사용할지라도 필수적인 것은 현존이다. 피정자가 보기, 느끼기, 듣기 중 어떤 것을 사용하든 중요한 것은 현존이다.[12] 따라서 우리가 소설을 읽으면서 이야기에 몰입되어 저자의 설명을 재현할 때 앞에서 설명한 것 중의 한 가지 양상이나 그것들 모두가 조합된 체험을 한다.

어떤 사람들은 청각적 상상이 가장 유력한 정보 습득 방법이 아니라

서 들은 정보를 처리하는 데 에너지를 너무 많이 쓰기 때문에 긴 강의를 듣다가 졸 수도 있다. 그들은 청각적 상상력을 잘 사용할 수 없거나 그것을 충분히 훈련받지 않았다. 청각적 상상력을 지닌 모차르트는 어떤 악기도 사용하지 않고 교향곡의 전 악보를 작곡할 수 있었다. 잔 다르크는 청각적 상상력을 지녔기에 목소리를 듣고 식별했다. 그녀를 심문하는 사람들이 그녀에게 어떻게 목소리를 들었는지 묻자 그녀는 자신 있게 대답했다. 그들이 더 확인하려고 묻자 그녀는 "당연히 나는 상상으로 들었다"고 대답했다.

어떤 사람들의 상상은 운동감각 쪽으로 치우쳐 있다. 그들은 운동감각적 상상력이 가장 유력하기 때문에 과거의 일을 기억할 때 그것의 진행을 느끼며 그것에 들어간다.[13] 그들은 시각적으로 상상하지 않고도 과거의 일에 접속하고 어려움 없이 그것을 설명한다. 그들은 다음과 같이 말할 수도 있다. "와, 너는 야구 경기에 갔어야 했어. 그 경기는 끝내주게 재미있었고 수많은 관중이 자신들의 팀을 응원하면서 계속 뛰고 앉았어." 그러나 듣고 있는 당신은 다음과 같은 것을 체험한다.

a) 당신에게 시각적 상상이 지배적이라면 당신은 파란 하늘 아래 수많은 군중이 뛰고 앉는 모습과 어쩌면 야구 선수들이 모자를 공중에 던지는 것도 볼 수 있을 것이다.

b) 또는 당신이 청각적 상상이 지배적이라면 청중의 고함과 야구 선수들이 서로 등을 부딪치는 소리, 마지막 주자를 앞에 두고 공을 때리는 소리 그리고 운동장 위를 돌고 있는 헬기의 소리까지 들을 수도 있다.

복음 관상을 제시할 때, 이냐시오는 다음과 같이 하나나 둘 또는 세 개의 '요점'points을 사용하라고 제안한다.

— 다양한 사람들을 보라[106].
— 사람들이 말하는 것을 들어라[107].
— 사람들이 하는 것을 숙고하라[108].

그의 '요점'을 다음의 세 문구로 바꾸어서 어쩌면 그가 의미했을지도 모르는 것을 다음과 같이 표현해 보자.

— 보라: 사람들을 바라보라(시각).
— 들어라: 사람들이 말하는 것을 들어라(청각).
— 느껴라: 그들의 활동에 들어가라(운동감각).

나는 세 번째 표현이 이냐시오가 일러두기[108]에서 '사람들이 하는 것을 숙고하라'라고 썼을 때 의도했던 것을 더 정확하게 반영했다고 생각한다. 그것은 시각과 청각 상상이 미숙한 사람이 상상으로 복음 이야기에 잠겨 들어갈 때 일어난 현상을 확실히 더 정확하게 반영한다.[14]

상상이 제대로 되지 않아 보일 때

피정자가 "나는 상상력이 없어서 상상으로 기도할 수 없어요"라고 말할 때, 그녀의 말은 상상이 두렵다는 뜻일 수도 있다. 그녀는 상상할 때마다 이상한 일이 벌어지거나 불쾌하거나 편안하지 않다. 그러한 체험은 어쩌면 직면하고 싶지 않은 자신의 삶과 위협적이고 덜 의식된 부분이

막고 있는 자신의 삶을 하느님께 여는 것이 그녀에게 필요하다는 것을 가리킬 수도 있다.

다음은 적절한 예로서 수년 동안 기도할 수 없었던 피정자의 이야기이다. 그녀는 개인 지도를 받으며 피정하면서 예수님이 태어난 동굴 근처의 베들레헴을 상상하려고 노력했다. 그녀는 가로막혀 있는 자신을 발견했다. 그녀는 동굴에 들어갈 수 없었다. 그때 자신이 무가치하고 환영받지 못하고 있다는 느낌은 그녀의 상상에서 일어나는 환상fantasy을 방해했다. 그녀는 기도 길잡이의 도움을 받아 이 현상을 복음 관상을 못한 것이 아니라 기도하고 있다는 징표로 해석했다. 그녀는 복음 관상을 반복하면서 계속해서 동굴 입구에서 가로막힌 자신을 상상했다. 그녀는 지난날의 모든 분노와 희망이 자신 안에서 솟구치는 것을 겪으면서 여덟 번 정도 기도를 한 뒤에 동굴 안으로 초대받았다. 예수 탄생 이야기에 사용된 상상력은, 장애물과 장애물의 해소와 더불어, 그녀가 하느님을 깊고 인격적으로 만나는 매개체로서 영적 삶의 전환점이 되었다.[15]

이른바 기도하면서 상상력을 사용할 수 없음은 다른 사실을 의미할 수 있는 것이지 결코 피정자에게 상상력이 없다는 것은 아니다. 예를 들면 다음과 같다. 그녀는

— 인생의 도전을 받으면서 상상할 때 도전에 저항한다.
— 상상을 잘못 이해하고 있다. 왜냐하면 그녀는
  • 상상할 때 자신에게 아무런 성찰도 일어나지 않고 이야기에 온전히 잠기는 것을 기대하고 있다. 복음 관상을 적절히 사용하는 피정자도 온전하게 잠기거나 잠기지 않을 수도 있다.
  • 기도 안에서 상상하는 것이 생각으로 분석하는 것보다 좋지 않다고 믿고

있다.

- 걱정이 너무 많거나 갈등이 전혀 없어야 된다고 믿고 있다.

— 상상하면 원하지 않는 분노나 성적인 이미지 또는, 불편했던 지난날의 기억이 떠오를 수도 있기 때문에 상상을 두려워한다. 이런 피정자는 조종 욕구를 의식하고 이제는 조종하지 않아도 된다는 것을 깨닫도록 도움을 받지 않으면 쉽게 상상할 수 없다.

— 자신이 기도에서 받은 것에 대해 잘못 생각한다. 종종 피정자는 다음과 같이 말할 것이다. "나는 정말로 예수님께서 내 곁에 앉아서 이러저러한 이야기를 했는지 내가 그렇게 상상했는지 확실하지 않다." 기도하면서 받은 것은 하느님께로부터 직접 와야지 자신의 마음에서 나올 수 없다는 그녀의 생각은 잘못되었다.

많은 피정자들이 이렇게 잘못 생각한다. 그들 대부분은 우리 자신과 하느님으로부터 오는 종교적 체험, 즉 하느님의 영향과 우리들의 의식적이고 덜 의식적인 자아로부터 동시에 오는 종교적 체험을 받아들이지 않는다. 이것은 우리의 마음, 상상, 역사, 문화, 기억, 우리에게 영향을 주는 여러 가지 사건 등의 모든 원인으로써 일러두기[331]에 설명된 원인 있는 영적 위안에 속한다.[16] 어떤 때 우리는 일러두기[330]에 들어 있는 원인과 조화를 이루지 않으면서 하느님께로부터 오는 더 직접적인 원인 없는 영적 위안을 받는다.

우리가 이렇게 잘못 생각하면 분석하며 성찰하는 능력이 상상하며 성찰하는 능력보다 더 신뢰할 만하다고 믿게 된다. 나는 다음과 같이 상상 기도 체험을 깎아내리는 피정자들을 종종 만난다. "나는 복음 관상에서 예수님께서 내게 말씀하신 것을 믿어야 할지 모르겠어요." 반면에 자신의 분석적인 기도에 대해 똑같이 말하는 피정자를 거의 본 적이 없다. 우리가 이성의 분석을 믿을 수 있다면, 이성의 '상상과' 이야기를 믿지 못할 이유가 없다!

이 방법을 사용하지 못하는 또 다른 이유는 우리가 기도하며 관상의 경지로 이끌리고 있을 때, 더욱 수동적으로 기도하라는 부름일 수도 있다. 이러한 하느님의 초대를 알려주는 다음과 같은 세 가지 징표가 있다.

1. 그 사람은 상상하고 싶은 마음이 없다.
2. 지성, 상상력, 감각이 더 이상 특정한 사안을 다룰 힘이 없다. 피정자는 기도할 때 생각하거나 상상하기가 좀 귀찮아졌다. 그것은 수년 동안 묵주 기도를 한 여성과 같다. 어느 날 그녀는 다음과 같이 말했다. "나는 무엇이 잘못되었는지 모르겠어요. 그러나 나는 처음 10년을 잊을 수 없어요. 시간이 그냥 흘러갔어요!"
3. 그는 하느님께 향하며 홀로 고요하게 머물고 싶다. 그는 내적인 평화, 고요, 휴식을 원하지 더 이상 자신의 '능력'을 사용하고 싶지 않다. 그는 그저 혼자 사랑스러운 하느님과 함께 고요하게 머물고 있기에 생각하고 싶지 않다.

상상은 덜 의식된 마음으로 가는 통로이다

동굴 입구에서 막혀버린 피정자의 체험처럼 상상은 논리적인 사고보다 훨씬 더 감정적인 체험과 연결된다. 상상은 과거의 체험에 연결된 기억과 같은 수많은 덜 의식된 마음을 건드리고 하느님께서 그것을 사용하게 만든다. 우리가 상상을 하면, 내면의 동기가 드러나고 거짓되고 진실한 자아 모두가 드러나며 진짜 욕구가 올라오고 변화가 가능해 보이며 예수님과의 인격적인 관계가 형성된다.

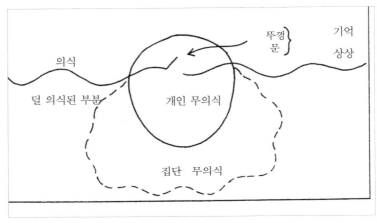

[그림 5] 기억과 상상 — 더 깊은 자아로 들어가는 문

수많은 성장처럼 영적인 성장도 먼저 감정이 생길 때 일어난다. 심리학의 과학과 기법은 이러한 원칙을 밝히고 있다. 매우 뿌리 깊은 감정과 느낌이 바뀌지 않으면 인간의 행동에 진정한 성장이나 변화란 없다. 우리는 교육과 상담에서 이것을 발견한다. 사람은 느낌 차원의 욕구가 없으면 성장하고 바뀌거나 배울 마음이 일어나지 않는다. 예를 들면, 알코올 중독자는 기어이 술병의 바닥을 본 다음에야 자신이 알코올 중독자임을 고백한다.

대부분의 경우, 우리는 오직 상상의 활동인 은유, 이미지 그리고 상징을 통해서 깊은 단계로 들어갈 수 있다. 사람들은 사랑과 깊은 자아를 상징으로 표현한다. 상징을 다룰 수 없는 사람은 다른 사람이나 자신 또는 하느님과 친밀한 관계를 맺을 수 없다. 상상으로 풀어가는 이야기체 서술narrative discourse은 효과적으로 영향을 주는 데 꼭 필요하다.

우리는 다음과 같이 진실을 표현할 수 있다.

| 설화(이야기)체 서술은
다음을 포함한다.
즉, 우리가 문학, 예술
등에서 사용하듯이
느낌, 자연스런 생각,
직관을 떠올리는
상상력 | 분석적 서술은
다음을 포함한다.
즉, 우리가 수학 과학,
등에서 사용하듯이
일반적인 의미에 대한
개념적 주장을 펼치게 하는
객관적 근거 |

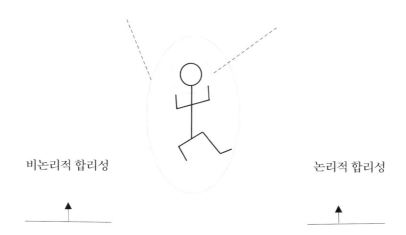

비논리적 합리성   논리적 합리성

[그림 6] 복음 관상은 우리가 구체적으로 영향을 받도록 도와준다.

과학적 주장과 같은 분석적 서술과 연극과 같은 이야기체 서술 모두 의사소통 수단이다. 우리는 각각의 접근법으로 진실을 주고받을 수 있다. 맥베스의 역사를 연구하는 대부분의 사람들은 분석하며 서술하는 과학적 논리를 사용한다. 연극으로 펼쳐지는 맥베스의 이야기는 역사적 자료를 분석하는 강의보다 많거나 더 깊은 진실을 전해준다. 사실에 대한 추상적인 표현은 사람에게 영향을 적게 주는 반면 극적인 표현은 인격 전체에 영향을 준다. 연극은 덜 의식된 마음, 직관 그리고 감성을 유발시키는 상상을 통하여 작용한다. 이것은 느낌 차원의 깊은deep-felt 이해를 도출한다. 우리는 상상을 주로 사용하는 연극의 이야기체 서술 덕에 복음 관상을 하며 더 온전하게 영향을 받는다.

영원히 유효하고 타당하다는 인상을 주는 진실한 주장에는 특별한 것이 있다. 그러나 그것은 결코 영원히 새롭지 않다. 정확성은 명확한 시간과 장소에 의해서 결정된다. 그것은 확실한 정의definition를 추구한다. 반대로 이야기는 모호성 · 은유 · 경험 · 마음을 표현한다. 늘 새로운 것이 이야기에 있다. 이야기는 그저 일시적인 것이 아니다. 나는 이것을 설명하려는 것이다. 나는 다음과 같이 진실을 두 가지 방법으로 제시한다. 하나는 추상적인 주장이고 다른 하나는 이야기를 통한 주장이다.

다음을 따로따로 읽고 당신 내면의 반응을 각각 성찰하라.

사실적인 주장(분석적 서술)

때때로 사람들은 거부당한다고 느끼거나 사랑이 필요할 때 화를 내고 과민해진다.

이야기(대화체 서술)

옛날에 어떤 여자아이가 있었다. 그 애를 낳은 부모가 있었으나 그 애가 아홉 살이던 어느 날, 그 애의 부모는 세상을 떠났다. 그래서 보육원 직원이 그 애를 데리고 가서 어린 애들이 있는 커다란 집에 넣었다. 그 애는 몹시 외로웠다. 그 애는 눈이 컸다. 그 애는 자주 사람들을 쳐다보았다. 종종 그 애는 다른 여자애들에게 화를 내고 침을 뱉었다. 그 애는 보육원에서 몹시 성가신 존재가 되었다. 그래서 원장은 그 애를 쫓아낼 구실을 찾았다. 하루는 그 애가 보육원 밖에 있는 커다란 나무 구멍 속으로 쪽지를 넣는 것을 보육원 직원이 목격했다. 그래서 이 사건은 그 애를 내쫓을 좋은 구실이 되었다. 그 직원은 쪽지를 사무장에게 갖다주면서 자신이 본 것을 설명했다. 그 사무장은 밉살맞게 웃으며 쪽지를 받아 읽었다. 쪽지에는 다음과 같이 적혀 있었다. **"사랑해!"**[18]

이제 둘 중에 어느 것이 더 효과적으로 진실을 표현했는지 <u>스스로 답변해 보라!</u>

성경은 구원에 관한 이야기이다. 성경 전체는 명작 선집처럼 시, 우화, 잠언 그리고 역사로 된 서로 다른 수많은 종류와 문체의 이야기로 만들어졌다. 우리가 배운 역사 서술에 따르면 단지 성경의 일부만 역사일 뿐이다. 성경이 오로지 역사만을 서술했다면 모든 문화의 사람들에게 큰 감동을 주지 못했을 것이다. 하느님께서 드러내신 진실은 우리를 위해서 대부분 이야기로 기록됐다. 초대 교회는 설교와 경배를 드리는 모임에서 예수님 생애에서 일어난 사건을 계속 기억했다. 그렇게 기억된 사건이 대부분의 사도들이 죽기 시작한 뒤부터 우리를 위하여 네 복음에 기록되었다. 그러나 저자들은 그 사건을 부활 체험에 비추어서 다양한 문체로, 자세하고 구체적이며, 은유로 기록했다. 그들은 신학적 관점에서 그들의 '역사'를 이야기로 기술했다. 종종 우리는 오직 상상으로 펼쳐지는 이야기가 우리 자신에게 영향을 주도록 허락할 때 신학적 관점을 파악할 수 있다. 예수님의 보편적 구원을 구체적으로 표현한 예는 세 명의 동방박사와 움직이는 별이다. 이것이 우리가 복음 관상에서 사용하는 구체성이다.

우리가 기억을 사용하여 상상하면서 복음 이야기에 표현된 초대 교회의 기억을 만날 때 예수님의 기억과 만난다. 예수님의 생애에서 일어난 사건은 그분의 기억에 모두 남아 있기 때문에 우리에게도 남아 있다. 복음 관상은 예수님의 죽음과 부활이라는 **과거**가 시간과 공간을 초월해서 **지금**이 되는 성찬례의 기억remembrance이나 '기념anamnesis'과 같다.[19] 따라서 우리는 과거에 일어난 역사적 사건을 복음 관상하는 것이 아니라, **지금** 현존하는 부활한 주님인 예수님을 만나고자 이야기로 복음 관상을 한다. 그러므로 예수님의 모든 사건은 지금 내 삶에 영향을 줄 수 있다. 그 사건은 나의 신비와 내 존재에 영향을 줄 수 있다. 그것은 신비이다. 그것은 시대를 넘어서 부활하신 주님 안에서 **지금** 현존한다.

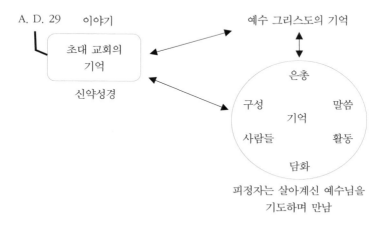

[그림 7] 그리스도의 기억과 연합되는 우리의 기억

이냐시오의 영신수련 본문에 관한 고찰

이냐시오의 복음 관상을 생각하기 전에 그가 이 방법을 설명한 핵심 장소 중의 하나를 담은 일러두기[110]-[117]의 천주 강생을 다시 읽어 보는 것은 도움이 될 수도 있다.

모델model**은 방법**method**이 아니다.** 복음 관상에 대한 이냐시오의 설명은 모델이다. 그는 성탄을 예로 들었다. 그가 우리보고 관상하라고 요청할 때마다 기본 모델인 일러두기[159]를 다시 언급한다. 우리가 그 모델을 방법으로 삼고서 단계적으로 맹종하면 문제가 생기고 기도는 복음 관상보다는 기계적인 성찰로 바뀐다. 방법은 길잡이preludes나 단계가 아니다. **복음 관상은 주로 예수님의 삶에 관한 복음 이야기를 상상하는 기도이다.** 이냐시오가 제시한 모델은 그것을 상상하는 한 가지 방법이다. 의심할 바 없이, 이냐시오가 보여준 모델은 이냐시오 자신이 사용했던 방법의 간결한 개요이다.

나의 주장을 이해하려면 이냐시오가 회심한 이후 보낸 시간을 상상해 보라. 이냐시오는 우리가 영신수련이라고 부르는 노트에 성찰한 것을 쓰기 시작했을 때 자신의 체험을 아무런 의심 없이 성찰하며 시간을 보냈다. 이냐시오는 하느님과 직접 소통하도록 그렇게 우리를 준비시켰다. 그는 스스로 체험했던 하느님의 풍요를 똑같이 나누고 싶었다. 우리가 우리의 체험을 기억하는 방법과 매우 똑같이 그는 자신의 체험을 기억했다.

"아, 그렇지, 지금 내가 무엇을 했나?⋯아, 나는 기억했다. 먼저 나는 예수님의 생애를 읽기 시작했다. 나는 그것을 천천히 읽었다. 나는 중요한 부분에

밑줄을 긋기도 했다. [역새 … 그러고 나서 나는 무엇을 했는가? … 아, 그렇지, 가끔 나는 곧바로 기도했다. 그러나 나는 자주 나 자신을 추스르고 안정시킬 시간이 필요했다. 기도 수련을 하기 위해 내 마음을 가라앉히고 추스르는 데 시간이 걸렸다. 나는 그것을 어떻게 했는가? … 대부분 나는 상상으로 복음 이야기의 이런저런 면에 집중했다. 나는 언제나 지리적 배경을 자세히 설명한 내용에 마음이 끌렸다. 아마 대부분의 사람들도 그렇게 할 것이다. [구성] … 어떤 때는 거기에서 곧바로 기도에 들어갔다. 그러나 다른 때에 관상하게 도와달라고 하느님께 계속 청해야만 했다. 아, 그렇지, 내가 원하는 것을 하느님께 청하는 것이 정말로 중요했다. 그것은 내 영혼을 열어주고 상상에 집중하게 만들며 나아가 내 마음을 가라앉혀 주었다. [구하는 은총]"

당신은 복음 관상에 이끌리면서 직접 체험한 상황을 노트에 쓰고 있는 이냐시오를 계속 상상할 수 있다. 나는 영신수련에 있는 이냐시오의 구조적인structured 설명은 우리가 같은 목적으로 사용할 수 있는 역동 모델 중의 하나라고 생각한다. 이것이 내게 더 타당하고 사람들의 복음 관상 체험과 더 일치한다. 영신수련은 이냐시오가 사용했을 법한 방법을 모델로 보여주고 있다. **복음 관상은 먼저 예수님의 생애에 대한 복음 이야기를 상상한다. 그것은 매우 간단하다!**

나는 여러 가지 다른 것 중에 이냐시오가 복음 관상을 설명하려고 제시한 세 가지 길잡이에 이어지는 세 가지 요점과 대화로 이루어진 구조는 읽거나 쓰지도 못하는 피정자들을 도와주기 위한 기억의 수단이었다고 믿는다. 이냐시오 시대의 많은 피정자들이 글을 읽지 못했고 성경을 갖지 못했다는 사실을 기억하라! 종이 표지로 된 성경책은 비교적 새로운 발명이다. 그의 구조-길잡이, 길잡이, 요점, 요점, 요점, 대화

등은 사실을 설명하는 유일한 방법이 아니다. 그러나 그것은 피정자가 계속 책을 보지 않고도 기도 수련을 기억하기 위한 기초적이고 간단한 방법이다.[20] 일러두기[261]-[312]가 예수님의 생애에 관한 이야기를 대체로 세 가지 요점으로 나눈 것을 주목하라! 그것은 역사와 요점을 기억하기에 쉬운 방법이다.

길잡이preludes**는 자연스런 흐름을 제시한다.** 길잡이에 대한 훌륭한 해석은 '단계step'라기보다는 '국면phase'일 것이다. 단계가 기계적인 진행이라면, 국면은 다소 자연스러운 과정을 가리킨다. 국면은 언제나 순서를 따르지 않아도 되지만 단계는 언제나 순서를 따라야 한다. 이 모델의 처음 국면이나 첫째 길잡이는 '역사'의 이야기이다. 피정자가 처음에 해야 할 것이 있다면 그것은 다음과 같다. 이냐시오가 제시한 첫째 길잡이 [111]의 역사가 둘째 길잡이 [112]의 과거에서 현재로 거의 곧바로 옮겨가는 것을 주목하라. 장소 구성. 피정자가 첫째 길잡이의 역사를 읽고 곧바로 자신을 거기에 넣으면, 이야기는 상상의 세계로 연결된다. 피정자는 구성을 하면서 과거가 현재가 되듯이 이야기 안으로 더 깊이 들어간다.

지금은 현재 우리의 상황에서 현실이다. 이냐시오는 16세기 초반 바스크 지역의 성에서 하인들과 함께 자라며 황소와 함께 있는 농부들을 자주 보았다. 그런 그가 지금 자신의 문화에서 받은 영상을 그 장면에 투사하는 방법 또한 주목한다. 이냐시오는 자신의 복음 관상 기록을 제시하고 있다. 우리가 이야기를 읽고서 기도를 반복하면 상상이 자세하게 펼쳐지므로 과거는 현재가 된다. 20세기의 피정자가 이 이야기로 기도하면서 요셉과 마리아와 함께 베들레헴으로 여행하며 지프 한두 대가 병사들과 함께 지나가는 것을 볼 수도 있다. 역사는 과거가 현재가 되도록 작용한다. 우리가 복음 관상을 시작할 때, '역사'를 이해하고 실행하는 훌륭한 방법은 다음과 같은 8세기 수도승들의 수련 생활에 담겨 있다.

다음은 이탈리아의 한 수도원에서 아침에 일어난 광경이다. 수도자들은 모두 잠자리에서 일어나 수도복을 입고 복도를 따라 가운데 있는 모임방으로 들어갔다. 거기서 어떤 수도자가 독서대에서 요한복음 2장의 한 구절을 읽을 때까지 그들은 조용히 앉아 있었다. 그는 또박또박 여유 있게 가나의 혼인잔치가 담긴 여덟아홉 구절을 읽고 나서 30~40초 정도 잠시 멈추었다. 그리고 그는 똑같이 여유를 가지고 또박또박 같은 구절을 다시 읽었다. 그리고 그는 한 30초 정도 멈추었다가 같은 구절을 세 번째 읽었다. 그가 세 번째 멈출 때 몇몇 수도자들은 그 구절로 기도하려고 자신들의 방으로 돌아가기 시작했다. 다른 수도자들도 마찬가지로 네 번째 낭독과 심지어 다섯 번째 낭독까지 기다렸다가 자기들의 방으로 떠났다.

무슨 일이 일어났겠는가? 반복적인 낭독은 그들의 상상 속의 세계를 복음의 특정한 에너지와 색깔로 된 장면으로 흠뻑 잠기게 만들었다. 잠김은 당연히 분심을 줄여주고 생각과 마음을 모아서 기도할 수 있도록 북돋아 주었을 것이다. 아마도 이것 덕분에 복음을 듣고 있었던 어떤 수도자는 이야기 속의 특정한 인물이 될 수도 있고 그리스도의 내적인 느낌까지도 발견할 수 있었을 것이다. 복음 사건의 신비로운 힘은 기도하는 당사자를 사로잡아서 상상과 기억으로 과거를 현재로 만들 수 있다. 기도하는 사람에게 지금 표현되는 예수님 기억(그리스도의 내적인 느낌)은 그 사람의 기억에 영향을 줄 수 있다.[21] 그것은 역사이고 기도하는 사람이 복음 관상으로 들어갈 수 있는 방법이다. 이야기가 상상으로 펼쳐질 때까지, 크게 소리 내서 읽고 잠시 멈추고, 다시 읽고 멈춘다.

지금은 온전히 나 자신과 함께하는 현재이다. 둘째 길잡이는 과거를 현재로 만들 뿐만 아니라 현재를 나의 일부로 만든다. 우리는 종종 둘째 길잡이를 '이것은 장소를 정신적으로 재현한 것이다.'라고 해석한다. 그러나 '둘째, 구성composition, 장소 보기'가 더 문자적인 해석이다. 구성은 내가 기도에 들어갈 때 장소를 상상함으로써 내가 만들어진다는 뜻이다. 내가 성경 구절로 만들어질 때 과거가 현재로 될 뿐만 아니라 나는 현재의 한 부분이 된다.[22]

나는 셋째 길잡이에 편안하게 머물 즈음에 이야기가 현실이 되면서 나는 이야기 속에 현존한다. 이냐시오는 은총을 청하는 기도를 하라고 반복해서 요청한다. '이것이 내가 열망하는 것을 청하는 것이다.' 이것은 내게 초점을 맞춘다. 이것은 특정한 내 욕구를 표현한다. 이것은 내가 모든 것이 은총이라고 생각하게 만든다. 나는 기도 안에서 은총을 받고 기도 안에서 일어나는 모든 성장은 하느님으로부터 온다. 그러나 내가 내 삶을 하느님께서 관장하시도록 맡기지 않으면 나는 성장할 수 없다. 이러한 상태는 신비로운 하느님의 영향을 받을 필요가 있는 내 삶의 특정한 부분에 하느님께서 개입하게 만든다. 때때로 이냐시오가 했던 것 이상으로 은총을 구체적으로 청하는 것은 도움이 된다. 나는 종종 영신수련을 할 때 필요하다고 생각한 것을 청하면서 기도를 시작하지만, 기도하는 동안 하느님께서는 진짜로 필요한 것과 청해야 하는 것을 내게 알려주기 시작하신다. 그러면 나는 마음속에서 원하는 것을, 특별히 대화하면서 더 확실하고 구체적으로 밝힌다.

유익한 것은 상상에서 나온다. 즉 '나는 나 자신을 성찰할 것이며 유익한

것을 취한다. 이 문구는 1960년대까지 수년 동안 자주 오해를 받았다. 이냐시오가 영신수련을 쓴 이후 더 이성적인 시대에서 문자 그대로 받아들여진 이 문구는 진행하던 복음 관상을 멈추고 관상에서 교훈을 발견하라고 말해주는 것 같았다. 이것은 전혀 그런 뜻이 아니다. 오히려 그것은 내가 사건에 더 깊이 참여하면 내 삶과 선택은 영향을 받는다는 뜻이다. 유익한 것은 움직임 자체에서 나온다. 나는 변하고 있는 자신을 발견하고 변하기를 바란다. 내 편에서 따로 정신적으로 노력을 하지 않은 채, 나는 구체적으로 예수님을 더 깊이 알고 따르기 시작한다.

나는 피정을 하면서 복음 관상으로 자연스럽게 결실을 얻은 경우가 있었다. 나는 협조자들과 함께 일하면서 언제까지 중간 관리자로 있어야 하는지 걱정하고 있었다. 나는 언제나 위에 있고 싶은 마음도 있고 추종자가 되고 싶은 마음도 있었다. 그러나 나는 계속 중간 관리자였다. 나는 온전히 책임자도 아니며 온전히 추종자가 되지도 않았다. 나는 이런 내 역할에 화가 났다. 그래서 나는 피정을 하면서 기도했을 때, 오랫동안 끊임없이 이 문제를 해결하고자 노력했음에도 온전히 깨닫지 못했다. 그래서 나는 예수님께 나에게 원하는 것이 무엇이냐고 물었다. 나는 성지 주일로 복음 관상하기로 마음을 먹었다. 다음은 내 회고의 일부분이다.

기도의 전반부에서 나는 장면을 떠올리기 시작했고 깨달음을 청했다. 내가 다시 그 사건을 되새겼을 때, 나는 '호산나'라고 외치며 겉옷을 던지고 길에 종려나무를 깔고 있던 군중 속으로 들어가기 시작했다. 나는 기도의 끝 무렵에 당나귀가 되었다. 나는 당나귀가 되어서 위로를 듬뿍 받았다. 언제나 중간 관리자였던 나 자신에 대한 혼란은 사라지기 시작했다.

나는 복음 관상을 통하여 중간 관리자가 하느님을 가장 잘 섬길 수 있는 길임을 깨닫게 되었다. 보통 이렇게 결과가 쉽게 나온다고 설명하려는 것이 본론이 아니다. 오히려 본론은 다음과 같다. 과정에서 결실이 점차 분명해지지 않으면 피정자의 복음 관상 방법이 어딘가 잘못되었다.

피정자가 방법을 사용할 때 방법은 거의 사라진다. 자연스럽고 실제적으로 먼저 일어나는 역사를 제외하고 모든 복음 관상의 측면aspects은 대체로 순서 없이 일어난다. 피정자는 상상으로 이야기 안에 들어가면 다른 측면은 저절로 일어날 수도 있다는 것을 깨닫는다. 그가 구성이나 둘째 길잡이로 옮겨갈 수도 있고 그것은 기도 전체가 된다. 또는 그는 청하는 **은총**에 마음을 집중할 수도 있고 기도 내내 예수님과 대화를 나눌 수도 있다. 그는 장소를 상상하기 시작하고 동굴을 들여다볼 수도 있고 기도 내내 예수님과 거기에 그냥 머물 수도 있다. 또한 그는 처음 세 단계를 따라서 움직일 수도 있고 그 뒤 말씀에 집중하고 이야기에 나오는 등장인물 중 하나가 되어 그 순간 온전히 거기에 머물 수도 있다.

방관자가 아니라 적극적인 참여자. 우리가 이 방법을 사용하려면 스스로 이야기가 벌어지는 사건의 일부분이 되도록 허락하는 것이 중요하다. 달리 말하면, 그것은 영화를 보는 것이 아니고, 역사적인 사건을 기억하는 것도 아니다. 또한 그것은 소설을 읽으면서 이야기에 몰입되는 것도 아니다. 그러한 각각의 예에서 우리는 언제나 같은 상황으로 전개되는 사건에 참여한다. 그 사건은 일종의 대상objectivity이 된다. 그러나 복음 관상이 의도하는 참여는 이러한 모든 예를 초월한다. 우리가 사건을 '복음 관상'할 때마다 사건은 조금씩 달라진다. 나는 내 현실의 여기저기서 갈등을 겪고 엎치락뒤치락하면서 주체적인 나로서 이야기에 지금 참여project하라고 초대받는다. 나는 나만의 방식으로 관계를 맺기 위하여 이야기에 참여하는 것을 허락한다.

다음의 성탄 수련[114]의 첫째 요점은 이냐시오가 자신의 체험을 표현한 것이다. '나는 보잘것없는 종이 되어 그분들을 보고 또 찬찬히 살펴보면서 그분들의 필요에 맞추어 시중을 든다.' 다시 한번, '나는 나 자신을 만들 것이다'라는 표현은 자발적으로 '나는 나를 만들 것이다'라는 뜻이 아니다.[23] 오히려 그것은 다음을 의미한다. 나는 (부활하신 주님인, 예수님의 신비에 지금 들어가며) 복음 이야기에 참여하도록 나 자신을 허락해서, 그 이야기는 나의 현실이 되고 나도 그것의 현실이 된다. 그 이야기는 나의 신비에 영향을 주고 내 신비는 그 이야기에 영향을 준다. 이런 과정에서, 나는 예수님의 신비에 참여한다. 나는 작고 보잘것없는 종이 되거나 목동들 가운데 하나가 되거나 작은 아이가 되거나 현재의 나로 머문다. 예수님 삶에서 일어난 사건이 나를 사로잡게 만드는 비결은 내가 능동적으로 사건의 일부가 되는 나의 상상에 달려 있다. 이것이 일어나지 않으면 나는 예수님께 원인을 알려달라고 청해야 한다.

신비|mystery**에 더 깊이 들어가기.** 복음 관상을 할 때 기도에 들어가는 단계|levels는 여러 가지이다. 나는 다음에 이어지는 기도에서 대체로 같은 성경 구절과 내가 감동하였던 같은 이미지를 반복하거나 되돌아가는 반복으로 깊은 단계를 체험한다. 모든 단계가 나의 당나귀 이야기에서처럼 한 번의 기도로 체험될 수도 있다.

대체로 나는 사이사이에 침묵하면서 성경을 읽기 시작한다. 아마도 나는 기도에 익숙해지고자 자료를 여러 번 읽을 필요가 있을지도 모른다. 나는 침묵하는 동안 상상으로 사람들·대화·행동에 스며든다. 그러고 나서 즉시 또는 잠시 뒤에 나는 상상으로 좀 더 깊이 참여하기 시작한다. 즉, 내가 여기저기서 보고 , 듣고, 만지기 시작하는 어떤 특정한 순간이 있다. 그 순간에 나는 더 깊이 참여하지만, 거기에는 곰곰이 생각할 요소가 아직 남아 있을 수도 있다. 그 뒤, 나는 이야기의 신비에 더 깊이 들어갈 때 보고, 듣고, 만지기 시작한다. 상호작용이 대화와 활동 등을 통해서 많이 일어난다. 나는 이 단계에서 스스로 신비 안에 온전히 현존하고, 신비는 온전히 내 안에 현존한다. 나는 이 단계에서 내 존재의 의식적이고 덜 의식적인 곳에서 예수님의 영에 깊게 영향을 받도록 나 자신을 연다.

어떤 피정자는 종종 반복으로 깊이 몰입한 후 깊은 단계를 거쳐 고요해진다. 기도 수련 초기에 일어났던 활동과 상호작용 대부분은 활동과 대화가 줄어드는 쪽으로 움직이기 시작한다. 피정자는 온전히 몰입된 채, 바라보고, 듣고, 만지고, 냄새 맡고, 맛보면서 그냥 거기 머문다. 그것은 체험이 점차로 느려지고 마치 피정자가 연인을 위해 존재하고 연인은 피정자를 위해 존재하면서 시간이 흘러가는 것처럼 보인다. 피정자가 거기에 있고 예수님께서 거기에 있다. 신비가 거기에 있다. 아무 말도 필요 없고 위대한 생각이나 아쉬움도 떠오르지 않는다. 이것이 '하느님의 좋으심을 맛보고 보는' 체험이다. 둘째 주간에서 이냐시오는 이런 체험을 다섯째 수련을 통해서 일어나야 하는 것으로 보았고 오감 활용이라고 불렀다[121]-[126]. 초보자에게는 이것이 기도와 분리된 활동으로 나타날 수 있을 것이다. 그러나 우리는 반복하면서 이것을 기대한다.[24] 앞에서 내가 제안했듯이 이것은 복음 관상 초기의 적당한 때에 일어날 수도 있다. 지도자는 이러한 자연적인 발생을 격려해야 한다. 나는 다음과 같이 이 단계를 요약하였다.

1. 초기: 사람들, 대화, 활동 등을 상상으로 숙고

2. 조금 깊어짐: 보기, 듣기 등을 하는 시간

3. 더 깊어짐: 상상하는 시간이 늘어나고 많이 활동

4. 많이 깊어짐: 상상 시간이 늘어나고 적게 활동, 매우 수동적임

5. 가장 깊어짐: 영적인 감각에 몰입되는 시간-하느님의 좋으심을 맛보고 바라봄

나는 이런 이론적 단계를 논의하면서 충분히 반복되는 복음 관상은 깊은 고요로 이어질 수 있다고 말하고 싶다. 실제로 [20]에 따른 영신수련 피정 동안, 하느님께서는 매일 기도의 첫 번째 또는 두 번째 요점을 통해서 피정자가 종종 4단계나 5단계의 체험을 하게 해 주신다. 많은 피정자들이 부름이나 치유를 받는 상태와 상관없이 영신수련 피정을 하면서 그런 선물을 받는다. 일상의 분위기가 [19]에 따라서 영신수련을 하는 피정자에게 오감 활용이 추정하는 수동적 수용성을 갖도록 도움을 주지 않을 수도 있다. 그러나 당신은 그러한 수용성을 지니라고 계속 피정자에게 요청해야 한다.

별도로 오감 활용을 가르치지 않고 다음과 같이 복음 관상을 반복하면서 더 수동적으로 기도하라고 권하는 것이 오감 활용 촉진에 더 도움이 되는 것처럼 보인다. '기도하면서 예수님과 함께 있는 순간으로 돌아갈 때, 그분의 침묵을 들이마십시오. 예수님의 마음을 사로잡은 번민을 맛보십시오.' 또는 '당신이 체험한 놀라운 순간에 머무르십시오.' 이 제안이 피정자가 오감 활용을 할 수 있게 준비시키는 데 도움이 안 돼 보이면, 당신은 도움이 되는 다른 방법을 제시할지를 결정해야 한다.

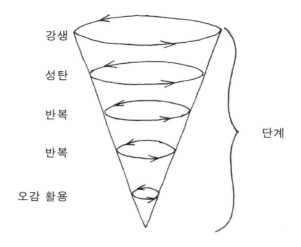

[그림 8] 반복은 깊어지면서 오감 활용이 일어난다.

피정자는 복음 관상에서 예수님의 인간적인 면모existence를 파악하려고 시도한다. 피정자가 그렇게 시도할 때 성령은 피정자의 면모를 파악하기 시작한다. 피정자가 예수님의 인간적인 면모를 파악하는 데 시간을 더 많이 보낼수록 복음 관상에 더 깊이 들어간다. 성령께서 피정자의 면모를 더 많이 파악할수록 피정자는 오감 활용에 더 깊이 들어간다.

탁월한 식별 수단. 영신수련 본문은 일생을 바치는 결정을 식별하기 위한 수단이었다. 복음 관상은 이런 영신수련 여정이나 기도하며 결정하는 것, 또는 기타 맥락에서의 결정 과정에 필요한 탁월한 식별 수단이다. 피정자는 복음 관상으로 예수님처럼 생각하고 느끼는 것을 배우기 때문에 복음 관상은 피정자가 예수 그리스도의 생각과 마음을 지니는 데 결정적으로 도움을 준다. 게다가 피정자의 숨은 생각과 느낌이 복음 관상을 통하여 드러날 때, 자유로운 피정자는 자신의 깊은 열망을 인식한다.

복음 관상 방법 자체가 '영'의 활동을 도와주기 때문에 복음 관상은 피정자가 식별할 수 있게 도와준다. 복음 관상은 피정자를 여러 가지 내적인 움직임의 영향을 받을 수 있는 수동적인 상태로 이끈다. 환상과 상상은 깊은 내적 느낌과 감수성 그리고 마음의 덜 의식적인 영역에 연결되어 있다. 선택과 연합하는 모든 것인 욕구·애착·희망·꿈·신화·부자유·영감·동기·지향·사랑·힘 등이 덜 의식적인 영역에서 일어난다. 따라서 복음 관상은 결정하는 데 성찰이나 묵상보다 더 좋은 수단을 제공한다.

복음 관상은 또한 생각과 이미지가 사라지고 느낌도 거의 없어지는 상태라고 규정된 관상 기도 방식보다 결정 내리기에 더 좋다. 왜냐하면 거기에는 내적이고 감정적인 움직임이 없기 때문에 어떠한 움직임도 판단하기가 몹시 어렵다. 한두 번의 기도로 영적 위안을 식별하기 어렵고 영적 위안과 결정할 사안 사이의 관계도 식별하기 어렵다.

요 약

복음 관상은 영신수련의 필수 수단 가운데 하나이다. 이 기도 방법은 기본적으로 예수님의 생애에 일어났던 사건에 상상력을 사용한다.

상상은 깊은 느낌과 연결되어 있다. 상상은 이성의 작용이고 종종 내적인 진실에 도달하는 데 분석능력보다 더 유효하다. 예수님의 이야기에 온전히 몰입된 사람은 상상을 통하여 영향을 받는다. 이러한 이유로, 성경은 하느님의 계시를 이야기로 전달한다. 우리는 이 방법을 사용하면 지금 부활하신 주님인 예수님의 기억과 만나고 우리 자신이 온전히 예수님 삶의 영향을 받는다. 의심할 바 없이 이냐시오의 모델은 어쩌면 그 자신이 복음 관상을 한 체험의 개요이기 때문에 상상으로 복음 사건을 기도하는 사람의 면모가 더 잘 드러난다.

그러나 우리는 기도하면서 상상할 때 저절로 일어나는 모든 것 또한 덜 기계적으로 설명할 수 있다. 우리는 반복을 통하여 예수님의 신비에 더 깊이 들어간다. 영들의 움직임을 촉진하며 생각과 마음을 예수님에게 여는 복음 관상은 특별히 결정 내리기와 식별 과정의 탁월한 수단이다.

▌연구, 성찰, 토론을 위한 자료
다음의 예는 가상의 피정자가 성전의 봉헌(루카 2:22-39)을 기도 수련하고 회고한 것이다. 45세의 독신 변호사인 가상의 피정자는 영신수련의 초기에 특별히 난민들을 위해서 열심히 일하느라 지쳐버린 자신을 발견했다. 이 예는 여기 23장의 어떤 측면을 반영하는가?

▎첫 번째 가상 회고

나는 다른 기도와 마찬가지로 반복 기도를 했다. 나는 의식적으로 더 수동적이 되려고 하였다. 나는 그 주간의 다른 반복에서 영적 위안을 체험하였던 곳으로 돌아갔다. 나는 그 체험이 나를 사로잡게 두었다. 나는 시메온처럼 지혜롭고 믿음이 깊어지기를 청했다. 나는 신심 깊은 시메온에게 깊이 빠져서 많은 시간을 보냈다. 그는 매우 지혜롭게 보였다. 나는 시메온의 지혜를 배우면서 하느님의 현존을 감지했다. 시간이 아주 빠르게 흘러갔다. 내 마음 속에서 의욕이 솟아올랐다. 나는 더욱더 마음을 다하고 조심스럽게 자원봉사를 가장 먼저 하고 싶다고 예수님께 말했다. 나는 허세를 부리지 않으면서 성실하게 매일 노동하는 요셉에게 계속 감명을 받았다.

▎두 번째 가상 회고

나는 다른 반복과 마찬가지로 기도를 했다. 나는 마리아와 요셉의 친구가 되어 비둘기 두 마리를 들고 가는 특권을 누렸다. 나는 이 특권을 누리면서 토론토의 난민촌에서 일하던 때를 기억했다. 나는 사원에 들어가서 줄을 서 있을 때 그들을 위해 기도했다. 시메온이 나와서 예수님을 받아 안았다. 나는 조용히 자신의 아버지께 봉헌되는 예수님 앞에서 놀라움을 체험했다. 나는 깊이 감사를 느꼈다. 나는 지혜롭고 믿음이 깊은 시메온을 닮게 해달라고 청했다. 시메온은 마리아에게 아기 예수님을 돌려주었고 나는 마리아가 넘겨준 아기를 잠깐 안았다. 시간이 빠르게 흘러갔다. 나는 하느님의 현존을 느꼈다. 나는 더욱더 마음을 다하고 조심스럽게 가장 먼저 자원봉사를 하고 싶다고 예수님께 말했다. 나는 허세를 부리지 않으면서 매일 성실하게 노동하는 요셉에게 계속 감명을 받았다.

▌세 번째 가상 회고

나는 다른 반복 기도와 마찬가지로 기도를 했다. 나는 마리아와 요셉의 친구가 되었고 비둘기 두 마리를 들고 가는 특권을 누렸다. 이것은 토론토의 난민촌에서 일하던 나 자신을 떠올리게 도와줬다. 나는 사원에 들어가 줄을 서서 그들을 위해 기도했다. 나는 탈진하지 않으면서 난민들과 함께 꾸준히 일할 방법을 찾기 시작했다. 나는 앞으로 다가와 아기를 안는 시메온을 바라봤다. 그는 예수님을 봉헌했다. 나는 하느님께서 나에게 난민촌 일을 포기하라고 말씀할지라도 난민들과 함께하는 일을 봉헌하고 싶었다. 나는 이 시점에서 이것이 매우 어렵다는 것을 발견했다. 나는 시메온처럼 지혜롭고 믿음이 깊어질 수 있기를 청했다. 시메온은 아기 예수를 마리아에게 돌려주었는데 우리가 집으로 갈 때 마리아는 내가 예수를 안고 가게 허락했다. 나는 난민들에게 너무 깊이 몰두하느라 탈진했던 나의 이야기를 그들에게 나누었다. 그들이 사원에서 드린 봉헌은 예수님의 십자가 위의 봉헌으로 정점에 이를 것이라는 사실을 나는 알고 있었다. 나는 십자가와 자원봉사에 대한 나의 결정이 어떤 관계가 있는지 궁금했다. 나는 시메온의 기도를 드린 후 하느님께 나의 오락가락하는 마음을 드리며 기도를 끝냈다.

1. 이것들은 복음 관상인가? 오감 활용인가? 또는 둘 다인가?
2. 오감 활용의 순간이 이것들에 들어 있는가?
3. 이것들 사이의 다른 점은 무엇인가?

23장 미주

1) 16세기의 사람들인 아빌라의 데레사와 십자가의 성 요한은 이 전통을 대변한다. 그들은 가르멜이라는 로마 가톨릭 수도회의 탁월한 회원들이었다.

2) 예루살렘 성경의 첫 번째 영어 번역본에 있는 히브리서 4:12-13.

3) 이것은 초월적 명상으로 실행하는 수련에서 보면 당연하다. 그런 수련으로 얻어지는 의식의 선택적 상태는 관상 기도에서 일어나는 것과 유사하다. 그러나 초월적 명상을 하는 사람은 관상 기도의 핵심인 인격적인 하느님과 직접적인 관계를 거의 맺지 못한다.

4) 거룩한 독서(렉시오 디비나)는 그리스도교 영성의 전통에서 개발된 한 가지 기도 방법이다. 종종 우리는 이 방법을 '묵상적 독서'나 '영적 독서'라고 번역한다. 그리스도 교회의 초기에는 이 방법을 처음 사용한 수도자들을 포함한 많은 사람이 글을 읽지 못했다. 따라서 우리는 이 방법을 '마음으로 듣는 기도'라고 부르는 편이 더 나을 것이다. 우리가 저녁노을을 바라보거나 호감을 가지고 감동적인 체험을 음미하는 동안에 매우 자연스럽고 자발적으로 되듯이, 거룩한 독서를 듣는 것은 마음으로 듣는 것이다. 또한 우리는 사이를 두고 성경이나 다른 특별한 독서에서 말씀을 천천히 읽고 맛보거나 마시게 될 때 마음으로 듣게 된다. 따라서 우리는 마음으로 들음으로써 저절로 체험이나 글 또는 사건을 성찰하게 된다. 우리는 성찰하며 저절로 반응하고, 때로 하느님의 영에 영향을 받도록 우리 자신을 더 연다.

당신은 거룩한 독서(렉시오 디비나)로 책을 읽을 때, 단어와 구절이 마음에 들어오게 사이를 두고 잠시 멈추면서 천천히 읽는다. 어떤 생각이 깊게 와 닿으면 그것이 당신의 존재를 뚫고 들어오게 완전히 허락하면서 그 생각에 잠긴다. 받아들인 단어를 맛본다. 대화할 때처럼 진지하고 자연스럽게 반응한다.

특정한 사건을 기억하면서 거룩한 독서를 할 때, 그 체험을 회상하고 하느님 앞에서 거기에 머무른다. 더 깊은 뜻이나 이해나 사물을 보는 방법을 발견하고자 곰곰이 생각하듯이 느낌과 생각이 마음에서 솟아나는 체험과 함께 어우러지게 한다. 대화할 때처럼 진지하고도 자연스럽게 반응한다.

5) 나는 1970년대에 전통적으로 사용하는 관상이라는 단어와 다르게 관상 방법method of contemplation이라는 용어를 사용하기 시작했다. 나는 언제나 이냐시오 관상이라는 용어를 싫어했다. 왜냐하면 그것은 이냐시오가 전통적인 관상의 의미를 믿지 않거나 사용하지 않았다는 편견을 사람들에게 줄 수도 있기 때문이었다. 그러나 '관상 방법'이라는 용어는 결코 널리 알려진 적이 없다. 나는 이냐시오가 의도했던 것을 지칭하기 위해 복음 관상이라는 용어가 더 자주 사용되기를 바란다.

6) 이것은 오래전에, 구엘프에서 지도자 팀 미팅 중에 존 잉글리시가 나눈 생각이다.

7) 존 위캄, *The Communal Spiritual Exercises, Volume B. Directory* (Montreal:

The Ignatian Center, 1988) 21.

8) 복음 사건의 분위기에서 직접 선택하는 수동과 능동의 관계는 때때로 복음 관상을 막 배우기 시작한 피정자를 혼란스럽게 만든다.

9) 상상력이 이성의 능력과 뒤섞이는 현상에 대해 많은 대화를 나눈 마크 멀둔Mark Muldoon 박사에게 감사를 드린다.

10) 이것은 *The Way Supplement* 27호 'Spring 1976'의 28쪽에 있는 갓프레이 오도넬 Godfrey O'Donnell의 "Contemplation"에서 인용했다.

11) John Grinder/Richard Bandler, *The Structure Of Magic* Vol. 2 (Palo Alto: Science and Behavior Books Inc., 1976)," Part 1- "Representational Systems", 3-26.

12) 이 통찰에 대해 존 잉글리시에게 감사한다.

13) 그래서 우리는, 은유나 비유를 통해, 사건을 '보는 것으로' 생각할 수도 있다.

14) 보고, 듣고, 느끼는 것 모두는 게슈탈트, 융Gestalt, Jungian의 꿈 분석, 종합 심리 요법 등과 같은 심리학 접근법에서 사용하는 심상 유도 기법으로 체험한 것과 일치한다.

15) 이 이야기는 로버트 옥스Ochs, S.J.가 쓴 *God is more present than you think: Experiments from Closing The Gap in Prayer* (New York: Paulist Press, 1970), 62쪽을 약간 적용한 것이다.

16) 그래서 영들을 식별하는 규칙이 필요하다.

17) 역사학자들은 마침내 모든 역사적 해석은 과학임에도 상상력의 도움을 받아야 한다는 것을 인정했다.

18) 나는 이 이야기의 출처를 기억할 수 없어서 유감이다.

19) 존 잉글리시의 책, *Spiritual Freedom* (Chicago: Loyola University Press, 1995), 135-137쪽을 참조하라.

20) 이냐시오는 중세적인 세계관을 가졌다. 중세 문화에서 3이라는 숫자는 일련의 사례를 표현할 때 자주 사용되었다. 현재 우리 문화에서도 사람들이 서로 농담하고 예를 들 때 종종 숫자 3을 사용한다. 이냐시오가 세 개의 담화에 부여한 중요성을 주목하라. [63], [147], [156], [159], [168].

21) 이것은 데이빗 하셀, *Sisters Today* (October 1977)에 처음 기재한 "Christ's Memories"라는 제목의 논문을 적용하였다. 그 논문은 나중에 잘 요약되어 「Catholic Digest」 에 실렸다. 또한, 그 이후로 이 논문은 하셀의 *Radical Prayer* (New York: Paulist Press, 1983)의 38에 나타났다.

22) 윌리엄 피터스William Peters, S.J가 1960년 즈음에 복음 관상에 대한 두 번째 길잡이인 장소 구성을 해석하고 소개했다.

23) 수년 동안 특별히 전통적인classical 세계관이 지배하던 19세기와 20세기 전반부에는 이러한 문자적이고 지성적인 해석이 유행했다.

24) 이 주장을 뒷받침하는 증거로서 기도 길잡이가 셋째 주간과 넷째 주간에 여러 가지 이유로 오감 활용을 생략할 수 있다는 제안을 생각해 보라. [209], [226] 왜 이러한

지침directives이 오감 활용은 반복의 정상적인normal 결과를 표현한다는 제안과 일치하는가? 또한 오감 활용과 관련된 일러두기[227]의 지시에 담긴 마지막 문장을 주목하라. 여기에 주어진 지시는 반복하기와 매우 유사하다[2], [63].

사람은 자신을 받아들이지 않으면 자신을 통제할control 수 없다. 그러나 우리는 우리 자신을 받아들임으로써 생명의 흐름인 본성을 따르기로 동의하기에 통제를 포기한다. 따라서 우리가 방향을 바꾸기 전에 실제로 변화가 이미 일어나고 있음을 알아채면, 우리는 가장 순수한 통제가 변화에 있음을 깨달으면서, 그 안에서 헤엄치라고 초대받는다. 생명은 자기 조절 반응self-regulatory feedback이고 통제는 부가된 압력push이 아니라 변화에 대한 경계alertness이다. 자신의 삶을 통제하는 것을 포기한 사람은 처음부터 자신의 삶에서 이미 일어나고 있는 변화로부터 더 깊은 통찰을 얻는다.

— 야로슬라프 하벨카Jaroslav Havelka의 '성찰과 편견'에서 인용

24장
둘째 주간에 치유받는 상태의 피정자 안내

전반적인 소견

24장은 영신수련 여정의 둘째 주간에 주로 치유받는 상태의 피정자들 안내에 필요한 성찰을 구체적으로 제공했다. 그들은 이 시점에서 내적 치유보다도 성장growth issue에 집중적으로 관심을 두는 특징이 있다. 그들은 인격적으로 성장하기 위해 계속 적극적으로 하느님께 도움을 청한다. 이러한 태도는 그들이 지금 당장 은총이 가득한 삶이 주는 기쁨과 의미를 누리거나 발견하지 못하게 만들고 더 공적인 세계에서 자신들의 제자 직분을 더 분명하게 실행하지 못하도록 방해한다. 반면에, 영신수련의 이 시점에서 부름받는 상태의 피정자들은 치유가 필요해도 주로 하느님의 나라에서 일하라는 하느님의 부름에 집중한다. 여전히 치유가 문제로 남아 있을지 모르지만 이 시점에서 그들의 가장 강한 열망은 치유가 아니다.

치유받는 상태의 피정자가 지닌 사연은 여러 가지이다. 그것은 어쩌면 중년의 슬픔에서 떠오르는 재적응일 수도 있다. 그것은 사랑하는 사람을 잃은 슬픔일 수도 있다. 그것은 최근에 피정자의 의식에 떠오른 과거의 상처와 연결된 더 깊은 사연일 수도 있다. 우리는 이런 사연과 관련된 다양한 예를 들 수 있다. 다음은 몇 가지 예이다.

— 밥은 버려진 기분이 들었다. 이것은 그가 어린 시절 병원에 두 달 동안 입원했을 때 이런저런 이유로 가끔 찾아올 수밖에 없었던 그의 외짝 부모에게 느꼈던 기분과 같다.

— 라헬은 잘 연기하지 못할까 봐 걱정했다. 그녀가 어렸을 때 그녀를 함부로 다루었던 알코올 중독 부모는 그녀가 한 일에 충분히 만족한 적이 없었다.

— 제니는 다시 자신이 부끄럽기 시작했다. 그녀는 학창 시절에 뛰어났던 언니를 결코 따라잡을 수 없었다.

치유받는 상태의 피정자는 그리스도 나라에 나오는 예수님의 부름에 덜 열정적이고 조금 다르게 응답한다[98]. 그의 '봉헌'은 투신이라기보다는 자기 수용일 수도 있다. 그의 주요한 관심사도 예수님의 어린 시절에 관한 복음 관상에서 확실하게 바뀐다. 피정자는 세상에 오신 하느님의 인성을 이해하고 예수님의 신비가 그를 더 깊이 감동하게 허락하는 쪽으로 격려받는다. 하지만 그는 사랑에 사랑으로 응답하기를[116] 바라는 제자 직분과 사명에 대해서는 그렇지 않다. 그는 따름이라는 은총의 뒷부분이 아니라 앞부분인 사랑을 강조한다[104]. 그는 둘째 주간에서 세 개의 담화를 하면서 대화의 내용을 의식하지 못한 채 바꾼다. **그는 예수님을 닮기 위하여 거절당할 수도 있는 부름에 응답할 수 있도록 선택되게 해달라고 청하기보다는 거절과 인생의 부침을 참고 견딜 수 있게 해달라고 종종 청한다.** 그는 부름에 기꺼이 응답하려는 쪽에서 자신의 삶에서 일어나는 어떤 것이라도 더 수동적으로 참고 받아들이려는 쪽으로 옮겨 간다. 치유받는 상태의 피정자는 이 시점에서 자신의 삶에서 거절당하라는 유의미한 부름을 식별하거나 그 부름과 연관될 수도 있는 개인적인 신화를 발전시키려고 하지 않는 것처럼 보인다.[1]

때때로 마음속 깊고 어두운 공허는 그것을 채워줄 대체물을 찾거나 회피하면서 살아가라고 피정자에게 강요한다. 따라서 그의 삶에서 힘을 빼앗는 깊고 어두운 공허는 한 가지 방식이나 여러 가지 방식으로 드러난다. 그가 감추었다가 당신에게 들려준 과거는, 이론적으로는 모든 세상에서 최상이었어야 했던, 잃어버린 근본적 체험을 되찾으려는 반복적 시도를 종종 드러낸다. 그는 무엇인가 잃어버렸기에 그것을 발견할 때까지 살 수 없어 보인다. 지금 우리 문화에서 우리는 이러한 공허가 만들어낸 상처를 매우 다양한 관점으로 이해한다. 그것은 치명적인 수치심, 중독, 상호 의존co-dependency, 술 중독 부모에게 학대받은 어린 시절, 학대 등이다.

복음 관상에서 떠오르는 기억을 다루는 것은 피정자에게 매우 유익할 수 있다. 말하자면 기본적으로 피정자가 자신의 이야기가 예수님의 이야기와 만나도록 도움을 받을 때 치유가 일어난다. 종종 영신수련 여정에서 과거의 고통을 직면하고 자신의 이야기를 예수님의 이야기와 연결하도록 피정자에게 힘을 주는 것은 감각으로 인식한 하느님의 현존과 더불어 의미에 대한 믿음이다. 이러한 참여를 통해서 피정자는 기쁨이 넘치는 제자로서 더 자유롭게 행동할 수 있다.

기도 수련에서 고통스럽고 상처받은 기억이 여러 번 떠오르고, 피정자가 마음을 어느 정도 열고 그것을 인식하면 대체적으로 그는 그것을 유익하게 다룰 수 있는 단계에 들어간다. 이러한 신호는 그가 준비되었음을 알려주고 영적인 길잡이가 영신수련의 방법을 신뢰하게 도와준다. 그렇지 않으면 피정자는 자신을 보호하려고 괴로운 기억을 계속 마음psy-che속에 숨긴다.

지도자가 치유받을 준비가 된 피정자의 이야기에 관심을 갖고 들어주고 순수하게 받아들이면 거의 저절로 치유가 이루어진다. 그러나 자신의 성장이나 미숙을 자각하고 수용하는 지도자의 역량에 따라 피정자는 치유에 도움을 받거나 방해를 받는다. 피정자의 깊은 감정이 기도나 면담에서 떠오르기 시작할 때, 덜 의식된 자신의 두려움에 영향을 받은 영적 길잡이는 다음과 같이 피정자의 체험을 부지불식간에 왜곡할 수도 있다.

— 지나친 영성화: 그녀는 기도로 치유할 수 있고 하느님께서 공허를 메워주고 고통을 없애주신다고 믿는다.
— 이원화: 그녀는 영성과 인성을 분리하고 심리적인 체험을 다루려고 노력하지 않는다. 그녀는 문제를 기도나 기도 안내를 통해서 결코 다룰 수 없고 오직 전문적인 상담을 통해서만 해결할 수 있다고 추정한다.
— 심리적 접근: 그녀는 자신의 한계를 인식하지 못하고 적절한 기술도 없이 문제를 다루려고 애쓴다.
— 포장하기: 그녀는 해결 못한 일이 불편하다. 그녀는 일을 멋지게 해결할 필요가 있기에 부지불식간에 피정자가 해결하기를 바란다.
— 추궁하기: 그녀는 개가 뼈다귀를 씹듯이 한 가지 문제에 지나치게 집중하고 결코 포기하지 않는다. 그런 태도는 영적 여정을 지배하거나 오염시킨다.
— 비교하기: 그녀는 피정자가 표현한 모든 체험을 자신의 체험과 비교한다.
— 부정하기: 그녀는 체험을 걸러내고 피정자가 적절한 태도로 복음 관상과

영신수련 여정의 다른 방법을 통하여 그 체험을 다루지 못하게 방해한다.

당신은 면담이 끝난 후 이와 같은 목록에 비추어 스스로 성찰할 수 있다. 이것의 첫째 목적은 부지불식간에 다른 사람의 체험을 왜곡하지 않도록 당신을 보호하려는 것이다. 당신은 이런 목록을 의식 성찰에 포함할 수도 있다.

치유 기법을 복음 관상에 사용하기

피정자의 상처 치유에 사용할 수 있는 당신의 기법은 어떤 것인가? 다른 영적 길잡이들과 마찬가지로 당신도 아마 피정자를 치유할 수 있는 당신 자신과 다른 사람이 체험하고 전해 준 서류 가방을 가지고 있을 것이다. 당신은 이 기법이나 방법을 영신수련의 방법과 적절하게 연계해서 영신수련 여정에서 치유하는 성령의 활동을 협력하는 데 사용할 수도 있다. 예를 들면, 당신은 예수님의 어린 시절에 대한 수련으로 복음 관상하는 피정자에게 예수님과 비슷한 또래가 되어 (또는 예수님께서 상처받은 피정자와 비슷한 또래가 되도록 허락하고) 예수님과 관계를 맺어 보라고 제안할 수도 있다. 그런 후, 당신은 예수님께서 성장하듯이 피정자가 성장하도록 다음과 같이 격려할 수 있다.

"다음 주에 예수님과 함께 성장하는 시간을 가져 보십시오. 이러저러한 수련을 하면서 당신이 일곱 살짜리 소년으로 자라는 과정을 기억하십시오. 일곱 살짜리 소년이 되어 나자렛에서 예수님과 함께 머무르는 것을 상상하십시오. 거기에서 성가정을 방문하십시오. 예수님과 함께 머물고 목공소에서 일하는 요셉을 바라보십시오. 그리고 다음 기도에서 계속 일곱 살에 머무르거나 예수님과 똑같이 여덟 살이 되십시오. 당신에게 무관심했던 부모님 때문에 화가 났던 것으로 기도하십시오."

다음은 복음 관상과 함께 사용할 수 있는 여러 가지 기법이다.

— 마리아와 요셉은 도움이 필요한 내면의 아이를 안전하게 키울 수 있는 부모가 될 수 있다.[2]
— 피정자가 성인adult으로 예수님과 관계를 맺거나 대화할 수 없다면 다섯 살짜리 내면 아이가 되어 종종 대화할 수 있다.
— 우리는 종종 그림그리기 같은 예술 작업을 안전한 치유 장소를 위한 기도 수련에 포함하거나 제공할 수 있다.

앞의 유익한 제안에 따른 예수님의 어린 시절은 피정자가 과거의 상처를 떠올리면서 하느님께 가도록 도와주는 안전한 장소가 될 수 있다. 당신은 그런 과정을 통해서 '사연'stuff을 하느님과 다루기 위한 안전한 구조를 피정자에게 간단하게 권한다. 당신이 동료로서 피정자가 기도에서 떠오르는 아픈 기억을 적절하게 다루는 방법을 발견토록 격려할 때 피정자의 안전이 확보된다. 이것은 당신이 기도 수련에 들어갈 수 있는 최선의 방법을 찾기 위해 논의하고 치유에 도움을 줄 것 같은 것을 함께 규명할 때에 이루어진다.

대체로 다양한 접근법을 제시하는 것은 현명하다. 피정자는 제시받은 다양한 접근법 가운데에서 자신의 준비 상태에 맞게 덜 위협적이고 더 신뢰할 수 있는 것을 선택할 수 있다. 그런 뒤에, 무엇이 일어나기 시작하는지, 무엇이 '더 큰 위안'으로 이끌어 갈 수 있는지 함께 기다리며 찾아라.[3] 이렇게 한 뒤, 단순하게 '위안'을 촉진하면서 과정이 스스로 진행되게 하라. 일단 '위안'이 시작되면 당신이 해야 할 모든 것은 계속 위안을 보듬는 일이다.

치유 수단인 식별 규칙

우리는 영들을 식별하는 규칙을 치유 촉진에 사용할 수 있다. 우리는 먼저 규칙을 영적 위안[316]과 영적 황폐[317] 그리고 거짓 영적 위안 [331]과 렌즈[335]를 통하여 기도 안에서 일어난 것을 식별하는 데 사용할 수 있다. 이것과 더불어 영적 길잡이는 우리 문화에서 오직 심리학 으로 이해하는 느낌과 생각의 양상을 다루기 위하여 규칙을 사용할 수 있다. 규칙을 이해하려면 이냐시오의 시대는 영적이고 심리적인 분야 모두를 하나이자 동일한 영혼 돌봄으로 받아들였음을 기억하라. 심리 치료 상담 단체가 자신들의 영역이라고 주장하는 몇몇 관점은 그들이 주장하기 이전부터 영적 안내에 속했다.[4]

우리는 첫 번째 규칙 세트 특별히 [325], [326] 그리고 [327]을 문자 그대로 몇몇 피정자들의 기도에서 떠오르는 극심한 분노를 이해하고 다루는 데 사용할 수 있다. 이러한 체험은 복음 관상에서 피정자가 종종 특정한 상황에서 부적절하게 반응하는 방식 이면의 동일한 양상을 보여 준다. 우리가 영신수련의 맥락에서 다루는 그 양상은 피정자의 자아 인식과 수용을 실제로 촉진한다. 나아가 자아 인식과 수용은 피정자에게 영신수련 여정 이후에 더 성숙한 예수님의 제자가 되도록 힘을 준다.

자신이 어렸을 때 어디에도 속해있지 않았고 중요한 사람들이 자기 말을 결코 들어준 적이 없다고 느꼈던 로버트라는 가상의 인물을 예로 들어 보자. 그는 자라면서 최소한의 신뢰도 결코 받아본 적이 없다. 그가 받은 메시지는 언제나 자신은 눈에 띄지 않았고 중요하지 않다는 사실이었다. 그는 사람들 앞에서 자신을 알리고자 감정을 과장하는 법을 배웠다. 그가 상처를 받았을 때 매우 깊게 상처받았다고 이야기를 해야 사람들이 그의 말을 들어 주었다. 그가 기뻤다면 그는 몹시 기뻤어야 했다. 세월이 흐르면서 로버트는 모든 감정을 매우 격하게 표현했다. 때로는 그는 모든 감정을 표현한 그대로 기억하고 체험하였다. 너무 잦은 그의 강렬한 감정 표현 때문에 친구들이 떠나갈 무렵에 그와 사람들과의 관계가 악화되기 시작했다. 로버트는 친구들이 자기 이야기를 듣지 않고 멀어진다고 생각했기 때문에 거듭 과장해서 표현했다. 이러한 과장은 그가 거부당할까 봐 두려워하게 만들었고 악순환은 계속됐다. 그는 지치고 우울하며 무기력해졌다. 마침내 그는 도움이 필요해서 심리 치료와 집단 상담을 받았다.

로버트는 이렇게 도움을 받으면서 더 현실적으로 삶에 대처하는 방법을 배웠다. 그러나 그는 심리 치료 상담을 받은 뒤에도 계속해서 다소 과장해서 느낌을 표현하고 상황을 판단했다. 그는 똑같은 악순환이 거듭되자 마음이 산란해지고 불안해졌으며 자주 심하게 상처받고 거절당했다. 로버트는 살면서 때때로 영성 지도를 받았다. 그는 자신의 삶에서 중요한 변화가 일어나는 시기에 일러두기[19]에 따라 영적 길잡이에게서 영신수련을 받기로 결정했다.

이집트로 피난을 가는 장면을 기도하고 있을 때 그는 영적 황폐에 깊이 빠졌다. 그것은 그날 그가 만나는 다른 사람들과의 관계에 나쁜 영향을 주었다. 그는 영적 길잡이와 이야기를 나눈 뒤에 복음 관상을 반복하면서 황폐한 자신을 떠올릴 수 있었다. 그는 관상하면서 어린 시절의 아픈 기억을 떠올렸다. 그는 심리 치료 상담을 받을 때 그것의 대부분을 이미 다뤘다. 그는 예수님께 고통스러운 기억으로 함께 돌아가자고 청했다. 그는 예수님께 영신수련 여정 중에 그 기억으로부터 자유롭게 해달라고 청했다.

로버트는 계속 복음 관상을 했고 자유를 간청했다. 반면에 영적 길잡이는 로버트의 영적 움직임 안에서 놀랍게도 자주 발생하는 악순환을 주목하기 시작했다. 악순환은 영적 황폐와 함께 시작되었는데 그는 그것을 말하고 난 뒤 영적 황폐에 더 깊게 빠져들었다. 그것은 단순한 영적 황폐가 아니었다. 그것은 '끔찍했다.' 그는 심지어 하느님에게 버림받았고 복음 사건의 다른 사람들에게 완전히 무시당한 기분이었다고 말했다. 영적 길잡이는 그가 거절당한 체험을 기억나게 해주는 복음 관상에서 영적 황폐가 일어나는 양상과 거절당한 체험을 주목했다. 그 양상과 체험은 그가 영신수련을 시작하기 전에 일상생활을 하며 받았던 영성 지도에서 영성 지도자가 주목했던 것과 비슷한 소리를 냈다. 로버트는 유발 요인을 알아채지 못했다. 그의 영적 길잡이는 유발 요인을 설명하고자 일러두기[327]의 이미지를 사용했다. 영적 길잡이는 그가 거절당할지도 모른다는 생각이 가장 약한 부분으로 침투하는 적장과 닮았다는 것을 설명해 주었다. 그리고 영적 길잡이는 일러두기[325]에 있는 '사납게 달려드는 여자'라는 우화로 자신이 감지한 양상을 지적해 주었다. 즉, 로버트는 자신의 성에 침투한 영적 황폐를 두려워한 나머지 걷잡을 수 없이 끔찍해졌다. 영적 길잡이는 이러한 규칙을 그의 체험에 적용해서 적이 눈에 띄지 않게 침투하고, 그런 후 '황폐한 움직임'이 성으로 들어오고 두려움이 움직임을 격렬하게 만드는 과정을 그에게 설명해 주었다.

로버트가 이러한 방식의 가능성을 처음으로 인식하고 난 뒤 기도하면서 능숙하게 알아채기까지 오랜 시간이 걸렸다. 로버트는 기도에서 일어나는 것을 새로운 시각으로 이해했다. 첫 번째 규칙 세트에 바탕을 둔 새로운 관점은 매일 다른 사람들과의 관계에서 일어나는 악순환을 이해하고 다루는 방법을 그에게 알려 주었다.

두 번째 규칙 세트를 비유로 사용하기

로버트는 영신수련 여정을 끝내고 일상에서 첫 번째 규칙 세트를 익숙하게 사용하는 데 시간을 많이 보냈다. 그는 규칙 세트를 좀 더 익숙하게 사용하고 황폐한 움직임이 더 모호해졌을 때 두 번째 규칙 세트 중 몇 개를 또 사용하기 시작했다. 자신의 반응이 두 번째 규칙 세트가 제시한 것과 똑같지 않았음에도, 그는 규칙 세트를 '비유'로 적용할 수 있었다. 그는 느낌을 생각하고 해석하는 특정한 방법이 맞는 것처럼 보일 수도 있으나 일러두기[332]가 언급하는 현혹된 길garden path로 어쩔 수 없이 이끌릴 수도 있다는 것을 배웠다. 그래서 그는 자신을 흥분시키는 생각의 경향trend과 그 결과로 일어난 느낌을 성찰하는 것이 '속임수'를 알아차리는 데 늘 유익하다는 것을 시행착오를 거치며 깨달았다[333], [334]. 그가 이러한 왜곡된 생각이 유혹임을 알아채지 못할 때마다 원수는 그의 성을 함락할 수 있었다[327]. 그러자 그는 자신이 두려워하는 거부당함을 다루기가 더욱 어려워졌다[325]. 결국, 생각의 고리는cycle of thinking, 일러두기[332]에서 설명하는 것과 유사하게 [333]과 [334]에서 제시된 성찰로 그치지 않고, [327]에서 묘사된 일종의 파괴적인 에너지와 일러두기[325]의 다소 지나친 불안감을 조장했다. 우리가 식별 규칙을 이와 같이 사용하면 치유받는 상태의 피정자에게 힘을 주는 데 정말로 도움을 줄 수 있다.

나는 융의 관점에서 상황을 다시 설명하겠다.[5] 로버트는 늘 그리고 자연스럽게 선호하는 '감정 기능feeling function'으로 자기 삶을 다루었다. 첫 번째 규칙 세트를 꾸준히 적용한 결과는 다음과 같다. 그는 거절당할지도 모른다는 생각에 사로잡힐 때, 일어나는 감정 기능과 연관된 느낌이 믿을만하지 않다는 것을 깨닫게 되었다. 그는 반복적으로 유혹에 넘어갔음을 깨닫자, 자신이 덜 선호하는 '사고 기능'을 더 잘 사용해서 스스로 도울 수 있게 되었다. 로버트는 다음과 같이 단계적으로 '사고 기능'을 사용하는 법을 배웠다.

a) 구체적인 느낌에 사로잡힌 동안 먼저 그는 느낌 분석을 거절함으로써 느낌을 거스를 수 있다는 것을 깨달아야 했다. 그는 차분해질 수 있을 때까지 관심을 다른 데로 돌려야 했다. 그렇지 않으면 그는 더 불안해졌다. 이것은 첫 번째 규칙 세트의 충고를 따른다.

— 유혹에 정면으로 거슬러서 행동한다[319].

— 용감하게 유혹을 직면하고 원수가 제안하는 것과 정반대로 행동한다 [325].

b) 유혹이 끝난 뒤 그는 뒤로 물러서서 정확하게 무슨 일이 일어났는지를 분석할 수 있었다. 그래서 그는 점차 하나의 상황이 또 다른 것이 아니라는 것과 이른바 지금 당하는 거절은 어린 시절에 당한 것과 똑같지 않다는 것을 깨닫게 되었다. 이것은 두 번째 규칙 세트의 충고를 은유로 적용한 것이다:

— 일어나는 생각과 수반되는 느낌의 처음과 중간과 마지막을 따져

본다[333].

　— 다시 다가오는 유혹을 인식할 수 있도록 미래를 위해 적어둔다[334].

　c) 로버트는 특별히 의식 성찰에서 b)를 실습하며 더 빠르게 연결하는 법을 배웠다. 그는 실습하면서 이른바 거절당하는 일이 발생하자마자 '떠오르는 자극적인 생각stinking thinking'을 주목하는 법을 배웠다. 때로 로버트는 유혹에 덜 빠져들게 되었다. 그는 심지어 유혹이 매우 모호해졌을 때에도 즉시 '유발요인triggers'을 주목했다.

우리는 로버트의 경우를 가지고 첫 번째 규칙 세트 중의 몇 개 특별히 [315], [317]-[327]과 심리학의 여러 가지 기본 양상의 관계를 이해할 수 있다. 나는 29장의 '영들을 식별하는 규칙'에서 다음과 같이 주장했다. 두 번째 규칙 세트가 영적인 영역에 더 많이 속하는 반면, 첫 번째 규칙 세트는 기본적인 인간 심리학에 속한다. **그러나 우리는 두 번째 규칙 세트를 더 깊은 심리학 현상에 때때로 비유로 적용할 수 있다.** 로버트가 첫 번째 규칙 세트를 좀 더 능숙하게 사용하게 되자, 영적 길잡이는 그에게 두 번째 규칙 세트 중 몇 개를 비유로 사용하라고 안내했다.

영적 황폐와 방어-피정자의 준비 상태 고려하기

다음은 피정자가 기도에서 떠오르는 고통스러운 기억 속의 문제를 다룰 준비가 됐는지 알려주는 징표이다.

　— 기억은 복음 관상이나 기도의 흐름에서 떠오른다.

　— 피정자는 기억해 낸 것을 열어 보이는 것 같고 적어도 머뭇거리면서 그것

에 이름을 붙이기 시작한다.

— 피정자가 그것을 다루고 싶은 열망을 드러낸다.

— 피정자는 치유 문제를 조금 더 깊이 직면하기 전에 영신수련 여정에서
영적 위안을 받아야 한다.

우리는 또한 영성 지도자나 기도 길잡이가 영신수련 여정 중인 피정
자의 내적 작업을 적절하게 돌보는 데 필요한 조건을 다음과 같이 나열할
수 있다.

— 길잡이는 피정자의 이야기를 들으면서 자신에게서 발생할 것 같은 문제
를 어느 정도 편안하게 다룬다.

— 길잡이는 피정자와 동등한 동반자로서 사용할 접근법과 방법을 상의해
서 결정하며 라포를 형성한다.

— 길잡이는 영신수련의 방법적인 구조 안에서 심리학 지식을 사용한다.

그러나 a) 다시 일어나는 저항의 뒤편에 억압된 상처나 기억이 있고
b) 그것이 피정자의 기도에서 영적 황폐를 일으키면서 다시 떠오르고
있으며 c) 당신이 그것을 다룰 준비가 되어 있지 않거나 아예 영신수련의
관점에서 다루지 말아야 할 것으로 짐작했다면 어떻게 해야 하는가?
간단히 답하자면 먼저 지도자를 위한 일러두기[7]과 [8]에 따라서 피정
자의 체험에 접근한다. 현명하게 신중할 필요가 있다면 신중하게 접근한다.

더 합당한 답은 다음과 같다. 모든 피정자들과 함께할 때, 때로는
이 시점에서 특정한 문제를 다루는 것이 그에게 적절하거나 적절하지
않을 수도 있다는 원칙을 당신은 따를 필요가 있다(사람은 죽기 전까지

모든 심리적 문제를 다뤄야 할 필요는 없다). 영신수련 여정 중에 일러두기 [317]에서 [322]까지의 제안과 규칙에 따라 영적 황폐를 다루는 것은 언제나 적절하다. 영적 위안과 황폐라는 틀로 깊은 심리적 저항으로 보이는 것을 다루는 것은 일어나는 것을 해석하고 다루도록 피정자를 도와주는 대체로 안전한 길이다. 따라서,

a) 당신은 면담하며 피정자의 체험을 듣고 그가 어떻게 자신의 느낌을 하느님께 표현하고 있는지 확인한다. 그리고 당신은 피정자와 함께 성경 구절과 구하는 은총을 추가하기 위하여 돌아가야 할 체험을 느슨하고 잠정적으로 정한다. 그 결과 당신은 피정자에게 먼저 영신수련을 반복하고 영적 위안과 영적 황폐로 돌아갈 것을 권장할 수 있다.

b) 그러나 이어지는 면담에서 몇 가지 각본이 있을 수 있다. 예를 들면 피정자는 영적 위안과 영적 황폐 모두와 유의미한 것이 떠오르지 않았던 곳으로 돌아갈 수도 있다. 그래서 당신은 다음 기도 자료에 대해서 이야기했다. 또는 그는 영적 황폐에 전혀 관심이 없고 영적 위안으로 돌아가려고 노력할지도 모른다. 그러나 사실상 그는 기도 내내 영적 황폐를 체험했다. 이 점에서 당신은 일러두기[318]에서 [324]까지의 규칙을 적용할 수 있고 그에게 다음 기도 자료를 선택해서 제시하면서 진행할 수 있다.

피정자는 심리적으로 피하고 싶은 문제를 다루지 않을 권리가 있다. 그러므로 다양한 방법으로 다음 기도자료를 시작하라고 제안하는 것이 중요하다. 당신은 어쩌면 다음과 같이 제안할 수도 있다.

"당신이 이집트로 피난을 가는 것을 수련하기 시작할 때 당신은 지금의 나이

로 마치 친한 친구인 것처럼 마리아와 요셉을 도와줄 수 있습니다. 또는 당신은 여행하다가 그들을 우연히 만날 수도 있습니다. 또는 당신은 영적 황폐에서 벗어나기 위하여 복음 관상할 때 적절한 나이가 되게 해달라고 예수님께 청해도 좋습니다. 또는 당신은 심지어 당나귀가 될 수도 있습니다."

이 제안은 당신의 해석을 상징적으로 담고 있다. 말하자면 거기에는 다룰 필요가 있을지도 모르는 덜 알아차린 뭔가 있을 수도 있으나 당신은 오롯이 그것에 집중하도록 그를 도와줘야 하는지 확신하지 못한다. 이 접근법은 피정자가 문제를 자유롭게 다룰 수 있게 해 준다. 나중에 그의 기도에서 치유 문제를 다룰 필요가 있다면 그것은 다른 방식으로 더 분명하게 떠오를 것이다.

영적 황폐가 시작된 곳을 여러 번 반복해서 기도하라고 주장하지 말아야 한다. 그렇게 주장하면 일러두기[7]과 [15]에 있는 원칙을 어기거나 무시하게 된다. 그것은 하느님에게서 당신에게로, 하느님의 사안에서 당신의 사안으로, 피정자의 마음에서 일하시는 하느님의 작업에서 피정자와 함께하는 당신의 작업으로 주안점을 바꾼다. 그렇게 되면 피정자가 방어 기제를 사용할 수도 있고 오해가 깊어지며 당신이 다루기에 익숙하지 않을 수도 있고 원하지도 않는 전이가 일어날 수도 있다.

복음 관상에서/으로 안전한 장소 마련하기

피정자가 당신과 좋은 관계를 유지하면서 편안하게 영신수련 여정을 하고 있으면, 영신수련 구조는 피정자에게 내적 성장을 다루는 안전한 장소가 될 수 있다. 복음 관상을 예로 들면 당신이 먼저 집중해야 할 것은 복음의 이야기 안에서 예수님 그리고 다른 사람과 피정자의 관계이다. 대체로 예수님이나 다른 사람-요셉, 마리아, 목동, 안나 등은 피정자에게 안전하다.[6]

어느 땐 둘째 주간의 관상에서 예수님께서는 피정자에게 안전한 사람이 아닐 수도 있다.[7] 예를 들면 피정자는 영신수련 여정을 시작하면서 복음 관상으로 예수님과 아주 좋은 관계를 유지했을 수도 있다. 그러나 2~3개월이 지나면 당신과 피정자는 서로 너무 조심하고 있음을 깨닫게 된다. 그것은 자연스러운 사랑이나 서로 영향을 주는 관계에서 나온 것이 아니라 피정자에게 주입된 신앙에서 나온 것이다. 당신은 피정자가 예수님과 친밀하게 되도록 어떻게 도와주겠는가? 무엇보다도 먼저 예수님과의 관계에 영향을 주는 전반적인 사항을 논의하라. 말하자면 당신은 그의 원 가족family of origin 안에서 경험했던 사회화 과정socialization 등으로 그가 조심하는 원인을 설명할 수도 있다. 그런 뒤에 피정자가 당신에게 느낌을 표현하도록 권장하라. 때때로 그것은 둘째 주간에 필요할 수 있고, 피정자는 예수님과 좀 더 자연스러워질 수도 있다. 종종 복음 관상에서 마리아는 피정자에게 더 안전한 사람이 되기 시작한다. 나중에 마리아는 그를 예수님께 돌려보낸다.

영적 황폐와 다른 것처럼 보이는 저항

일러두기[315]와 [317]이 설명하는 저항과 장애는 영적 황폐처럼 느껴지고 영적 황폐에 속할 뿐만 아니라, 또 다른 방식으로 나타난다. 복음 관상이 부드럽게 진행되고 피정자가 전반적으로 평화를 누리고 있음에도 상상에서 일어나는 저항과 장애는 처음에 말도 안 되는 것처럼 보이는 장면으로 자체를 드러낸다. 영신수련 지도자들이 만날 수 있는 터무니없는 장면은 다양하다. 예를 들면,

— 피정자는 예수님의 얼굴을 보지 않거나 예수님께서 그에게 등을 돌리고 있다.
— 피정자는 상상하면서 오직 한쪽 팔만 있는 예수님을 만난다.
— 예수님께서 피정자의 뺨을 때린다.
— 복음 관상에 등장하는 사람들이 조각품처럼 굳어 있고 기도 수련은 정지 화면처럼 멈추어 있다.
— 예수님께서 사라질 때까지 복음 관상이 잘 진행된다.
— 피정자가 예수님께 성적으로 매료되었거나 예수님께서 피정자에게 성적으로 매료되어 있다.
— 피정자는 어린 시절로만 성경 구절을 기도할 수 있다.
— 답을 듣고 싶은 피정자가 심각한 질문을 적은 종이를 예수님께 드렸으나 예수님께서 웃으면서 그것을 찢어버린다.
— 예수님께서 광대가 되어 아름답게 체조를 한다.

어떤 영신수련 지도자는 이러한 예를 '둘째 주간의 황폐' 즉 거짓 영적 위안이라고 일컫는다[331]. 나는 이 이야기들을 심리적인 면에서 나오는 사소한 저항으로 다루면서 종종 도움을 받았다.

복음 관상과 꿈 모두는 심리적 투사projection로 구성된다. 대체로 복음 관상 해석은 꿈 해석처럼 복잡하지 않다. 일반적으로 복음 관상 '해석'은 오히려 역할놀이 해석에 더 가깝다. 왜냐하면, 투사는 이야기의 다양한 측면과 투사의 의미를 함유하고 협력하며 표현하는 구조에 바탕을 두고

있기 때문이다. 일단 당신이 복음 관상의 의미를 알아내는 기술을 닦고 자신의 직관을 믿으면 대체로 복음 관상의 의미를 알아내기는 그리 어렵지 않다. 그러나 복음 관상의 의미가 명확하든 명확하지 않든 간에, 당신은 언제나 꿈을 해석하는 원리를 사용해야 한다. 말하자면 피정자가 스스로 이해하고 그것의 의미를 깨닫게 시간을 주라. 당신은 피정자에게 다음과 같이 물어도 좋다. "예수님께서 무슨 뜻으로 당신에게 등을 돌렸다고 추측합니까?"

처음에 당신은 복음 관상의 어떤 장면을 잠정적으로 해석하고 싶지 않을 수도 있다. 당신은 그 장면이 뜻하는 것을 편안하게 감지하지 못할 수도 있다. 또는 당신은 이 시점에서 떠오르는 동기가 너무 복잡해서 다루기가 어렵다고 판단할 수도 있다. 당신은 자신의 능력을 고려해서 이러한 동기를 직접 다루지 않는 것이 더 좋다고 생각한다. 또는 당신은 피정자가 지금까지 이 방법을 잘 사용하지 못하고 있다는 것을 알 수도 있다. 그러나 피정자가 이 기도 방법을 잘 사용하면 당신은 다음과 같이 반복하라고 격려할 수도 있다. "예수님께서 당신에게서 등을 돌리셨던 순간으로 돌아가는 것이 어떻겠습니까? 그것이 도움이 될지도 모릅니다. 그리고 예수님께서 다시 등을 돌리시면 당신의 심정을 표현하십시오. 그 심정에 대해 예수님과 대화하십시오."

당신은 피정자가 구하는 은총의 의미와 매개체가 되는 이상한 장면의 일부분을 알아볼 것이다. 예를 들면 피정자는 하느님께서 피정자에게 스스로 진정으로 하고 싶은 것을 하라고 요청하는 것이 무엇인지 확인하고 싶었다. 그는 복음 관상하며 그것에 대한 질문을 적은 종이를 예수님께 드렸다. 그런데 예수님은 그 종이를 찢어버리셨다! 피정자는 기가 죽었다. 지도자는 나중에 면담하면서, 계속 진행된 기도 체험의 맥락에서,

이러한 체험이 무엇을 해야 할지 듣고 싶은 피정자의 바람과 어떻게 연결되는지를 식별하도록 피정자를 아주 쉽게 도와주었다. 그는 성인으로서 자신의 선택에 책임을 지라고 초대받고 있었다.

다른 장면은 터무니없음이 드러날 것이다. 그것들은 시각적이거나 청각적인 장난으로 표현된 심리 상태이다. 복음 관상에서 '터무니없는 장면'은 언제나 영적 황폐가 아님에도 대체로 한 가지 저항이다. 저항을 다루는 방법은 영적 황폐를 다루는 방법과 비슷하다.

— 그 과정이 스스로 밝혀지게 시간을 주라.
— 피정자와 대화를 나누며 그것이 뜻할 수도 있는 것을 물어보라.
— 때로는 그것을 무시하라.
— 반복 기술을 사용하라.

안전한 수사rhetoric인 상징어

모든 영성 지도자들은 피정자의 기도 체험에서 자신의 능력이나 익숙한 범위를 벗어난 문제를 만난다. 지도자는 진행 방법을 신중하게 판단하는 데 도움을 받기 위해 지도 감독자나 믿을 만한 동료에게 그것을 이야기한다. 다음은 도움이 될 만한 몇 가지 원칙이다.

— 언제나 자신의 내적인 반향인 느낌과 생각 모두를 기도나 의식 성찰할 때 분명하게 드러내라.
— 자신의 한계와 방법을 스스로 의식하여 편안해진 후, 피정자를 안내하기 시작하던 때를 인식하라. 가장 좋은 규칙은 다음과 같다. '상황이 몹시

급해서 해석할 여유가 없다면, 해석하지 마라.'[8]

— 피정자가 영적 위안을 체험하고 복음 관상을 쉽게 할 수 있으면, 당신은 피정자를 더 깊이 신뢰하고 이전보다 덜 조심하면서 편안한 곳에서부터 안내할 수 있다.

— 지도 감독받을 때 마음을 열고 동료와 함께 나약해지는 위험을 감수하라.

— 피정자의 모든 것을 다룰 필요가 없음을 명심하라.

— 영신수련의 방법론에 따라 진행하라.

— 피정자가 방어하는 문제를 포함하는 설명어를 사용하라. 그러나 문제를 들추어내지는 마라.

카리스마 운동은 심각한 증상을 치유하기 위해 상징적이고 막연하게 표현하는 것을 두려워하지 말라고 가르쳤다. 믿음에서 나오는 말이 단순 무지하게 사용되어 현실의 불행과 고통을 무시하고 부정할 수 있음에도, 당신은 영성 지도를 하며 당신의 능력에 도전하는 곤란한 문제로 충격을 받아 균형을 잃을 때 이와 같이 표현할 수도 있다. 예를 들면, 당신이 성경의 이미지 때문에 떠오른 고통을 두려워하는 피정자를 인지했을 때, 당신은 다음과 같이 제안할 수 있다.

— "나라면 예수님께서 당신을 초대하고 손으로 잡아 주시지 않는 한 성경의 그 부분으로 돌아가지 않겠습니다. 정말로 당신이 알다시피 하느님의 방식은 당신이 상상하는 것 이상으로 부드럽습니다."

— "예수님께서 당신에게 착한 사마리아 사람이 되어 당신의 상처를 싸매게 하십시오. 예수님은 당신보다도 덜 힘들어 하십니다."

— "당신 스스로 배에서 내리기보다는 지금 배에서 내려서 물 위를 걸어

예수님께로 가기를 원하시는지 예수님께 물어보십시오."

— "당신은 기도하면서 어둠을 만난 것처럼 보이는데, 우리는 어둠 속에서도 하느님을 발견할 수 있습니다. 당신이 지난달에 이런저런 상태였음을 기억해 보면, 어둠은 때로는 더 밝은 빛을 향한 전조일 수 있습니다."

결정 내리기와 치유받는 상태의 피정자

때때로 지도자들은 치유받는 상태의 피정자가 중요한 결정을 식별할 수 있다고 생각하지 않는다. 그들은 피정자들이 이미 신분state of life을 확정하였고 소명을 알고 있고 또한 자기 문제에 골몰하느라 결정을 식별할 힘이 부족하다고 전제한다. 그러나 우리는 피정자들이 살면서 언제나 중요한 결정을 내린다는 사실을 잊고 있다. 그들은 자녀, 일, 청구서 지출에 관하여 의식적이고 책임지는 선택을 한다. 그들은 특정 정당에 투표하는 것과 그들이 속한 조직의 위원회 가입을 선택한다. 그들은 자유롭게 영신수련 여정을 하기 위해 여러 가지를 선택해야 했다. 주로 인격적인 성장에 관한 문제를 다루고 있지만, 치유받는 상태의 피정자조차도 세상에서 살며 선택이 전제된 역할을 계속 수행한다.

대부분의 상황과 조건이 특별하고 독특한 부름의 가능성을 허락하지 않을 수 있다. 그러나 모든 그리스도인은 직면하는 상황에서 제자로서 행동하도록 계속 초대를 받는다. 지금 그들은 치유가 필요한 문제가 있어도 제자 직분, 즉 사람, 더 강조해서 그리스도인의 핵심인 의식적인 결정에 주안점을 두어야 한다.

오래전에 이레네오는 다음과 같이 썼다. '사람이 온전하게 **사는 것이 하느님께 영광이다.**' 사람은 건강하게 자아를 의식하고 더 자유롭게 자아를 넘어서 자신에게 집중된 결정을 할 수 있을 때 온전히 산다. 피정자는 의식적으로 선택하는 자신의 능력이 향상될 때 더 온전히 산다.

치유받는 상태의 피정자는 더 자유롭고 깊게 기도하면서 제자로서 의식적으로 선택하도록 격려받을 때마다 식별하면서 식별을 배운다. 의식적으로 결정하기는 양성과정으로 진행하는 영신수련에서 언제나 가치가 있다. 왜냐하면 그것은 영적인 움직임을 일으키고 더 쉽게 발견할 수 있게 안내받는 피정자의 기도 맥락에서 내리는 중요한 결정에 영향을 주기 때문이다.[9] 식별 수단을 가지고 의식적으로 선택하려는 시도는 지금 그리고 앞으로 피정자의 치유를 진전시킬 수 있다. 다음과 같은 신념에 담긴 이념ideologies에서 벗어난 영적 길잡이는 피정자에게 영신수련 동안 의식적으로 결정하라고 격려할지에 대한 여부를 오직 실행하면서 알게 될 것이다.

a) 영신수련이 의도하는 결정 내리기는 오로지 신분의 선택에만 적용해야 한다.
b) 모든 피정자는 영신수련을 할 때마다 의식적으로 선택을 해야 한다.
c) 치유받는 상태의 피정자는 결정을 식별할 만큼 충분히 자유로울 수 없다.

영적 길잡이 역시 피정자의 필요에 따라 자유롭게 영신수련 방법을 적용하고 결정과 식별 과정에서 영적 자유에 대한 피정자의 기대치를 현실적으로 분석할 필요가 있다.[10] 이른바 결정하는 수련인, 세 가지 부류의 사람들조차도 특별히 부름받는 상태의 피정자들에게 맞춘 것이지만 치유받는 상태의 피정자에게 사려 깊게 적용될 때 결과를 낼 수 있다. 세 개의 담화가 포함된 이 수련은 피정자가 하느님께 더 많이 개방하게 도와줄 수 있다. 세 개의 담화가 들어있는 이 수련은 영신수련을 하고 있는 피정자들의 상태와 상관없이 제자 직분에 더 적극적으로 응답하라고 그들에게 요구한다.

치유받는 상태의 피정자에게 영신수련 적용하기

치유받는 상태의 피정자에게 적용하는 영신수련 방법은 따로 정해져 있지 않다.[11] 당신이 기본적으로 사용하는 영신수련 방법에 덧붙여서,[12] 당신의 직관과 편안한 상태가 도움이 되는 길을 제시해줄 것이다. 당신이 영신수련을 하는 피정자에게 제시할 앞으로 나아갈 방향forward movement은 과정의 역동에서 발견된다. 계속 진행되는 과정에서 피정자의 체험을 주의 깊게 들음으로써 떠오르는 은총을 점점 더 분명하게 인식하고 은총에 맞게 영신수련의 자료를 선택하고 적용하며 집중하라.

예수님의 어린 시절 수련의 주안점은 피정자가 주로 부름을 받고 있다고 추정하기 때문에 당신은 이 사건을 설명할 때 주안점을 적용할 필요가 있다. 영신수련 본문에 간략히 설명된 예수님의 공생활에는 치유받는 열 명의 나환자나 허리가 굽은 여인의 이야기와 같은 치유사건은 포함되지 않았다. 따라서 당신은 치유 기도를 위해 성경의 다른 사건을 선택할 필요가 있을 것이다. 나는 이 책에서 기도 자료를 일정한 방향으로 적용했으나 그것이 치유받는 상태의 수많은 피정자에게 충분하지 않다고 생각한다. 나는 적용이 중요하다고 계속 제안하지만, 적용은 단지 부차적임을 우리는 명심해야 한다. 여러 영적 길잡이들이 실수로 엉뚱한 성경 구절을 피정자에게 주었을 때조차도 하느님께서는 그들과 의사소통을 하셨기에 감탄했다고 몇 년 동안 여러 차례 내게 말했다. 언젠가

어떤 사람은 다음과 같이 농담했다. "피정자가 일단 내적으로 체험하며 기도하고 있으면 당신은 기도 자료로 전화번호부를 줄 수 있고 피정자는 전화번호부에서 많은 것을 얻게 될 것입니다." **지금** 내적인 움직임에 대한 피정자의 솔직성과 더불어 지금 여기에 살아계신 하느님이 필수 조건이다. 성경 자료는 이러한 필수 조건의 촉진에 도움을 줄 수 있는 기본적인 신앙 체계|structure이다. 당신이 치유받는 상태의 피정자 요구에 맞추고자 다양한 성경 자료를 선택할 수 있고 성경 자료를 적용할 수 있는 것처럼, 당신은 결정하는 체계를 변경할 수 있다. 우리는 지도와 '추측항법'에 따라서 경비행기를 조종할 때 지도를 지형에 맞추지 지형을 지도에 맞추지 않는다(물론, 방향을 잃어버렸다면 우리는 철길을 따라가면 된다. 그것은 언제나 우리를 어디든 데려간다).

영적 길잡이가 둘째 주간에서 치유받는 상태의 피정자에게 두 개의 깃발, 세 가지 부류의 사람들 그리고 세 가지 유형의 겸손이라는 결정을 위한 특별 수련을 제시할 수 있는가? 앞 단락의 마지막 문장은 여기서도 지혜가 된다. 당신이 철길을 따라 가면 그것은 당신을 어디로든 데려간다. 제자 직분에 대한 복음적 부름은 모든 그리스도인을 위한 것이고 앞의 세 가지 수련은 그러한 부름의 정화 과정이다. 우리는 세 가지 수련을 짧은 피정과 지속적인 영성 지도 모두에서 치유받는 상태의 피정자에게 유익하게 사용할 수 있다. 그러나 영적 길잡이가 영신수련 중에 세 가지 수련을 사용하는 시기와 방법이 더 중요하다. 당신은 경험으로 직접 그것을 발견해야 할 것이다.

세 가지 부류의 사람들과 치유받는 상태의 피정자

예를 들면, 피정자는 '세 가지 부류의 사람들'을 수련하면서 자신의 삶에 언제나 영향을 주는 덜 분명하고 깊이 숨어있는 비타협적인 면을 보도록 도전받을 수 있다. 종종 영적 길잡이와 피정자 모두 그것을 놓칠 수 있다. 하지만 피정자가 덜 분명한 문제를 다룰 준비가 되어 있다면, '세 가지 부류의 사람들'은 피정자에게 많은 도움을 줄 수 있다. 다음이 몇 가지 예이다.

— 바꾸기 전에 앞으로 예상되는 것을 알 필요가 있는 수잔.
— 일할 때 유의미한 결과가 나오기 전까지 아무것도 하지 않는 빌.
— 믿기 전에 모든 상황을 논리적이고 세밀히 검토해야 하는 척크.
— 평온히 살기 위해 강력한 지지affirmation가 필요한 바바라.
— 인정받고 탁월해지는 데 모든 것을 걸었기 때문에 자신이 동성애자임을 아무도 알아채지 못할 것이라고 생각하는 세인.

이러한 사례는 피정자가 일상에서 예수님을 따르는 데 영향을 줄 수 있는 심리적 구조이다. 심리적인 것은 앞의 사례에 대한 영적 관심을 배제하지 않는다. 이러한 구조는 혼자 힘으로 성찰해서 정상적으로 받아들여질 수 없다. 하지만 종종 영적 길잡이가 자신의 반응을 더 깊이 주목하도록 피정자를 도와줄 때 이러한 문제는 피정자의 기도에서 떠오르는 이미지와 감정에 포함된다. 우리는 '세 가지 부류의 사람들'을 더 깊고 난해한 것을 인식하도록 피정자를 준비시키는 데 유용하게 사용할 수 있다.

난해한 '세 가지 부류의 사람들'을 이해하기 위해 제인이라는 평범한 사람을 예로 들어서 기본적인 심리학 몇 가지를 상기해 보자. 망가진 세계에서 성장한 제인은 대부분의 우리처럼 정서적으로 건강하다. 그녀는 어렸을 때 가진 생존 수단이 많지 않았지만 살기 위해 방어 기제를 자연스럽게 만들었다. 삶과 상호작용하는 방어 기제는 잘 작동했다. 그녀의 자연스러운 방어 작전은 그녀의 모든 선택과 행동 방식에 영향을 주었다. 사실 방어 작전이 잘 먹혀들자 제인은 계속 그것이 필요하고 그것은 곧 그녀의 삶을 만드는 천의 일부라고 믿으면서 성장했다.

제인은 성인이 되어 세월이 흐른 뒤 지금 사는 것이 더는 쉽지 않다는 것을 발견하고 당황했다. 그녀는 영신수련 여정을 시작하기 한참 전에 사태가 어떤지 궁금했다. 그녀는 영신수련 여정을 시작하면서 마음을 새롭게 다잡고 싶었다. 그녀는 첫 번째 주간의 기도와 특별히 세 번째 주간의 기도에서 자기에게 가장 큰 영향을 주었던 오빠에게 무시당하는 것을 두려워하는 자신을 발견했다. 앞에서 제시한 수잔이나 척크처럼 그녀는 어떤 행동이나 선택을 스스로 할 수 있기 전에 자제하고 주의 깊게 사태를 확인하거나 미리 상황을 예측할 필요가 있었다. 이러한 양상은 그녀의 복음 관상에서도 나타났다. 그녀와 그녀의 지도자는 이러한 양상을 '두려움에서 비롯된 경계fear-induced caution'라고 불렀다.

영적인 용어로 보면 제인은 거짓 자아에 의해 조종되고 있다. 그녀는 지금 기꺼이 진정한 자아가 드러나게 허락하는가? 아무튼 그녀는 하느님, 생명, 다른 사람들, 세상을 더 진실하게 대하는 것이 포함된 새로운 길을 찾고 있다. 결정 과정에서 일어나는 문제는 다음과 같다. 제인은 지금의 선택이나 영신수련 여정을 끝낸 후의 선택에서 '두려움에서 비롯된 경계'가 여전히 필요한가? 그녀는 그것이 필요할 수도 있다! 그러나 그녀가 더 성장하기 위해 개방해야 한다면 현실을 다룰 필요가 있다. 어쩌면 그녀는 하느님의 나라를 위하여 그렇게 반응하지 않고 자신을 계속 성장시키는 구체적인 작전을 개발할 수도 있을 것이다. 그녀는 이 대안에 마음을 열자 세 번째 부류의 사람이 되기 시작했다.

치유와 고통의 과정에서 우리는 다음과 같이 말해야 할 시점이 온다. "나는 지금까지 나 자신을 충분히 돌보았다. 나는 '두려움에서 비롯된 경계'와 함께 살아야 함을 받아들인다. 나는 이제 앞으로 나아갈 필요가 있다. 나는 내 삶에서 그것을 인식하고 그것이 주는 영향에 거슬러서 행동하고 적절히 결정하게 도와달라고 하느님의 영께 요청할 필요가 있다." 아무도 신비로운 이 시점에 언제 도달하는지 다른 사람에게 명백히 말할 수 없음에도, 심리 상담자나 영성 지도자는 치유를 진행하면서 그런 시점을 인식하지 못해서 발생하는 자기애적narcissistic 파국을 내담자나 피정자에게 알려줄 수 있다. **자아가 건강하지 않은 사람은 '자신을 버릴 수 없다'**(요한 12). 그러나 자신을 버리는 것을 배우지 못하는 사람은 심리적이고 영적으로 건강해질 수 없다.

영성 지도자는 앞에서처럼 **방어를 멈추고 하느님께서 일하시도록 허락해야 할** 시점과 같은 상황을 지속적인 영성 지도에서 확실히 더 많이 만난다. 우리는 캐나다 원주민, 혼혈인, 동성애자 등과 같이 핍박받는 소수자들을 지도할 때와 마찬가지로 하느님과 함께 이제 막 진정한 자신을 발견하는 우리 문화의 여성들을 지도할 때 그와 같은 시점을 경험한다. 그들은 다음과 같은 메시지를 받아들이면서 자랐다.

"네가 누구인지 드러내지 마라. 네가 느끼는 것을 느끼지 마라. 조심하지 않으면 너는 발각될 것이고 거부당할 것이다."

때때로 그들 중 몇몇은 사회적으로 탁월한 능력을 지녔다. 그들은 세상에서 가장 약한 소년·소녀로 성장했다. 그들은 다른 사람들이 원하는 것을 알고 다른 사람들의 기대에 탁월하게 부응하는 사람으로 성장했다. 이것이 그들의 기도에 스며들었다. 그들은 기도를 하면 불행하게도 어렸을 때부터 습관적으로 사용하던 방식을 하느님께 사용한다. 그들은 스스로 분열되었다. 심지어 그들 중 몇몇은 관상적인 태도를 가진 것처럼 보인다. 그들은 자기들 체험의 다른 부분은 안 되고 일정 부분에만 하느님께서 들어오시게 허락하는 것을 덜 의식하면서 배웠다. 이러한 피정자들의 문제는 다음의 진술 중 하나와 유사할 것 같다.

'나는 두 번째 부류의 사람이 되어서 늘 하던 방식으로 기도하며 하느님과 계속 관계를 맺거나 하느님께 맡기며 하느님과 함께 온전한 나 자신이 될 것인가? 나는 진짜 나와 가짜 나 가운데 누구로 하느님과 관계를 맺을 것인가? 나는 진짜 예수님과 관계를 맺을 것인가 또는 그저 내가 투사한 예수님과 관계를 맺을 것인가? 나는 여전히 사람들과 마음을 열고 관계를 맺는 것이 두려움에도 지금 여기서 기도하며 모험을 감행할 수 있는가?'

이러한 문제는 대체로 몇몇 피정자에게서 남은 영신수련 동안에 반복해서 나타난다. 피정자들은 영적 위안을 체험한 뒤 영적 황폐로 어려움을 겪고 다시 영적 위안으로 돌아가기를 거듭하면서 어릴 때 받은 상처 때문에 생긴 심리적 패턴에 직면하는 것을 배운다. 같은 방식으로, 어떤 피정자들은 거짓 영적 위안에서 영적 위안으로 나아가면서 선한 천사의 활동을 식별하는 것을 배운다. 영적 길잡이는 이러한 과정을 통하여 피정자를 인격적이고 직접적으로 가르치시는 하느님에 대해 놀라고 감탄한다[15].

연구와 성찰 그리고 토론을 위한 자료

이냐시오 영성 지도에 꼭 필요하고 영신수련의 근본 방법에 속한 특정한 것이 있다. 따라서 영적 길잡이는 치유받는 상태의 피정자에게도 이것을 사용해야 한다. 그것은 무엇인가? 그것은 왜 반드시 필요한가? 당신은 다음 중에서 어떤 것을 포함하고 싶은가?

반복, 그리스도 나라, 성찰, 복음 관상, 영들을 식별하는 두 번째 규칙 세트, 매일 기도 시간 정하기, 의식 성찰, 두 개의 깃발, 느낌 표현하기, 은총 청하기 등.

'피정자는 더 깊은 치유가 필요한 문제를 직면하기 전에 영신수련 여정에서 어느 정도 영적 위안을 체험해야만 한다.' 이것이 영신수련 여정에서 영신수련 방법으로 치유과정을 진행할지에 대한 여부를 판단하는 데 어떻게 중요한 원칙이 될 수 있는가?

24장의 요점은 복음 관상은 복음 이야기의 다양한 측면에 대한 심리적인 투사를 포함한다는 것이다. 그렇다면 우리는 하느님께서 베풀어 주시는 복음 관상 체험을 어떻게 이해할 수 있는가?

치유받는 상태의 피정자들에게 더 도움을 줄 수 있는 결정 과정의 내용이나 부분은 어떤 것인가? 왜 그런가? 예를 들면:

4열 종대 방법, 침대에서 죽음을 기다리는 자신을 상상하며 지난날을 성찰하고 선택하기, 승인받기.

'그것은 영적인 움직임을 일으키고 더 쉽게 발견할 수 있게 안내받는 피정자의 기도 맥락에서 중요한 결정을 내리는 데 영향을 주기 때문이다. 당신 자신과 당신이 직접 관찰한 사람들과 이 주장은 어떻게 일치하는가? 모둠에서 사람들 스스로 결정에 더욱 가까이 접근할 때 긴장이 왜 고조되는가?

성탄 기도 수련을 읽어라. 당신은 입양되었고 모르는 친부모에 대한 감정을 이제 막 받아들이고 있는 치유받는 상태의 피정자를 만나고 있다면 어떻게 성탄 기도 수련에 초점을 맞추겠는가?

24장 미주

1) 연속 해설의 10장(2권 193쪽)과 이 책의 25장, '그리스도 나라와 신화 사용법(3권 99쪽)'을 참조하라.

2) 로욜라 하우스의 스태프 바바라 넬슨 목사Rev. Barbara Nelson와 나눈 대화와 1995년 루시아 카파치오네Lucia Capacchione 박사가 이끈 워크숍에서 인용. 내면의 아이를 다루는 사람을 도와주는 몇 가지 방법을 이해하려면, 카파치오네의 책, *Recovery of Your Inner Child* (New York: Simon & Schuster, 1991)를 참조하라.

3) 내가 '더 강한 위안'과 '위안'이라는 용어를 이 문장에서 비유로 사용하고 있음을 주목하라. 이론적으로 체험은 일러두기[316]의 영적 위안을 충분히 설명하지 못하는 것처럼 보인다. 그러나 치유받는 상태의 피정자가 지금 여기에 집중하면 체험은 어느 쪽으로든 일어난다. 체험은 유의미하고 성장하는 쪽으로 움직인다. 체험은 위안을 주는 영과 조화를 이룬다.

4) 나는 이 해설을 '영적이고 심리적인 지평과 영성 지도 방식을 다룬 33장에서 탐구했다.

5) 로버트는 어느 정도 심리적으로 내적 작업을 마쳤고 자신의 과거를 이해하고 어느 정도 받아들이게 되었다고 내가 가정한 것을 기억하라.

6) 중요한 돌보미가 주는 안전, 피정자와 당신 사이의 친밀감이 주는 안전, 피정자의 준비 상태에 따라 문제를 드러내거나 숨길 수 있는 이미지가 주는 안전.

7) 이것과 관련해서 다음과 같은 이유가 있다.
— 과거의 사건으로 인해 발생하고 해소되지 않은 화
— 교회의 가부장적인 문화 때문에 생긴 화
— 과거에 성적, 감성적 또는 심리적으로 당한 학대
— 알아채지 못한 동성애적인 느낌
— 표현할 필요가 있는 최근의 분노 등

8) Guelph Homewood Health Centre의 전 소장이며 심리분석가인 샌디 와트 박사Dr. Sandy Watt와 나눈 대화에서 인용.

9) 복음 관상 해석에 도움이 되는 제안을 보려면 『영혼의 길잡이 2』 208쪽을 참조하라. 영적 안내자들은 기도와 영적 여정에 관련된 활동을 지칭하는 식별이라는 용어를 다음과 같이 사용한다.
— 하느님의 현존 방식 '식별'
— 피정자의 기도 체험 '식별'
— 피정자의 마음에서 일어나는 것 '식별'
그러나 식별은 영신수련하면서 의식적으로 결정 과정을 시작하고 자신에 대한 하느님의 열망을 발견하고자 준비하고 참여하는 피정자의 마음속에서 일어나는 영적인 움직임을 구별하고 판단하는 것을 의미한다.

　　10) 우리는 때때로 은총을 통하여 영적 자유라는 선물을 체험할 수 있다고 믿는다.

　　11) 우리는 모든 영신수련 본문을 적용해서 사용해야 한다.

　　12) 이러한 방법론에는 체험 듣기, 기도 가능한 구조 만들기, 반복 격려, 피정자의 체험이나 요구가 기도 수련에서 떠오르기를 기다리기, 회고 실습, 신앙의 맥락 사용 등이 있다.

2 5 장
그리스도 나라와 신화 사용법

로욜라의 이냐시오는 하나의 왕 아래 스페인이 통일된 후 태어났다. 마침내 스페인은 무슬림을[1] 격퇴했고 처음으로 하느님 안에서 하나의 국기와 왕을 갖기 시작했다. 모두가 그리스도인이 될 수 있다고 열광적으로 기대했다. 이러한 강력한 신화에 힘입어, 탐험가들은 새로 발견한 땅을 왕과 하느님의 것으로 선언했다. 그때부터 이와 같은 강력한 신화에서 정치와 철학 그리고 종교에 영향을 끼친 '신성한 왕권에 대한 신앙'이 형성되었다.

이냐시오가 속했던 사회는 하느님의 창조에 대한 진리를 발견하는 가장 중요한 방법으로써 인간 정신을 강조하는 인본주의가 떠오르던 시대였다. 이냐시오는 르네상스의 영향을 받았음에도 그의 세계관은 여전히 중세였다. 그는 궁정의 사랑을 그리워하는 기사도 문화에서 살았다. 어떻게 보면 그는 왕과 하느님 아래서 군주를 위해 세상을 정복한다는 과대망상을 지닌 돈키호테였다. 우주에 대한 그의 이미지는 중세적이었다. 이러한 이미지로 모든 창조는 위계질서를 따랐다.[2] 이 질서는 계급,

수공업trade과 특별한 소명vocation으로 유지되는 사회적 질서를[3] 모방해야 했다. 이 모든 것은 이냐시오의 마음속에 새겨진 왕이라는 개인적인 신화에 집중되었다.[4]

이냐시오가 로욜라 성에서 회복하며 회심했을 때, 그에게 엄청난 영향을 주었던 시대의 문화와 그의 신화가 자신도 모르게 작동되고 변화되었다는 사실은 그리 놀라운 것이 아니다. **그리스도 나라의 왕에 관한 우화는 매우 의도적으로 만들어진 신화이다. 이냐시오가 적용한 영원한 왕인 주 예수님에 관한 기록은 이냐시오의 마음과 영혼에서 승화되는 우화를 의도적으로 기록한 것이다.** 그는 회심하기 전에 이상적인 귀부인과 군주를 위해 위대한 일을 하려는 꿈과 환상에 사로잡혔다. 그는 회심한 뒤에 신성한 주님을 섬기며 주 예수님을 위해 위대한 일을 하려는 꿈과 환상에 사로잡혔다.

우리 모두는 우리 삶에 방향과 잠재력 그리고 의미를 주는 유사한 에너지를 가지고 있다. 그것은 다음과 같이 다양한 방법으로 영향을 받는 우리 마음과 상상력을 통하여 발전한다. 그것은 우리가 어릴 적 들었던 이야기, 불렀던 노래, 체험했던 역할 모델들, 영화와 텔레비전으로부터 받은 이미지, 즐겼던 놀이, 읽었던 시와 이야기, 우리 시대의 역사적인 사건과 움직임이다. 이러한 원형적인archetypal 힘은 형상, 꿈, 이념, 전망vision 등으로 만들어진 강력한 심상imagery과 연합하고 마음속 깊은 열망을 표현한다. 우리는 이야기나 상상의 인물로 표현된 이러한 열망을 신화라고 부를 수 있다. 신화는 개인 신화, 공동체 신화, 조직 신화, 종교 신화, 국가 신화로 나뉜다.

신화는 개인이나 집단의 역사에 따라 형성된 무의식의 에너지를 이끌어낸다. 어떤 노래는 마음에서 떠나지 않고 관심을 사로잡는다.

사나이답게 단련된 젊은이들은 거친 소몰이꾼인 존 웨인의 악수를 떠올리듯이 당신과 인사할 것이다. 사람들은 정체성의 변화를 인식하며 나라의 분할과 통일에 대해 투표한다. 북미 원주민은 자신들의 역사적인 뿌리를 다시 발견하고 춤과 이야기로 표현하면서 치유를 받고 자긍심을 갖고 성장한다. 우리는 결혼식에서 신랑 신부가 계약을 맺을 때 그들에 대한 집단적인 기억과 희망을 축하하면서 눈물을 흘린다. 새로운 정치 지도자들의 수락 연설은 자기 정당의 신화를 표현한다. 미국에서 수만 명의 군중은 7월 4일에 국가의 정체성을 축하하려고 대도시로 모이고 국기를 단다. 그들은 대포를 쏘고 불꽃놀이를 즐기며, 교향악단은 강력한 1812년 서곡을 연주한다. 그러한 군중 집회는 대체로 교통 마비와 혼란과 폭력의 원천이 될 수도 있으나 국가 신화로 충만한 사람들은 평화롭게 특별한 이 날을 즐긴다.

반대로 역사적으로 지도자들과 정치가들은 공동의 적에 대항하고자 '악마를 만들거나', '역신화counter-myths'를 창조하면서 전쟁을 일으켰다. 그들은 역 신화를 통해서 자신들의 이상을 주장하고 군사력을 증강하고자 책임감을 고취시켰다. 히틀러는 청중을 매료시키기 위해서 바그너의 음악, 로마제국의 아이콘, 북소리, 대형 횃불 그리고 어두운 밤을 이용했다.

많은 사람은 어떻게 자신들이 신화에 집중하고 활력을 얻는지 깨닫지 못한다. 하지만 그들은 사랑에 빠지면서 그들의 삶과 정체성에 대한 가장 깊은 생각과 느낌을 놓치거나 발견한다. 무엇이 사람들에게 조직에 들어가고, 수도원에 들어가며, 특별한 행사를 위해 옷을 입고, 정당에게 투표하며, 공동체에 들어가게 동기를 부여하는가? 그것은 의식 저편에서 계속 영향을 주고 있는 꿈과 믿음assumptions의 융합이다. 미처 의식하지 못한 이 에너지는 단체와 개인 신화의 일부분이다.

신화는 의식의 밑에서 주도적으로 작동한다.[5] 신화는 우리 삶의 방향을 가리키고 우리가 궁극적으로 형언할 수 없는, 즉 궁극적인 의미의 세계를 표현하도록 도와준다. **따라서 실용적으로 정의하면 신화란 에너지와 관심을 갖도록 이끄는 가치·이미지·통찰·꿈·의미의 융합이다.**

그리스도 나라 적용하기

나는 첫째 주간을 깊이 체험한 피정자들이 그리스도 나라 우화와 자연스럽게 조화를 이루고 그것을 자신들에게 쉽게 적용할 것으로 생각했다. 사실 어떤 피정자들은 여전히 그러하다. 그러나 어떤 사람들은 그렇게 할 수 없다. 그들은 그것을 연구해야 한다. 즉, 그들은 지도자와 함께 그것을 효과적으로 적용하기 위한 예를 떠올려야 한다. 그러나 왕에 관한 우화가 작용할 때조차도, 몇몇 주석가가 반드시 있어야 한다고 제시한 우화의 영향력이 내게는 종종 없어 보인다. 이것은 언제나 나에게 문제이다.

내가 다른 지도자들을 적정할 때, 어떤 지도자들은 내가 발견한 어려움을 피정자들에게서 감지하지 못하는 것처럼 보인다. 나의 걱정을 공감하는 지도자들은 종종 그것을 다음과 같이 설명한다.

— 우리는 민주주의 사회에서 살고 있고 왕과 왕비가 더 이상 친숙하지 않다.
— 그리스도 나라는 남성적인 이미지이다.
— 탈근대주의 시대인 지금은 영웅과 여걸이 더 이상 없다.

우리는 이러한 설명으로 어려움을 어느 정도 이해하는 데 도움을 받는다. 하지만 나는 이 설명이 더 피상적이고 그리스도 나라와 피정자 개인의 신화 사이를 조화롭게 연결한 설명보다도 덜 도움을 준다고 믿는다. **왕이라는 이미지가 피정자 개인 신화의 일부가 아니라면 피정자는 그 수련을 효과적으로 연결할 수 없을 것이다.** 달리 말하면 덜 의식된 것에 있는 피정자의 원형적인 이미지가 지도자들, 여걸들, 또는 여왕과 조화를 이루지 않는다면 그리스도 나라는 아주 분명하게 드러날 것으로 예상되는 힘과 조화를 이루거나 키워주지 못할 것이다.[6]

영신수련 지도자가 피정자가 자신의 신화를 개발하고 그리스도 나라에서 이나시오가 제안한 방법으로 예수님을 발견하도록 격려할 수 있는 방법은 무엇일까? 그것은 피정자에게 주된 이미지와 할 수 있다면 자신의 가장 깊은 꿈과 희망을 창조적으로 표현해 보라고 권장하는 것이다. 이러한 맥락으로 지도자는 피정자에게 다음을 성찰하거나 기도하라고 초대할 수 있다.

— 당신의 가장 깊은 열망과 전망을 세상에서 감지할 수 있고 이야기로 표현할 수 있다면 그것은 어떤 것이겠는가?
— 당신이 5년 뒤에 죽는다면, 당신의 부음란에 정직하게 기억되기를 바라는 창조적인 업적이나 언행은 무엇인가? 열정적인 에너지로 뜻있게 살기 위하여 당신에게 정말로 필요한 것은 무엇인가?
— 어떤 이미지가 당신에게 생명을 주는가?
— 다음 10년 동안 당신의 꿈을 사로잡는 가장 가까운 과거의 이야기는 무엇인가?
— 당신이 세상에 대한 가장 깊은 자신의 열망과 전망을 신화나 이야기로 표현할 수 있다면 그것은 어떤 것인가? 누가 이 전망에 참여하겠는가?

예상되는 그 사람의 응답은 무엇일까? 예수님은 우리 모두의 가장 깊은 열망이 강생한 분이시다. 그래서 당신은 지금 어떤 기도나 봉헌을 하고 싶은가?

피정자는 이러한 질문을 숙고하고 새롭게 나타나는 신화의 몇 가지 측면을 떠올리기 시작한다. 그러고 나서 피정자는 이것을 마음에 간직하고 기도 수련에 들어가서 이 모든 측면이 혼합된 이미지·이야기·희망 또는 꿈이 드러나게 해달라고 하느님께 청한다. 다시 말하면 피정자의 덜 의식된 자아는 깨달음의 은총을 받아서 삶의 이 시점에서 가장 유의미한 이미지를 떠올린다.

피정자는 앞의 질문을 받기 한참 전에 자신의 신화를 개발하기 위한 기초 작업을 진행했을 수도 있다. 셋째 수련[63]을 하는 동안 조명을 받아서, 피정자는 자신의 삶을 조종하고 있는 자신의 '역 신화'에 영향을 주는 세상과 타협하였을 수도 있다. 길잡이가 기도 자료 10-15를 따라 인도하고 있다면, 그는 피정자에게 세상에 대한 하느님의 꿈을 성찰하거나 숙고하라고 격려해서 신화를 개발하기 위한 기초 작업을 진행했을 것이다. 그런 뒤에 그는 피정자에게 예수님의 어린 시절을 복음 관상하며 마리아와 요셉의 꿈을 성찰하라고 권한다. 그리고 그는 예수님의 탄생과 어린 시절에 일어난 정치적인 상황 때문에 바뀐 그들의 꿈과 재창조된 그들의 신화를 성찰하라고 권하면서 기초 작업을 더 깊이 진전시켰을 것이다.

다음 예는 그리스도 나라로 이러한 질문의 마지막 부분에 응답한 피정자가 만든 '자루를 멘 노파'의 이야기다.

노파의 꿈

모든 사람이 창조주 어머니가 자신들의 선goodness을 사랑한다는 사실을 깨달으면 그것은 놀라운 일이다. 그러면 모든 사람은 자신들의 선을 행하고 서로 사랑하며 지구를 사랑할 것이다. 우리가 이것을 깨달으면 모든 폭력은 사라질 것이다. 우리 모두가 그런 전망을 나눈다면 우리는 지구 또는 우리 서로를 어떤 방법으로든 무시하거나, 착취하거나, 상처 주지 않을 것이다.

이 꿈을 이룬 어느 노파의 이야기

그녀는 마르고 가무잡잡했으며 지혜롭고 동정심 많은 노인이며 에너지와 열정이 넘치는 젊은이었다. 그녀의 검은 머리는 거칠고 풀어졌으며 희끗희끗했다. 그녀의 미모가 사라졌고 그녀의 손은 거칠지만 크고 다정했다. 그녀는 가볍게 걸으며 춤도 추었다. 그녀는 기쁘면 곧바로 웃고, 슬프면 울면서 진실하게 살았다. 그녀는 모자를 썼고 커다란 소매와 커다란 주머니가 많이 달린 크고 검은 외투 안에 빨간색 조각으로 기운 옷을 입었다. 그녀는 맨발에 알록달록한 끈으로 동여맨 커다란 낡은 가방 여러 개를 언제나 어깨에 걸치고 허리띠로 묶었으며, 두 손으로 들고 다녔다. 그녀는 집도 직업도 없었다. 그녀는 그저 날마다 듣고 싶은 사람이나 사물에 놀라운 이야기를 들려주며 끝없이 걸었다. 때때로 그녀는 자신을 따르는 사람들을 영적으로 찬미하는 가사 없는 이상한 노래를 불렀다.

그녀를 만나는 사람들은 누구나 그녀 곁에 앉도록 초대받았고 그녀가 전해주는 창조주의 놀라운 선물에 대한 환상적인 이야기를 들었다. 두 손을 벌리며 환영하는 그녀의 사랑스러운 초대를 마다할 사람은 거의 없었다. 그녀의 이야기는 너무나 마음에 와닿았고 마지막 말이 끝날 때까지 기다리지 못하는 사람은 거의 없었다. 그녀는 이야기를 마치고 따뜻한 눈길로 청중에게 각자 마음을 들여다보고 그 안에 있는 모든 폭력을 모으자고 초대하였다. 그런 뒤에 노파는 커다란 주머니를 잡고 두 팔을 펼치자 사람들은 자신들의 마음에서 발견한 폭력을 주머니 안에 넣었다. 노파가 폭력을 모두 가져가자, 사람들은 폭력 대신에 특별한 마음의 선물을 꺼내기 위하여 노파의 깊은 주머니 중 하나에 손을 넣었다.

각 사람은 다가와서 주머니가 빈 것을 확인했다.

그러자 노파는 눈웃음을 지으며 말하기를, "그렇습니다. '아무것도 없다'라는 특별한 선물을 받으세요. 그것을 아주 조심스럽게 받아서 마음에 간직하세요. 그것으로 당신 안에 빈자리를 만드세요. 그것은 사랑을 받을 때 열리고 사랑으로 모든 것을 간직할 수 있어요."

어떤 사람들은 선물을 받아들였고 그들이 체험한 변화에 놀라고 흥분하면서 새로운 사람이 되어 떠났다. 그러나 다른 사람들은 이것을 받아들일 수 없었다. 그들은 마음에 있는 모든 것을 그녀에게 주었지만 아무것도 돌려받지 못해서 화가 났다. 그들은 '아무것도 없음'을 그 노파에게 되돌려 주었고, 그 순간 과거의 모든 폭력이 그들의 마음으로 되돌아왔다. 그들은 "미친 할망구"라고 소리치며 그 노파를 떠나갔다. 슬픈 노파는 더 무거워진 주머니를 허리에 매달았다.

매일 날이 저물 무렵이면 가방에 있는 끔찍한 폭력의 무게에 짓눌린 노파는 약해졌고 배고프며 다리도 아팠다. 하지만 그녀는 창조주의 사랑이 주는 희망과 힘으로 편안해졌다. 그녀는 어두운 밤을 신비롭게 재창조 하면서 조용히 사라졌다. 가까이 남아 있던 사람들은 그녀가 사라져 버린 어둠 속 저 멀리서 들려오는 놀랍도록 사랑스럽고 이상한 선율을 종종 들었다. 그녀는 창조주와 함께 밤을 보내며 원기를 회복하여 힘차고 가벼운 발걸음으로 동이 틀 무렵에 나타났다. 그녀는 텅 빈 알록달록한 가방을 매단 채 다시 시작하기를 원했고 오히려 창조의 어둠에 맞설 준비가 되어 있었다.

그녀의 선물을 받은 사람 중의 몇몇은 그녀와 함께 머물렀다. 그들은 그녀의 노래를 불렀고 밤에 부르는 그녀의 노래에 담긴 비밀을 몹시 알고 싶었으며 그녀가 찾는 것을 따르고자 그녀에게 이끌렸다.

노파의 봉헌

모든 이를 사랑하는 분이시여! 당신의 은총 가득한 도움과 동정심에 힘입어 나는 당신과 세상에 대한 당신의 꿈에 몸을 바치기를 원합니다. 당신처럼 나는 억압적이고 불의한 폭력에서 벗어나자고 형제자매들에 게 격려하면서, 겪어야 할 어떠한 형태의 폭력이나 가난도 참으며 당신을 따르기를 가슴 깊이 원합니다.

그 밖의 지속적인 영성 지도에 적용하기

길잡이는 영성 지도를 하면서 때때로 피정자의 전환기 갈등에 담긴 중요한 문제issues를 이해하기 위해 신화를 사용할 수 있다. 종종 기존의 신화는 중년기의 위기를 겪는 사람에게 더 이상 작동하지 않는다. 미래를 위한 새로운 에너지가 발견되기 전에 새로운 신화가 떠올라야 한다. 이 말은 가정을 이룰 기회를 놓친 것을 슬퍼하라고 초대받는 남성 동성애자에게 사실일 수도 있다. 또한 이 말은 다른 삶을 위하여 자기 삶의 일부분을 잃어버렸기 때문에 슬퍼하는 성장한 자녀를 둔 어머니에게 사실일 수도 있다. 이혼했거나 별거 중인 여성은 새로운 신화와 타협해야 한다. 신화 개발은 직업 선택, 은퇴, 동료의 기대 다루기라는 문제처럼 삶의 문제에 적용할 수 있다. 당신은 개인적 신화를 계속 활용하거나 새로운 신화를 개발하도록 피정자를 도와줄 수 있을 때 희망을 주는 이미지를 목격할 것이다. 종종 새로운 신화의 출현이나 발견은 피정자에게 새로운 에너지와 의미를 준다.

올림픽 육상 선수로 오래전에 성화를 봉송했던 신화가 더 이상 자신에게 의미가 없음을 발견하고 조금 우울했던 남성 피정자를 예로 들어보자. 그 신화는 30년 동안 그에게 사는 힘을 주었다. 그것이 사라지자, 그는 살맛이 줄어들었고 자신의 마음spirit에 먹구름이 덮인 것 같았다. 그러던 어느 날 그는 자신의 신화에 대한 태도를 성찰하기 시작했고 그 신화가 무엇이었는지 궁금했다. 우선 그는 올림픽 육상 선수라는 이미지가 자신을 조종했음을 깨달았다. 그는 수년 전에 올림픽 육상 선수 안내문에 있는 사진을 보며 매우 감격했던 것도 기억하였다. 그는 그 이미지가 그동안 자신의 마음에 어떻게 들어왔고 자신의 일에 어떻게 긍정적이고 부정적인 영향을 주었는지 영성 지도자와 함께 논의했다.

그는 여러 달 동안 깨닫기 위해 기도를 했다. 그는 육체적인 에너지가 줄어들며 늙어가는 자신을 성찰했다. 그는 자신에게 온 사람들의 이야기를 들으면서 그들의 갈등을 자연스럽게 받아들이고 있음을 깨달았다. 수개월이 지난 어느 날 다음과 같은 새로운 신화가 그의 마음에 떠오르기 시작했다.

　도시 변두리에서 5마일 정도 떨어진 곳에 턱수염을 기른 노인이 소박한 통나무집에서 혼자 살고 있다. 통나무집 밖에는 깨끗한 시냇물이 흐른다. 날마다 노인은 시냇가로 가서 씻고 마실 물을 긷는다. 집 안에 음식이 없다. 도시에 있는 사람들이 미리 알리지 않고 자주 들른다. 그들은 음식을 가져온다. 노인은 사람들과 같이 음식을 먹으면서 사는 이야기를 나누자고 권한다. 사람들은 떠나면서 자신들의 짐이 가벼워진 것을 발견한다.

　새로운 신화가 노인의 의식에 떠오르자 그를 뒤덮고 있던 먹구름이 사라진 것처럼 보였다. 새로운 신화 덕에 그는 상징적인 목적을 다시 얻었다. 이미지나 신화가 선택을 위한 시금석을 그에게 주었다. 하느님과 그의 관계는 다시 회복되었다. 그는 바꿀 수 없는 것을 받아들였다. 그는 바꿀 수 있는 것에 대해서 더 많은 용기를 냈다. 그에게 지혜가 생겼고 희망이 다시 움텄다.

　자신의 신화를 발견하도록 피정자를 돕는 것은 내가 앞에서 설명한 것처럼 언제나 효과적이지 않고 단순하지도 않다. 어떤 피정자들은 이것을 준비하기 전에 어느 정도의 내적 작업이 필요할 것이다. 다른 피정자들은 신화를 발견하라는 당신의 뜻을 전혀 이해하지 못할 것이다. 당신은 그들의 삶에 영향을 주는 하나나 두 개의 이미지를 발견하라고 단순하게 권할 필요가 있다. 어느 땐 오직 하나의 이미지가 똑같은 효과를 낼 것이다. 어떤 피정자에게는 해를 따라서 움직이는 해바라기라는 이미지가 복잡한 삶을 고찰하는 유의미한 방법이 되었다. 다른 피정자의 마음을 잡게 도와주는 이미지는 개똥벌레였다. 떠도는 음유시인이라는 이미지는 또 다른 피정자에게 일생일대의 선택이 되었다. 이미지는 영혼soul에 머무는 성령을 드러내는 마음psyche의 언어이다.

연구와 성찰 그리고 토론을 위한 자료

1. 이미지는 어떤 방식으로 마음의 언어가 되는가? 이미지가 당신의 영혼에 머무는 성령을 어떻게 드러내는가?
2. 우리는 전환기에 어떻게 계속 '탈신화de-mythologize' 하며 어떻게 '재신화 re-mythologize' 해야 하는가?
3. 영신수련이 당신의 탈신화와 재신화 과정을 어떻게 도와주었는가? 복음 관상은 이 과정을 어떻게 도와주었는가?

25장 미주

1) 나는 이냐시오 자서전에 나온 무어인들을 참고하였다. 이슬람교도들은 북아프리카로부터 스페인을 침공하였다.

2) 이것은 이냐시오가 사랑을 얻기 위한 관상의 요점에서 특별한 질서로 창조의 지위를 결정한 근거이다. 기도 수련 모두는 위계질서를 따라 만들어졌다. 이 질서는 단순히 논리적으로 정해진 위계질서가 아니다. 그것은 오히려 사물의 본성과 연관된 질서이다. 그것은 존재의 질서이고 포용inclusivity이다. 식물의 세계는 바위 세계의 모든 것을 담고 그것을 초월한다. 동물의 세계는 식물의 세계와 바위 세계의 모든 것을 간직하고 또 그것을 초월한다. 인간의 세계는 동물과 식물의 세계와 무생물의 세계의 모든 것을 간직하고 그것을 초월한다.

3) 셰익스피어는 죄가 우주에서 이 질서에 가해지는 영향력을 이해하고 둔칸이 살해된 지 수십 년 후 맥베스라는 비극을 썼다. 이것은 첫째 주간의 둘째 묵상[59], [60]에서 설명된 무질서에 대한 이냐시오의 이미지와 유사하다.

4) 윌리엄 A. 배리, S. J.의 *Finding God In All Things: A Companion to the Spiritaul Exercises of St. Ignatius* (Notre Dame: Ave Maria Press, 1991). Chapter 5, "God's Dream for Our World", 66-76. 이것은 그리스도 나라를 신화로 설명한 탁월하고 쉬운 내용으로 그리스도 나라의 역할을 둘째 주간과의 관계로 설명하는 데 매우 유익하다. 배리는 이냐시오의 왕 신화에 들어가도록 피정자를 이끄는 고전적인 모델로 그리스도 나라를 사용했다.

5) 어떤 신화는 매우 의도적이다. 우리는 그들을 이념이라고 부른다. 이념이 더 이상 우리에게 긍정적인 힘을 주지 않을 때 우리는 새로운 신화를 만든다.

6) 예수회 영성 지도자들과 주석가들은 그리스도 나라 수련을 다룰 때 신중할 필요가 있다. 이 수련의 패러다임은 예수회 집단 신화collective myth에 해당한다. 따라서 다른 사람들이 이 수련을 할 때 겪는 어려움을 예수 회원들은 잘 이해하지 못한다.

7) 그 신화의 원본은 어떤 피정자가 다른 사람들에게 설명해 주라고 내게 준 것이다. 나는 그것을 여기서 조금 바꿨다.

26장
세 가지 핵심 수련과 결정 내리기

　세 가지 수련-두 개의 깃발, 세 가지 부류의 사람들과 세 가지 유형의 겸손-은 둘째 주간의 결정 내리기에 중요하다. 그것은 빛으로 가장한 악한 천사의 영향을 주기 위한 수단이 아니라 피정자의 체험을 하느님 부름의 진정한 수단으로 만들기 위해 그의 체험을 통과시키는 세 개의 여과 장치와 같다.

　두 개의 깃발은 피정자가 결정 과정에서 속임수로부터 벗어나도록 도와준다. 피정자가 결정 과정에서 영적·물적·심리적인 소유에게서 영향을 받을 때 세 가지 부류의 사람들은 그것에 대한 무절제한 애착에서 벗어나게 도와준다. 세 가지 유형의 겸손은 결정 과정인 선택에 필요한 피정자의 자유와 준비 상태를 알려준다. **이론적으로 세 가지 핵심 수련을 통해서 일어난 피정자의 열망과 감정**affectivity**이 세 번째 부류의 사람과 더불어 두 번째 유형의 겸손과 조화를 이루면 피정자는 매우 자유롭게 선택을 식별한다.**

두 개의 깃발

두 개의 깃발Two standards은 두려움·과장·속임수와 현혹된 관대함에서 '벗어나도록' 피정자를 준비시켜서 그가 인식한 하느님의 부름을 확인해 준다. 이 수련은 또한 활동하고 선택하며 예수님의 제자로서 새로운 관계를 자유롭게 형성하도록 피정자를 준비시킨다. 피정자의 수용성과 그것에 영향을 주는 문화 모두 이 수련에 영향을 준다.

온전히 영향 받음 — 피정자가 두 개의 깃발로 온전히 영향을 받을 때 어떤 결과가 나오는가? 나는 다음 모두는 수련의 영향을 보여주는 좋은 예라고 생각한다.

결정 과정

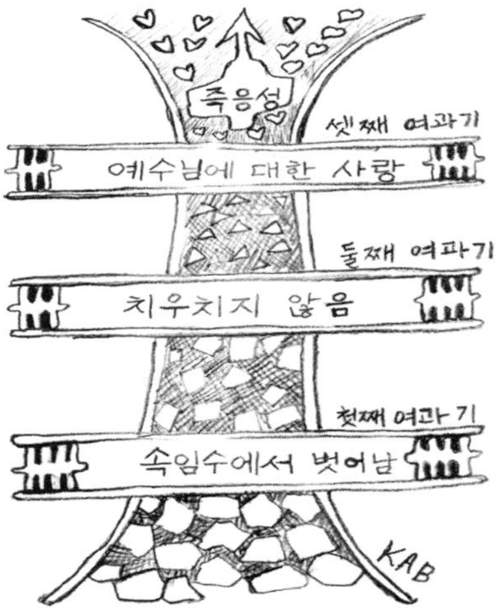

[그림 9] 영적 자유 증진 수련

a) 피정자는 두 개의 깃발을 수련하기 전에 자신의 선택에 영향을 줄 것 같은 숨겨진 무질서한 경향을 어느 정도 깨닫는다. 이제 그는 수련하면서 앞에서 배운 것과 연관된 것으로서 가장 높은 단계의 영적 가난으로 이끄는 예수님의 부름을 이해하기 시작한다.

b) 피정자는 수련 전이나 수련 중에 빛의 천사에게 유혹을 받았고 유혹받는 방식을 주목했다. 이제 그는 수련을 통해서 유혹받는 방식이 부귀, 명예 그리고 교만과 어느 정도 연결되었음을 깨닫는다.

c) 피정자는 결정 과정에서 있을 수도 있는 감정이나 생각의 잠정적 오류를 뜻하지 않게 깨닫는다.

d) 치유받는 상태의 피정자는 하느님, 세상 또는 다른 사람들과의 더 깊고 온전한 관계를 방해하는 애착이나 사고방식을 깨닫는다.

덜 영향 받음 — 덜 영향을 받는 체험은 어떤 것과 같을 수 있을까? 대체로 피정자가 당신이 듣고 싶은 것을 간단하게 이야기하면, 별다른 영향이 없었다고 말할 수 있다. 피정자가 단순히 다음과 같이 간단하게 생각했다는 것은 덜 영향을 받은 징조일 수 있다.

— 적이 어떻게 나의 잘못을 과장하는가?
— 내가 지닌 부귀는 무엇인가?
— 내가 받은 은총이 어떻게 나의 부귀가 될 수 있는가?

그래서 피정자가 이렇게 '양심 성찰'을 한 후에 면담을 하러 온다면 그것은 두 개의 깃발에 대한 기도 수련으로부터 영향을 덜 받았음을 알려줄 수 있다. 당신은 영신수련의 맥락에서 벗어나서 두 개의 깃발로

30분 동안 성찰하면 이렇게 생각할 수 있다!

두 개의 깃발은 분석하거나 연구하는 수련이 아니라 '묵상meditation'이다. 그것은 피정자의 상상력을 권장하는 수련이다. 마음속 깊은 곳에서 받아들여진 결과를 암시하는 풍부한 이미지를 주목하라. 더 나아가서 이냐시오는 피정자가 더 올바르게 결정을 식별하도록 도와주기 위하여 두 개의 깃발을 만들었다[169]. 당신이 그리스도 나라에서 피정자가 하느님께 백지 수표를 봉헌하는 것을 생각했다면, 당신은 그가 두 개의 깃발과 이어지는 복음 관상을 체험하면서 수표 지급인 란의 가짜 서명을 알아채는 방법을 발견하는 것을 생각할 수 있다. 두 개의 깃발은 빛으로 가장한 천사가Under the Guise of Light 쓰는 속임수와 영적 위안을 주로 다루는 영들을 식별하는 두 번째 규칙 세트와 관계가 있다.

세 개의 담화는 이러한 특별한 수련의 효과를 진전시킨다. 피정자는 두 개의 깃발에서부터 둘째 주간의 끝까지 기도할 때마다 세 개의 담화를 해야 한다. 그런데 대체로 세 개의 담화는 미승인 결정을 하고 있는 피정자에게서 두드러진다. 피정자는 결정 과정을 준비하고 들어가는 국면, 즉 둘째 주간의 가장 큰 몫에 해당하는 부분에서 세 개의 담화를 해야 한다. 이냐시오는 그것을 셋째 주간에 규정하지는 않았지만 피정자는 계속 세 개의 담화를 하면 도움을 받을 수도 있다고 제안한다[199].

어떤 사람들에게 세 개의 담화가 무척 형식적이고 매우 체계적으로 보인다. 종종 피정자는 그렇게 세 개의 담화를 시작한다. 그러나 세 개의 담화는 반복과 예수님의 삶에 관한 자료를 통하여 점점 더 소중해진다. 먼저 그는 세 개의 담화를 하기가 더 이상 부담스럽지 않게 된다. 나중에 그는 세 개의 담화로 기도하고 싶고, 기도 시간 내내 세 개의 담화를 하는 자신을 종종 발견한다. 때로 피정자는 더 분명하고 실제로 최고의 정신적인 가난을 간청한다. 그는 한때 자신이 혐오했던 바로 그것을 사랑하며 열망하게 해달라고 간청한다. 반면에 피정자는 이전에 다른 일을 하려면 지금 일을 포기할 수도 있다는 것을 거부했다. 지금은 자신이 처음에 원하지 않았던 다른 일을 먼저 간청하고 있다. 피정자는 소박한 삶에 저항하였으나 지금은 성모님과 예수님, 예수님의 아버지와 대화하며 삶을 바꾸려고 한다. 그래서 우리는 세 개의 담화가 영적 자유를 증가시키는 특별한 수단임을 다시금 알게 된다.

피정자가 결정해야 할 중요한 사안이 없을 때나 상황이 길잡이의 기대에 맞지 않게 진행될 때도 이 수련은 세 개의 담화와 더불어 하느님께 더 개방할 수 있도록 피정자를 도와줄 수 있다. 세 개의 담화는 수련하는 피정자의 상태와 관계없이 더 철저한radical 제자 직분으로 피정자를 초대하면서 피정자에게 도전할 수 있다.

세 가지 부류의 사람들

세 가지 부류의 사람들은 소유물에 대한 무질서한 애착으로부터 벗어나 자유롭게 결정할 수 있도록 피정자를 격려하는 우화이다. 그런 애착은 더 구체적으로 돈·재산권·특정 장소·생활방식 등일 수 있다. 예를 들면, 피정자가 좋은 직장 때문에 작은 도시에서 큰 도시로 옮기는 것을 식별한다고 생각해 보자. 그것의 장점은 돈, 지위, 자녀 교육을 위한 더 좋은 기회, 시골보다 더 나은 도시 등이다. 이 모두는 당연하고 타협의 여지 없는 수련의 주안점이 될 수 있다. 이러한 애착이나 두 번째 부류의 비타협적 태도는 식별을 왜곡할 수 있다.

이 수련은 아주 깊은 곳에 숨어서 선택에 영향을 주는 비타협적인 태도를 직면하라고 피정자에게 요구할 수 있다. 숨겨진 피정자의 비타협적인 태도가 피정자의 결정 과정에 영향을 주고 있을지도 모르기 때문에, 지도자와 피정자 모두 지금 비타협적인 태도를 놓치지 않는 것이 중요할 수 있다. 나는 이 문제를 24장의 '치유받는 상태의 피정자를 위한 세 가지 부류의 사람들'에서 다루었다. 당신이 아직 그렇게 하지 않았다면 이 부분을 숙지할 것을 제안한다.

세 가지 유형의 겸손

세 가지 유형의 겸손Three Kinds of Humility은 피정자가 예수님을 더 깊이 사랑하고 자유롭게 투신하도록 도와준다. 세 가지 '유형'은 더 높은 단계의 완전을 향하여 올라가는 사다리의 발판이 아니다. 오히려 그것은 하느님의 사랑에 다양하게 반응하는 현상이다. 그것은 하느님과의 지속적이고 역동적인 관계로 하느님과 친밀해지도록 초대하는 순간을 표현하고 있다. 이냐시오는 중세 문화에서 살았기 때문에 우리는 그의 표현만으로 그의 마음속 움직임을 알지 못한다. 따라서 우리는 세 가지에 대해 자발적이고voluntaristic, 고정되며static, 성취 지향적으로 해석하는 경향이 있고 이냐시오의 세계관보다는 전통적인 세계관을 더 드러내는 쪽으로 해석한다. 결국 우리는 세 가지 유형의 겸손을 우리와 하느님과의 사랑스러운 관계로 인한 결과보다는 동기cause로 해석하려고 한다.

각각의 '유형'은 사랑스러운 관심에 대한 다양한 순간이고 하느님과의 깊은 친밀감을 체험한 결과이다. 우리 시대에 신앙을 부정하거나 불의하게 죽음을 모면할 수 있었던 사람들의 증언에 따르면 첫 번째 유형은 매우 높은 사랑일 수 있다. 세 번째 유형은 어려운 것이 더 좋다는 식의 왜곡된 믿음을 담고 있지 않다. 이것은 명분justification 때문에 다른 사람의 경멸과 거부를 온몸으로 받아들일 것을 촉구하는 자기희생을 공경하는 것 또한 아니다. 불행하게도 영성 지도자와 피정자들 모두는 그렇게 전제하고 세 번째 유형의 겸손에 담긴 의미를 축소시킨다.

세 번째 유형의 밑바닥에 깔린 이냐시오의 전제는 다음의 열망에 표현되어 있다: **나는 연인과 모든 것을 함께하고 싶은 사랑을 체험하였다. 그/그녀가 가난하면, 나도 가난하고 싶고, 그녀가 모욕을 받으면 나도 모욕을 받고 싶다.** 이것은 사랑의 언어이고 마음속 깊은 곳rationale of the heart에서 흘러나온 것이다. 세 번째 유형의 겸손을 다른 사람의 거부를 참게 해달라는 쪽으로 축소된 기도는 다소 일반적인 요청이며, 부름받는 상태에 있는 사람에게는 당연히 자기중심적이다(그러나 이것은 치유받는 상태의 피정자에게 도움이 되고 필요할 수도 있다). 진정으로 세 번째 유형의 겸손을 원하는 마음은 영적 자유와 현재 진행 중인 영신수련 여정의 결정 과정으로서 선택할 준비가 됐다는 충분한 징표이다. 세 번째 유형으로 반응할 수 있을 만큼 특권을 누리기를 원하는 피정자는 인내뿐만 아니라 연인을 더욱 닮는 것을 선택하고 원한다.

"주 예수님, 나는 당신을 너무나 사랑합니다. 당신만 괜찮다면 나는 내 삶에서 특별한 선택으로 지금 당장 당신과 같이 가난하고 거부당하기를 선택합니다. 나는 몹시 가난하거나 거부당하지 않을 수도 있는 다른 길을 택할 수 있음을 압니다. 또한 다른 길은 당신의 나라를 세우는 데 더 효과적일 수도 있다는 사실을 압니다. 그러나 나는 당신을 매우 사랑하기 때문에 당신을 더 닮는 길을 선택하고 싶습니다. 나는 당신을 몹시 닮고 싶습니다."

세 번째 유형은 자아가 건강한 피정자가 자기를 수용하고 있을 것으로 추정한다. 심리적으로 건강한 상태에서 가난하고 거부당하는 예수님을 따르기를 기도할 수 있음은 매우 높은 수준의 영적·심리적 자유를 드러낸다. 대부분의 문화는 자존심self-esteem과 정체성이 공격받을 때 살아남는 기술과 방법, 즉 당혹감과 거부rejection에 맞서 자신을 보호하는 방법과 타인 앞에서 자신의 정당성을 회복하는 방법을 개발하고 있다. 아마도 인간의 정체성을 해치려고 개발된 것으로써 고문torture보다 더 심한 것은 없을 것이다. 한 사람의 정체성을 해치는 것은 그를 해치는 것이다. 예수님처럼 모욕을 받고 경멸당하게 해달라는 기도는 인간성이 파괴될 위험을 감수하면서 우리 자신을 온전히 무기력하게 만든다. 설령 그렇더라도 그러한 기도를 시작하는 것마저 원하기 위해서는 피정자가 병이 들었거나 매우 건강해야 한다. 그러나 환자는 영신수련을 하지 말아야 한다.

세 번째 유형에 대한 열망은 피정자가 하느님의 사랑을 체험했다고 본다. 이 열망은 하느님의 자비로우신 사랑을 체험한 결과이다. 그것은 영적 자유를 체험하는 것이다. 영적 길잡이는 세 가지 유형의 겸손으로 피정자의 내적 자유와 식별하기 위한 준비 상태를 탁월하게 점검할 수 있다. 마찬가지로 피정자도 이 수련으로 더 자유롭고 기꺼운 마음을 갖도록 탁월하게 준비할 수 있다[157], [168].

현실적인 적용

일러두기[20]에 따르면 이냐시오는 영신수련 지도자에게 둘째 주간의 넷째 날에 온종일 묵상할 자료로 두 개의 깃발과 세 가지 부류의 사람들을 주라고 지시한다. 이것은 일러두기[19]로 보면 한 주에 해당한다. 그러나 요즘 사람들에게 더 큰 영향을 주기 위해서 당신은 여기서 벗어나야 할지도 모른다. 여러 주에 걸쳐서 그것을 주는 것이 도움이 될 수도 있다.

두 개의 깃발 적용

나는 피정자가 두 개의 깃발을 어떻게 다루는지 알아내기 위해, 두 개의 깃발을 시작할 때 한두 번 본문 그대로 주라고 당신에게 권고한다. 이것은 체험을 위해 본문을 그대로 사용하는 유형이다. 피정자가 기도 수련하면서 두 개의 깃발 내용을 파악하지 못하거나 집중하지 못한 채 당신에게 왔다면, 당신은 다음과 같이 원인을 찾아볼 수 있다.

"당신은 두 개의 깃발에 관하여 조금밖에 말하지 않은 것처럼 보입니다. 실제로 가난과 모욕은 매우 부담되지요. 당신은 그것에 어떻게 반응하였나요? 나는 그것이 궁금합니다. 아마도 당신은 그것으로 다시 돌아가서 소위 중세 단어들을 가지고 예수님과 이야기해 볼 수도 있습니다. 그 단어들이 문제에 대한 당신의 진짜 느낌이 일어나게 두십시오."

당신은 이 시점에서 영신수련을 완전히 끝낸 일상에서 우리를 제자로 키우시는 예수님의 방법을 생각하라는 이냐시오의 요구를 설명하면서 피정자에게 적극적으로 수련하라고 권할 수 있다. 당신은 피정자에게 다음의 내용을 권할 수도 있다.

— "가난·모욕·겸손이라는 세 가지는 이냐시오가 당시의 기사도와 왕정 문화로 예수님의 작전을 요약한 것입니다. 우리는 오늘날 가난한 사람들과의 연대, 공동체와 지구에 관한 관심, 하느님께 의존, 모든 것의 중심인 사랑, 착한 지향을 지닌 사람들 사이의 협력, 적극적인 비폭력과 같은 다양한 언어로 예수님의 작전을 요약할 수 있습니다."

— "계속되는 영신수련의 첫째 주간과 둘째 주간에 주어진 이러저러한 것에서 당신에게 최고의 영적인 가난은 무엇입니까?"

— 오늘날 지상에서 어떤 유형의 가난과 겸손이 제자인 우리에게 중요할까요?

— 피정자가 여성이면, 당신은 당연히 남성적 요소인, 부귀·명예·교만이 그녀에게 적절한지 논의할 수 있다.

— 다음의 두 가지를 피정자에게 제안하라.[1]

a) "아주 교묘하고 지성적인 악이 당신을 악에 빠뜨리고 멸망시키려고 모의하는 것을 상상하십시오. 적이 당신에게 어떻게 접근하고 있나요?"

b) "a)를 끝내고, 가난하고 현명한 친구가 당신에게 가장 유익한 것을 권하면서 예수님을 가까이 따르라고 권하는 것을 상상하십시오. 친구가 당신에게 무엇을 제안합니까?"

세 가지 유형의 겸손 적용

이냐시오는 일러두기[20]에 따라서 영신수련을 하는 동안 세 가지 유형의 겸손을 온종일 곰곰이 생각하라고 제안했다[164]. 당신이 일러두기[19]에 따라서 이 방식을 따른다면 피정자는 이 수련을 한 주 내내 때때로 심사숙고해야ruminate 할 것이다. 그러나 결정 과정의 사전 준비 단계에 있는 피정자는 이 내용을 두 번 수련하고 그 주 내내 곰곰이 생각하는 것이 더 도움이 된다. 세 가지 유형의 겸손은 영신수련의 이 시점에서 예수님과 친밀해지려는 노력이라는 점을 피정자에게 설명하라.

26장 미주

1) 키스 랭스태프Keith Langstaff, S. J.는 첫째 질문과 깊이 통찰한 제안을 내게 주었다.

2 7 장
결정 내리기와 다섯 단계

이론·과정·진행

우리 인류 가족은 당면한 전 세계적 문제를 오로지 인류와 지구를 위해 상호 협력해야만 풀 수 있음을 어느 때보다도 심각하게 인식하고 있다. 이냐시오의 영성은 주도적으로 당신의 나라를 지구에 건설하시려는 하느님의 뜻과 조화를 이룬 의식적인 결정에 대한 인간의 책임을 촉구하면서 적극적인 협력을 촉진할 수 있다. 사랑을 얻기 위한 관상에 담긴 두 가지 요점은 이것을 다음과 같이 입증한다.

― '진정한 사랑은 말보다 행동으로 자신을 표현한다[230].'
― '진정한 사랑은 쌍방 통행으로 가진 것을 서로 나눈다. 사랑하는 사람은 사랑하는 이에게 자신의 소유나 줄 수 있는 것을 주고 나누며 사랑받는 사람도 사랑하는 사람에게 나눈다[231].'

이 요점들은 영적 길잡이는 하느님께서 직접적이고 개인적으로 피정

자와 통교할 수 있도록 저울처럼 중심에 서서 안내하라는 일러두기[15]
의 설명이다.

> 반면에 영신수련 중인 피정자에게는 창조주인 주님께서 몸소 독실한 그 영
> 혼과 통교하고, 그를 뜨겁게 사랑하고 칭찬하면서 앞으로 하느님을 더 잘
> 섬길 수 있는 길로 준비시키시는 것이 더 적절하고 훨씬 더 좋다. 영신수련
> 지도자는 이편이나 저편 어느 편으로도 치우치거나 기울지 말고 저울처럼
> 중심에 서서, 창조주가 직접 피조물과 함께 그리고 피조물이 창조주 주님과
> 함께 행동하도록 두어야 한다.

영신수련 지도자는 왜 피정자를 존중하면서 저울의 중심처럼 중간에
있어야 하는가? 이냐시오는 왜 영신수련을 사용하여 하느님의 영이
피정자와 직접 대화하시기를 바라는가? 피정자는 영신수련을 통하여
사회와 자신과 다른 사람들의 삶에서 하느님의 나라를 이루기 위한
구체적인 선택을 할 만큼 자유롭고 또 사랑할 수 있다. 이것은 하느님을
'찬미하고 섬긴다'는 뜻이고 오늘날 책임지는 그리스도인의 문화에서
실행되는 영신수련 여정의 목적이다[5], [102], [135], [230].
　　결정 능력은 사람에게 꼭 필요하다. 사람은 자신에게 '그래 나는
이렇게 결정을 하고 그것을 실행하겠어.'라고 말하며 판단하고 결정하는
순간에 다른 어느 때보다도 자신의 인간성과 '인격'을 체험한다. 사람은
그렇게 의식적으로 결정을 하는 순간 모든 구체적인 현실과 신비 안에서
의식적이고 인격적이며 자유로운 '자신'을 체험한다.
　　최종 결정 내리기는 누구에게나 신비롭고 유일함에도 우리는 최종
결정에 이르는 과정을 가상적인 사람과 가상적인 피정자에게 대체로

맞는 단계적 역동 모델로[1] 설명할 수 있다. 우리는 각 사람의 결정 과정이 다르기 때문에 모든 모델을 피정자의 즉응성과 식별한 움직임에 적용하면서 알맞게 사용해야 한다. 그러나 다음의 질문에 응답하는 영적 길잡이는 모든 모델을 사용할 수 있다.

— 길잡이는 결정 과정에서 피정자를 어떻게 격려하는가?
— 피정자의 독특한 결정 과정에서 결핍된 것은 무엇인가?
— 결정 과정의 특정한 순간에 필요한 것은 무엇인가?

사람들은 매일 구체적 이유를 분석하며 숙고하기, 직관으로 파악하기, 자료 검토하기, 예상되는 결정의 결과 상상하기 등 또는 이 모두를 조합한 여러 가지 방법으로 결정을 한다. 영적 길잡이는 피정자의 평소 결정[2] 방식을 지혜롭게 발견하고 존중할 것이며 자신의 방식을 피정자의 결정 방식에 투사하지 않도록 주의해야 한다.

다양한 편견에 맞서서 신중하게 결정하기

영적 문화 속의 편견biases

신중하게 결정하는 것은 피정자들의 영적 문화에서 대부분 좋은 평가를 받지 못한다. 대부분의 피정자들은 중요한 직업적 투신, 부름 또는 직업 선택에 관해서는 분명하게 그리고 기도하며 결정할 필요가 있다고 생각하는 것 같다. 그러나 많은 피정자가 6개월 동안의 공부, 여행, 힘 빠지는 관계 대처, 치료, 집필, 아이 입양, 특정 회사 자금 투자 또는 회수와 같은 것이 포함된 다른 문제에 관해서는 신중하게 결정할 필요가 없다고 생각하는 것처럼 보인다. 나는 일러두기[19]에 따르는 영신수련에서 피정자들이 계속해서 온갖 종류의 결정을 하는 것을 종종 목격하면서도, 그들은 결정할 필요성을 느끼는지 질문받을 때를 제외하고는 결정을 하기 위한 자료를 아무것도 갖고 있지 않은 것처럼 보인다! 신중하게 결정하는 과정과 관련된 뭔가가 당사자의 마음속에서 하느님의 움직임을 파괴하는 것처럼 보이는가? 어쩌면 덜 중요한 사안을 신중하게 결정하는 것과 기도하는 사람이라는 의미가 서로 모순될지도 모른다. 우리는 영신수련 본문 그 자체가 신중히 결정할 필요와 열망을 불러일으키도록 도전할 것으로 생각한다. 종종 그것은 필요와 열망을 불러일으키지 못한다.

영신수련 속의 편견

영신수련 본문 자체가 이런 어려운 상황을 만들었다. 이냐시오는 선택과 스스로 조금만 할애한 **생활을 개선하기 위한 규범**에 있는 방식의 결정 내리기를 구별한다. 생활을 개선하기 위한 일러두기[189]가 오직 네 개의 문장으로 되어 있지만 선택에 관한 부분[169]-[188]은 약 22개의 문장으로 되어 있다. 성직록을 받거나 포기하는 것과[16] 자선기금 분배 규칙처럼[337] 중요한 선택에서 특별할 수도 있는 것을 제외한 결정을 위한 선택과 관련된 참고사항이 영신수련 도처에 있다. 이러한 예는 신분이나 중요한 직업을 바꾸는 것이 포함되지 않은 결정에 영신수련을 사용할 수 있다는 이냐시오의 견해를 보여준다. **그러나 그 예는 너무 적고 중요한 삶의 선택과 관련되어 실행하는 문제와 연결된다.** 성직록을 받는 것은 직업을 바꾸는 것과 밀접하게 연결된다. 그것은 이냐시오 시대의 사제들에게 어려운 문제였다.

　어쩌면 영신수련의 모든 핵심 수련이 **은총**과 더불어 평생 투신하는 영속적인 것, 즉 성소나 직업 같은 것을 포함한 선택의³⁾ 관점에서 쓰였다는 것이 유감일 수도 있다. 하지만 이냐시오가 영속적인 부름이나 특정한 신분을 강조한 데는 다음과 같은 까닭이 있다.

ー 일정하게 영신수련 본문 전체에 집중하는 것은 당연히 필요하다. 이냐시오가 미래의 영신수련 지도자들이 특정한 역동을 예상하기를 바랐다면, 그는 예상되는 결과를 어떤 식으로든 설명했어야 마땅했다.

ー 그의 맥락은 지도력의 쇄신이 필요했던 로마 교회를 섬기는 것이었다. 교회는 사제들이 지도력의 쇄신을 위해 헌신적으로 소명에 응답할 것을 요구했다. 이냐시오의 세계관은 여전히 중세적이었다. 당시 사람들은 사회를 지구와 마찬가지로 우주의 연속된 위계질서의 부분으로 이해했다. 로마 교회와 수도원은 이 질서를 유지했다.

ー 사람들은 지난 30년간의 발전적인 사고방식보다 더 고정된 개념을 바탕으로 '완덕'을 이해했다. '완덕'은 내적(거룩함)이며 외적(거룩함에서 나온 행위)인 측면에서 철저한radical 제자가 되는 것을 뜻했다. 사람들은 그것을 세속적인 삶에서 벗어나라는 부름으로 이해했다. 이냐시오는 1960년대까지의 로마 교회처럼 부름을 복음적 또는 '서원한' 삶으로 지칭했다. 반면에 보통 사람들은 완덕이 아니라 계명을 지키는 삶으로 부름을 받았다고 생각했다[135].

ー 이냐시오 시대의 사람들은 비교적 짧게 살았고 우리처럼 직업을 자주 바꾸지 않았다. 완벽한 신분에 대한 영속적 투신은 모든 문화의 이념

속에서 그 신분을 지지하는 강력한 기회였다.

독특한 사람들의 편견

사람들은 기본적으로 두 가지 과장된 방식으로 결정한다. 어떤 사람들은 결정 과정을 빨리 진행한다. 어떤 사람들은 결정 내리기를 계속 망설인다. 첫 번째 집단은 결정 내리기를 즐기는 '종결의 달인closure artists' 들이다. 그들은 빨리 결정한다. 그들은 자신이 해야 하는 또는 해야 할 필요가 있는 문제에 대한 결론을 쉽게 내린다. 그러나 그들은 몇 가지 고려해야 할 변수를 비정상적으로 차단하고 싶어 한다. 하지만 너무 많은 변수가 결정 과정을 더 어렵게 만들 수 있고 그들의 삶을 무척 애매모호하게 만들 수 있다. 두 번째 집단은 주변에서 그들에게 행동하도록 압력을 넣을 때까지 의식적으로 결정을 피하는 것처럼 보이는 회피자들이다. 그들은 인간인 우리가 모든 변수를 결코 알아낼 수 없다는 현실을 직면하고 싶지 않기 때문에 실패에 대한 책임을 두려워한다.

이러한 과장에 영향받는 사람들은 우리의 결정에 담긴 다음의 진실을 받아들일 필요가 있다.

1. 우리는 언제나 부분만 알고 결정한다. 오직 하느님만이 당신 전체와 모든 상황의 모든 가능성을 파악하신다. 우리의 삶은 제한되었기 때문에 우리의 지식은 결코 완벽할 수 없다.
2. 우리는 언제나 제한된 시간과 공간에서 결정한다. 우리는 실수로 결정하는 것을 피할 수 없다. 결정을 포기하는 것보다 실수라는 위험을 택하는 것이 더 낫다.

3. 하느님께서는 인간의 잘못된 선택을 구원하고 정정하신다.

4. 결정하지 않는 것도 결정이다.

5. 우리는 우리 자신도 모르고 하느님도 모른 채 살고 있다. 모든 변수가 우리가 결코 알 수 없는 것 너머에 있지만 우리는 책임을 지고 선택을 하라고 초대받는다.

결정 내리기와 치유받는 상태의 피정자

이냐시오는 치유받는 상태의 피정자를 위해 영신수련을 쓰지 않았다. 영신수련에서 치유관련 문구는 예수님이 공생활에서 몸을 치유한 사건에 대한 설명이 유일하다. 영신수련의 일러두기[19]과 [20]은 치유받는 상태의 피정자를 예견하지 않았다. 피정자는 치유를 받고 있을지라도 언제나 되도록 삶에 온전히 참여하라는 부름을 은연중에 받는다.[4] 적절하게 행동하려면 미리 짠 각본이 필요한 피정자를 예로 들어보자. 그녀는 두려움에 사로잡혀 있다. 그녀가 영신수련 여정 전후에 내적인 작업을 충분하게 진행하고 자신의 두려움이 자신과 타인을 불행하게 만들어서 하느님 나라의 출현을 가로막고 있다는 것을 깨달았다고 가정해보자. 그녀는 장애인들을 위한 자원봉사나 지역 연극 단체에 합류하기 등과 같은 각본 실습에 도움을 줄 작전이 포함된 매우 구체적인 선택을 하라는 부름을 받을 수도 있다. 외부 세계에 대처하기 위해 의식적으로 결정하는 과정에서 받는 도전은 더 깊은 치유에 도움을 줄 수 있다.

결정 과정의 국면

결정에 담긴 모든 측면이 한 사람에게 결정적으로 들어맞는 순간이 매우 신비해도 결정에 이끌리는 과정은 그렇지 않다. 결정을 내릴 필요성이 감지된 순간부터 필요성이 확인되고 결정의 여러 측면이 모이기 시작하는 시기를 지나서 결정이 내려지는 순간까지의 국면phase은 비교적 예측 가능하다. 나는 결정 과정의 세 중요 국면을 표현하는 다음의 겹치는 세 개의 원으로 전반적인 발전 과정을 설명하겠다.

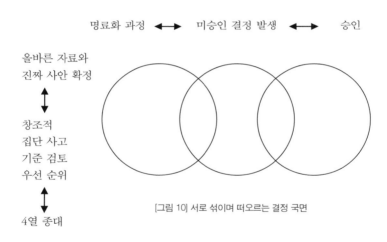

[그림 1이 서로 섞이며 떠오르는 결정 국면

위 그림의 각 원은 결정 과정의 기본 국면 중 하나를 표현한다. 왼쪽의 수직 화살표는 첫 번째 원에서 과정이 서로 교차할 수 있으며 다른 국면으로 진행할 수 있음을 알려준다. 원들이 서로 겹치는 이유는 각 국면은 다음 국면과 서로 역동적으로 뒤섞이기 때문이다. 과정의 첫 번째 국면에 들어간 피정자는 이미 다음 국면을 다루고 있고, 그가 두 번째 국면으로 옮겨가면 세 번째 국면이 나타나기 시작한다. 결정 과정은 농부가 뿌린 씨가 싹트며 자라서 꽃을 피우는 과정과 같다. 그것은 역동적이고 각 부분은 전체를 담고 있다. 결정 과정의 국면은 한순간 또는 여러 순간에 걸쳐서 나타날 수 있다.[5]

결정 과정을 더 구체적으로 순서에 따라 설명하는 방법은 서로 겹치는 세 개의 원으로 이루어진 **국면을 형성할 수도 있는** 개별 단계로 이루어진다.

결정 과정의 다섯 단계

다음 두 쪽의 그림을 참조하라. 다섯 단계는 결정 과정을 통해서 나아가도록 피정자를 도와줄 수 있는 형식fórmula을 당신에게 제공할 것이다. 그것은 또한 영신수련 여정이 끝난 뒤에 매일의 선택에서 영신수련의 원리를 구체적으로 사용하는 방법을 피정자에게 알려줄 것이다.

오른쪽의 세 가지 상태는 다섯 단계가 자체의 역동성을 상기시키기 위해 세 원의 역동과 어떻게 함께 일어나는지 보여준다.

왼쪽의 설명은 과정의 어디에서든 원인이 있는 영적 위안, 원인 없는 영적 위안, 빛(또는 착한 것)으로 가장한 유혹, 영적 황폐, 돌 위로 떨어지는 물, 스펀지 위로 떨어지는 물 등의 영들의 움직임의 양상을 알려준다. 결국 식별이 전체적인 과정에서 필요하다.

단계 1: 질문을 '다각도로 검토하기'

결정을 내리라는 부르심을 받는 질문이나 문제 또는 사안을 정확히 인식하라. 관련 사안을 다음과 같이 분명하게 이해하라. 당신은 왜 결정을 내릴 필요가 있나? 무엇을? 왜? 어떻게? 어디서? 결정을 내리고 나면? 중점적으로 다뤄야 할 사안을 제시된 사안에서 분리하라. 덜 중요한 사안에서 핵심 사안을 분리하라.

단계 2: 전제assumption를 점검하고/또는 기준criteria을 정하기

할 수 있는 한 식별과정에서 제시할 만한 적절하게 '주어진 것'(또는 비타협적이고 '질서가 잡힌' 애착)을 확실하게 찾아내라. 핵심 사안의 이면에는 당연하게 여기는 것이 있음을 의식하라. 그것은 다른 기타 자료보다 특정 자료를 살펴볼 것인가를 결정하는 함축적인 기준이다.

단계 3: 집중하기focusing

집중하기는 실행 가능한 답이나 선택을 열거하도록 돕는 모든 활동을 포함한다.

a. 창조적 집단 사고로 해결책을 발표하라.
b. 해결책에 우선순위를 정하라.
c. 긍정문과 더불어 부정문으로 이루어진 해결책을 분명하게 서술하라. 예를 들면, "나는 서울로 갈 것이다. 나는 서울로 가지 않을 것이다." 핵심 사안이 여러 가지이면 각 답에 따라서 두 문장을 우선순위에 따라 적어라.
d. 두 문장 각각에 맞는 4열 종대를 만들어라. 4열 종대는 결정 내리는 보충 방법이지만 여기서는 집중에 도움을 줄 수 있다.
e. 4열 종대를 작성하라.

[그림 11] 영들을 식별하며 결정하는 5단계

국면 2: 미승인 결정 떠오르기 기다리기　⇒　⇒　국면 3: 승인 기다리기

단계 4: 기도하면서 선택이 떠오르거나 주어지기를 기다리기

자료를 마음에 간직하고 다시 복음 관상으로 돌아가서 미승인unconfirmed 결정을 떠올리게 도와달라고 성령께 요청하라(결정이 떠오르지 않으면, 결정을 내리는 보충 방법을 사용하라. 그것은 각본 방법 [184]-[188], 헌금 바구니 방법, 4열 종대 방법[177]-[183] 등이다. 근본적인 선택이나 미승인 결정이 떠오르면 단계 5로 넘어가라).

단계 5: 승인받기를 원하고 기도하기

'나는 이것을 선택해야 한다'라고 깊이 확신한 후, 그것을 하느님께 드리고 승인을 요청하라. 승인을 받지 못하면 해당 과정의 일부를 반복하라. 주관적이고 체험적인 승인에 덧붙여서 기혼 피정자는 배우자의 객관적인 승인이 필요할 수도 있다. 공동체의 회원인 피정자는 공동체의 객관적인 승인이 필요할 수도 있다.

[그림 11] 영들을 식별하며 결정하는 5단계

이 모든 과정과 특별히 국면 2와 국면 3에서, 다음 중 한 가지나 몇 가지가 일어날 수 있다.

거짓 영적 위안, 영적 자유를 위한 기도의 필요성, 거짓 열정, 뒤따라오는 시기, 영적 황폐, 영적 위안, 빛으로 가장한 유혹, 첫 번째 선택 시기, 평온한 시기, 두렵거나 슬픈 가운데 받는 영적 위안, 영적 황폐의 초기.

단계 1: 질문을 '다각도로 논의하기'

결정의 필요성은 종종 전반적인 주장statement이나 질문으로 표현된다. 첫 단계의 목적은 누군가에게 결정을 내리라고 요청하는 질문이나 문제problem 또는 사안issue에 대한 명확한 인식이다. 영성 지도자는 영신수련 여정의 적절한 때에 면담하면서 피정자와 함께 1단계를 진행할 수 있다.

대부분의 1단계 작업은 두 개의 깃발 수련 전에 끝내야 한다. 피정자는 둘째 주간에 기도 수련하는 사이나 몇 번의 반복 대신 혼자서 1단계를 진행할 수 있다.

영적 길잡이와 피정자는 두 개의 깃발을 수련하기 전에 대체로 영신수련 여정에서 전반 문제에 해당하는 사항이 분명해질 것이고 영적 길잡이와 피정자는 그것에 대해 논의할 것이다. 질문을 '다각도로 논의하기'는 매우 자연스러운 활동이다. 누군가 그것의 진행 과정을 설명하려고 하면 그것은 복잡해진다. 그러므로 나는 영적 길잡이가 문제를 분명히 드러내고 이해하게 피정자를 돕기 위해 탐색할 수도 있는 측면을 다음과 같이 제시하겠다. 배경이 되는 사실을 찾아내라. "당신은 왜 지금 결정할 필요가 있나요? 그것에 대해 당신은 어떤 기분을 느끼나요?"

계속 관계되는 자료를 찾는 질문을 하라.

"무엇이? 왜? 어떻게? 어디서? 그래서? 당신이 지금 이 결정을 내리지 않는다면 그것은 어떻게 달라질까요?"

그 피정자가 제안하고 있는 답을 실제로 실행할 능력을 지녔거나 증진시킬 수 있는지 다음과 같이 확인하라.

"당신은 전에 이런 직업을 가진 적이 있나요? 당신이 그 결정을 하는 데 꼭 필요한 기술이나 재능은 무엇인가요?"

전반적인 문제를 다각도로 파악할 때 역점을 두고 다룰 필요가 있는 진짜 사안을 제시된 여러 사안에서 분리하라. 즉, 중요한 사안을 덜 중요한 사안과 분리하라. 때때로 이렇게 서로 조화를 이루는 대화와 기도를 통하여 이해하고자 노력하면 사안이 바뀐다. 덜 중요한 사안이 핵심으로 떠오를 수도 있다. 종종 어떤 피정자는 영신수련을 시작하기 전에도 오직 하나의 사안을 가진 것처럼 보일지도 모른다. 그러나 사안이 하나이든 여럿이든 간에 우리가 사안을 이해하려면 언제나 사안을 분명하게 만들고 또 분석할 필요가 있다.

단계 2: 전제를 점검하고/또는 기준을 정하기

우리는 덜 중요한 질문에서 핵심 질문(또는 사안)을 찾아내기 이전에 종종 떠오르는 전제assumptions, 즉 믿음을 당연하게 받아들인다. 다른 자료보다 특정 자료의 검토 여부를 결정하는 기준이 전제에 들어있다. 따뜻한 애리조나에서 일하자는 요청을 생각해 보고 싶은 피정자를 예로 들어 보자. 그녀가 질문에 대해서 이리저리 궁리해 보고 질문에 대한 생각과 느낌을 정리할 때 당신은 그녀가 따뜻한 날씨를 좋아하고 있음을 주목했다. 그러나 대화를 계속하면서 당신은 그녀의 악화된 관절이 필수적으로 고려해야 할 것임을 발견했다. 왜냐하면 관절염이 심해지면 그녀는 전혀 움직일 수 없기 때문이다. 그녀가 따뜻한 날씨를 좋아한다는 것이 드러났을 때 날씨는 단순한 선호인지 무절제한 애착인지 또는 최종 결정에 필요한 것인지 아닌지에 대한 여부가 분명하지 않을 수도 있다. 그러나 그녀가 선호하는 따뜻하고 건조한 날씨는 계속되는 대화를 통하여 그녀가 책임질 결정 과정에 반드시 고려해야 할 중요한 기준으로 떠올랐다.[6]

우리는 이 단계와 다른 모든 단계를 통틀어서 기준을 명백하게 만들 필요가 있다. 기준은 창조적 집단 사고를 수용할지에 대한 여부를 결정하는 데 도움을 준다. 기준은 해결책의 우선순위를 정하는 데 도움을 준다. 기준은 제시된 근거와 각각에게 주어진 상대적 중요성 모두를 결정하는 데 도움을 준다.

연구와 성찰 그리고 토론을 위한 자료

원리와 기초로 보면 하느님을 찬미하고 섬기는 것이 유일한 기준처럼 보인다. 이것은 관절염 환자인 피정자가 결정하는 기준으로 관절염을 생각하지 말아야 한다는 뜻인가? 원리와 기초의 마지막 부분에서 우리는 질병이나 건강, 장수나 단명에 대한 애착으로부터 자유로워지라고 부름을 받지 않았는가? 원리와 기초가 '우리가 부름을 받은 목적에 더욱 맞는 것을 원하고 택하라'는 사실을 들려주지 않는가? 이런 모순에 대한 해답은 다음과 같은 쟁점에 들어 있다.

— 관절염 환자의 좋은 날씨에 대한 애착은 무절제한가? 아닌가?
— 애착이 언제 질서 있고 언제 무절제한가?
— 우리는 모든 기준을 똑같이 적용하지 않을지라도 결정 과정과 결정에서 나온 결과를 적용할 필요가 있다. 우리는 기준의 우선순위를 정할 수 있다.
— 이냐시오는 원리와 기초에서 '우리에게 선택할 자유가 주어져 있는 한에서'라는 기준을 두었다. 이것은 기준이다. 일러두기[171]에 변경할 수 없는 결정에 대한 이냐시오의 설명에 기준이 있다.
— 또 다른 기준은 세 가지 유형의 겸손이다[167]. 당신은 다음의 주장에

동의하거나 동의하지 않는가? 결정이 전적으로 인간적이고 현실적이라면, 기준이 묵시적이든 명백하든, 우리는 기준을 정하는 것을 피할 수 없다.

단계 3: 집중하기

집중하기focusing는 가능한 해답이나 선택을 열거하도록 도와주는 모든 활동을 포함한다. 이것은 다음 모두나 일부를 포함할 수 있다.

a. 창조적 집단 사고로 해결책을 발표하라.
b. 해결책에 우선순위를 정하라.
c. 해결책을 긍정적이고 부정적인 주장으로 분명하게 서술하라. 예를 들면
  ㅡ 나는 천안으로 갈 것이다.
  ㅡ 나는 천안으로 가지 않을 것이다.

핵심 의제가 여러 가지이면 우선순위에 따라서 각각의 해결책에 맞는 두 가지 주장을 서술하라.

d. 다음과 같이 각각의 주장에 맞는 4열 종대를 만들어라.

나는 천안으로 갈 것이다		나는 천안으로 가지 않을 것이다	
나/우리에게 유리한 점	나/우리에게 불리한 점	나/우리에게 불리한 점	나/우리에게 유리한 점

e. 4열 종대를 만들어라.[7]

4열 종대는 영신수련에서 결정 과정의 핵심 방법이 아니다. 오히려 결정 과정의 핵심 방법은 영들을 식별한 것에 바탕을 둔 일러두기[176]의 방법이다. 4열 종대는 27장의 맨 끝에 요약된 보조 결정 방법에 속한다. 나는 이 주장으로부터 4열 종대를 만들어서 효과적인 집중 방법으로 사용할 것을 제안한다.

단계 4: 기도하면서 선택이 떠오르거나 주어지기를 기다리기

피정자는 자료를 마음에 간직하고 미승인 결정을 떠올리게 도와달라고 성령께 요청하면서 다시 복음 관상을 한다. 이때 피정자는 모든 자료를 마음에 간직한다. 당신은 이제 피정자에게 다음과 같이 제안한다.

"더는 생각하지 마십시오. 자신의 기도를 조작하지 마십시오. 단순하게 기도하십시오. 평소 하듯이 모든 자료를 마음에 간직하십시오. 복음 사건을 다시 상상하십시오. 당신이 예수님을 만나서 함께 머물면 선택한 것이 예수님과의 관계를 통하여 떠오를 것입니다. 우리는 선택한 것에 대해 이야기를 충분히 나누었습니다. 우리는 4열 종대로 이유reason를 충분히 떠올렸습니다. 당신은 지금 살면서 지킬 필요가 있는 기준을 알고 있습니다."

종종 이런 방식으로 일주일을 보내면[8] 잠정적으로 선택한 것, 좀 더 전문적으로 말하면, 미승인 결정이 떠오를 수 있다. 그러면 피정자는 단계 5로 옮겨 가도 된다.

선택한 것이 떠오르기를 기다리는 것은 때때로 앞에서처럼 그렇게 단순하지 않다. 다음은 한 가지 예이다.

피정자는 한 가지 가능한 해결책을 선호하고 영적 위안을 받고 있다. 그러나 당신은 무언가 빠진 것을 감지했다. 당신은 그녀의 기도와 일상 체험의 흐름을 듣고서 그녀가 기도하며 불안해하고 있음에 주목했다. 그런 후, 당신은 피정자의 아이 하나가 다친 것이 불안의 원인임을 발견했다. 당신은 스트레스의 밑에는 평화가 있음에도 불안이 원인과 어울리지 않음을 깨달았다. 당신은 피정자가 영적 위안을 받고 있지만 해결책을 올바로 식별했는지 궁금했다. 이 시점에서 당신은 여러 가지 접근법을 생각해 볼 수 있다. 당신은 피정자에게 다음에 설명하는(죽는 순간을 상상하기 또는 봉헌하기와 같은) 보조 결정 방법 중 하나나 여럿으로 다른 해결책을 찾아보라고 요청할 수 있다. 당신이 창의적으로 식별해서 여러 가지 방안possibilities 중 하나를 제안할 수도 있다. 그러나 당신은 다음과 같이 접근하기로 결정했다. 당신은 피정자에게 먼저 제시한 해결책으로 기도하며 한 주간 더 머물 것을 요청했다. 여기에 마술magic은 없다. 존중하며 신중을 기하고 하느님께서 피정자와 함께 나머지를 진행하신다는 것을 믿어라. 언제나 그렇듯이 우리는 희망을 가지고 할 수 있는 것을 하면 찾고 있는 것을 하느님께서 주실 것으로 믿는다.

영적 위안과 영적 황폐의 평가 방식에 따른 식별이 선택이나 미승인 결정을 떠올리는 데 도움이 되지 않는다면, 일러두기[177]-[188]과 '보조 결정 방법'에 있는 방법을 사용하라. **그것들은 영들을 식별하는 과정이 충분히 효력을 발휘하지 않는 경우에만 사용하게 되어 있다.** 그것들은 미승인 결정이 떠오를 움직임이 없거나 불확실할 때 영들의 움직임을 촉진하기 위한 것이다. 준비되면 단계 5로 넘어가라.

다음의 그림에서 화살표는 강과 같다. 화살표는 결정하고 식별하는 과정에서 발생하는 피정자의 흐름을 표현한다. 또한 그것은 다섯 단계를 묘사하고 다섯 단계와 이 흐름과의 관계도 묘사한다. 단계 1은 두 개의 깃발 수련 전에[9] 일어나고 있는 것이다. 복음 관상이 체험을 발생시키는 양상을 주목하라.

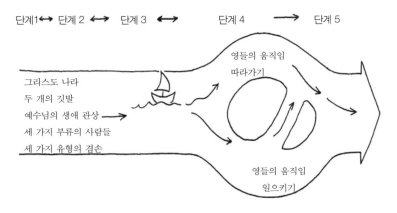

단계1◄► 단계 2 ◄──► 단계 3 ◄──►　　　　　단계 4　　──► 단계 5

영들의 움직임
따라가기

그리스도 나라
두 개의 깃발
예수님의 생애 관상 ──►
세 가지 부류의 사람들
세 가지 유형의 겸손

영들의 움직임
일으키기

[그림 12] 결정하는 방법은 영들의 움직임을 일으킨다.

대체로 체험은 두 섬 위에 있는 해협을 따라 흐른다. 배가 해협을 항해할 수 없으면, 즉 영적인 활동이 분명하지 않다면 배는 보조 방법을 사용해서 섬 아래에 있는 해협을 항해한다. 그러나 나는 승인을 받기 위한 기도로써 마지막 단계를[10] 시작하기 전에 배가 두 섬 사이를 통과해서 위 해협으로 들어가서 계속 항해할 수 있기를 바란다.

단계 5: 승인받기를 원하고 기도하기

'피정자는 이것을 선택해야 한다.'하고 깊이 확신한 후, 그것을 하느님께 드리고 승인을 청한다(승인을 받지 못한 피정자는 결정 내리는 과정의 일부를 반복한다).

　이론적으로는 피정자가 일단 선택하거나 선택이 떠오르면, 셋째 주간에 그리고 이어지는, 넷째 주간에 들어갈 준비가 된다. 피정자는 '나의 의무라고 확신하며' 선택한 것을 마음에 간직하고 예수님의 수난과 죽음에 관한 복음을 관상한다. 그는 관상할 때 하느님께 승인해달라고 청한다. 따라서 예수님의 죽음과 부활 체험은 피정자가 거의 결말을 짓고 있는 선택과 조화를 이루는지 확인하는 소리굽쇠가 된다.

　원인 없는 영적 위안의 상태에서 선택이 주어지지 않는 한 피정자는 과정이 아직 끝나지 않았다는 점에서 여전히 승인을 받지 못한다. 승인은 결정이 성공적으로 실현될 것이라는 확인이 찍힌 인장이 아니다. 오히려 승인은 마무리가 되었다는 느낌이고 피정자가 지금 할 수 있는 만큼 좋은 선택을 했다는 영적 위안이다. **하느님께서는 결정이 아니라 피정자를 승인하신다.**

　주관적이고 체험적인 승인에 덧붙여서 기혼 피정자는 배우자의 객관적인 승인이 필요할 수도 있다. 공동체의 회원인 피정자는 공동체의 객관적인 승인이 필요할 수도 있다.

　때로는 피정자에게 셋째 주간이나 넷째 주간에서 나온 성경 주제를 주는 것이 덜 적절할 수도 있다. 당신은 지도를 지형에 맞추지 지형을 지도에 맞추지 않는다. 다음의 예는 그런 경우이다.

― 승인을 받는 과정이 성탄절 즈음에 시작되는 경우.
― 당신이 어떤 사람에게 짧은 개인 지도 피정이나 지속적인 영성 지도로 영신수련의 범위를 벗어나서 안내하고 있는 경우.

다섯 단계를 영신수련 흐름에 융합시키기

앞에서 간략하게 설명한 다섯 단계는 영신수련 여정에서 결정 과정을 통합시키는 데 도움을 준다. 지도자는 피정자와 함께 그것을 사용해서 다음에 할 일을 찾아낼 수 있다. 그러나 지도자는 일러두기[19]에 따른 영신수련 여정, 30일간의 개인 지도 침묵 피정, 영신수련이 아닌 시기, 짧은 개인 지도 피정 등의 어떤 상황에서든 다섯 단계를 피정자의 독특한 체험과 필요에 맞춰야 한다. 그 예는 다음과 같다.

— 피정자는 둘째 주간 수련 전이라 할지라도 주된 사안, 배경이 된 느낌, 함축된 것, 유리한 점과 불리한 점을 인식한다. 그래서 당신은 피정자가 단계 1에서 단계 3까지를 생략한 채 단계 4를 할 준비가 되었는지 알아본다.

— 또 다른 피정자는 그림 12의 하나 또는 다른 단계를 통하여 진행한다. 그리고 거기에는 이냐시오가 말하는 첫 번째 시기의 체험인 하느님의 직접적인 개입이 있다[175]. 피정자는 그렇게 체험하는 순간에 단계 5를 뛰어넘는다. 그래서 모든 영성 지도자는 위로받는 사건에 대한 피정자의 해석이 영적 위안 자체에서 오는 것인지 영적 위안을 받은 뒤 스스로 성찰해서 더해진 것인지 함께 확인해야 한다[336].

— 또 다른 피정자는 단계 3에서처럼 결정을 규명하고 있다. 그런데 그녀는 영신수련의 전 단계로 돌아가야 할 정도로 부자유와 저항을 즉각 느끼므로 단계 4에 들어가기 위해 자유로울 필요가 있다.

— 또 다른 피정자는 진행하는 단계 3을 거의 끝내고 있으며, 미승인 결정을 충분히 알고 있고, 단계 5에 들어갈 준비를 한다. 따라서 그는 단계 4를 생략한다.

피정자들이 각각이듯 다섯 단계에 대한 적용과 변화도 다양하다. 그러나 피정자가 충분하게 자유롭고 오직 하나의 결정과 균형 잡힌 열정으로 모든 단계를 통과하고 있다고 본다면, **다섯 단계는 다음의 방식에 제시된 기도 자료에 적합할 것이다**(과정은 기계적이 아니다. 즉, 과정은 구체적인 흐름임을 주목하라).

18번 기도 자료 수련 후 면담

당신은 피정자와 대화하면서 다음과 같이 선택할 필요가 있는 것에서 전반적인 문제를 발견했다. 그녀는 '나는 특별 교육에 재능을 사용하라는 부름을 받았다고 느낀다'라고 말했다. 당신은 피정자와 함께 이 사안이나 전반적인 문제를 다각도로 논의했다. 당신은 논의를 통해서 전반적인 문제가 이미 받은 은총과 영신수련 초기에 떠오른 실패에 대한 두려움에 저항하는 방법인 예수님의 깃발로 살아가는 것과 조화를 이루는지 알아냈다(단계 1). 그래서 당신은 피정자에게 하느님과 함께 이 재능을 사용할 수 있는 방안possibility을 찾기 위해서 기도 자료 19번을 한두 번 기도할 것을 제안했다(단계 3a). 당신은 또한 피정자에게 친구와 방안에 대해 토론하고 필요한 정보를 모으라고 제안했다(단계 1과 단계 3a).

19번 기도 자료 수련 후 면담

피정자는 19번 자료로 기도하면서 당신이 제시한 방법으로 문제를 규명하며 세 번을 기도하고 두 가지 구체적인 방안을 생각했다. 피정자는 스스로 예측한 여섯 개의 이론적인 방안을 실현할 수 없다는 것을 발견했다. 당신은 피정자의 설명을 들으면서 그녀의 주장이 타당함을 감지했다. 당신은 그녀가 전에 만든 그녀의 신화를 상기시키고 구체적인 두 방안 모두 신화와 어떻게 조화를 이루는지 함께 주목했다. 그래서 당신은 그녀가 무슨 결정을 하더라도 그것은 신화와 조화를 이룰 필요가 있다는 사실을 재인식하도록 도와주었다. 이것은 제자리에 있어야 할 필요가 있는 하나의 기준이다(단계 2).

그런 뒤에 피정자는 복음 관상 체험을 설명하면서 두 방안 중 하나이며 너무도 강렬한 열망인 2년간의 브라질 이주 생활을 당신에게 말했다. 그녀의 남편 또한 그 계획에 만족했다. 당신은 그녀와 기도 체험을 논의하면서 그녀가 너무 열정적이고 자기 방식으로 얻을 명성에 다소 사로잡혀 있는 것과 기도하면서 그것을 체험할 때 예수님과 정말로 가깝지 않았다는 것을 발견했다.

당신은 이것이 영적 위안이 아닐 수도 있음을 감지했다. 그래서 당신은 그녀에게 심지어 예수님처럼 거절당할 수도 있는 선택을 하도록 기도를 하라는 세 번째 유형의 겸손과 세 개의 담화에 관심을 두라고 말했다. 당신은 이 시점에서 결론을 내리려는 그녀를 의심하거나 의심하는 것이 적절하다고 생각하면 빛으로 가장한 악한 천사에 관한 일러두기[332]를 설명해 줄 수도 있다. 그 뒤에 두 방안으로 돌아가서 다음과 같이 피정자에게 설명하라.

a) 그것들 각각을 두 문장으로 다음과 같이 기술하라. 각각을 긍정문과 부정문으로 표현하라(단계 3d).

b) 각각의 두 문장에 대해 4열 종대를 진행하라(단계 3e).

그렇게 한 뒤 4열 종대를 통해서 기도하는 마음으로 작업하기 위하여 기도 요점 중에서 두세 개를 택하라고 지시하라. 당신은 기도 자료 20번의 a), b), c)를 그대로 주고 d), e), f)를 4열종대로 작업하면서 진행하는 쪽으로 변경했다(단계 3e).

20번 기도 자료 수련 후 면담

피정자는 기도 자료 20번의 전반부 3일을 사용해서 세 가지 유형의 겸손과 복음 관상을 했고 나머지 3일을 4열 종대에 사용했다. 그녀는 영적 위안을 받고 있는 것처럼 보였다. 그녀는 세 가지 유형의 겸손으로 기도할 수 있는 용기를 청하면서 세 번째 유형을 '원하기를 원했다the desire for the desire.' 복음 관상에서 그녀는 예수님과의 관계에서 사회 문제를 다룰 때 독선적이었으며 다른 사람들보다 더 자신을 돋보이려고 그 문제를 자주 이용했음을 깨달았다. 그녀가 첫째 주간에서 발견한 몇 가지와 이것이 조화를 이루기 때문에 당신은 이러한 깨달음이 적절하다고 감지했다.

4열 종대를 작성한 결과(단계 3e), 당신은 그녀가 두 방안 중 두 번째에 편견이 있음을 발견한 후 첫 번째 방안에 마음을 연 것처럼 특정한 해결책에도 마음을 열기 위한 기도를 그녀에게 추천했다[16].

이때 당신은 기도 자료 21번을 주고 복음 관상에서 단계 4를 구체적으로 진행하는 방법을 다음과 같이 설명했다.

"이해하거나 해결하고자 애쓰지 말고 모든 자료를 마음에 간직한 채 예수님께서 오천 명을 먹이신 사건에 들어가십시오. 당신이 따르도록 부름을 받고 있는 두 방안 중 하나를 알게 해달라고 성령께 단순하게 청하십시오(단계

4). 세 가지 대화를 할 때 두 방안 모두에서 당신의 신화를 어떻게 실현할지 예수님과 이야기하십시오"(단계 2).

21번 기도 자료 수련 후 면담

피정자가 활짝 웃으면서 당신에게 와서 결정을 내렸다고 말했다. 당신은 이것이 미숙인 결정인지 궁금했다. 그녀는 변모 사건을 복음 관상했을 때 그것이 모두 함께 일어났던 과정을 설명했다. 먼저 그녀는 자신의 지위status를 위해서 브라질에 가고 싶었음을 파악했다. 그녀는 자신이 무척 두려워하고 있음을 깨달았다. 그녀는 브라질에 가서 두려움을 없애고 싶었다. 그녀는 다음과 같이 이야기했다.

"나는 변모 사건에서 그릇된 이유로 올바른 일을 하고 싶었다는 것을 깨달았습니다. 나는 브라질에서 무척 힘들겠지만, 예수님께서 외로움과 새로움을 겪으셨기 때문에 나도 그것을 겪고 싶다는 것을 기도하며 체험했습니다."

주간의 나머지에 대한 피정자의 설명은 이것과 조화를 이루는 것처럼 보였다. 그러나 당신은 아직도 뭔가 이상한 것을 감지했다[335]. 그래서 당신은 다음과 같이 제안했다.

"그것을 확인해 보고자 당신이 브라질에 가기로 분명하게 결심하고 이틀 동안 기도 자료 22번으로 기도하십시오. 그리고 브라질에 가지 않기로 분명하게 결심하고 이틀 동안 기도를 하십시오. 그렇게 기도하고 적절하게 결정을 한 다음 그 결정을 마음에 간직하고 남은 자료로 기도하십시오."

그녀는 다음에 제시하는 '크기 맞추어 보기' 다음의 보조 결정 방법으로 기도 자료 22번을 기도했다. 이것은 여전히 단계 4이다.

22번 기도 자료 수련 후 면담

피정자가 당신에게 기도 체험을 이야기했을 때, 당신은 지난 면담에서 그녀의 미승인 결정을 확실히 감지했다. 그녀는 브라질에 간다고 결심하고 기도할 때마다 예수님과 함께 있으면서 같이 거부당하게 해달라고 기도했다. 또한 그녀는 실패에 대한 두려움을 더 적극적으로 예수님께 표현할 수 있게 해달라고 청했다. 달리 말하면 그녀는 세 개의 담화와 세 가지 유형의 겸손으로 브라질에 가는 것을 감지했다.

반면에 그녀는 브라질에 가지 않는다고 결심하고 기도할 때 자신이 하찮게 보였고 서러움 같은 것을 느꼈다. 거기에는 이러한 복음 관상의 분위기를 파악하라는 가르침이 있었다. 당신은 그녀와 하느님 사이의 자유로운 흐름이 브라질에 간다고 결심했을 때와 같지 않음을 감지했다.

그러므로 당신은 이제 영신수련 셋째 주간을 시작하고 피정자에게 다음과 같이 지시했다. "다음 몇 주 내내 승인을 받게 해달라고 기도하세요. 당신의 선택을 받아들여 주시고 선택이 영신수련 여정을 통해서 당신에게 표현된 당신에 대한 하느님의 열망과 어떻게 들어맞는지 보여 달라고 하느님께 청하세요"(단계 5).

피정자는 미승인 결정을 하느님께 승인해달라고 계속 청하면서 기도 자료 23번으로 기도했다. 이것은 단계 5이다.

내가 그림으로 설명하려 한 것은 당신이 기도 자료 18번에서 22번까지에 해당하는 일러두기[19]에 따른 영신수련에서 사용하는 다양한 결정 단계이다. 당신이 결정의 본질nature과 피정자의 체험에 의존하면서 식별 과정을 진행하려면 이것보다 더 긴 시간이 필요할지도 모른다. 반면에 더 짧은 시간으로도 충분할 수 있다.

당신이 다섯 단계를 사용할 때 어떤 단계에서 의도한 것을 피정자가 이미 받았기 때문에 그 단계가 필요하지 않다는 것을 깨닫는 때가 올 것이다. 그러면 그 단계를 생략하고 앞으로 나아간다. 또 다른 경우에 단계 중의 하나를 생략하는 것이 확실하지 않을 때는 생략하지 않는다.

피정자들 모두 중요한 결정을 식별할 때마다 은총의 역사를 체험하면 그것은 틀림없이 놀라운 일이다. 피정자는 무엇보다도 먼저 고찰한 자신의 삶에서 더 분명하게 은총의 역사를 인식하고 있을 것이다. 여러 가지 이유로 피정자와 길잡이 모두 식별하는 상황에서 피정자의 은총의 역사를 명확히 의식하기는 쉽지 않다. 그러나 피정자가 은총의 역사를 더 명확하게 의식할 때, 두 사람 모두 이러한 의식의 양상을 시금석이라고 부를 수 있다(물이 스펀지 위로 떨어지는 것). 이것은 4단계와 5단계에 해당한다. **피정자의 은총의 역사는 언제나 미승인 결정 떠올리기와 최종 승인을 점검하기 위한 배경으로 적절하다.** 하느님께서는 이스라엘 백성을 충실하게 부르시고 독특하게 만나듯이 우리를 독특하게 만나신다. 하느님께서 이스라엘 백성과 계약으로 맺은 사랑의 양상은 이스라엘 역사를 통하여 자주 반복되었다.

피정자의 은총의 역사에서 나타나는 외적인 패턴이 식별 과정에서 확실한 시금석으로 유용하게 쓰이지 않을 수도 있지만 영신수련 여정 동안 하느님께서 교환하시는communicating 은총과 방식은 대체로 접근이 더 가능하다. 당연히 이러한 은총의 방식은 피정자가 결정 과정의 최종 국면에서 식별하기 위한 배경이 된다.

보조 결정 방법

앞에서 말했듯이 영적 위안과 영적 황폐를 검토해서 식별하기가 쉽지 않으면, 단계 4에 머물면서 이냐시오가 세 번째 시기[177]라고 부른, 즉 영들의 움직임이 없을 때의 평온한 시기라는 일러두기[177]에서 [188]까지 제시한 방법으로 이 단계를 촉진하라. **달리 말하면 오직 영들을 식별하는 과정이 충분히 효과적이지 않을 때만 이 방법을 사용하라.** 다음은 보조 결정 방법이다.

1. 봉헌하기

   매우 효과적인 이 방법은 자필 지침서라 불리는 필사본에 있다. 피정자는 '이 방법을 잘 따를 수도 있다. 그녀는 하루에 한 가지 길을 하느님께 봉헌할 수도 있다. 다음 날에는 다른 길을 봉헌한다. 그리고 그녀는 하느님께서 무엇을 선호하는지 관찰해야 한다. 이것은 마치 다양한 접시를 왕자에게 드리고 그가 어느 것을 마음에 들어 하는지 보는 것과 같다.'11)

2. 4열 종대[181]

   4열 종대는 더 광범위한 방법인 아래 3번의 부분적인 기법이다. 나는 다섯 단계를 설명하면서 별도의 집중 기술인 4열 종대를 추가했다.

3. 4열 종대 방법[178]-[183]

   이 방법은, 4열 종대 [181]에 설명된 것으로 이냐시오가 영들의 움직임이 없어 보일 때 제시한 완벽한 것이다.

4. 죽는 순간 상상하기[186]

이 기법은 더 광범위한 방법인 아래 7번의 일부분이다.

5. 최후의 심판 상상하기[187]

이 기법은 더 광범위한 방법인 아래 7번의 일부분이다.

6. 누군가에게 충고하는 자신을 상상하기[185]

이 기법은 더 광범위한 방법인 아래 7번의 일부분이다.

7. 세 가지 각본[184]-[188]

4, 5, 6번의 상상 기법으로 묘사된 이 방법은 이냐시오가 영들의 움직임이 일어나지 않는 것처럼 보일 때 제시한 또 다른 온전한 방법이다.

8. 크기 맞춰 보기

이것은 앞의 방법 1번 봉헌하기의 변종이다. 당신은 비싼 겨울 외투를 사러 가게에 갔을 때 옷의 크기를 맞춰 본다. 당신은 옷을 잠시 입고, 거울 속에 비친 자신을 보고 옷의 크기가 맞는지 알아본다. 이 방법을 따르면 피정자는 확고하게 결정을 내린 후 자신의 기도와 일상에서 결정을 실행한다.

9. 자선금 분배 규칙[337]-[344]

이 규칙에는 돈과 재원에 대한 분배가 포함된 결정을 내릴 때 도움이 될 수 있는 기준이 들어있다.

10. 식사 규칙[210]-[217]

이것은 각각의 변화 뒤에 받는 영적 위안을 검토하기 위해서 변화를 주는 '실험을 통해 식별하는 방식'을 보여준다. 이 규칙은 피정자가 찾고 있는 은총에 맞닿게 자신을 더 잘 준비시키기 위하여 변화하라고 초대하는 원리의 확장이기 때문에 이냐시오는 영신수련 내내 사용한다[76]. 규칙이 우리가 먹는 음식과 관련된 것임에도 명확히 표현된 이 원리는 컴퓨터,

텔레비전, 차, 신체 단련, 자원봉사, 기도 시간 등에 중독되는 것처럼 잘못 사용될 수 있는 모든 것에 적용된다.

보조 방법을 기도 자료에 포함시키기

우리는 영신수련을 하면서 앞의 방법이나 그것 중의 일부를 필요한 만큼 결정 과정이나 기도 자료에 포함시킬 수 있다. 다음은 3, 7, 9를 포함하는 방법이다.

4열 종대(3)

이것은 영적인 움직임으로 결정하는 과정에서 결과가 없을 때 결정을 하는 한 가지 방법이다(세 번째 시기). 이것은 [178]-[183]에 충분하게 기술되었고 다음과 같은 기도 자료에 포함될 수 있다.

3일을 [178]-[182]를 생각하며 지내고 나머지 3일을 예수님의 공생활을 복음 관상하며 지내라.

4열 종대 방법의 최종 국면[183]이 단계 5와 같음을 주목하라. 달리 말하면, 이냐시오는 피정자가 이 방법으로 희망을 가지고 (마침내!) 영들 의 움직임을 체험하기를 기대했다.

세 가지 각본(7)

이것은 영적인 움직임을 보고 결정하는 과정에서 결실이 없을 때 사용하는 두 번째 방법이다(세 번째 시기). 이것은 [184]-[188]에 충분하게 기술되었고 다음 기도 자료에 포함될 수 있다.

시기 a) [184]와 [185]
시기 b) 반복 또는 [184]와 [186]
시기 c) 반복 또는 [184]와 [187]
시기 d) 복음 관상
시기 e) 복음 관상
시기 f) 위의 시기 중 하나를 반복

세 가지 각본의 최종 국면[188]이 단계 5와 같음을 주목한다. 달리 말하면, 이냐시오는 피정자가 이 방법으로 희망을 가지고 (마침내!) 영들의 움직임을 체험하기를 기대했다.

크기 맞추어 보기(9)

영적 길잡이는 일러두기[19]에 따라 이것을 사용하면서 다음과 같이 접근하며 기도 자료를 사용하라고 피정자에게 제안할 수 있다.

"확고하게 이 결정을 내린 채 3일 동안 기도하십시오. 그 후, 확고하게 다른 결정을 내린 채 나머지 3일 동안 기도하십시오."

즉, 피정자는 일정한 기간에 A 상태로 있다가 같은 기간에 B 상태로 머문다.

　　이 방법에 따르면 피정자는 확고하게 결정을 내리고 자신의 기도와 일상에서 결정을 실행한다. 결정은 그녀의 마음에 있고 이어서 결정에서 나온 내적인 움직임이 피정자의 기도에서 일어날 것이다. 현재의 결정은 매일의 사건에 영향을 주게 될 것이다. 우리는 이러한 모든 체험을 영적 위안, 거짓 영적 위안 또는 영적 황폐라는 용어로 평가할 수 있다. 이 방법은 피정자의 자유가 납득할 만한 수준에[12] 도달했다는 것을 전제로 영신수련 여정 밖에서 진행하는 영적 안내의 유용한 수단이다.

27장 미주

1) 그러한 역동적인 모델에 사용되는 전문적인 용어는 '발견하기'라는 뜻의 그리스어 'heuristic'이다.

2) 이것은 피정자의 삶에서 유의미한 결정이 진행되는 양상을 알아보려는 기도 길잡이만을 위한 것이다.

3) 이것들은 선발election의 관점에서 쓰였다. 선발은 선택choice을 뜻하는 단순한 말로서 '영속적인 평생의 투신을 포함한 선택이나 영속적인 삶에 투신하는 것을 선택한 존재'라는 의미에서 나온 것이다. 이냐시오는 로마 교회의 입장에서 썼다. 그가 영속적으로 투신하는 삶을 생각했을 때, 그는 결혼 성소와 종교적인 성소인 수도생활이나 활동 수도회, 사제직 등과 같은 것을 의미했다.

4) 이 머리글은 24장, '둘째 주간에서 치유받는 상태의 피정자 안내하기'에서 다루고 있다.

5) 세 원 또는 다섯 단계로 표현된 결정 과정은 발견하기 위한 구조나 역동 모델의 또 다른 예이다. 또 다른 예는 영신수련 자체와 영신수련의 주간이고, 32장에서 '기도 역동 안의 회심 주기와 프로그램 디자인'으로 묘사된 회심 주기이다. 당신은 또한 연주자가 박자, 음량 그리고 음악의 느낌에 따라서 늘리고 줄이는 아코디언의 울림통처럼 유연하게 결정 과정을 상상할 수도 있다.

6) 당신은 이냐시오가 결정 과정에서 건강이나 질병 그리고 다른 모든 것에 치우치지 말아야 한다는 일러두기[23]과 이것과의 관계가 궁금할 수 있다. 하느님을 찬미하고 섬기는 것은 우리에게 하나 또는 유일한 기준처럼 보인다. 이것은 일러두기[16]과 [155]처럼 영신수련 내내 반복된다. 사실 이 기준은 근본적이지만 유일하지 않다. 이 근본 기준과 똑같이 중요하게 보이는 영신수련의 또 다른 기준, 즉 모든 결정은 로마 가톨릭 교계의 가르침과 해당 법규와 조화를 이루어야 한다는 것이다. 이것이 내게는 '자유로운 선택이 허락되고 금지되지 않는 한'이라는[23] 표현이 뜻하는 것처럼 보인다. 일러두기[169], [171], [365]를 참조하라. 이냐시오는 영신수련을 기록한 뒤에 예수회를 설립했고 예수회의 총장(최고 책임자)으로 선출되었다. 그는 사도직 선택을 위한 기준을 만들었고 예수회 회헌에 기록했다. 사도직을 선택하는 기준은 다음과 같다.

 — 더 작은 선을 넘어서 더 큰 선을 위한 것
 — 다른 사람들이 쉽게 할 수 없고 그들에게 맡길 수 없는 것
 — 외국 또는 다른 곳에서 하느님의 말씀을 전파하는 데 도움을 주는 것

7) 4열 종대는 일러두기[181]에 들어있는 방법을 이용하고자 내가 사용하는 용어로서 결정하는 방법[178]-[183]의 여러 단계 중 하나이다. 이것은 더 널리 알려진 '그렇게 하는 이유reason for'와 '그렇게 하지 않는 이유reason against'로 나열하는 2열 종대two columns와

자주 혼동된다. 4열 종대의 다른 점은 다음과 같다.

a) '내게 이로운 점/내게 불리한 점'은 실제적이고 현실적이지만 '그렇게 하는 이유'/'그렇게 하지 않는 이유'는 비현실적이고 추상적이다.

b) 나는 4열 종대의 사례로 예시한 부정적인 주장statement에서 반대를 선택할 때 이로운 점과 불리한 점을 고려한다. 나는 그렇게 하는 이유와 그렇게 하지 않는 이유로 접근하지 않는다.

우리는 이러한 접근법의 장점을 다음과 같이 이해할 수 있다. 비버리는 특정한 거리에 있는 빌딩들을 조심스럽게 조사하고 싶었다. 그녀는 북쪽에서 내려오면서 거리를 조사하고 남쪽에서 거슬러 올라가면서도 조사하고 싶었다. 그녀는 그렇게 하면서 같은 건물들을 다른 각도로 보았다.

영신수련에서 결정하는 주요 방법은 두 번째 시기[176]의 내용으로서 영들을 식별하는 것이다. 그것은 영신수련 책이 일러두기[20]에 따라 쓰였다는 관점에서 나왔다.
나는 이나시오가 사용하기를 바랐던[178]-[183]의 내용에서 4열 종대를 도출했다. 지난 10여 년 동안 존 잉글리시는 4열 종대가 집중과 명료화에 효과가 있었다며 나를 옹호했다. 그는 그것이 단체의 결정 과정을 설정할 때 매우 효과적인 집중 수단임을 입증했다.

8) 또는 일러두기[20]에 따른 영신수련 침묵 피정에서 하루나 이틀을 사용한다.

9) 숙련된 지도자는 두 개의 깃발을 하기 전에 단계 1을 다루길 원한다. 그래서 나는 먼저 여기에 단계 1을 두었다. 그러나 나는 연속 해설에서 피정자를 지나치게 많이 지도하는 초보 길잡이를 위해서 설명했기 때문에 두 개의 깃발 다음에 단계 1을 두었다. 예를 들면, 어떤 피정자는 두 개의 깃발을 하기 전에 복음 관상을 할 능력을 적절하게 획득하지 못할 수도 있고 복음 관상을 촉진하는 데 많은 시간이 필요할 수도 있다.

10) 이 마지막 단계는 영적인 움직임이 있을 것이라는 기대가 담긴 예이다.

11) 최신 번역서를 보려면 마틴 팔머Martin E. Palmer, S. J.가 편집하고 번역한 *On Giving the Spiritual Exercises*를 참조하라. *The Early Jesuit Manuscript Directories and the official Directory of 1599* (St. Louis: The Institute of Jesuit Sources, 1996), Document 1, "The Autography Directory of St. Ignatius", 9.

12) 우리가 납득할 만한 수준의 자유는 어떤 것인가? 이 방법을 사용하는 피정자는 이런 자유가 왜 필요한가?

하루를 시작하며

오, 하느님, 또 다른 하루를 시작하면서 저를 봅니다.
오늘 무슨 일이 일어날지 모릅니다.
그것이 무엇이든 준비하도록 저를 도와주십시오.

서 있어야 하면, 용감하게 서 있게 도와주십시오.
계속 앉아 있어야 하면, 고요히 앉아 있게 도와주십시오.
낮은 곳에 누워 있어야 하면, 끈기 있게 누워 있게 도와주십시오.
아무것도 하지 말아야 하면, 대범하게 안 하도록 도와주십시오.

오로지 오늘 24시간을 위해 그리고 예수님이 가르치신 삶을 따라서
다른 이들과 협력하게 해달라고 기도 드립니다.

"당신의 나라가 오시고, 당신의 뜻이 하늘에서 같이 땅에서도 이루어
지소서"라는 예수님의 가르침이 그 이상이 되게 해주소서.

내 생각과 느낌 그리고 다른 사람의 생각과 느낌을
모든 아집과 이기주의, 거짓과 속임수에서 벗어나게 해주소서.

오늘 형제자매들과 함께 당신의 뜻대로 선택하려면 자유가 필요합니
다. 의심하고 주저하는 순간에 저를 이끄는 성령을 보내주시면, 그들
과 협력하면서 당신의 길을 걸어가겠습니다. 아멘.

28장
승인과 결정 식별 과정

안내문

이냐시오 영성에서 승인conformation은 잘 식별해서 결정했다는 피정자의 확신이다. 그것은 결정 식별 과정의 최종 단계이다. 28장은 영신수련 여정이나 밖에서 승인의 의미와 체험을 탐구했다[175], [183], [188].

결정이 성공적으로 실행될 것이고 역사가 결정의 정당성을 판단할 것이며, 새로운 사실에 근거해서 결코 결정을 재고할 필요가 없다는 보장은 없다. 오히려 승인은 일종의 사랑과 윤리적¹⁾ 보호로써 잘 결정하였음을 피정자에게 확신시킨다. 즉, 피정자의 결정이 승인받은 것이라기보다는 결정을 내린 피정자가 승인받은 것이다.

우리는 다양하게, 심지어 '하강'할 때도, 영적 위안을 체험할 수 있다. 따라서 종종 하강도 영적 위안을 동반한다. 현실적인 어려움을 직면하며 느끼는 두려움이 없거나 걱정되는 의심이 전혀 없는 것이 승인의 징표는 아니다. 하느님의 부름에 긍정적으로 응답한 많은 성경 속의 사람들이나 우리 조상들은 실행의 결과를 예상할 때 두려움과 공포를 체험했다.

승인의 진정한 징표는, 승인받으면서 체험하는 '상승'과 '하강'에 상관없이, 다음 중 하나나 그 이상을 포함한다.

— 예수님께서 중심이 되는 체험
— 담긴 고통에 대한 현실적인 인식
— 실행의 결과를 이해하고 슬퍼하면서도 누리는 평화
— 신뢰하면서 조용히 성장
— 겸손과 하느님께 의탁

구하는 은총과 자신 사이의 조화를 유지하기

피정자는 영신수련 여정이나 수련 여정 밖의 일상에서 결정을 식별할 때 혼란한 활동을 멈춰야 할 수도 있다. 다음의 몇 가지가 그 예이다.

— 외부 자극을 최소화하기: 그는 관대함을 보류할 필요가 있을 수 있다. 그는 기도 주제와 자신 사이의 조화를 위해서 구하는 은총에 방해될 수도 있는 격정적인 모험을 취소할 필요가 있을지도 모른다.
—마음속으로 질문하기를 멈추고 수련하기: 피정자는 결정을 내렸고 하느님께 승인을 요청하고 있다면 기도하면서 결정의 적절성을 생각하거나 의심하지 말아야 한다. 그는 그것 때문에 일종의 영적 황폐에 빠질 수도 있다.
— 은총을 받도록 준비할 수 있는 외적인 활동과 자세: 종종 일종의 보속으로 선택한 구체적인 활동은[2] 승인이라는 선물을 받도록 준비하는 데 도움을 줄 수도 있다.

승인 체험에 담긴 영적 위안 들어주기

피정자가 기도에 들어가고 기도와 일상의 어려움을 수용하거나 직면하는 태도를 주목하라. 그는 기도와 일상에서 적절한 태도를 계속 유지하는가?[3] 어떤 종류의 승인이 떠오르고 있는 것처럼 보이는가? 그의 체험을 방해하는 승인에 대한 거짓 이미지가 있는가? 그가 복음 관상을 하고 있다면 예수님과 어떻게 관계를 맺는가? 그는 구체적인 일상에서 수난을 택하는가? **기도와 일상은 반드시 조화를 이루어야 한다.** 다음은 구체적인 일상에서 승인의 은총을 드러내는 단초shift를 알려 줄 수도 있다.

― 그는 전에 면담할 때 자신의 느낌을 절대 말하지 않았는데 이제 숨겨둔 자신의 주제를 꺼냈다.
― 또는 그는 전에는 자신을 지키려고 주변의 안전한 친구들의 모임에 나갔는데 지금은 소외된 사람들에게 자신을 열기 시작했다. 승인은 식별/결정 과정이 끝났고 결정이 잘 내려졌다는 징표이다.

승인이 아닌 것. 우리가 승인이 아닌 것을 알면 승인을 더 잘 이해한다. 예를 들면,

기도 나눔 단체에 속하는 요셉과 헬레나는 단순하게 살기로 결정하고 단체에게 설명했다. 단체의 한 사람이, "하느님께서 당신의 결정을 승인하셨나요?"라고 물었다. 요셉은 "예, 지난해 결정을 한 후 우리에게 좋은 일이 아주 많이 일어났습니다. 나는 무척 행복합니다. 우리 아이들은 더욱더 경제적으로 자립하고 있습니다. 그들은 모든 청구서를 갚고 있습니다."라고 대답했다.

이것은 우리가 여기서 사용하는 승인의 의미가 아니다. 하느님 앞에서 선택한 것을 승인받기 위해 외적인 결과만을 사용하는 것은 위험하다. 결정 내리기에 대한 성패 이미지는 위험하다. 어떤 이미지는 다음과 같은 마술적인 세계관에 가깝다.

"내가 진정으로 하느님의 뜻에 따라 선택하면 모든 것이 잘 해결될 것이다. 결국 인생의 모든 것은 하느님의 계획에 따라서 진행되므로 내 결정이 올바르다면 성공해야 한다. 내가 하느님의 뜻을 따르지 않고 선택하면 하느님은 당신의 뜻이 이루어지기를 원하시기 때문에 어떻게든 그것을 실패하게 만드실 것이다. 따라서 우리가 식별해서 선택한 결정은 반드시 성공해야 한다."

인간을 예정된 계획을 따라야 하는 존재로 이해하는 세상과 상호작용하시는 하느님에 대한 태도가 여기에 담겨 있다. 그것은 마치 이미 정해진 결정이 발견되기를 기다리는 것과 같다.

이것은 결정 과정에서 이루어지는 우리와 하느님과의 상호관계를 보여주는 영신수련[95]-[98], [231]의 이미지와 매우 다르다. 우리는 하느님의 나라를 세우기 위하여 지성을 사용하고 책임을 지며 다른 이들과 협력하듯이 하느님께 협력하고 하느님께서는 우리와 협력하신다. 영신수련은 창조하시는 하느님의 협조자라는 우리의 이미지를 지지한다.

결정에서 비롯된 성공과 실패가 결정 식별의 온당함 여부를 드러내는가? 결과 그 자체는 이것을 드러내지 않는다. 우리가 그리스도인으로서 예수님처럼 죽음으로 승인받도록 부름을 받았다면(필리 3, 10), 실패 체험은 하느님의 열망과 조화를 이루는 결정을 종종 동반할 것이다.

그러나 나중에 사건이 결정의 외적인 성공이나 실패라기보다는 그런 결과에 반응하는 마음의 움직임을 통하여 결정이 하느님의 열망과 조화를 이루는지에 대한 여부를 알려줄 수도 있다는 것은 여전히 진실하다. 마음에서 일어나는 결과가 바오로가 갈라디아 5:22-25에서 말하는 평화, 사랑, 기쁨, 절제, 인내, 믿음이라는 성령의 징표와 일치하는가? 그러한 징표는 그리스도인과 그의 삶에 영향을 주는 하느님 사이의 상호협력을 확실히 보여준다.

예수님께서 나자로의 장례식에 참석하고 자신을 박해하는 사람들에게 잡혀서 죽는 위험을 무릅써야 했을 때 아빠의 열망과 조화를 이루었거나 이루지 않고 결정을 했을까? 그는 적어도 죽기 전까지 의식이 있는 상태에서 결정 실행의 결과인 실패를[4] 결정 실행의 결과로 체험할 수 있었다. 그의 사도들은 도망갔고 그가 개혁하려 했던 종교 지도자들이 그를 십자가형에 처했다. 하지만 예수님이 마지막에 "나의 하느님, 나의 하느님 어찌하여 나를 버리시나이까?"라고 울부짖으며 인용한 시편은 실패와 박해의 한가운데서도 깊은 믿음과 내적인 신뢰를 표현한다. 결정의 실행 결과는 영신수련의 영성에서 승인을 뜻하지는 않는다.

헬렌과 요셉의 이야기로 돌아가 보자. 그들 단체의 누군가가 "당신의 결정은 하느님의 승인을 받았나요?"라고 물었다. 요셉은 다음과 같이 대답했다.

"우리가 결정을 하던 주간에 내가 성경을 펼칠 때마다, '가난한 자는 행복하다. 가서 네가 가진 것을 팔아 가난한 사람들에게 주어라'라는 구절이 나왔기 때문에 당연히 하느님의 승인을 받았다고 생각합니다. 또한 나는 신문을 펼칠 때마다 우리가 결정을 해야 하는 방식을 승인하는 듯한 기사를 보는 것 같았습니다. 그 뒤에 나는 기도 모임에서 결정을 하는 나를 위해 기도해달라고 사람들에게 부탁했고 어떤 사람은 그 결정이 교회의 지침과 너무 잘 어울린다고 종종 내게 말했습니다."

정말로 요셉에게 일어난 모든 일이 최종 결정에 이바지했을지라도 이것은 영신수련에서 의미하는 승인이 아니다.

또한 승인은 결정 과정의 심한 갈등 뒤에 자주 뒤따라오는 이완과 만족은 아니다.

승인이란 무엇인가?

이나시오 영성에서 승인은 하느님의 부름을 식별하는 사람의 요청에 응답하는 하느님께서 주시는 영적 위안으로서 다음과 같은 특별한 내적 체험이다.

"나의 하느님, 제 결정이 분명해지거나 떠올랐습니다. 그것이 내게 온당해 보입니다. 그것을 당신께 드리오니 승인해 주십시오."

이것은 식별하며 결정하는 과정의 마지막 국면이다. 피정자가 두 번째 시기[176]에 따라서 영들을 식별하여 결정을 마무리하기 전에 그리고, 이것이 세 번째 시기[177]에 따른 신앙으로 성찰하는 자연적인 과정을 통하여 작용하는 것처럼 보이면, 미승인 결정을 하느님께 드리고 승인을 청한다. 승인은 결정 과정의 시작으로서 씨가 싹을 틔우고 줄기를 뻗어 꽃을 피우는 것과 같다.[5] 이나시오 영성에서 결정 과정은 승인을 받기 전까지 완성되지 않는다.

피정자는 식별하며 결정에 도달할 때마다 확실하고, 심지어 강력하게 승인받는 은총을 늘 청해야 한다.

— 피정자가 세 번째 시기의 내용에 따라서 결정에 도달했다면, 이냐시오가 자연적인 인간의 논리 과정[183], [188]보다 더 신뢰하는 영들의 움직임을 통하여 특별하게 검증받는 승인을 위해 기도할 필요가 있다.[6]
— 피정자가 두 번째 시기에 따라서 결정을 했다면, 그는 하느님의 현존을 체험했거나 믿음과 희망 또는 사랑이 증가하는 것을 감지하면서 온당함을 깊이 느끼는 가운데 영적 위안을 이미 받았을 것이다. 그는 이제 과정의 꽃피는 국면으로써 승인을 받기 위해 기도할 필요가 있다.
— 당연히 피정자가 첫 번째 시기에 따라서 제시된 결정을 발견했다면 뒤따라오는 움직임[337]을 주목해야 할 필요가 있을지도 모르지만 승인은 전혀 필요하지 않다[175].

영신수련 여정을 하는 피정자는 대체로[7] 셋째 주간과 넷째 주간에서 승인을 받기 위해 기도한다. 부름받는 상태의 피정자가 둘째 주간에서 영적 위안을 받으면서 결정을 내린 것은 다음과 같은 렌즈로 표현된 파스카 신비인 셋째 주간과 넷째 주간에 들어갈 준비가 됐다는 징표가 된다. 즉, 첫 번째 렌즈는 예수님의 수난이다. 두 번째 렌즈는 예수님의 부활이다. 기도 길잡이는 이러한 국면에서 피정자가 가치 있는 결정을 실행하면서 필연적인 고통과 평화를 직면했을 때 영적 위안을 어떻게 체험하는지 살펴봐야 한다.

우리는 영신수련 밖에서 승인을 받고자 기도할 때, 셋째 주간과 넷째 주간의 성경 자료를 사용해야 하는가? 주어진 시간과 환경에 따라서, 우리는 셋째 주간과 넷째 주간의 기도 자료를 사용할 수도 있다. 그러나 우리는 28장에 주어진 예와 마찬가지로 승인의 은총을 받도록 우리 자신을 준비시키는 데 적절할 수도 있는 다른 성경 자료와 기도 방법도 사용할 수 있다.

승인처럼 보이고 느껴지는 것

때로는 하느님은 결정 과정의 초기 국면에서 나타났던 영적 위안과 더불어 확실하고 의심할 수 없는 방법으로 승인하신다. 그러나 대부분의 경우 승인받는 체험은 극적으로 선명하지 않다. 때때로 피정자는 두렵고 절망적으로 느껴지기 시작하고 결정을 실행했을 때 점차로 드러나는 결과 때문에 영적으로 황폐한 쪽으로 움직인다.

영적 위안이 없을 때 어떻게 승인받는 체험이 스스로 드러나는가? 승인은 피정자가 수난하고 거절당하는 예수님과 연대하는 가운데 종종 드러난다. 달리 말하면 피정자는 고립되든, 열정을 느끼든, 자신에게서 멀어지든 상관없이 기꺼이 예수님과 함께한다. 그 결정이 어려워 보인다. 그는 두려움을 심하게 느낄 때 반발하고 싶지만, 자신의 밑바닥에서 '그 모든 것에도 내가 내린 결정은 여전히 옳다'고 생각하며 평화를 누린다. 그것은 사랑이 가득한 피정자의 신앙과 마음에서 보면 타당하다. 여기서 영적 위안은 더 모호해진다. 당신은 피정자가 거듭해서 겪는 어려움과 갈등은 종종 진정한 영적 위안의 징표라고 말할 수 있다.

영신수련 밖에서 나타나는 승인

　짐과 재니스는 4년 동안 피커링 부근에서 펼쳐지는 반핵운동에 깊이 참여했다. 그들은 지역 꾸르실료에 매우 활발하게 참여했다. 그들에게 는 친구가 많다. 짐이 일하고 있는 은행은 그에게 몬트리올로 옮기는 것을 제안했다. 그는 현재의 위치에서 그 제안을 받아들이거나 거절할 자유가 있다. 그러나 그가 그것을 받아들이면 그는 몬트리올에서 한 달이나 보름 이내에 일을 시작해야 한다. 짐은 새로운 임무를 할 지역 부근을 조사해 보았다. 그곳은 아메리카 원주민들이 모여 사는 지역으로 실업률이 매우 높았다. 지역 교회는 사람들의 경제적인 필요에 응답하고 자 노력하고 있으나 교회 지도자는 현실적으로 도움이 되는 경제적인 측면을 이해하지 못하는 것처럼 보인다. 짐은 그것을 이해하고 있다. 또한, 재니스는 사회 사업 학위와 집단을 촉진하는 훈련을 받았다. 그들 은 모두 결정을 식별하고 있다. 그들은 들어있는 문제를 토의하고 기도하 며 꾸르실료 지역 공동체에서 도움을 받은 뒤, 모두 몬트리올로 이사를 해야 한다는 미승인 결정을 내리고 각각 기도하였다. 이제 그들은 결정을 확정하기 전에 승인받고자 기도하고 있다. 그들은 최종 국면에서 도움을 받고자 이냐시오 영성으로 훈련받은 기도 길잡이에게 갔다.
　다음은 이 가상 사례로 꾸민 재니스의 체험담이다.

　재니스는 승인을 받으려 기도하기 시작하자 평화를 느꼈다. 그녀는 주간 동안 이집트로 피난하는 성경 내용을 기도 자료로 사용했다. 그녀는 2~3일 간의 기도에서 몬트리올로 옮기는 것 때문에 일어나는 현실과 관련된 질문 때문에 방해를 받기 시작했다. '불어를 억지로 써야 하는 아이들은 어떡하지?

내 친구들은 … 그 친구들 덕택에 효과적으로 사도직을 했는데 나는 몬트리올에서 그것을 보장할 수 없다!' 그녀는 그러한 걱정 때문에 부담을 느끼기 시작함에도 기도하고 있는 성경의 내용이 편안했다. 그녀는 기도를 통하여 낯설고 위험한 나라로 예수님과 함께 갔고 모든 어려움에도 자신이 원하는 것은 예수님을 섬기는 것임을 인식하기 시작했다. 그것이 잘못돼도 그녀는 괜찮았다. 그녀는 하느님을 신뢰하고 의존하고 있다.

재니스는 두려움과 성공에 대한 의심 등등으로 여전히 우울하지만, 그녀의 감정은 하느님과 하느님을 섬기는 것으로 향해 있다. 그녀가 영적 위안을 받고 있음을 주목하라. 그녀는 승인을 받았다.

하느님께서 그들에게 몬트리올로 옮기라고 부르시지만 동시에 가상 사례를 조금 바꿔서 피커링에 남는 것이 미승인 결정이라고 하자 그들은 평화로이 결정을 했고 지금은 승인받기 위해 하느님께 결정을 드렸다. 재니스의 체험은 다음과 같다.

재니스는 자신을 자제할 수 없었다. 그녀는 이 결정에 무척 만족했다. 그녀는 친구들과 머물 수 있을 것이다. 이렇게 몇 년이 지난 후, 그녀는 마침내 북쪽의 별장을 마무리할 수 있을 것이다. 나아가서 그녀는 공해 방지 운동에 계속 참여할 수 있을 것이고 그녀의 협조자들은 그 점에 만족할 것이다. 그녀가 성경에서 하느님께 '감사드리는' 구절을 사용할 때 이러한 생각이 그녀에게 떠올랐다. 그녀는 기도하고 찬미하는 사이에 '들떴고' 별장의 내부를 장식하는 계획을 짰다.

그녀는 영적 황폐에 빠져 있거나 그쪽으로 움직이고 있다. 그녀는 하느님의 승인을 받지 못했다. 그녀가 충분히 기도 자료에 머문다면, 아마도 [317]에 있는 혼란을 체험하기 시작할 것이고 조금도 기도하지 못할 것이다.

첫 번째 예에서 재니스의 감정은 가라앉았으나 영적 위안을 받고 있고 승인을 받았다. 두 번째 예에서 그녀의 기분은 상승했으나 영적 황폐에 빠졌고 승인을 받지 못했다. 겉으로 보기에 모호한 체험에서 뚜렷한 것은 생각과 느낌의 방향이다. 첫 번째 상황에서 그녀의 감정은 밖으로 향하고 자신에게서 멀어졌다. 그녀는 갈등과 나약함 속에서도 모든 것을 예수님과 함께하며 이해했다. 두 번째 상황에서 그녀의 감정은 그녀 자신에게로 향했다. 생각과 느낌이 연합된 그녀의 계획은 자신에게로 향했다. 이것이 이른바 이냐시오가 말하는 감각적인 움직임이다 sensuality. 재니스는 두 번째 상황에서 하느님께 감사드리고 있음에도, 감사는 감정으로부터 저절로 일어난 것이 아니라 감정에게서 강요받다시피 한 것이었다. 재니스는 두 번째 상황에서 무슨 일이 일어나는지 전혀 알아채지 못했다.

다시 사례를 조금 바꿔서 하느님께서 재니스와 짐에게 피커링에 남으라고 부르시지만 몬트리올로 옮기는 결정이 뚜렷해지거나 떠오르고 있다고 가정하자. 다음은 그렇게 적용한 내용이다.

그녀는 몬트리올로 옮기기로 정한 미승인 결정을 하느님께 드리고 승인을 청했다. 그녀가 이 결정을 하느님께 드릴 때 오천 명을 먹이신 사건이 담긴 성경 구절을 사용했다. 그녀는 이 구절로 관상하려고 시도할 때 매우 열정적이었다. 어려움을 조금 겪으면서 기도에 들어간 뒤에, 그녀는 음식을 나눠주는 사도 중의 한 사람이 되고 싶었다고 말했다 (그녀가 사도가 되게 두는 것이 아니라 사도가 되려는 것을 주목하라). 그녀가 이렇게 진행하자, 주변에 있는 사람들은 음식을 주는 그녀에게 감사했다. 그녀는 음식을 나눠 주면서 예수님께 협력하게 되자 정말로 행복했다. 그러나 관상에서 예수님은 거의 나타나지 않았다. 예수님은 중심에 있지 않았다. 그녀가 중심이 되었다. 기도 시간 밖에서 그녀는 가난한 동네에서 살고 사회 정의를 위해 무엇인가를 하는 꿈을 꾸었다. 마침내 그녀는 재능을 사용하도록 요청받을 것이다! 몬트리올은 2년 동안 그녀가 꿈꿨던 모든 것을 이루게 해 줄 특별한 곳이기 때문에 그녀는 승인받기 위해 서서히 기도하는 주간에 평소와 달리 자녀들에게 더욱 조급해졌다.

이런 체험은 영적 위안처럼 보이고 느껴지겠지만 사실은 그렇지 않다. 황폐한 영은 그 자체로 영향력을 가지고 있다. 느낌의 정도가 올라간다. 자신에게 감정이 집중되어 있다. 하느님께서는 결정을 승인하지 않으신다. 승인은 언제나 확실하고 명백하게 주어지지 않으며 성령의 징표(갈라디아 5:22-25)는 다른 체험과 섞일 수도 있다.[8]

연구와 성찰 그리고 토론을 위한 자료

1. 다음 사항은 승인을 식별하는 것과 어떻게 연결되는가?
   ― 우리는 영적 위안을 받는 상태에서도 황폐한 감정을 느낄 수 있다.
   ― 매일 자신의 십자가를 진다는 것의 의미는?
   ― 우리는 그리스도인으로 살면서 예수님의 삶과 죽음을 체험한다.
   ― 하느님의 뜻은 우리가 결정을 하는 동안 발견할 필요가 있는 청사진이 아니다.

2. 당신이 함께 기도하고 결정을 하는 위원회의 의장이라면 위원들에게 승인을 받기 위해 기도하자고 권하겠는가? 왜? 당신이 이것을 권해야 한다면 단체와 단체에 속한 개인이 어떤 체험을 하기를 기대하는가?

3. 28장의 전반부에 있는 다음의 주장에 동의하는가? '피정자가 첫 번째 시기에 따라서 그에게 제시된 결정을 명백히 발견하면, 승인은 전혀 필요하지 않다.' 일부 주석가들이 이 주장에 동의하지 않는 이유는?

4. 20세기 초 전반부에 어떤 영신수련 지도자들은 두 번째 시기에 내린 선택은 세 번째 시기로 승인을 받아야만 한다고 믿었다. 이 믿음은 그들의 문화와 세계관에 어떻게 들어맞는가?

5. 사도행전 5:38-39에서 가말리엘은 예수를 따른 사람들 때문에 촉발된 새로운 움직임에 대해 산헤드린에서 다음과 같이 지혜롭게 설명했다. '저 사람들 일에 관여하지 말고 그냥 내버려 두십시오. 저들의 계획이나 활동이 사람에게서 나왔으면 없어질 것입니다. 그러나 하느님에게서 나왔으면 여러분이 저들을 없애지 못할 것입니다.' 이러한 설명이 28장이 설명하는 승인의 의미와 조화를 이루는가? 그렇다면 왜 그런가? 그렇지 않다면 왜 그렇지 않은가?

28장 미주

1) 모든 자료에 비추어 보면 승인은 조화와 정당성을 동반한다. 이것은 우리가 지상에서 살면서 결코 누릴 수 없는 절대적이거나 완벽한 보장을 의미하지 않는다.

2) 그것은 미뤄둔 곤란한 편지를 쓰거나, 자동차를 타지 않고 걷거나, 국제 인권위원회에 편지를 보내는 등의 일이다.

3) 일러두기[317]은 영적 황폐로부터 나온 생각은 영적 위안으로부터 나온 생각과 다르다는 것을 우리에게 상기시킨다.

4) 부활 사건 후 특혜를 누리며 사는 우리는 그 이야기의 끝을 안다.

5) 나는 바로 이 점에 대해 함께 논의한 존 잉글리시, 조지 셰멀George Schemel, S. J.에게 감사한다.

6) 이냐시오는 영들의 움직임이 결정을 떠올리지 않을 때 사용하는 기술을 제공한다. 그는 세 번째 시기[177]에서 결정 내릴 때 이 기술을 사용하라고 제안한다. 그 시기에는 영들이 분명하게 활동하지 않는다. 그러나 그는 여기 세 번째 시기에서도 피정자가 승인을 받기 위해 기도할 것을 기대한다. 이것은 영들의 활동으로 돌아간 것이다.

7) 이것은 대체로 다음과 같은 상황이다. 거기에는 언제나 예외가 있다. 때로 영신수련 중에 기도 길잡이는 피정자에게 셋째 주간과 넷째 주간의 성경 구절과 다른 것으로 승인을 위해 기도하라고 권장하는 것이 현명한지 생각해볼 수 있다.

8) 사람은 자율적으로 하느님의 말씀을 언제나 분명하게 받는 것은 아니기 때문에 자신에게 협조적인 믿음의 공동체 사람들로부터 도움을 받는 것이 유익하다. 이러한 승인을 감지하기 위해서 기도해달라고 작은 단체의 가까운 친구들을 초대하는 것도 때로는 도움이 된다.

나는 영속적으로 투신함으로써 (그리고 문제에 대해 중대한 결정을 함으로써) 미래를 덜 예측하고 역사를 더 믿는다. 나는 은총의 사건으로 짜인 천은 정말로 다가올 불확실성 때문에 해지지 않을 것이라고 믿는다.

— 존 스타우덴마이어 John Staudenmaier, S.J.의

"United States, Technology, and Adult Commitment"에서 인용

29장
영들을 식별하는 규칙

I. 전반적인 견해

이 성찰은 영들을 식별하는 규칙[313]-[336]에 대한 완벽한 해설이 아니다. 완벽한 해설은 이미 나와 있다. 나는 다음과 같이 구체적인 맥락을 더 파악하기 위해 성찰했다. 이 성찰은 당신이 자신의 내적인 움직임과 일러두기 숙독 그리고 다른 해설을 통하여 일러두기를 계속 서로 연구하며 연결할 수 있게 도와줄 맥락을 더 구체적으로 설정하기 위한 것이다.

당신은 다음의 그림으로 시작하면 좋을 것이다. 다음 그림을 잠시 바라보고 본 것을 적어보라.

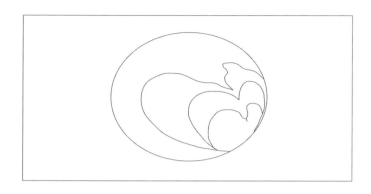

다음은 한 강사가 심리 치료 상담사들의 모임에서 나눈 이야기다. 그 강사는 아무런 말 없이 사다리 한 개를 강단으로 옮겨 놓았다. 그녀는 사다리에 올라가서 커다란 흰 천을 매달았다. 그녀는 매직으로 그 천 가운데에 앞의 그림과 비슷한 그림을 그렸다. 청중은 조용히 바라보고 있었다. 강사는 사다리에서 내려와서 환하게 웃으면서 청중에게 주의 깊게 보고 본 것을 적으라고 권했다. 그 뒤 그녀는 사람들에게 적은 것을 옆 사람과 나누라고 안내했다. 강의실은 시끌벅적거렸다. 사람들이 앞다투어 보이는 것을 확인했다. 어떤 사람들은 고개를 저으며 자리로 돌아갔다. 마침내 강사는 그들에게 발견한 것을 이야기해 달라고 청했다. 그들이 산, 강, 가면, 얼굴 등과 같은 것을 발견했다고 설명하자 강사는 그것들을 종이 위에 나열했다.

아무도 거기에 진짜로 있는 것, 하얀 천을 언급하지 않았다.

이 이야기는 영적 위안[316]과 영적 황폐[317] 그리고 거짓 영적 위안[331]을 이해하기 쉬운 비유이다. 하얀 천은 당신이 인식한 원리와 기초로서[23] 삶의 의미를 전반적으로 이해시켜 주며 하느님의 현존을 표현한다. 천의 가운데 있는 그림은 당신의 개인적이고, 지금 여기서 현실과 역사에서 체험한 것을 대변한다. 당신은 이러한 상호관계를 마음에 두고 다음과 같이 관찰할 수 있다.

— 영적 황폐를 겪는 당신은 그림과 하얀 천을 따로 의식한다. 즉, 당신은 원리와 기초로 표현되는 삶의 생생한 의미를 깊이 느끼지 않은 채 지금 여기서, 삶을 의식한다. 흰 천은 사라진 것처럼 보이고 당신은 이것이 사라진 것처럼 보이는 현상을 체험한다.

— 영적 위안을 겪는 당신은 그림과 흰 천을 동시에 의식한다. 즉, 당신은 원리와 기초로 표현되는 삶의 의미를 깊이 느끼면서 지금 여기서 현실을 의식한다.

— 거짓 영적 위안을 겪는 당신은 그림을 따로 떼어놓고 하얀 천만 의식한다. 즉, 당신은 원리와 기초로 표현되는 삶의 의미를 깊이 느끼며 의식한다. 그러나 당신은 지금 여기서 현실과 역사에서 체험한 것을 의식하지 못한다.

우리는 영적 여정에서 더 넓은 천 자체를 보지 못하고 천에 그려진 삶만 체험할 때 혼란해진다. 영적 황폐가 주는 혼돈 속에서 우리는 하느님의 현존을 체험으로 지각하지felt perception 못한 채 우리 자신에게 먼저 집중하고 실망스러운 나락이나 상승하며 온몸에 퍼지는 열정 때문에 혼란해지는 경향이 있다. 우리는 거짓 영적 위안이 주는 거짓 평화 속에서 하느님의 사랑에 잠기며 우리가 딛고 있는 곳과 역사적 상황이 요구하는 현실의 한계를 망각하고 환상에 빠진다. 우리는 말씀이 몸이 되었다는 근본적인 믿음이 함축하는 것을 잊을 때마다 어려움에 직면한다. 다음 진술에 담긴 이미지는 중세적으로 들릴 수도 있다. 인간 본성의 적은 일상에서 영적 인식에 대한 두 관점을 분리하도록 우리를 설득해서 성공할 때마다 몹시 기뻐한다. 그러나 그것은 우리가 규칙을 실제적으로 이해하는 데 여전히 도움을 준다.

나는 영들을 식별하는 첫 번째 규칙 세트인 [313]-[327]과 두 번째 규칙 세트인 [328]-[336]에 있는 '규칙'에 이름 붙이는 것을 선호한다. 지도자들은 첫 번째 규칙 세트를 '첫째 주간의 규칙'이라고 부를 때, 혼란스러워하면서도 계속 그것을 첫째 주간에 있는 피정자에게만 적용하는 것으로 생각한다. 아마도 '이 규칙은 첫째 주간에 더 적합하다.'라고 언급한 일러두기[313]이 지도자들에게 혼란을 주었을 것이다. 다음은 지도자들에게 혼란을 준 또 다른 근거이다.

1. 일러두기[314], 첫 번째 규칙 세트의 첫 번째 규칙은 '대죄mortal sin를 짓고 나서 또 대죄를 짓는 경우'를 설명한다.[1] 그들은 영적으로 매우 무질서하게 사는 사람들이다. 그들은 일상에서 그들에 대한 하느님의 근본적인 열망이나 명령을 거슬러서 생각하고 행동하기를 싫어하지 않는다. 어떤 면에서 보면, 첫 번째 규칙 세트가 제시하는 범주에 해당하는 사람들은 [314]의 범주에 들어간다는 인상을 주기 때문에, 나는 [314]가 첫 번째 규칙 세트 밖에 있어야 한다고 생각한다. 나는 일러두기[19]나 [20]에 따라서 영신수련 여정에 들어간 피정자들은 여기에 해당되지 않는다고 생각한다. 그들이 영신수련 여정을 통틀어서 첫 번째 규칙 세트가 필요하거나 두 번째 규칙 세트가 거의 진정으로 필요하지 않을지라도 일러두기 [314]의 범주에 쉽게 속하지 않는다.

2. 이냐시오 시대 훨씬 이전부터 1960년대 중반까지 로마 교회의 전통적인 신앙이 혼란의 출처일 수도 있다. 즉, 그것은 계명을 지키는 삶과 복음적 완덕Evangelical Perfection을 추구하는 삶이라는 두 가지 방식이다. 복음적

완덕은 수도원에서 투신하며 살았던 사람들이 적합한 방식으로 삼았던 것으로서 제자 직분에 더 철저하게 평생토록 투신하는 삶을 가리킨다 [135], [357]. 모든 그리스도인은 계명을 지키라고 초대받았다고 이해했다. 오로지 특정한 그리스도인만이 더 투철한 제자 직분에 초대받았다. 후자는 자주 복음적 완덕이나 '권고를 따르는 삶life of counsels'으로 불렸다. 우리는 전통적 세계관에서 더 발전적 세계관으로 옮겨가는 변화와 제2차 바티칸 공의회가 표현한 새로운 신학에 따라 모든 그리스도인은 진복선언을 따르는 삶과 투철한 제자 직분에 똑같이 초대받았다고 믿고 있다. 더 오래된 제도로 보면 두 번째 규칙 세트는 제자로서 더 투철하게 살기를 원하고 노력하는 사람들에게 더 특별히 해당한다. 그리고 이 말은 여전히 어느 정도 진실하다는 것이 내 말의 요점이다. 그러나 두 가지 근본적인 초대는 고정된 용어(즉, 신분)로 표현되었다. 그러므로 영성 지도자들은 두 번째 규칙 세트에 해당하는 사람들은 첫 번째 규칙 세트가 거의 필요 없다고 생각하였다.²⁾ 첫 번째 규칙 세트는 '계명을 지키는 삶'으로 초대를 받았던 사람들을 위한 세트로 이해되어 계명에 순종하며 겪는 갈등에 먼저 관심을 두었다.

첫 번째 규칙 세트의 나머지 일러두기[315]-[327]는 좋은 것에서 더 나은 것으로 나아가려는 사람을 염두에 두고 있다. 그들의 마음과 활동은 대체로 하느님께로 향한다. 그들은 제자로 성장하려고 노력할 때 무질서한 행위와 세속의 영향에서 벗어나고자 애쓴다[63].³⁾ 일러두기[9]와 [315]에 있는 그들에 대한 이냐시오의 설명을 주목하라. 그들은 나쁜 사람들이 아니다. 그들은 다른 사람을 억압하지 않는다. 그들은 무절제한 애착 때문에 조종당할지라도 근본적이고 전반적으로 하느님을 지향하고 있다. 이냐시오는 '무딘crass' 상태라고 본 유혹에 빠진 사람들에 대한 글에서 전쟁하는 나라에 지뢰와 무기를 팔아서 돈을 벌려는 사람들을 언급하지 않았다. 오히려 그는 '영적인 것에 익숙하지 못하고 드러나게 심한 유혹을 받는' 사람들을 일컬었다. 인간 본성의 적은 그런 유혹과 더불어, 우리 주 하느님을 섬기는 방향으로 매진하려는 그들의 마음에 "수고labour, 수치심, 세상 사람들의 관점에서 자신들의 명예 걱정 등"과 같은 장애물을 설치한다. 선에서 더 큰 선으로 나아가려는 사람들은 '자신들의 죄를 극도로 정화하고 하느님을 섬기는 가운데 선에서 더 큰 선으로 나아가려고 한다.' 그들은 일러두기[314]의 범주에 전혀 해당하지 않는다. 또한 그들은 그러한 범주에 쉽게 떨어지는 위험한 상태에 있는 사람들도 아니다.

다음의 세 가지 그림은4) 인간의 심리에 대한 이냐시오의 이해를 시각적으로 보여준다. 두 점선 사이에 있는 화살표와 느낌표는 마음에 들어오고 나가는 자연스러운 생각과 느낌('감정')이다. 기억과 상상은 감정과 지성 그리고 의지 사이를 연결한다. 더 습관적인 생각과 느낌은 하느님을 향하거나 하느님에게서 멀어지는 일정한 방향의 화살표로 표현된다. 느낌표(!)는 더 산발적인 생각과 느낌을 표현한다. 선신과 악신에게서 오는 유혹과 영감은 마음에 영향을 주고 선택되었을 때 근본적인 방향을 결정한다. 그런 유혹과 영감은 큰 '〈'로 표현되었다. 우리가 알고 있는 심리학으로 보면, 우리는 저절로 일어나는 생각과 느낌의 영역을 우리 자신의 반응에 대한 의식적인 인식으로 받아들인다. 그것들 중 많은 것은 덜 의식된 것에서 온다. 밑에 있는 점선의 아랫부분은 우리에게 직접 알려진 적이 없다. 우리는 그것을 단지 저절로 일어나는 생각과 느낌으로 아는 존재의 중심으로 생각할 수도 있다.

그림 A

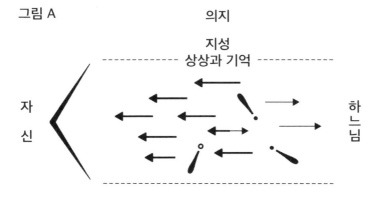

[그림 13] 일러두기[314]에 속하는 사람 – 대죄를 거듭 지음

그림 B

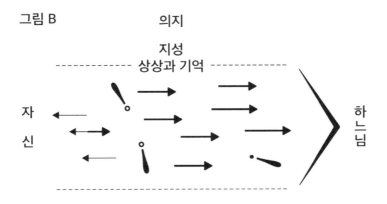

[그림 14] 일러두기[315]에 속하는 사람 – 좋은 것에서 더 좋은 것으로 나아감

그림 A는 일러두기[314]에 속하는 사람들의 마음을 표현한다. 그들은 대죄capital sin를 짓고 나서 또 대죄를 짓는다. 즉, 그들은 나쁜 데서 더 나쁜 데로 가고 있다. 화살표 대부분은 자신을 향한다. 그런 사람들은 첫 번째 규칙 세트에 해당하지 않는다. 그들은 영신수련 여정에 관심이 없을 것이다. 그들의 전반적인 감정은 하느님에게서 멀어지고 있다. 한두 개의 화살표가 하느님을 향할지도 모르나 그들은 근본적으로 하느님에게서 멀어졌다.

그림 B는 첫 번째 규칙 세트의 나머지에 속하는 사람들의 마음을 표현한다[315]-[327]. 화살표 대부분은 하느님을 향해 있다. 매우 소수의 화살표가 여전히 자신을 향하고 있음에도 근본적인 방향은 하느님을 향하고 있다. 그들의 전반적인 감정은 하느님을 향한다. 느낌표(!)는 자신의 마음에 영향을 주는 구체적 감정의 움직임(선하거나 악한 영에서 오는 것)을 대변한다. 이러한 움직임의 양상은 그들이 하느님을 향하거나 멀어지든 간에 자신의 근본적인 감정이 지향하는 방향과 조화를 이루거나 조화를 이루지 않기 때문에 명백해진다. 일러두기[14]⁵⁾는 미숙하고 불안정한 열정을 체험하는 사람을 보여준다. 일러두기[16]은 먼저 하느님 나라를 위해서가 아니라 스스로 획득한 재물이나 경제적인 이득에 지나치게 사로잡혀 있는 사람을 보여준다. 그림 B가 표현하는 사람을 설명하던 전통적 용어는 정화의 길 또는 정화되는 상태로서 '정화이다purgative'. 일러두기[314]에 속하는 사람들은 그림 A에서처럼 정화의 길way이나 상태mode에 전혀 있지 않다.

'정화'는 깨끗이 하다, 근절하다, 제거하다, 정제하다, 용서하다 등의 뜻인 '정화하다'라는 동사에서 비롯된다. 효과적으로 정의하면 정화의 상태란 우리가 영적 여정에서, 명백하거나 명백하지 않더라도, 우리가 선택한 것에 있는 죄와 죄의 효과로부터 자유로워지는 순간을 일컫는다. 치유받는 상태와 부름받는 상태의 피정자는 모두 정화의 상태에 있을 수 있다.[6] 사는 동안 부름받는 상태의 사람들을 포함해서 모든 사람은 가끔 이러한 정화의 상태에 들어갈 필요가 있다. 반복되는 교회 전례력의 수난 시기가 우리에게 이러한 진실을 알려 준다.

　전통적으로 영적 저술가들은 평생에 걸친 영적 여정의 연속적인 단계를 정화·조명·일치의 길로 일컬었다. 영신수련은 평생의 영적 여정을 설명하지 않는다. 오히려 그것은 영적 여정을 하는 사람에게 전환기를 이해하고 다루는 방법을 제공한다. 이냐시오는 영신수련에서 정화의 삶이나 길이라는 용어를 사용하지 않았지만, 첫 번째 규칙 세트가 아니라 일러두기[10]에서 그 용어를 한번 사용했다. 어떤 지도자들은 아마도 일러두기[10] 때문에 첫 번째 규칙 세트를 정화의 길과 연결할 것이다. 이것은 첫 번째 규칙 세트가 오직 영적 초보자들에게만 적용된다는 것을 믿도록 우리를 잘못 이끌 수 있다. 그러나 이냐시오는 첫 번째 규칙 세트에서 이 구절을 사용하지 않았다. 영성 지도자들이 첫 번째 규칙 세트를 '정화'와 연결하고 싶다면, 이 시기에 일어날 수 있는 혼란을 피하도록 돕기 위하여 정화의 상태라는 문구를 사용할 수도 있다. 따라서, 정화의 길은 영적 여정의 초기 단계를 지칭할 수 있고 정화의 상태는 죄의 영향에서 벗어날 필요가 있는 여정의 어떤 순간을 지칭할 수도 있다.

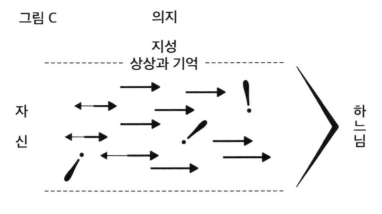

[그림 15] 두 번째 규칙 세트가 예상하는 사람

그림 C는 두 번째 규칙 세트[328]-[336]과 일치하는 사람들의 마음을 가리킨다. 화살표 대부분은 하느님께로 향해 있다. 화살표 중 오직 하나나 둘만이 여전히 그들 자신에게로 향하고 있다. 감탄 부호(!)는 그들의 마음에 영향을 주는 내면의 구체적인 감정의 움직임(선하거나 악한 영에서 오는 것)을 표현한다. 이러한 움직임은 그들이 하느님께로 향하거나 멀어지든 간에 그들 자신의 근본적인 감정의 방향과 조화를 이루거나 조화를 이루지 않기 때문에 명백해진다. 이런 사람들의 태도, 애착, 느낌과 생각 대부분은 하느님을 향해 있다. 따라서 어떤 내적인 움직임이(!) 비슷하게 동조되지 않으면, 그것은 즉각적으로 인식되고 아무런 효과도 일으키지 못한다. 그들은 영적으로 자유로운 방법을 잘 따른다.[7] 이냐시오는 내면의 자유를 누리는 피정자를 '조명'받는 단계에서 살고 있는 사람들과 비교했다. 이렇게 자유로운 피정자는 덜 사랑스럽게 반응하라는 유혹을 대부분 주목하기 때문에 오직 빛으로 가장한 천사가 주는 유혹에 영향받을 수 있다[10], [332]. 그 유혹은 피정자가 하느님께 사랑스럽게 반응하는 데 도움을 준다고 느끼게 만드는 제안이다. 그녀의 근본적인 애착이 하느님의 열망과 일치하기 때문에, 그녀는 대개 무질서한 생각이나 느낌을 즉각 주목하고 거부할 것이다.

영들을 식별하기 위한 규칙은 영신수련 여정에서 저절로 떠오르고 변하는 생각과 느낌의 경향에 먼저 적용된다.[8] 규칙은 또한 기도와 삶에서 매일 체험하는 변화에 어느 정도 적용된다. 그러나 우리는 비유를 제외하고 삶의 여정을 통과하는 긴 기간이나 단계를 이해하는 데 규칙을 자동적으로 적용하지 말아야 한다. **더 구체적으로 말하면 규칙은 기도로 결정을 내리는 체험에 적용된다.** 그것은 또한 '지적인 언어나word of knowledge' 영적 기도 단체의 '도유식anointing'을 식별하는 것과 같은 분야의 식별 지식을 어느 정도 포함할 수도 있다. 영성 지도자는 성령 덕에 '식별하는 특별한 은총'을 지닐 수도 있다. 그러나 당신은 특별한 은총에다 규칙을 적용할 필요는 없다.

영적인 움직임은 의식의 안팎으로 들어가고 나오는 느낌과 정서 그리고 저절로 떠오른 생각을 포함하는 내적인 반응이다. '영적인 움직임'에 대한 적절한 설명은 1) 느낌과 정서, 2) 그것에 담긴 의미, 3) 저절로 일어나는 생각, 4) 1)과 2) 그리고 3)의 방향, 5) 신앙의 맥락을 포함한다.

당신은 영들을 식별하는 규칙을 적용할 때 영신수련 심리학에서 추정하는 천사들과 영들의 세계를 반드시 믿지 않아도 된다. 우리는 끊임없이 우리 안에 들어오고 나가며 선택에 영향을 주는 강한 충동·생각·움직임·본능적 욕구의 영향을 받는 존재라는 사실을 인식하는 것으로 충분하다. 우리는 이 규칙을 실제로 적용할 때 이러한 영향이 덜 인식된 것인가 또는 외적이고 인격적이며 비물질적인 존재에게서 오는가에 대한 여부에 관심을 둘 필요는 없다. 우리가 어떤 영향은 하느님께로 이끌고, 어떤 것은 하느님께로부터 멀어지게 만든다는 사실을 아는 것이 더 중요하다. 내면에서 일어나는 반응이 이러한 영향을 수용하고 협력하는가 또는 거부하고 그것에 협력하지 않는지를 알아내는 것이 중요하다. 그리고 그런 영들의 존재 가능성을 부인하지 않고 너무 지나치게 믿지 않는 것이 현명하다.

우리는 영들을 식별하는 규칙으로 과학적 측정 가능한 사실이 아니라 인식 기술과 능력을 다룬다. 이냐시오의 다음 설명이 지표가 된다. 그것은 이냐시오가 '어느 정도 도움이 되기 위하여'라고 직접 제안한 것을 뜻한다. 빨간색은 우리가 노란색이나 자주색과 가까운 빨간색의 다양한 채도를 인식하는 데 도움을 준다. 규칙도 마찬가지다. 우리는 날마다 의식 성찰과 회고를 하고 그것을 연습하면서 규칙을 사용하는 기술을 연마한다. 종종 우리와 함께 규칙을 적용하는 영성 지도자가 규칙에 관한 더 상세한 지식을 제공한다. 우리는 오로지 실제 삶에서 결정을 식별할 때 영향을 받아서 규칙을 체험하고 알게 된다는 주장도 타당하다.

식별 용어를 언급할 때 사용하는 수사학적 표현

당신이 규칙을 연구하면 '평화'는 하느님 현존의 유일한 기준이 아님을 주목하게 될 것이다. '나는 평화를 누리므로 나의 결정은 하느님의 열망과 반드시 조화를 이룬다'라고 말하는 것은 규칙을 순진하게 잘못 적용한 것이다. 습관적으로 무질서하게 행동하며 살아가는 사람들은 '대죄를 짓고 나서 또 대죄를 지으면서도' 평화를 체험할 수도 있다. 이것은 하느님에게서 오지 않는다. 이냐시오는 일러두기[331]에서 사람들이 악한 천사에게서 오는 거짓 영적 위안이 주는 평화를 어떻게 체험하는지 설명했다.

'영이 나를 움직였다거나 하느님께서 내게 크나큰 위로를 주셨다'는 표현은 평화나 영적인 위로가 자연적인 원인이 없는 하느님의 직접적인 개입을 반드시 의미하지 않는다는 것을 기억하라. 어떤 사람이 저녁노을을 보며 마음속으로 하느님을 찬미하고 들어 올려질 때 저녁노을은 한 가지 원인이다. 어떤 사람이 기도 모임에서 놀랍게 깨달았을 때 모임의 분위기와 함께 모임은 중요한 원인이다. 두 번째 규칙 세트에서 이나시오는 사전에 원인이 없는 영적인 위로(하느님을 직접 만나는 체험과 원인이 있는 영적인 위로)와 제2원인으로 하느님을 간접적으로 만나는 체험 사이의 차이를 구별한다. 제2원인은 외부 환경이나 덜 의식된 내부 환경에서 올 수 있다. 우리가 영적인 체험을 다루는 영신수련 여정의 대부분이나 지속적인 영성 지도는 제2원인이다.

독실한 사람들은 특정 환경에서 일어나는 일시적인transient 영적 체험을 마치 하느님에게서 직접 온 것으로 생각한다. 이것은 적절하지 않다. 왜냐하면 그러한 접근은 그들의 체험 또는 일반적으로 제2 원인에 따라서 그들 스스로 식별한 것을 절대적으로 판단하도록 그들을 쉽게 이끌 수 있기 때문이다.

II. 첫 번째 규칙 세트

일러두기[314]는 대죄를 짓고 나서 또 대죄를 짓는 사람들에게 다음과 같이 충고한다.

─ 선한 영은 그들을 혼란스럽게 만들고 결국 그들은 뉘우칠 것이다.
─ 악한 영은 그들의 마음에 부드럽게 들어가서 그들이 계속 대죄를 짓게 만들 것이다.
─ 첫 번째 규칙 세트의 나머지는 그들에게 해당하지 않는다.

'대죄를 짓고 나서 또 대죄를 짓는 사람들'이라는 표현은 하느님의 영원한 생명이라는 은총에서 실제로 분리되었다는 것을 의미하지 않을 수도 있다. 이냐시오는 '죽어야 할mortal'이라는 용어를 때때로 교만·탐욕·시기·분노·인색·나태·음욕이라는 칠죄종이나 대죄로 불리는 근원적인 범주의 죄를 의미하는 데 사용했다. 게다가 무책임한 행위로써 대죄를 지은 후 다른 대죄를 짓는다는 것을 명백하게 뜻하는 이 구절은 또한 대죄를[9] 짓고 나서 또 대죄를 짓는다는 것을 의미한다. 즉 그것은 나쁜 것에서 더 나쁜 것으로 나아간다는 뜻이다. 그들은 대체로 하느님에게서 멀어지는 쪽을 애착하므로 하느님에게서 근본적으로 멀어지는 것을 선택하고 영원한 생명을 잃어버리는 위험을 무릅쓴다. 그들의 마음은 온통 자신에게 집중되어 있다. 그들은 바오로 사도가 갈라디아서 5:19-21에 열거하듯 명백하게 무질서한 행동을 조장하는 쪽으로 마음을 쓴다. 야망과 이익에 몰두되어 계산적으로 관대하고 친절하며, 드러나게 동정적이고 이 모두에 해당되는 것처럼 보이며 온순하도록 잘 훈련받은 사람처럼 그들의 마음은 눈에 띄지 않게 행동하도록 조장하는 경향이 있다. 악한 영은 이와 같은 사람들이 편안해서 그들에게 부드럽게 들어간다. 그것은 이미 존재하는 죄를 짓는 경향을 조장한다. 그래서 악한 영이 이러한 경향과 일치하는 선택을 조장할 때 거짓 평화가 있을 수 있다. 선한 영은 이렇게 무질서한 상태에 있는 사람들에게는 편안하지 않아서 그들의 마음에 들어갈 때는 '양심의 가책과 후회'를 느낀다. 즉, 이 규칙은 영들을 식별하는 규칙 밖에 있는 사람들에게 적용된다. 첫 번째 규칙 세트의 나머지 규칙은 이러한 상태에 있는 사람들을 염두에 두고 있지 않다.[10]

> 일러두기[315]는 첫 번째 규칙 세트가 지향하는 사람들을 가리킨다. 그 사람들은 영적인 삶에 진지하지만 미숙하므로 다음과 같은 영적 성장을 깊게 이해하지 못한다.
>
> ―'죄를 진정으로 뉘우치고 선한 것에서 더 선한 것으로 하느님을 섬기려는 사람들에게…'
> ―악한 영은 어려움과 불안, 혼란스러운 생각으로 그들을 괴롭힌다.
> ―선한 영은 그들에게 힘을 주고 영감을 주며inspire, 선을 행하기 쉽게 해 준다.

이 규칙은 영적으로 진보하기를 원하고 그들을 향한 하느님의 열망을 따르려는 사람들을 위한 것인데, 그런 사람들은 스스로 그렇게 행동하지 않거나 자신이 악과 타협했음을 알면 곧 후회한다. 이러한 사람들은 '선한 것에서 더 선한 것'으로 나아가고 있다.

일러두기[316]은 세 가지 영적인 위로를 설명한다.

1. 내적으로 강렬한 체험

   '영혼이 창조주 주님을 뜨겁게 사랑하면서 내적으로 감동…'

2. 마음이 아프고 슬픈 체험

   '영혼이 눈물을 흘리며 하느님을 사랑하게 되는 것과 같은 영적 위안'

3. 메마른 가운데 믿음과 희망과 사랑이 커지는 체험

   '영적 위안은 믿음과 희망 그리고 사랑을 키우며 창조주 주님 안에서 영혼을 고요하고 평온하게 만들면서 천상적인 것으로 부르고 이끄는 모든 내적 기쁨이다.'

영적 위안은 강렬한 내적 체험이 될 수 있지만 체험 자체가 영적 위안이 아님을 1번은 분명히 밝히고 있다. 강렬한 내적 체험 자체는 영적 위안이 아니고 감지되고 수용된 것과 하느님과의 관계가 영적 위안이다. 게다가 놀라운 내적 체험과 잘 살고 있다는 느낌이 다른 사람들이나 사건과 연합되어 있다면 이러한 내적인 체험이 영적 위안이 되는 것은 당연히 감지된 내적인 체험의 방향에 달려있다. '예를 들면, 내적인 감동은 다른 사람에 대한 사랑에서 일어날 수도 있고 이러한 정서적인 체험은 영적 위안과 비슷할 수도 있다. 그러나 인간의 사랑이 하느님의 사랑에 직접 연결될 때만 영적 위안이 시작된다.'[11]

앞의 2번 설명은 하느님과 관련된 것 때문에 우울하고 슬퍼하는 사람을 보여준다. 그런 예는 핍박받는 사람들이나 자신의 죄 때문에 여전히 고통을 당하는 예수님을 생각하며 아파하고 슬퍼하는 피정자와 같다. 슬플 때나 기쁠 때, 또는 고통받는 예수님을 동정할 때 흘리는 눈물 역시 영적 위안의 표현이다. 이러한 눈물은 예수님과의 깊은 결합을 알려줄 수도 있고 피정자를 이기주의라는 좁은 속박에서 벗어나게 해줄 수도 있다. 당연히 모든 눈물이 영적 위안의 징후는 아니다. 오로지 사람을 하느님의 사랑에 다가가게 만드는 눈물만이 영적 위안의 징후이다.[12]

앞의 3번 설명은 믿음, 희망 그리고 사랑의 증가가 영적 위안이라고 지적한다. 종종 그리고 특별히 영적 여정의 초기 단계에서 피정자는 하느님께서 주시는 영적 위안을 느끼지 못해서 풀이 죽는다. 피정자는 뭔가를 잘못해서 영적 위안을 받지 못했다고 의심하기 시작한다. 그러나 당신이 질문할 때 피정자에게서 믿음, 희망 또는 사랑이 증가하고 있음을 발견한다. 피정자는 새로운 의미를 발견한다. 하지만 그는 1번의 설명대로 내적으로 강렬하게 체험하지 못했기 때문에 위로받지 못했다고 생각한다.[13] 근본적으로 그가 고통이나 메마름을 느낄지라도 믿음이 깊어지면 영적 위안을 받고 있는 것이다.

따라서 피정자가 다음과 같이 체험할 때, 그는 분명히 영적 위안을 받고 있다.

― 하느님께로 향함
― 다른 사람들을 수용하고 존중하는 쪽으로 향함
― 온순하고 부드러움
― 자신을 현실적으로 인식
― 더 깊은 믿음으로 하느님의 현존 이해
― 하느님과 자신과의 관계에서 의미를 발견하면서 고통과 메마름, 슬픔을 감지하고 수용하도록 이끌림
― 긴장이 계속될 수 있음에도 희망을 주는 의미를 간직하고 있음

— 자기중심적이거나 자신의 세계에 파묻히지 않고 밖으로 향함

일러두기[316]은 첫 번째 규칙 세트에 속함에도 두 번째 규칙 세트의 영적 위안에 대한 해석으로 인식하는 것이 현명하다. 영적 위안은 영적 위안이다. 다른 지표indicator와 더불어 이러한 세 가지 설명은 첫 번째나 두 번째 규칙 세트에 대한 피정자 체험의 적합성을 이해하는 데 유효하다.

일러두기[317]은 다음과 같이 영적 황폐를 설명한다.

'영적 황폐는 영적 위안의 반대이다. 그 안에서 영혼은 어둡고 혼란스럽다. 그래서 영적 위안에서 나온 생각은 영적 황폐에서 나오는 것과 반대가 된다.'

— 영적 황폐는 영적 위안의 반대이다.
— 하느님께서 더 이상 자신을 돌보지 않는다고 느낀다.
— 내키는 대로(충동적으로) 행동하고 원치 않는 이전의 긴장을 체험하거나 자신을 덮치려고 협박하는 무질서한 습관을 시작한다.
— 믿음, 희망 또는 사랑을 갈구하게 만드는 어둠, 혼돈, 불안을 체험한다. 이 모두는 피정자의 생각을 왜곡시키고 나쁘게 판단하게 만들어 피정자의 결정에 영향을 준다.
— 하느님에게서 멀리 떨어져 있는 것처럼 느낀다.[14]

영적 황폐는 영적 위안의 반대이고 하느님과의 관계에서 하느님께서 안 계신 것처럼 여겨진다. 영적 황폐 상태에 있는 피정자의 전반적인 감정의 방향은 여전히 하느님께로 향해 있으나, 지금과 같은 일시적인

순간에 하느님의 현존을 체험하지 못하거나 인식하지 못하며 하느님께서 자신을 돕지 않고 자신의 주변에 없다고 느끼거나 생각한다. 피정자는 기도하는 사이사이에 비교적 편안하고 유의미한 기도와 삶을 체험하곤 했으나 이제는 그 반대로 체험한다.[15]

영적 황폐와 우울을 구별하는 것은 중요하다. **영적 황폐가 영적인 체험이라면** 우울은 심리적인 체험이다. 영적 황폐는 때로 우울한 것처럼 보인다. 심리적인 우울은 결국 영적 황폐로 이어질 수도 있으나, 영적 황폐가 우울로 바뀌지는 않는다. 그러나 만성적이고 임상적으로 우울한 사람이 영적 위안을 체험할 수도 있다. 그런 영적 위안은 한 사람이 고통받는 예수님과 동일시되어 만성적인 우울증을 겪는 것으로서, 다소 의심이 들지만 적어도 의미 있게 느끼는 하느님의 현존이기도 하다.

피정자는 다시 영적 황폐에 빠졌을 때 꼭 '의기소침할' 필요는 없다. 피정자가 몹시 흥분해서 여기저기 돌아다니는 것처럼 보일 수 있는 '흥분hyperness'한 상태로 매우 '기가 살아날' 수도 있다. 이것 또한 의심할 것 없이 심리적으로나 생리적으로 유도된 것일 수 있다. 이러한 종류의 열정을 지닌 피정자는 종종 '기가 살아나기' 때문에 하느님께서 가까이 있다고 판단하여 자신을 속일 수 있다. 그러나 흥분한 상태에서 일어나는 감동은 피정자를 하느님에게서 멀어지게 만든다. 피정자는 하느님의 성령과 함께하지 않은 채 내키는 대로 행동한다.[16] 피정자는 하느님의 현존과 사랑을 체험하고 난 뒤에 혹시라도 영적 위안을 자신을 위한 것으로 받아들이거나 영적 위안의 초기에 받은 은총보다 앞서 가면 종종 영적 황폐에 빠져든다. 피정자가 영신수련 여정에서 반복하려고 돌아간 기도 구절에서 친밀감을 계속 체험하기를 기대할 때 영성 지도자는 그런 현상을 목격한다.[17]

'자연적인' 체험에 더 가까운 황폐한 느낌과 '영적인' 체험인 영적 황폐를 구별하는 것도 중요하다. 이러한 황폐한 느낌은 내적이거나 외적인 환경에 대한 자연적인(정상적이고, 인간적이며, 심리적인) 반응이다. 자연적인 체험을 '영적으로' 만드는 것은 자연적인 체험과 관련이 있는 것으로 인식하고 받아들인 하느님에 대한 깊은 믿음이다. 살아있는 믿음은 자연적인 체험에 의미를 부여한다. 그러므로 다음과 같다.

— 자연적인 체험은 믿음의 일부로 깨달아지고 받아들여질 때 영적 위안이 된다.
— 자연적인 체험이 믿음의 일부로 깨달아지고 받아들여지지만 동시에 혼돈과 갈등을 표출할 때, 우리는 아쉽게도 영적 길잡이들이 종종 '황폐'라고 부르는 황폐한 느낌과 더불어 영적 위안을 체험한다. 나는 모호함을 피하고자 이런 유형의 체험을 가리켜서 '자연적인 황폐를 동반한 영적 위안'이라는 문구를 사용한다.[18] 나는 이것을 마리아 막달레나가 빈 무덤 앞에서 슬픔에 잠겨서 울었던 체험이라고 생각한다(요한 20:11).
— 우리는 계속 원하면서도 믿음을 깨닫지 못하거나 없는 것으로 느낀다. 그래서 우리가 믿음의 일부인 자연적인 체험을 깨닫지 못하거나 받아들이지 못할 때 우리는 이냐시오가 일러두기[317]에서 설명하고 일러두기[315]와 [318]-[324]에서 다룬 영적 황폐를 체험한다.

일러두기[322]는 영적 황폐의 세 가지 이유를 설명한다. 우리는 두 가지 다른 이유를 세 가지 이유에서 유추할 수 있다. 우리는 세 가지 분명한 이유를 다음과 같이 요약할 수 있다.

1. 자신의 잘못 때문에 영적 위안이 사라진다.
2. 하느님께서 우리가 영적으로 더 성장하도록 도움을 주시고자 고통을 허락하신다.
3. 하느님께서는 우리가 영적 위안은 하느님의 무상 선물임을 깊이 깨닫기 바라신다.

두 가지 다른 이유는 다음과 같다.

4. 우리가 무절제한 애착에 사로잡힐 때 영적 황폐에 빠진다.
5. 영적 황폐는 일종의 저항이다.

피정자가 영신수련 여정 동안 부름받는 상태에서 특별히 선택하려고 election 준비할 때, 영적 길잡이인 당신은 이 모든 설명의 타당성을 자주 관찰할 수 있다. 나는 일러두기[322]의 첫 번째 이유를 네 번째 이유와 연결해서 설명하겠다.

우리는 하느님께서 우리를 시험하시고자 영적 황폐를 허락하신다는 두 번째 이유를 우리를 시험하기를 즐기시는 하느님이라는 왜곡된 이미지로 해석해서는 안 된다. 이냐시오가 언급하는 '시험testing'이나 '시련trying'은 '불로 금을 제련하는' 성경에서 말하는 이미지 같은 것을 뛰어넘는다. 우리가 영적 황폐를 통하여 시험받는 것은 하느님의 유익이나 만족을 위한 것이 아니다. 그것은 우리의 유익을 위한 것이고 하느님께서 우리를 사랑하시기 때문이다. 하느님이 허락하신 이런 종류의 시험을 부정적으로 체험하더라도 그것은 매우 긍정적인 목적을 가졌다. 그것은 피정자를 성숙하게 만든다. 우리는 영적 황폐 때문에 피정자의 이기적인 사랑을 의심한다. 그녀는 그저 사랑으로 그녀의 마음이 타오르게 만드는 즐거운 감동 때문에 하느님을 사랑하는가? 또는 그녀는 영적 황폐 속에서도 하느님의 사랑을 간직하고 계속해서 기도 수련을 하며 영신수련 여정에 진정으로 계속 투신할 수 있는가? 영적 황폐는 결정 과정에서 피정자가 영적 자유라는 선물을 받도록 준비하는 데 도움을 준다.

이나시오가 설명하는 세 번째 이유는 영신수련 여정에서 가장 흔하게 나타난다. 하느님께서는 피정자에게 모든 것이 선물임을 다음과 같이 가르치신다.

─ 기도 수련의 모든 과정은 피정자의 노력으로 이루어지는 것이 아니라 하느님의 선물로 주어진다.
─ 결정을 하는 데 필요한 영적 자유도 선물이다.

피정자가 선택에 마음을 열도록 적절하게 준비하기 위하여 기도할수록, 그녀는 결정을 하기 위한 적절한 준비와 결정 자체는 하느님의 선물이지 자신의 산물own making이 아니라는 것을 영적 황폐를 통하여 계속 깨닫는다. '하느님께서는 하느님을 조종하고 싶어 하는 펠라지아니즘pelagianism을 우리에게 구체적으로 각인시키고자 종종 황폐를 허락하실 수도 있다. 하느님께서는 우리가 마음대로 영적 위안을 받고 영적 황폐에게 사라지라고 명령할 수 있다는 그릇된 생각을 버리기를 바라신다.'[19]

우리가 무절제하게 애착할 때 영적 황폐에 빠진다는 네 번째 이유는 일러두기[322]에 없다. 어쩌면 그것은 거기에 있어야 했다. 당연히 우리는 영신수련 여정을 하는 일상에서 무절제한 애착 때문에 종종 영적 황폐를 체험한다.[20] 이 설명은 일러두기[20]에 따르는 피정자보다도 일러두기[19]에 따라서 일상에서 영신수련을 하는 피정자에게 더 설득력이 있다. 그러나 네 번째 이유는 일러두기[20]에 따라서 영신수련을 하는 동안 부름받는 상태에 있는 피정자들의 결정 과정이나 식별 과정에서 더 확실해진다. 일러두기[16]에서 보면 이냐시오가 무절제하게 애착하는 피정자를 예상했음이 분명하다. 두 번째 부류의 사람들은 무절제한 애착의 좋은 예이다[154]. 영신수련 여정에서 드러나기 시작한 무절제한 애착은 때때로 영적 황폐로 연결된다.[21]

좀 넓게 보면 네 번째 이유는 피정자만의 잘못 때문에 영적 위안이 사라진다고 제시하는 첫 번째 이유를 함축한다. 그러나 그것은 영적 수련을 등한시하거나 게을리한 것이 잘못이라고 설명한다. 종종 사람들은 증세를 일으킨 문제보다는 증세에 집중해서 잘못을 설명하려고 노력한다. 이냐시오는 첫 번째 이유에서 더 일반적인 증세의 이면에 존재하는 특별한 문제보다 일반적인 증세를 설명한다. 무절제한 애착이 피정자의 기도에 영향을 주기 시작하고 피정자의 덜 의식된 자아가 애착에서 벗어날 준비가 되지 않았을 때, 피정자는 영신수련을 하면서 종종 게을러진다. 게으름 자체가 문제될 수 있지만 종종 게으름은 더 깊은 문제를 보여주는 증세이기도 하다. 그럼에도 피정자가 성실하게 기도 수련에 열중하도록 격려를 받고 더욱 주의해서 수련하며 더욱 의식적으로 열중할 때 집중해야 할 문제가 대체로 떠오른다.

"영적 황폐는 일종의 저항이다"라는 다섯 번째 이유는 넷째 이유를 표현하는 또 다른 방식이고 그것은 일러두기[322]의 세 가지 개요에 들어있다. 인간 행동에서 성장의 문제는 종종 저항의 문제이다. 이냐시오가 기도 수련에서 영적 황폐가 일어나는 부분을 반복하라고 계속 권고하는 것으로 보면 이냐시오는 이것을 알고 있었던 것처럼 보인다

[62]. 우리는 피정자가 이 부분을 반복하면서 알고 싶지 않은 것에 저항했던 자신을 종종 발견하는 것을 관찰해서 알게 된다.

영적 황폐는 영신수련 여정에서 저항을 체험하는 한 가지 방법일 뿐이다. 대체로 우리의 삶에서 그러하듯이 영신수련 중에 다양하게 저항이 일어난다.[22] 종종 피정자는 제자 직분에 더 철저하게 응답하라는 예수님의 요청을 직면하면서 저항한다. 피정자는 영적으로 자유롭게 결정을 한 뒤에도 결정을 실행한 결과가 두려워서 저항할 수 있다. 피정자가 영신수련을 하면서 성장할 때, 저항은 영적 황폐라는 증세와 다른 증세로 종종 그 자체를 드러내기도 한다. 두 번째 규칙 세트가 설명하였듯이 피정자가 관대하고 영적으로 민감해질수록 저항은 더 모호해질 수 있다.

결정은 시간·장소·외부 압력·의식하지 못한 자료·역사적 관습·문화적 관점에서 만들어진다. 이것은 일러두기[19]를 따르는 영신수련 여정의 결정 과정에 적용되며 영신수련 여정 이후의 일상에서 영들을 식별하는 규칙을 사용하는 데도 적용된다. 우리의 삶이 대부분 그렇듯이 우리는 결정을 하기 위한 바람직한 준비 상태인 영적 자유를 천국에 들어가기 전까지 결코 온전히 누리지 못한다. 결정이 내려지는 다양하고 구체적인 상황에서 더 많은 시간과 기도가 허락돼도 피정자가 영적 자유를 온전히 깨닫지 못할 수도 있다. 자연적인 황폐를 동반하는 영적 위안이나 영적 황폐는 다음 중의 하나나 다양하게 나타날 수 있다.

— 제시된 결정이 적절하지 않고 피정자는 승인을 받지 못했다.
— 피정자는 자신이 자유로워졌다고 생각하는 것에 여전히 무절제하게 애착하고 있다.

— 피정자는 결정을 실행한 후 마주칠 십자가를 두려워한다.

영적 위안과 영적 황폐는 '자연적인 황폐와 함께하는 영적 위안'과 마찬가지로 영적으로 더 자유로워지기 위한 지속적인 정화 과정의 일부이다. 영적 황폐의 다섯 가지 이유와 더불어, 그것들은 하느님의 영께서 일상과 영신수련 여정에서 통상적으로 우리를 성장시키는 방법 중의 일부를 보여준다. 이러한 하느님 영의 활동은 하느님께서 모든 것 안에서 **우리를 위해 수고하시는** 방법과[236] 마찬가지로 하느님과 **우리 사이의 상호 관계를**[231] 분명하게 드러낸다. 우리는 하느님의 활동을, 다음과 같은 상태에 있는 우리에게 드러내시는 하느님의 방법인, 영적 황폐와 '자연적인 황폐를 동반하는 영적 위안'과 관련이 있다고 요약할 수도 있다. 우리는

— 어떤 방법으로든 잘못을 범한다.

　기도 수련에 대한 믿음과 관심이 부족해지는 잘못.

　● 무절제한 애착에 사로잡히도록 허락하는 잘못.

— 강화되고 영적으로 성장할 필요가 있다.

— 기도와 영적 여정에서 일어나는 모든 성장은 무상의 은총임을 배울 필요가 있다. 모든 것은 선물이다.

　● 우리는 영적 위안을 획득할 수 없다.

　● 영적 자유는 하느님의 선물이다.

　● 하느님께서는 우리가 좋은 결정을 하게 준비시킨다.

— 다가오시는 하느님께 다음과 같이 저항한다.

　● 깨달아야 할 것에 저항.

- 점증하는 요청에 저항.

― 승인을 받지 못한다.

― 십자가와 결정의 실행 결과를 두려워한다.

우리는 마치 영적 위안은 도덕적으로 선하고 영적 황폐는 도덕적으로 악한 것처럼 여긴다. 그러나 우리는 영적 위안과 영적 황폐를 도덕적인 상태나 범주와 혼동하지 말아야 한다. 두 가지 체험 모두 우리를 주도하시는 하느님께 더 민감하도록 가르치는 방법이다. 우리가 삶에서 하느님의 부름을 식별해야 하면 두 체험 모두 필요하다. 사고방식paradigm의 전환에서 고통과 저항이 없으면 인간 삶의 어떤 부분도 성장하지 않는다. 따라서 영신수련 여정에서 대체로 영적 황폐나 '자연적인 황폐를 동반하는 영적 위안' 없이 영적 위안으로 향하는 움직임은 없다.

일러두기[318]-[321]은 우리가 영적 황폐를 겪을 때 대처하는 방안이다. 그것은 영적 황폐를 거스르는 행동이다.

1. 인내를 가지고 기다리며 다음 사항을 믿어라.

   ― 영적 위안이 돌아올 것이다.

   ― 우리는 나중에 영적 황폐의 목적을 이해하게 될 것이다.

   ― 우리는 영적 황폐를 겪는 우리를 계속 도와주시는 하느님을 느끼지
   못한다.

2. 기도와 묵상에 더욱 전념하라.

   ― 기도 수련 시간을 줄이기보다는 자신의 탓이 아님을 확인하고자 조금
   더 기도 시간을 늘려라. 우리는 영적 황폐를 겪을 때 복음 관상에 깊이

몰입하기가 거의 불가능하다. 종종 성경 공부 같은 기도가 이런 상태에서 우리가 할 수 있는 최선이다.

3. 자신을 깊이 성찰하라.

— 영적 황폐의 이유를 찾고자 노력하라.

— 우리는 종종 영적 황폐를 촉발시키거나 자극한 것을 알아내기만 해도 영적 황폐에서 벗어난다. 어느 때 우리는 계속 기다려야 한다.

4. 적절한 보속을 하라.

— 우리가 잘못을 발견하면, 보속은 하느님의 용서를 받도록 준비하는 데에 도움을 준다.

— 우리가 잘못하지 않았으면, 보속은 우리가 성실하게 노력한다는 것을 우리 자신과 하느님께 표현하는 데에 도움을 준다.

— 보속은 그 자체가 하느님을 조종하기 위한 것이 아닐 때 적절하게 실행된다.

— 보속은 요구를 겸손하게 표현하면서 외적으로 그리고 바라건대 내적으로 현재의 체험과 조화를 이룰 때 적절해진다.

5. 기도와 보속 그리고 성찰 방법을 조금 바꿔라.

— 이것은 앞의 2, 3, 4번과 조화를 이룬다.

— 이것은 또한 영신수련의 다른 곳에 있는 이냐시오의 제안과 조화를 이룬다. 예를 들면, 이냐시오는 우리가 기도에서 원하는 것을 발견하지 못했다면 기도 자세를 바꿔야 한다고 말했다[76].

6. 방금 내린 결정을 변경하지 마라. 즉, 영적 황폐를 겪을 때는 결코 그것을 변경하지 마라. 그러나 영적 황폐를 겪기 전에 자신을 이끌었던 결심이나 결정, 또는 영적 위안을 받으면서 고수했던 결정을 확고하고 변함없이 유지하라. 우리가 영적 황폐를 겪고 있을 때 악한 영이 우리를 인도하고

권고한다. 우리는 악령의 충고를 따르면서 올바른 결정을 내리는 길을 결코 발견할 수 없다[318].

일러두기[318]의 일차적인 의미는 다음과 같다. 우리는 결정 과정에서 오직 영적 위안의 시기에 적절히 결정할 수 있다는 사실을 명심해야 한다. 영적 황폐는 의심하고, 자유롭지 못하며, 전망과 반응이 결핍된 시기지만 영적 위안은 자유롭게 응답하는 시기이다. 그래서 피정자가 결정을 식별할 때는 반드시 선택하기 전에 영적 위안을 기다려야 한다. 따라서 일러두기[318]은 영신수련 과정에서 우선적으로 결정 과정과 관계가 있다.

이러한 원리는 영신수련 밖의 일상에도 적용된다. 영적 황폐는 결정을 하기에 적절한 시기는 아니다. 그러나 일상에서 영적 황폐는 변화의 필요성을 종종 가리킨다. 예를 들면 어떤 사람이 한 가지 직업에 오랫동안 종사하며 그 일에서 의미나 하느님을 더는 발견하지 못할 때, 영적 황폐는 필요한 변화를 알려줄 수도 있다. 일러두기[318]이 말하는 진실은 여기에서도 적용된다. 영적 위안을 체험한 후에 선택을 최종적으로 식별하라.

III. 두 번째 규칙 세트

29장의 목적은 두 번째 식별 규칙 세트와 첫 번째 규칙 세트 사이의 차이점과 관련성을 탐구하는 것이다. 영적 길잡이와 영성 지도자는 1:1 지도 감독이나 팀 미팅에서 종종 다음과 같은 질문을 받는다. "유혹이 피정자의 둘째 주간 기도 체험에서 어떻게 나타납니까? 그것이 어떻게 보입니까? 몇 가지 예를 들어주십시오." 이런 토론을 계속하면 대개 다음과 같은 예가 나온다.

a) 자신에게서 영적 위안을 찾는 빌

빌은 일러두기[19]에 따른 영신수련 여정의 초기 단계에서 이틀 동안 기도하며 영적 위안을 충분히 체험했다. 세 번째 날에 '모든 일이 잘 되어가자' 그는 같은 성경 구절에 머무르기로 마음먹었다. 그는 다시 영적 위안을 체험할 것으로 기대했다. 그는 실망스럽게 정반대로 영적 황폐를 체험했다. 그래서 그는 잘못된 이유로 좋아 보이는 것을 원하고 싶은 유혹을 받았다. 진정한 영적 위안은 하느님의 자유로운 선물이므로 좋게 만드는 것은 성경 구절이 아니다. 빌은 아마도 영적 위안을 체험할 경우에만 기도가 잘되었다고 추정했을 것이다. 그러므로 그는 영적 황폐에서 오는 갈등을 기도하는 과정에서 당연히 나오는 결과로 보기보다 실패로 보았기 때문에 영적 황폐를 더 깊이 겪었다. 그래서 그는 자신을 비난했다.

b) 남편의 기도 방법을 따르기로 결정한 수잔

수잔과 그녀의 남편은 각각 다른 지도자에게서 일러두기 19번에 따른 영신수련 여정을 하고 있다. 저녁이면 종종 그들은 하루 동안 있었던 일을 나누었다. 어느 날, 수잔은 힘이 들었지만, 그런대로 잘하고 있으면서도 남편은 그녀와 달리 매우 성공적으로 기도하는 것처럼 보였다. 그녀는 경쟁심을 덜 의식한 채 남편의 접근 방법을 따르려고 하자 곤란해지고 영적 황폐를 겪었다.

c) 기도 강좌를 듣고 자신의 체험을 의심하는 짐

　　짐은 지금 일러두기 19번에 따라 영신수련 여정을 준비하고 있다. 그는 비교적 잘하고 있다. 지도자는 다양한 기도 방법을 그에게 가르쳐 주었다. 그러나 짐은 다양한 기도 방법을 혼자서 해결하는 구시대 영성이라고 생각해서 따르기가 두려웠다. 지도자는 이런 짐과 씨름해야 했다. 짐은 과거를 부정적으로 기억했다. 짐은 유명한 강사의 영성 강좌에 종종 참여했다. 그는 지도자와 면담하기 나흘 전에 그 강좌에 가기로 결정했다. 짐은 그 강좌에서 자신의 기도를 의심하게 만드는 몇 가지 조언을 들었다. 그 결과 그는 뭔가를 진전시킬 수 있는 좋은 생각을 떠올렸으나 더욱 의심하게 되었고 결국 영적 황폐를 겪었다.

　　몇몇 영적 길잡이들은 위와 같은 상황을 다룰 때 영들을 식별하는 두 번째 규칙 세트 특별히 [332]와 [333]을 적용하고 싶어 한다. 결국, 피정자들은 좋거나 가치가 있는 것을 시도하면서 영적 황폐를 겪기 시작했다. 부적절한 이해와 미성숙은 이들이 영적 황폐를 겪는 데 일조했다. 말하자면 세 명의 피정자들은 자신들의 관점perspectives과 좋은 지향 때문에 모두 속았다. 그들은 도움을 줄 것처럼 보이는 것을 시도했다. 영적 길잡이는 일러두기[332]의 설명에 따라 이러한 움직임을 평가하고 영적 움직임의 처음과 중간과 나중을 점검할 수 있다. 즉, 그것은 속기 시작하는 시점을 발견하는 영적 황폐의 초기, 속고 있을 때 일어난 현상을 이해하는 영적 황폐의 중간, 최종 결과를 주목하는 영적 황폐의 끝이다. 우리는 훌륭한 이 지혜를 다양한 인간의 체험과 행위에 적용할 수 있다. 따라서 영적 길잡이는 여기서 이 규칙을 적용할 수 있다. 그러나 그는 **오로지 비유로 사용해야** 할 것이다.

당신은 부드러운 나무에 못을 박기 위해서 망치를 사용하거나 샐러드를 먹기 위해서 숟가락을 사용할 수 있다. 못과 샐러드가 망치나 숟가락의 목적은 아니다. 하지만 당신은 그것들을 사용할 수 있다. 우리는 거의 같은 방법으로 첫 번째 규칙 세트 특히 일러두기[317], [325] 그리고 [327] 덕분에 이런 예를 적절하게 해결하므로 두 번째 규칙 세트가 필요하지 않다. 세 가지 예 모두 숙련되지 않은 피정자들에게서 자주 발생한다. 다음과 같이 각각의 예에는 분명하고 무절제한 애착이 들어 있다.

— 빌은 여전히 달콤한 것을 찾고 있다. 그는 미성숙하기에 갈등을 체험하는 기도는 나쁘다고 믿고 있다.
— 수잔은 질투와 경쟁심으로 움직이고 있다. 그녀는 기도를 통해 일어나는 성장은 하느님의 자유롭고 진정한 선물임을 믿지 않는다.
— 짐은 자신을 의심하고 부정적인 기억을 믿는 경향 때문에 속는다.
  이냐시오는 이런 상황을 두 번째 규칙 세트에서 고려하지 않았다. 첫 번째 규칙 세트에서 이런 상황이 속하는 감정 지표affective indicator는 영적 황폐이다. 부자유와 무절제한 애착은 영적인 초보자나 '미숙한' 사람을 영적 황폐로 이끈다.

반대로 예수님을 관대하게 따르는 사람들이 무절제한 애착으로부터 내적으로 자유로워질 때 대체로 두 번째 규칙 세트가 예견한 유혹이 나타난다. 두 번째 규칙 세트와 유혹이 함께 속하는 감정 지표는 일러두기 [331]이 설명하는 거짓 영적 위안이다. 스펀지 위로 떨어지는 물이라기보다는 바위에 떨어지는 물처럼 피정자는 계속 영적 위안을 받고 있으나 뭔가 문제가 있는 영적 위안이다[335]. 피정자는 자신이 좋은 것을 하도록 이끄는 것처럼 보이는 것에 유혹당하여 속을 때 두 번째 규칙 세트를 사용할 준비가 되어 있다.

영신수련을 지도하는 사람이 피정자가 빛의 천사로 가장한 것에게 유혹받고 힘들어하는 것을 주목했을 때가 둘째 주간의 규칙을 설명하기에 적당한 시기이다[10].

다음의 예는 빛으로 가장한 천사에게 받는 유혹과 더 관련이 있다. 27세의 의사인 베로니카는 매니토바 북부에서 2년 동안 매우 힘들었다. 그녀는 극히 소수의 동료 의사와 낡은 장비만으로 2년 동안 환자들의 심각한 증세를 판독하느라 홀로 걱정하며 자신의 직업에 만족하지 못했다.

베로니카는 자신의 앞날을 생각해 보기 위해서 여섯 달 동안 떠나있기로 했다. 그녀는 여섯 달 안에 개원할 토론토 병원이 제시한 새로운 직책을 받아들일 수 있다. 그녀는 이전에 여러 차례 개인 지도 피정을 했다. 지금 그녀는 일상에서 영신수련 단기 과정을 이수하고 있다. 그녀는 2~3년 동안 토론토에서 일을 해야 하는가? 그녀는 어린 시절의 꿈을 따라서 제3세계에서 일하는 의사 수녀로 살아야 하는가? 그녀가 너무 가까이 다가오는 남자 친구들을 매몰차게 내쳤던 유일한 이유는 선택할 수 있는 자신의 꿈을 간직하기 위해서였다.

계속되는 영신수련 여정에서 그녀는 지나치게 인정받고 싶은 욕구와 12살 때 겪은 아버지의 죽음과 약간 관련 있어 보이는 반응에 직면했다. 그녀는 잘못된 의무감에서 아버지의 유업으로 의사라는 직업을 택했을 가능성과 수녀라는 그녀의 꿈은 십 대였을 때 매우 중요했던 두 이모와 관련이 있을 가능성도 직면해야 했다.

그녀는 두 개의 깃발을 기도하면서 이 현실을 바라보고 자신이 모호한 상황을 얼마나 싫어하는지 더 깊게 이해했다. 그녀는 모호한 것에서 벗어나고자 하나의 입장stance에서 다른 입장으로 건너뛰는 성향propensity을 인지하고 깨닫게 되었다. 의심할 것 없이 이것은 현대적인 장비나 좀 더 풍부한 자료 없이 많은 환자를 검진해야 했던 매니토바에서 겪은 혼란의 일부분이었다. 그녀는 하느님께 더 의존하는 한편 애매하게 살면서 성급하게 결정을 내리지 않기 위하여 세 개의 담화로 기도했다. 그녀는 의사 수녀라는 꿈을 고려해 볼 때 자신이 세 가지 부류의 사람 중에서 두 번째 부류의 사람임을 깊이 깨달았다. 그녀는 지난 수년 동안 거룩하게 성장할 수 있는 유일한 길이 수녀라고 생각했던 것을 감사하게 받아들였다. 그녀는 또한 의사가 되고 싶은 마음은 의무가 아니라 자신의 진정한 열망임을 깨달았다. 더 나아가서 그녀는 가정을 이루고 싶은 강한 열망도 발견했다. 그래서 그녀는 대화하면서 모호한 상황에 처했을 때 하느님께 더 의존하게 도와달라고 청하였고, 하느님의 계획과 조화를 이루는 길에도 마음을 열게 해달라고 계속 청했다.

월요일 밤 면담에서 그녀는 영성 지도자와 함께 하느님의 뜻에 대한 다양한 이미지를 발견했다. 그녀는 하느님의 뜻이 오로지 그녀가 발견하고 따라야 하는 명백한 세부 사항과 더불어 미리 확정되고 결정된 계획이 아니라는 사실을 깨달았다. 그녀는 인간의 체험을 성찰하면서 하느님의 뜻은 구원과 피조물에 담긴 의미에 더 연합되어 있음을 깨달았다. 구체적인 하느님 뜻을 결정하는 것은 그녀의 책임이다. 어떤 의미에서 보면 그녀는 모든 결정을 통하여 하느님의 뜻을 발견했다. 하느님의 뜻은 더 정제된 그녀의 강한 열망과 어느 정도 일치한다. 그녀가 진정으로 결혼하고 싶다면 결혼하는 것이 올바르다. 그녀는 면담을 하면서 무거운 짐에서 벗어나자 결혼하기로 마음을 정하고 의사의 입장에서 제자들을 부르시는 다음 주의 기도에 집중하기로 마음을 먹었다.

그녀는 화요일 아침에 깨어났을 때 의사로서 결혼하는 것이 하느님께 괜찮다는 것을 깨닫고는 무척 기뻤다. 그녀는 오랜 시간 동안 자신을 짓누르던 것에서 벗어났다. 결국 그녀는 매니토바에서 겪은 모든 혼란한 상황은 불충분한 정보만 가지고 파악할 수 없는 환자의 증세 때문이라는 것을 이해했다. 거기에는 최신 장비가 부족했고 컴퓨터와 전화밖에는 의논할 동료도 없었다. 그녀는 오후의 기도 수련을 고대했다.

그녀는 베드로를 부르는 루카 5:1-11로 쉽게 복음 관상에 들어갔다. 예수님께서 베드로의 배에서 가르칠 때 그녀는 예수님께 몰두되어 군중 속에서 예수님의 말씀을 듣고 바라보면서 대부분의 시간을 해변에서 보냈다. 그녀는 청중 한 명과 대화를 나누었고 예수님의 말씀에 너무나 감동했다고 말했다. "나를 위해서 고통을 당하는 사람은 행복하다"라는 말씀은 그녀가 매니토바에서 무척 외롭게 지냈던 것과 같아 보였다. 예수님은 대화 사이사이에 그녀에게 모호한 것을 두려워하지 말라고 말씀했고 당신이 스스로 겪은 모호한 것을 생각해 보라고 권했다. 예수님은 당신이 사막에서 유혹을 받을 때 겪은 혼돈, 믿음이 깊은 가나안 여인과 야이로 등과 같은 유대인이 아닌 사람들을 직면하고 대처하면서 겪은 놀라움과 혼동 그리고 계속되는 모호한 것을 생각해 보라고 하면서 그녀를 격려해 주셨다.

그런 뒤에 그녀는 회고하면서 자신이 사도 중의 하나가 되지 않은 것을 주목하고 실망하기 시작했다. 그녀는 그날을 성찰하면서 결혼하려고 결정한 것이 예수님을 위한 것이 아니기에 자신은 비난받아 마땅하다고 생각했다.

그녀는 수요일에 이것을 마음에 간직하고 자신의 입장을 바꾸면서 기도 수련에 들어갔다. 이제 그녀는 의사 수녀가 되기로 마음먹고 기도 수련을 했다. 그녀는 전날의 기도 수련을 반복할 때 여러 배들 가운데 하나에 사도들과 함께 있었다. 그녀는 베드로가 터무니없이 행동할 때 사도들에게 기분이 어떠냐고 물어보며 말을 걸었다. 그녀는 무척 수녀가 되고 싶다고 말하고 수도회의 수녀가 된 모습을 상상하면서 시간을 보냈다. 그녀는 살면서 이모들에게서 받은 영향에 대해 예수님께 감사를 드렸다.

일상이 부드럽게 흘러갔고 그녀는 계속 수녀가 되기로 마음먹고 기도하며 그런대로 평화를 느꼈다. 그녀는 토요일까지 오천 명을 먹인 사건을 사용했고 수녀가 되어 예수님이 얼마나 위대한 분인지를 사람들에게 말하면서 시간을 보냈다. 그녀는 그들에게 필요한 부분을 돌봐줬고 그들은 그녀와 함께 매우 기뻐했다.

베로니카는 다음 월요일에 면담하면서 그 주간에 일어난 일을 이야기했다. 지도자는 전반적인 흐름과 움직임을 더 명확하게 이해하고자 몇 가지 단순하고 확인하기 위한 질문만 하면서 지난 주간의 기도를 조용히 들었다. 그녀가 영성 지도자와 나눈 대화는 다음과 같다.

(지도자: '지', 베로니카: '베')
지: 당신은 지난주를 매우 평화롭게 보낸 것처럼 보이네요.
베: 그래요, 지난주에 우리가 대화를 나누고 나서 어깨가 가벼워졌지요. 여기 다시 무척 자유롭게 왔어요.
지: 지난주도 내내 자유롭게 지냈나요?
베: 물론이죠, 그래요, 내 생각에는…. 나는 무척 평화롭게 한 주를

보냈지요.

지: 당신은 그 주간 내내 기혼 의사가 되기로 결정했는데, 수요일부터 수녀가 되기로 결정한 것이 나는 이해가 안 됩니다.

베: 그래요, 왜냐면 그렇게 해야 할 것처럼 보였어요. 하느님께서 나의 어떤 결정도 동의하실 것이라는 사실을 알고 있었음에도 하느님을 위해서 그런 결정을 하고 싶었어요. 나는 의사가 되기로 선택한 사람이라는 사실을 깨달았지만 그것이 하느님을 위한 것인지 확신할 수 없었어요.

지: 당신의 말은 그것을 자세하게 주의해서 표현하지 않았고 하느님께 그것을 분명하게 말하지 않았다는 뜻인가요? 또는 사실 당신의 속마음은 하느님을 위해서 기혼 의사가 되고 싶지 않다는 뜻인가요?

베: 나는 그것을 분명하게 말하지 않았어요. 물론, 나는 하느님을 위해서 기혼 의사가 되고 싶어요. 나는 단지 그것을 분명히 말하지 않았어요.

지: 음… (긴 침묵이 흐름. 어떻게 베로니카가 그러한 불연속성이라는 덫에 확실하게 걸리게 되었는지 알 수 없네)… 좋습니다. 그것을 잠시 뒤로 젖혀 둡시다. 당신은 '매우 평화롭게 주간을 보내면서' 또한 모든 기도 전반에 걸쳐 위로를 체험했다고 말했습니다. 당신이 화요일에 체험했던 평화와 그 주간의 다른 날에 체험했던 평화 사이의 차이점을 주목했나요?

베: 음… 글쎄요 … 아니요, 그냥…. 그러나 모든 주간에 느꼈던 평화와 성탄을 기도하던 주간에 느꼈던 평화가 서로 다르네요. 나는 그 주간에 예수님을 가깝게 느꼈고, 더 예수님께 집중했

고 나 자신을 덜 의식했습니다.

지: 그래요, 기억납니다. 성탄을 기도하던 동안 당신은 거의 완벽하게 당신 자신을 잃어버렸지요.

베: 아… 그래요… 지난 주간에 나는 적극적이었고 예수님께서 거기에 있었지요… 내가 화요일에 해변에 머물면서 계속 예수님께 온전히 사로잡혔다는 사실을 인정했어야 함에도…

지: 당신의 말은 해변에 머무는 동안 당신은 여전히 예수님께 매우 깊이 몰입되었는데…, 적극적으로 몰입된 것이 아니었지만 여전히 몰입되었군요?

베: 글쎄요, 맞아요…, 그렇지만 성탄 수련보다도 더 적극적이었지요. 화요일에 해변에서 사랑받고 있음을 느꼈어요.

지: 당신이 화요일에 해변에서 깊이 위로받았다는 것으로 내게 들리네요… 화요일 이후로는 어떻게 되었나요?… 덜 몰입됐나요? 자신을 더 의식했나요?… 혹시 거의 더 메말랐나요?

베: 예,… 그래요, 맞아요. 그렇다고 확신해요. 사실 수요일 이후로 나 자신을 훨씬 더 많이 의식한 것처럼 보였어요…

지: (수요일 이후로라는 말이 마치 바위에 떨어지는 물처럼 들린다. 하느님과 무관하게 기혼 의사가 되는 것의 대안은 하느님을 위해서 반드시 수녀 의사가 되는 것이 아니라 오히려 하느님을 위해서 기혼 의사가 된다…. 여기서 베로니카의 "하나의 극단extreme이 다른 극단으로" 다시 고개를 들고 있다!!!)
베로니카, 당신은 하느님을 위해서 수녀가 되고 싶기 때문에 수녀의 입장에서 기도하기로 결정했군요…. 두 주 전을 기억해 보세요, 우리는 당신이 명확하게 만들고 싶은 방법과 절대적으

로 확실하지 않을 때 하나의 극단에서 다른 극단으로 옮겨가는 과정에 대해 이야기했지요. 당신은 예수님을 섬기기 위해서 기혼 의사를 선택할 수 있었어요. 그리고 조금이라도 바로잡을 필요가 있었다면 아마도 당신이 수요일에 기도할 때 바로잡을 필요가 있을 수도 있었지요. 당신은 자신의 열망을 명백하게 드러내지 않았지만 여전히 갖고 있었지요… (크게 미소 지면서)… 당신은 어떻게 그것을 혼돈하게 되었나요?

베: (웃으면서)… 내게 '모호한 것이 없는 베로니카'와 기타 등등이라는 흑백 논리가 필요했나 봐요.

지: (웃음으로 강조하면서) 그-래-요. … [332]와 [333]을 살펴보고 규칙이 어떻게 적용되는지를 살펴봅시다…. (충분한 시간을 가지고 그것들을 여러 번 읽은 뒤) … 당신의 태도를 바꾸게 만든 그 생각이 들어왔을 때의 움직임을 살펴봅시다…. 당신은 처음에 무엇인가 잘못되었다고 생각했지요…. 그것이 언제였나요?

베: 기도 회고를 하면서 해변에 있는 것을 깨달았어요.

지: 그래요, 그것을 성탄 체험과 비교해보면 당신은 예수님에게서 지리적으로 떨어진 것을 실제로 멀어진 것으로 생각한 것 같고, 거기서 자신이 체험한 영적 위안을 의심하기 시작했다고 생각해요…. 그것이 '더 몰입된 것으로' 달라야만 한다고 당신은 표현했지요. 나는 당신이 그것을 덧붙였다고 생각해요. 당신은 제자들과 함께 배에 있지 않았기에 실망했지요. 당신은 다음 기도에서 예수님과 이것을 논의할 수 있었으나, 당신은 그것이 무슨 뜻인지 알고 있다고 짐작했지요…. 수녀가 되는

것이 예수님을 섬기는 유일한 길이라고 생각했던 과정을 기억해 봐요. 그런데, 당신은 여기서 예수님을 섬기기 위해서 기혼 의사가 되고 싶다는 말조차 꺼내지 않았다는 것을 기억했어요. 그래서 당신은 예수님을 섬기기 위해서 정말로 기혼 의사가 되고 싶지 않다는 결론을 성급하게 내리고 계속 진행했지요….

베: 오, 생각해 보니,… 이제 보이기 시작해요….

지: 당신은 어둠의 천사가 가장한 빛에 속았다고 생각해요….

베: 아--아. … 생각해 보니 … 내가 속았군요.

지: 내 생각도 그래요…. 수요일 이후와 수요일 이전의 위로가 보여주는 양상을 지금 잠시 성찰해 봅시다…. 수요일 이후 당신이 더 적극적으로 기도 수련했음에도 사실상 덜 몰입되었던 것을 주목합시다. 당신은 수요일 이후 문제의 중심에서 더 멀어졌어요. 당신은 무엇을 주목했나요?

베: 나는 예수님께 덜 집중했어요. 나 자신에게 더 집중했지요…. 더 적극적이고 더 몰입되었다고 생각했음에도, 해변에 있을 때보다 예수님께 마음을 덜 두었어요.

지: 당신은 계속해서 위로를 받았지만 그것은 마치 스펀지 위로 떨어지는 물이라기보다는 돌 위로 떨어지는 물처럼 왜곡되었습니다[335]. 또는 다른 비유를 들어보면 그것은 불협화음이 심한 바이올린 소리입니다.

(좀 더 논의를 한 뒤)

지: 다가오는 주간에 오천 명을 먹이신 것을 다시 한번 기도하십시오. 그리고 나서 변모 사건으로 옮기십시오. 그리고 네 번 반복하기를 바랍니다. 매일 기도 수련하는 동안과 수련 사이에

예수님을 위해서 기혼 의사가 되겠다는 마음을 간직하십시오 (크기를 맞추어보기). 오감 활용을 하고 싶은 마음이 생기면 오감 활용이 일어나도록 반복하는 것을 잊지 마세요…. 다음 면담에서 주간의 일상 사건과 기도 수련의 체험을 통하여 하느님께서 당신과 대화하고 싶어 하시는 것이 무엇인지 함께 식별합시다.

왜 베로니카의 경우가 두 번째 규칙 세트의 좋은 예인가?

베로니카는 관대하게 하느님의 뜻을 발견하려고 노력하고 있다. 그녀는 영적으로 자유롭게 성장하고 있으나 빛으로 가장한 유혹을 받아서 현혹된 길로 들어섰다. 먼저 그녀는 하느님을 위해서 기혼 의사가 되고픈 열망을 확실히 표현하지 않았다. 그런 뒤에 그녀는 기혼 의사가 되는 것은 하느님을 위해서가 아니고 오직 자신을 위해서라는 결론을 잘못 내렸다(시작 [333]). 결론에서 나온 그녀의 내적 감정과 열망은 하느님의 뜻과 조화를 이루는 것만을 선택하려는 것과 일치했으므로, 그녀는 영신수련 초기에 어느 정도 인식하고 다루었던 모호함을 참지 못하고, 하나의 극단에서 또 다른 극단으로 옮기며, 모호함을 없애려는 무질서와 관련된 해석에 따라, 자기도 모르게 선택하면서 (중간…. 그리고 또 다른 좋은 생각!) 상황을 바로 잡으려고 했다. 그녀는 두 개의 깃발을 기도할 무렵 자신을 더 깊이 알게 되자 어느 정도 자유로워졌다. 베로니카가 점점 자유로워지고 있음에도 여전히 무절제하게 애착했고 애착은 더 모호해졌다. 그 주간 시작 부분에서 그녀는 진정한 평화를 체험했던 반면, 마지막 며칠 동안 선하고 관대한 과정을 따르면서 거짓 평화를 누렸다. 거짓 영적 위안과 더불어 일어나는 그녀의 왜곡된 생각은 그녀가 이런 종류의 유혹을[23) 겪고 있다는 징후였다. 영성 지도자는 그녀가 면담하며 나눈 기도 체험은 돌 위에 떨어지는 물방울과 같거나[335], 소리가 약간 어긋난 음악과 같다고 느꼈을 것이다.

앞의 수잔, 빌 그리고 짐의 예는 일반적인 지표로써 첫 번째 규칙 세트의 영적 황폐에 더 어울리는 전형적인 내적 움직임이다. 그러한 전형적인 움직임이 자기 의심, 무절제한 애착, 부적절한 자기 인식 또는 수련의 부족에서 나온 것일지라도 그들은 여전히 하느님께 집중되어 있고 그들의 감정은 전반적으로 선에서 더 선으로 나아가고 있다[315]. 하지만 그들은 자신들의 무질서한 경향에서 충분히 벗어나지 못한 상태일 수도 있다. 그들은 좋은 사람들이고 하느님을 사랑한다. 예수님을 처음 만났을 때의 베드로처럼 그들은 관대하고 마음이 열려있다. 그러나 그들은 자신들의 숨겨진 무질서한 경향이 기도와 식별 그리고 선택에 주는 영향을 충분히 알아채지 못한다. 수잔은 그것을 알아채지 못하고 있고 남편이 더 나은 체험을 하게 둘 정도로 자유롭지 않다. 빌도 그것을 알아채지 못하고 있고 기도 안에서 고통을 견딜 만큼 자유롭지 못하다. 짐도 그것을 알아채지 못하고 전문가 앞에서도 자신을 믿지 못할 만큼 자유롭지 않다. 우리는 첫 번째 규칙 세트로 이러한 세 가지 경우를 충분히 다룰 수 있다. 이냐시오가 제시하였듯이 피정자가 영적인 일에 익숙하지 않으면서 하느님을 섬기는 데 장애가 되는 수고labour, 수치심, 세상 사람들의 관점에서 자신의 명예 걱정 등과 같은 분명하게 드러나는 유혹에 빠졌을 때, 영신수련 지도자는 두 번째 규칙 세트를 피정자에게 설명해 주지 말아야 한다. 첫 번째 규칙 세트는 그에게 매우 도움이 되지만 영적으로 미숙한 사람이 이해하기 너무 난해하고subtle 높은 차원인 두 번째 규칙 세트는 그에게 해롭기 때문이다[9]. 피정자가 선으로 가장한 모습에게 유혹을 받고 있다고 감지할 때가 두 번째 규칙 세트를 설명하기에 적합하다[10].

III. 난해한 두 번째 세트: 진정한 평화 대 거짓 평화

두 번째 규칙 세트는 첫 번째 세트보다 난해하다. 그것은 더 복잡한 영적인 현상을 다룬다.

— 원인이 없는 영적 위안.
— 다음과 같이 원인이 있는 영적 위안.
  • 선한 천사가 이끄는 원인이 있는 영적 위안.
  • 악한 천사가 이끄는 원인이 있는 영적 위안(거짓 영적 위안).

영적으로 매우 자유로워지고 더 성숙하게 사랑하며 관대해진 피정자는 두 번째 세트가 제시하는 유혹을 받는다. 이러한 시기에 피정자는 오로지 하느님의 사랑으로 참된 평화와 거짓 평화를 분별하는 것이 필요하다. 이러한 순간에 피정자는 무절제한 애착과 애착에서 생긴 충동 때문에 쉽게 길을 잃지 않는다. 왜냐면 그는 분명한 유혹을 쉽게 인식하고 다룰 수 있기 때문이다.

첫 번째 세트처럼 두 번째 세트 또한 피정자가 선에서 더 선으로 나아가고 있다고 추정한다. 하지만 지금 이런 기본적인 움직임은 그녀의 느낌, 생각 그리고 애착을 더 온전하게 하느님의 방법에 일치시킨다. 그녀의 내적인 자발성과 반응은 자신에게 집중되어 있지 않다. 그녀는 세 가지 부류의 사람들에서 묘사된 것처럼 저울의 균형이 거의 맞추어진 상태이다[155]. 이러한 순간에 그녀가 선택하면서 하느님을 사랑하는 길에서 벗어나게 이끌릴 수 있는 유일한 방법은 습관, 죄를 짓는 경향 또는 무질서한 감정에서 비롯된 감정적이고 무질서한 충동이나 무절제한 애착이 아니라, 균형 잡히고 관대한 사랑과 일치하는 것처럼 보이는 오해이다. 피정자는 영적으로 자유롭고 관대한 상태에서 이기적인 충동이나 자기중심적인 욕구의 영향을 심하게 받는 것이 아니라 관대한 행동을 유발하는 생각의 영향을 받는다.

이냐시오는 심리 현상을 이해하고 설명하고자 당시의 심리학을 적용했다. 그의 심리학에 따르면 천사들은 곧바로 생각을 떠올리게 만들고 영들은 곧바로 느끼게 만든다. 첫 번째 세트에서 이냐시오는 유혹은 무절제한 애착에서 발생한 더 분명한 느낌feelings과 더불어 감정emotions의 흐름과 관련되기에 '천사'라는 용어를 결코 사용하지 않았다. 이냐시오는 두 번째 세트에서 유혹이 더 성숙한 피정자를 목표로 삼기 때문에 '영'이라는 용어와 더불어 그리고 더 자주 '천사'라는 용어를 사용했다. 그렇게 성숙한 피정자에게서 일어나는 자발적인 느낌과 감정·태도·이해와 연합된 것은 하느님의 방법에 더 일치한다. 그래서 원수는 빛나는 유혹인 생각, 달리 말하면 '잘못된 정보'를 주면서 그녀의 마음에 들어간다.

우리는 첫 번째 세트가 다루는 유혹을 악한 영의 영향으로 알고 있다. 악한 영이 느낌, 성마름, 충동 그리고 **생각과 관련이 있다면, 그것은 생각이 이러한 느낌과 더불어 성마름과 긴밀하게 관련이 있기 때문이다.** 사실, 첫 번째 세트의 낙심하게discouraging 만드는 생각은 느낌에서 비롯된다[317].

우리는 두 번째 세트가 다루는 유혹의 대부분을 악한 천사에게서 오는 것으로 알고 있는데 때로는 그 유혹은 악한 영에게서도 온다. 악한 천사는 빛으로 가장한 잘못된 지식, 오해, 지성적인 안내라는 통찰과 먼저 연계한다. 먼저 악한 천사는 선해 보이는 생각이나 깨달음을 주면서 다가오지만 시간이 흐르면 추악한 모습을 드러낸다. 우리는 가끔 희생자가 속고 행동한 뒤에 일어나는 느낌의 방향을 보고 빛으로 가장한 악한 천사의 유혹을 인식한다.

두 규칙 세트 비교

양상	첫 번째 세트	두 번째 세트
유혹 주체	악한 영들	대체로 악한 천사
유혹 현상	대부분 느낌, 성마름	대부분 생각, 해석, 충동, 깨달음
감정의 움직임을 설명하는 관점	영적 위안과 영적 황폐	진정한 영적 위안과 거짓 영적 위안
전반적으로 관련된 상태	정화와/또는 치유	부름받음과/또는 치유
영적 성숙 수준	더욱 심하고, 드러나며, 명백하고, 영적 황폐나 무절제한 애착과 연합하는 유혹	덜 물질적이며 스스로 사랑스러운 역동에 은밀히 들어가서 거짓으로 드러나는 영적 위안과 연합하는 유혹
기본적 '처치 방법'	영적 황폐의 원인을 발견. 영적 황폐와 싸우고[24] 다시 영적으로 위로받을 때까지 참고 기다려라. 보석 실천, 성실한 생활	속임수의 근원과 거짓된 합리화를 찾아내라. 미래를 위해 양상을 적어두라. 주의하라!
규칙 설명 시기	유혹이 분명하고 영신수련 초기의 적절한 때. 어쩌면 피정자는 혼돈을 영적 황폐로 인식하면서 규칙을 이해하기 시작할 것이다.	오직 피정자가 빛으로 가장한 유혹을 받고 있는 시기.

양상	첫 번째 세트	두 번째 세트
규칙 적용 대상	영신수련을 시작했고 좋은 것에서 더 좋은 것으로 나아가고 하느님과 관계를 열심히 맺는 사람들. 그들은 영적 인식에 '미숙하다.' 즉 그들은 징후를 드러내는 체험과 내적 반응·사이의 관계를 분명히 알지 못한다. 그들은 미성숙하고 여전히 무절제한 애착에 사로잡힌다.	더 성숙하게 영적으로 인식하고, 자신을 더 깊이 알며, 난해한 것을 알고 있는 사람들. 충분히 성숙하고 명백하게 무절제한 애착에서 좀 더 자유로워지고 있는 사람들. 그들은 사랑스럽게 응답하면서 열심히 하느님의 부름을 찾는다.
발생 시기	기도할 때와 영적으로 성장하는 모든 시기	영적으로 자유롭고 관대하며 중대한 결정을 내리는 시기

둘째 주간의 모든 피정자에게 두 번째 규칙 세트가 필요한가? 두 번째 규칙 세트는 그들에게 유용하거나 유용하지 않을 수도 있다. 그것은 기도 수련 동안이나 수련 후 피정자의 움직임에서 발생한 것에 달려있다. 말하자면 이냐시오는 피정자가 빛으로 가장한 유혹을 체험할 때처럼 필요하다고 보이는 때가 아니면 피정자에게 규칙을 설명하지 말아야 한다고 지시한다. 이 말은 필요가 없을 수도 있다는 것을 내포하고 있다.

아마도 이냐시오는 첫째 주간이 끝나면 대체로 두 번째 세트가 필요할 것으로 추측하였다. 이냐시오는 전반적으로 수용된, 당시의 전통적인 영적 성장 단계인 정화, 조명 그리고 일치에 비추어서 일러두기[20]에 따라 독자들이 영신수련의 역동을 이해할 것으로 추정했다. 우리가 이 추정을 바탕으로[25] 영신수련을 생각하면 피정자가 첫째 주간이 끝날 즈음에 정화의 단계를 온전하게 끝낸다고 결론을 내릴 수 있다. 우리는 피정자가 영신수련 여정의 이 시점 또는 삶의 이 시기에 도달했을 즈음엔 더 이상 정화의 길에 있지 않다고 생각한다. 충분하게 치유되고, 용서받고 또 구원받은 죄인인 피정자는 정체성보다는 이 시점에 이르러 부름받는 상태에서 가슴 깊이 감사하고 관대하게 자기 세계의 공적이고 개인적인 부분 모두에서 예수님을 따르는 최선의 수단을 발견하기를 열망할 것이다. 그러므로 두 번째 세트는 대체로 둘째 주간에 들어간 피정자에게 필요할 것이다.

어떤 피정자들은 두 번째 세트에 전혀 해당하지 않는다. 이것은 당연히 일러두기[314]에 있는 대죄를 짓고 나서 또 대죄를 짓는 피정자들에게 들어맞는다. 이런 피정자들은 모든 에너지를 주로 자신들에게 집중하기 때문에 영적인 움직임을 식별하기 어려울 것이다. 이들은 첫째 주간의 규칙 세트가 추정하는 감정의 적절한 방향affective orientation조차 유지하지 않는다.

이냐시오가 두 번째 규칙 세트를 지칭하는 분위기조차도 식별하는 어떤 사람들에게는 두 번째 규칙 세트가 필요하지 않을 수 있다는 사실을 내포하고 있다. 아래의 일러두기[10]에서 밑줄을 친 단어를 주목하라.

왜냐하면 보통 인간 본성의 적은 피정자가 조명을 받으며 수련을 할 때 더 선을 가장하여 유혹한다. 이것은 둘째 주간의 수련에 해당한다. 그 적은 정화되고 있는 피정자에게 선을 가장하여 심하게 유혹하지 않는데, 이것은 첫째 주간의 수련에 해당한다.

우리는 둘째 주간의 피정자는 부름받는 상태의 관대한 사람이라고 생각한다. 하지만 우리는 그녀가 첫 번째 세트가 더 적절하게 설명하는 영적인 움직임을 계속 체험할 수 있다는 사실을 관찰을 통해서 안다.

이것은 두 번째 규칙 세트 안내에 포함된 것처럼 보인다[328].

이처럼 이냐시오 시대의 문화에 살던 사람들은 더 쉽게 성숙하고 관대해질 수 있었을까? 대부분 피정자들이 그리스도 나라를 수련한 뒤에 '영적으로 숙련되었을까?' 즉 그들은 자신들의 분노나 두려움 또는 거부당함과 같은 무질서한 경향에 더 이상 지배되지 않으면서 그것을 성찰하고 다룰 줄 알며 자신의 내적인 움직임을 잘 인식했을까?

우리는 이냐시오 시대의 사람들이 인생길을 일찍 선택하고 젊어서 죽었다고 알고 있다. 그들은 육체적으로 고달팠지만 단순하게 살았다. 그 시대는 지금처럼 무의식과 의식이 또한 사적인 영역과 공적인 영역이 서로 분리되지 않았다. 그들은 우리가 오늘날 우리가 스스로 형이상학적이고 심리적으로 자유롭다고 믿거나 생각하는 것보다도 스스로 더 자유롭다고 생각했다.[26] 그러기에 매우 적은 사람들이 중년기의 위기를 겪었다. 지금의 우리는 자신의 그림자를 통합하고자 삶과 심리를 더 많이 다룬다. 이냐시오가 예수님의 공생활을 기도하라고 제시한 성경 구절에는 치유 기적 사화가 없는 것이 흥미롭다.

이냐시오는 교회를 위해서 큰일을 할 사람들에게 관심이 많았기 때문에 종종 영신수련을 하려는 사람의 성품을 무척 까다롭게 살폈다. 그는 영신수련을 하기에 타고난 재능과 에너지가 많은 사람을 선호했다. 초창기에 영성 저술가들은 사람들의 상태를 영적인 단계나 '신분state'으로 이론을 만들었다. 예를 들면 그것은 조명의 단계이다. 그들은 오늘날 우리가 더 고정적인 세계관으로 예상한 것보다 더 고정적으로 그 단계를 이해했다.

오늘날 사람들은 오래 살고 자신을 성찰하며 내적 작업에 더 많은 시간을 보낸다. 이제는 경험해야 할 변화가 더 많아졌고 미지의 미래를 위해 과거를 포기하라고 요구받는 경우도 더 많아졌다. 사람들은 계속 성장한다. 그리고 성장하고 있는 모든 사람은 치유와 '정화' 또는 용서가 필요하다. 오늘날 장래의 직업이나 신분을 선택하고 식별하려는 22세 여성은 부름받고 있을 수 있다. 그녀는 28세가 되면 자신 안에서 치유와 용서의 필요성을 발견할 수도 있다. 수년이 흐른 뒤에 그녀는 다시 부름 받고 있을지도 모른다. 우리는 언제나 '사연stuff'이 있는 과거를 용서하고 치유할 필요가 있다. 우리가 영신수련 여정에서 피정자의 체험과 열망을 고려한다면 영들을 식별하는 규칙 세트 모두를 더 발전적으로 해석하게 될 것이다.

다음 그림은 두 개의 규칙 세트 사이의 연관성을 더 깊이 통찰하게 도와줄 수도 있다. 그림은 부연 설명과 함께 다음을 설명한다.

a) 두 번째 세트의 사용은 성숙의 단계와 관련이 있다.
b) 두 번째 세트는 첫 번째 세트보다 난해하고 첫 번째 세트와 서로 연속체처럼 연결된다.
c) 첫 번째 세트의 일러두기[327]에 있는 규칙은 적군 성의 가장 약한 부분을 찾고 있는 군대의 지휘관이란 이미지를 사용한 것으로, 두 번째 규칙 세트 안내에 좋은 내용이다.
d) 착한 사람이 두 번째 세트의 유혹에 사로잡히고 유혹의 영향이 발각되지 않으면 때때로 첫 번째 세트의 일러두기[317]이 설명하는 영적 황폐로 퇴행할 것이다.
e) 두 세트 모두 피정의 안팎에서 행해지는 영적 여정에 적용된다.

이 그림은 이것과 두 규칙 세트 사이의 상호관계를 설명한다. 아직 펼쳐지지 않은 영신수련 여정의 역동에서 첫 번째 두 수직 구역은 가상 피정자가 첫째 주간에 인식할 수도 있는 죄를 짓는 경향을 가리킨다. 피정자가 더 깊이 숨어있는 무질서한 경향과 만날 때 피정자가 셋째 수련으로 첫째나 둘째 수련에서 드러난 죄를 짓는 경향을 어떻게 더 민감하게 인식하는지 주목하라. 피정자가 부름을 받고 있으면(겹줄로 분리된 부분) 그녀의 동기는 변화되어 자기중심인 경향에서 타인 중심으로 바뀐다. 하지만 새롭게 발견된 힘은 여전히 그 힘을 만든 역사와 나약함과 연결되어 있다. 인정받으려고 거짓말했고 속였던 사람이 이제는 예수님을 위해서 더 탁월한 것을 실행하기를 원한다. 인정받고 싶은 욕구는 변화되었지만 쉽게 재발할 수 있다.

우리는 이 그림을 삶의 여정에도 적용할 수 있다. 더 큰 정체성과 자기 수용을 향하여 성장하는 어떤 사람이 있다. 그는 성장하면서 무질서한 습관 중 몇 가지를 절제한다. 중년기에 들어선 그는 이기심과 자신을 입증하려는 욕구보다 사랑과 지혜에게서 더 영향을 받는다. 그는 거짓과 (첫 번째 구획) 그다음에는 성취로(두 번째 구획) 자신을 입증하려고 노력했던 곳에서 이제는 하느님을 위해서 유의미한 것을 선택하면서 자신을 초월하려는 열망에 이끌린다. 이러한 유의미한 것이 무질서한 관대함이나 잘못 안내받은 과도한 힘으로 왜곡되어 실행되면 그는 미성숙한 초기 상태로 퇴행할 수도 있다. 그래서 (겹줄의 오른쪽으로 가는) 부름을 받는 상태에서 그의 당연한 욕구는 지금 변화하면서 악한 천사에게 드나드는 요충지를 제공한다.

그림의 사선 화살표는 두 번째 세트의 전형적인 유혹이 세 번째 구획으로 들어가는 것을 가리키고 유혹이 꽤 오랫동안 감지되지 않은 채 남아있으면 피정자는 첫 번째 규칙 세트의 더 전형적인 체험으로 이끌려 내려간다. 월요일에 기도 수련에서 빛으로 가장한 악한 천사에게 속은 피정자는 토요일 즈음에 첫째 또는 둘째 구획에 있는 몇 가지 체험에 빠진 자신을 발견할 수도 있다. 이 모든 세 구획은 동일한 피정자의 일관적인 성격을 알려준다.

미성숙한Immature 사람	성숙 중인Maturing 사람	성숙한Transformed Maturity 사람
• 사탕을 주면서 친구를 사귄다. • 자신을 위해 남을 이용한다. • 남이 듣고 싶은 이야기를 한다. • 인정받으려고 속인다. • 언제나 이기려고 경쟁한다.	• 인정하고 존경하는 척하며 속인다 • 자신에게 관심을 집중한다. • 최고가 되려고 남을 지배한다. • 남을 교묘히 비하한다. • 강자에게 아부한다. 원하는 목적을 이루지 못할 때 발생하는 불안은 공포, 무기력, 우울, 고립, 피해의식, 부적절, 좋은 관계를 유지하기 위해 어떤 대가도 지불 등을 초래한다.	• 책임감 있게 의미를 추구한다. • 가난한 이를 위한 그리스도교의 지도력에 매료된다. • 감사하며 산다. • 예수님을 위해서 유의미한 일을 실행하기 열망한다. 좋음에도 미성취되는 지향은 자기 의심, 실망, 번민, 좌절, 하느님 앞에서 부족한 자신 인식 등을 초래한다.
불안정하고 정체성이 결핍되는 시기, 거친 세상에 대처하고자 자신을 보호.	덜 불안하고 좀 더 분명한 정체성 형성, 위험을 더 감수하고 반격하지 않으면서 반응. 계속 자신의 가치를 보존하면서도 삶과 행위에 영향을 주는 죄에 맞섬.	자신의 가치 확인과 정체성 확립, 관대함, 타인과 교류, 정의 추구, 무절제한 애착 극복 시도, 방어하는 자신 인식, 투사하는 자신 인식.
첫째, 둘째 주간	셋째 주간	두 개의 깃발

[그림 16] 두 규칙 세트 사이의 상호 연관성

점으로 된 사선 화살표는 이냐시오가 말하는 '미숙한 사람들과 노골적이고 더 명백한 유혹'을 겪는 사람들에게서 일어나는 현상을 가리킨다[9]. 덜 난해한 유혹이 감지되지 않은 채 남아있을 때, 점으로 된 사선으로 퇴행이 일어난다. 우리 시대의 문화에서 조용하고 집중적으로 기도 생활을 증진시켰고, 치유와 용서가 필요한 많은 관대한 사람들이 그런 유혹을 받는다. 이런 유혹을 받고 있는 치유받는 상태의 사람에 대한 설명은 24장에 있다.

이 그림은 첫 번째 규칙 세트의 끝부분으로 가장 약한 곳을 공격하는 적장이라는 이미지가 보여주는 현상을 설명한다[327].

또한 우리의 적은 자기가 원하는 거점을 쳐부수고 약탈하려는 지휘관과 같이 행동한다. 군대의 최고 사령관이나 지휘관은 진을 치고 나서 요새의 방비와 방어를 살피어 가장 약한 부분을 공격한다. 마찬가지로 우리 인간 본성의 적은 우리들의 가장 약한 부분을 찾아내서 공격한다.

영들을 식별하는 첫 번째와 두 번째 규칙 세트는 이런 이미지로 일러두기[327]에서 어우러진다. 첫 번째 세트의 마지막 규칙은 두 번째 세트 안내에 많이 이바지할 수 있다.[27]

우리는 두 번째 세트를 첫 번째 세트의 더 난해한 연속으로 이해할 수 있다. 우리는 인간 성숙의 다양한 단계에 있는 선량한 사람들의 기도와 관대함을 관찰해서 이것을 입증할 수 있다. 그러나 사람들은 관대하게 정화되어 여러 번 회심하고 수년 동안 은총에 협력한 뒤에도 여전히 자신들의 기본적인 성격을 지닌다. 예를 들면 타르수스의 바오로는 전에 그랬듯이 예수님과 사랑에 빠진 뒤에도 외곬으로 일중독에 빠진 것처럼 보였다. 그는 계속해서 일을 처리하느라 고생했다.

악한 천사가 그럴싸한 생각으로 유혹할지라도 그 생각은 대개 그/그녀가 다루고 있는 사람의 유형과 조화를 이룰 것이다. **이냐시오가 두 규칙 사이의 연관성을 의도하지 않았다면 피정자에게 앞으로 유혹으로부터 보호받기 위해 유혹하는 생각의 흐름을 주목하라고 요청한 이유는 무엇일까?** 이냐시오는 당연히 악한 천사가 그/그녀에게 익숙해진 전략을 바꿀 정도로 영리하다고 믿었다. 우리는 첫 번째 세트의 현상 중의 하나로 퇴행하는 선량하고 관대한 피정자의 체험을 주목하면서 첫 번째 세트와 두 번째 세트를 연결할 수 있다.[28]

우리는 살면서 언제나 용서와 치유가 필요한 과거와 현재의 사연을 발견한다. 부름받고 있는 피정자는 오래전에 정화의 단계를 거쳤을 수도 있고, 언제나 치유와 정화가 필요하고 영적 황폐의 상태로 나약하게 지낼 수도 있다. 우리는 언제나 정화와 치유가 필요하다. 피정자가 지금 여기서 구체적인 선택을 식별할 정도로 충분히 자유로워지게 만드는 것이 영성 지도의 관건이다.[29] 우리는 언제나 시간, 장소, 각자의 상황과 그 순간에 주어진 충분한 은총에 따라 이상적인 영적 자유를 측정해야 한다. 피정자가 자아를 인식하면서 영적으로 성숙하고 내적 자유를 충분히 누릴 때조차도, 그가 머무는 첫 번째 세트와 두 번째 세트 사이의 이론적인 연관성과 상관없이, 우리는 대부분 시간에 첫 번째 세트를 사용하고 영신수련 여정의 특정한 때에 두 번째 세트를 사용할 필요가 있을 것이다.

연구와 성찰 그리고 토론을 위한 자료

이냐시오는 일러두기[17]과 [32]에서 개인적인 생각과 선한 영과 악한 영이 일으키는 생각의 차이를 언급하였다. 우리는 두 번째 규칙 세트 [331]과 [332]에서 영들이 아니라 천사가 일으키는 또 다른 생각이 있음을 주목한다. 하지만 이냐시오가 첫 번째 규칙 세트에서 '천사'라는 단어를 사용하지 않았음을 주목하라. 다음은 이러한 다양한 표현에 대한 실용적인 정의이다.

선한 영과 악한 영이 일으키는 생각

이것은 기억 · 상상력 · 전의식preconscious 등에서 마음psyche으로 들어오고 나가는 충동 · 느낌 · 생각 그리고 이미지이다. 이것은 자연스런spontaneous 반응이다. 우리가 이것을 의미하고자 자주 사용하는 암호명code name은 감정적인 반응이다. 느낌 그 자체에는 의도가 담겨 있다. 즉, 느낌에는 의미가 있고 의미를 전달한다. 영들이 일으키는 생각은 내면과 내부 세계 그리고 종종 느낌에서 나오는 생각과 느낌이다. 오늘날 우리는 이것을 우리의 마음에서 떠오르는 반응으로 이해하고 있다.[30]

선한 천사와 악한 천사가 일으키는 생각

이냐시오는 이것을 선하고 악하며 인격적인 천사들이 우리에게 제시한 생각으로 여겼다. 우리 문화에서, 우리는 이것을 우리가 성령의 감화나 악령의 유혹이라고 일컫는 생각을 포함한 다른 사람들과 문화적 가치와 구조로부터 우리에게 오는 생각이나 제안과 동일하게 볼 수 있다. 또한, 출처가 없이 어떤 사람에게서 떠오른 것처럼 보이는 기발한 bright 의견도 여기에 해당한다. 이러한 모든 영향은 밖에서 우리에게 들어오는 생각이다.[31]

개인적인private 생각

이냐시오에게 개인적인 생각은 우리가 생각해 낸 생각으로서thought-out thoughts 실제로 우리가 스스로 만든 생각을 지칭하는 전문 용어이다. 그러한 생각의 예는 일러두기[17][32]과 [36]이 지칭하는 악한 생각이다. 그러나 다른 예는 '개념을 연결하고 판단을 바탕으로 추론해서 나온' [336] 결심이나 계획으로서 위로를 뒤따라오는 시기에 우리가 덧붙인 생각일 수 있다. 개인적인 생각은 우리가 만들어낸 생각으로서 의도적인 생각과 더 분석적이거나 추론적인 생각이지 마음속으로 들어오고 나가는 생각은 아니다. 개인적인 생각은 대개 식별의 대상이 아니다. 정확히 말해서, 식별이 가능하려면, 피정자는 자신의 깊은 자아와 마음에서 자연스럽게 일어나는 생각과 느낌을 열어보여야 한다.[33]

1) 우리는 이것을 또한 '대죄를 짓고 나서 또 대죄를 짓는' 것으로 번역할 수 있다. 이냐시오가 기도의 첫째 방법이라고 부르면서 지시한 것에 있는 일러두기[244]를 참조하라(아마도 일러두기[18]이 예견하는 사람들을 위한 것으로 보임). 이 방법은 영신수련 자전 판본에서 '대죄pecados mortales'라고 표현한 칠죄종으로 기도하는 것이다.

2) 내가 이해하기로는 그들은 이것이 영신수련 여정뿐만 아니라 영신수련 여정이 끝난 일상생활에도 적용한다고 생각했다.

3) 나는 이 책의 다른 곳에서 숨겨진 무질서한 경향과 '세속'의 영향인 일러두기[63]의 '세속에 대한 지식'과 '무질서한 행위'를 언급했다.

4) 이 그림에 담긴 생각에 대해 마이클 쉴데스Michael Shieldes, S. J.에게 감사한다.

5) 어떤 사람들은 이 일러두기를 거짓 영적 위안이라고 [331] 일컬을 수도 있고 나도 비유적으로 사용하면 그럴 수 있다고 본다. 그러나 당신이 영적으로 열정적인 '초보자들'을 만날 때, 당신은 그들의 열정에 들어 있거나 숨어있는 명백한 자기중심과 숨겨진 무질서한 경향을 쉽게 인식할 수 있다. 내 입장에서 보면, 그들의 미성숙과 허술한 기초는 그 체험이 첫 번째 세트에 해당하는 이유를 알려 준다. 나는 그런 열정은 영적 황폐의 초기 현상이라고 생각한다. 당연히 이냐시오는 그것을 위안이라고 불렀고, 미숙한 피정자는 의심의 여지 없이, 자신을 깊이 만나지 않는 채, 어쩌면 그것을 위안받는 것으로 느낄 것이다.

6) 이 문장에 담긴 지혜를 제공한 로욜라 하우스의 스태프인 일레인 프리고Elaine Frigo, CSSF에게 감사한다.

7) 영적 자유는 하느님의 사랑에 무척 강하게 사로잡힌 사람의 열망과 행동, 감정, 생각 그리고 열망에서 흘러나오는 결정이 하느님께로 향하는 순간에 존재한다. 영적 위안을 설명한 [316]을 참조하라. 특히 첫 번째 문장과 세 번째 부류[155]에 대한 설명을 참조하라.

8) 지도자들과 주석가들은 영들을 식별하는 규칙을 여러 방향으로 혼동해서 이해한다. 우리는 개인 지도로 진행되는 일러두기[20]에 따른 영신수련의 관점에서 규칙을 가장 잘 이해할 수 있다. 그러나 주석가들은 본래 있어야 하는 영신수련 여정의 실제 과정보다 영신수련 밖의 체험을 가지고 규칙을 적절하게 설명하고 해설한다. 그들은 영신수련 시기가 아니라 단지 일상에 이차적이고 비유적으로 적용한다.

첫 번째 규칙 세트는 첫째 주간의 피정자에게만 한정되지 않는다. 이냐시오는 다음과 같이 영신수련을 저술했기에 이러한 혼동은 종종 일어난다.

— 일러두기[314]가 첫 번째 세트에 있기 때문에, 우리는 일러두기[317]의 반대 현상을 일러두기[314]의 설명과 혼동한다.

— 첫 번째 세트는 첫째 주간에 있는 사람들에게 더 적절하다고 일러두기[313]에서 제안하고 일러두기[10]은 첫째 주간을 수련하는 사람들은 정화의 길에 있다고 규정한다.

우리는 함축된 내용으로 첫 번째 세트가 정화의 길이라고 규정한 근거를 쉽게 찾는다.

이러한 규칙에 담긴 내용을 절대화하는 경향은 두 규칙 세트를 분리시킨다.

9) 여러 종파의 그리스도교는 더 전형적으로 '대죄capital sin'를 '죽어야 할 죄'라고 일컫는다. 이냐시오는 스페인어로 '대죄pecados mortales'라고 부르는데 그것은 대죄 또는 죽음에 이르는 죄라는 의미일 수 있다. 그는 일러두기[244]에서 당연히 이런 용어를 칠죄종이라는 뜻으로 사용한다. 나는 그가 일러두기[314]에서 의도한 것은 대죄와 죽음에 이르는 죄 모두였다고 믿는다. 어떤 주석가는 이러한 해석에 동의하지 않을 수도 있다.

10) 어쩌면 이냐시오는 첫째 주간의 자료를 일러두기[18]의 목적에 맞게 사용하는 것도 의도했기 때문에 이 일러두기를 첫 번째 세트에 포함시켰을 것이다. 우리가 일러두기[314]를 계속 첫 번째 세트의 나머지 부분 [315]-[327]에 반드시 속하는 것으로 생각하면, 우리는 오직 첫 번째 세트만 필요하고 가끔 두 번째 세트가 필요한 피정자들의 영성을 가볍게 다룬다.

11) 존 잉글리쉬, S.J., *Spiritual Freedom* (Chicago: Loyola University Press, 1995), 115

12) *Spiritual Freedom*, 116

13) *Spiritual Freedom*, 116

14) 다음도 영적 황폐의 체험을 알려줄 수 있다.

— 자신에게로 향하고 있음을 느끼고 하느님께서 자기에게서 관심을 거두고 있다고 생각한다.

— 일상에서 하느님과 관계없이 살아간다.

— 더 좋은 것을 알고 있고 극복하기를 원하면서도 자기도 모르게 물질적이고 냉소적인 방향으로 움직인다.

— 외로운 가운데 하느님의 돌보심에서 멀어지고 기도에 깊이 침잠하지 못하며 혼란스럽고 좌절하기 시작한다.

— 흥분되고 행복하지만 신중하지 못한다. 그것은 열광적인 성향이 있다. 반면에 무질서한 경향이 다음과 같이 행동에 영향을 주기 시작한다. '하느님께서는 나에게 마음 쓰지 않는 것 같은데 왜 내가 그래야지?'

— 명백하게 판단할 수 없고 선택할 때 균형을 유지할 수 없다.

15) 하느님께서 사람을 더 위대하게 복종하도록 이끌기 위한 매우 일시적인 이 체험은 영적 여정의 후기 단계에서 자주 일어나며, 이것은 비유적으로 (그리고 나는 '비유'를 강조한다), 하느님께서 기도 생활에 충실한 사람에게서 떠나가시는 것처럼 여겨지는 황폐하고 지루한 체험과 같다. 당연히 그의 믿음은 이러한 후기 단계에서 단련된다. 그가 하느님의 도움을 감지하지 못하는 이때 할 수 있는 모든 것은 온전히 믿음으로 지탱하는 것이다. 용어집의 비유를 참조하라.

16) 당연히 우리는 영적이 아니라 심리적인 도움이 필요한 심리적인 체험을 인식하는 법을 배워야 한다.

17) 종종 영적으로 미숙한 사람들은 영신수련 맥락 밖의 일상에서 영적이고 달콤한 체험을 찾아다닌다. 그들은 하나의 절정에서 또 다른 절정으로 옮겨 다니면서 영적인 탐욕이나 종교적인 중독에 빠질 수 있다. 나는 그런 체험을 계속 찾아다니는 사람들은 신경 쇠약·열광·우울증·히스테리 같은 심각한 영적/또는 심리적인 어려움을 스스로 발견할 수 있다고 믿는다. 이러한 현상은 더 의식적으로 단순하고 엄격하게 살아가는 그리스도인들에게 자주 일어나는 것처럼 보인다. 이것이 당신이 관찰한 것과 같은가?

18) 나는 이것을 로욜라 하우스의 지도자인 존 게이븐John Govan, S.J.에게서 배웠는데, 그는 이러한 체험을 '자연적 황폐natural desolation'라고 불렀다. 이냐시오가 일러두기[317]에서 한 것처럼, 게이븐은 황폐Desolation를 '영적 황폐spiritual desolation'라고 불렀다. 당신이 이 책에서 언급할 때, 나는 영적 황폐의 의미로 이것을 대문자 'D'라고 쓰고 사용했다(본 역서는 영적 황폐라고 함).

19) *Spiritual Freedom*, 120

20) 이러한 세 가지 원인은 우리가 영신수련 여정 밖의 일상에서 영적 황폐에 빠지는 원인을 이해하는 데 언제나 도움이 되지는 않는다. 그것들은 부름받는 상태의 피정자가 영신수련에서 영적 황폐를 체험하는 원인을 이해하는 데 훨씬 더 도움이 된다. 그러나 일상에서 우리가 무절제한 애착이나 무질서한 경향에 스스로 사로잡히게 둘 때 영적 황폐를 더 자주 겪을 수 있다. 예를 들면 우리는 누군가에게 인정을 받으려고 특이한 성향characteristic propensity을 드러낼 때 인정받지 못한다.

21) 넷째 원인은 일러두기[16]뿐만 아니라, '요새의 가장 약한 지점으로 침투하려는 사령관'의 이미지를 보여주는 일러두기[327]과도 관련된다.

22) 영적 황폐는 대개 사랑스러운 하느님께 저항하는 한 가지 방법이다. 우리는 의식의 표면에 떠올리기 싫은 것을 덜 의식적으로 인식한다. 영적 황폐는 마음에서 일어나고 있는 것의 자각 증세로서 하느님의 사랑에 대한 저항이다. 우리는 저항을 덜 의식적인 것(생각·느낌·이미지·기억 등)을 드러내지 못하게 만드는 의식적이거나 무의식적인 심리적 방어라고 말할 수 있다. 영신수련을 하는 동안 저항은 다음과 같이 다양하게 나타난다.

─ 영적 황폐

─ 영성 지도자와 피정자의 관계와 그 역vice versa. 배리와 코넬리의 책, *The Practice of Spiritual Direction* (New York: The Seabury Press, 1982)에서 저항과 관련된 장을 참조하라.

─ 복음 관상 중에 원치 않는 기억이 떠오르기 시작하면 피정자 안에서 저항이 일어난다. 24장은 피정자의 약함과 기도 길잡이의 한계를 고려하면서 이것을 다루는 방법을 논의하였다.

─ 영성 지도자는 자신의 저항 때문에 자기도 모르게 놓칠 수도 있는 특정한 문제가 있다. 예를 들면 그것은 애절함, 고통, 성적 성향이다. 그것은 영성 지도자의 삶에서 결코 적절하게 다루어진 적이 없을 수도 있다.

영적 여정 전체의 큰 틀에서 보면, '사막'과 '어두움'이라는 비유는 종종 대부분 존재의 깊은 차원에서 일어나는 하느님께 대한 저항에서 비롯되고 비교적 긴 기간에 걸쳐서 나타나는 현상을 표현한다.

23) 두 번째 규칙 세트의 전형적인 유혹은 빛으로 가장한 천사가 주는 유혹이다.

24) 예수회는 전통적으로 이것을 '반대로 행동하기'로 직역해서 '아제레 꼰뜨라agere contra'라고 부른다.

25) 내가 보기에 이냐시오가 응용한 정화·조명·일치라는 전통적인 단계는 에릭슨Erikson 의 인격 성장 8단계 중 하나에서 일어나는 언어 학습의 역동 적용과 조금 유사하다. 전통적인 세 단계는 더 긴 영적 여정의 적용인 반면에 영신수련은 전통적인 세 단계 중 하나의 중요한 시기와 관련된 결정을 하기 위한 수단이다. 아마도 세 단계의 상호관계는 이냐시오 시대의 영적인 주 흐름과 일치하는 양상을 설명하는 데 도움을 주었을 것이다. 내 동료는 어쩌면 이것은 오늘날 로마 교회의 신앙 교리 성청인 16세기 종교재판소를 염두에 두었을 수도 있다고 내게 제안했다.

우리가 비유적으로 접근했다면, 우리는 영신수련을 전반적인 영적 여정의 다양한 단계를 이해하기 위한 역동 모델로 사용했을 수도 있다. 따라서 우리는 중년기 위기를 겪고 사회 문제를 인식하고 있는 사람을 셋째 주간에 있다고 확실히 말할 수 있다. 또는 다시 우리는 '관상적'으로 기도하고 '관상적인 단계'에 들어가고 있는 피정자를 셋째 주간이나 넷째 주간에 있다고 볼 수 있다. 용어집의 비유를 참조하라.

26) 나는 '형이상학적인' 자유란 환상적인 자유가 아니라 현실적으로 가능한 자유를 말한다. '심리학적인 자유'란 자신의 결정에 구체적으로 책임을 질 수 있을 정도로 무의식에서 충분히 벗어났음을 의미한다. '영적인 자유'는 종종 어느 정도의 심리학적 자유를 포함하나 심리학적 자유는 영적인 자유를 꼭 포함하지 않는다.

27) 특별한 대화로 이것을 깨닫게 해준 짐 바벨리Jim Borbely, S. J.에게 감사한다.

28) 더 발전적인 세계관 이전의 영적 여정에 대한 초기 이해에서 보면 두 번째 세트가 염두에 둔 사람들은 무절제한 애착에서 벗어났다고 여겨졌다. 그래서 그들은 모든 무질서한 내적인 반응으로부터 자유로워졌다고 여겨졌다. 나는 비교적 일정한 환경에 살았던 종교인들에게 관심을 두었던 대부분의 전통적 영성 서적 때문에 저자들이 그렇게 생각했는지 궁금하다. 합리주의의 영향을 받은 지난 이백 년 동안 이러한 저자들은 의식적인 마음에 더 관심을 뒀다. 그들은 이론적으로 만들어진 일반화된 논리적 구별을 특정하고 구체적인 체험에서 당연한 진실로 받아들였다. 어떤 영성 지도자들은 앞에서 저자들이 다양하게 분류한 영적 여정 단계와 유사한 상태의 피정자들이 있다고 진단했다. 피정자가 첫 번째 규칙 세트의 설명대로 영적 황폐로 되돌아간다면 영성 지도자들은 "그는 두 번째 세트에 속할 가능성은 없다"고 말할 것이다. 그들에게는 첫 번째와 두 번째 세트가 서로 연결되어 있지 않다. 나는 영성 지도자들이 영들을 식별하는 첫 번째 규칙 세트와 두 번째 규칙 세트 사이의 연속성을 서로 동의하기 어렵다는 것을 발견했다.

어떤 영신수련 지도자들은 다음과 같이 '불연속성 이론'을 주장하고 있는 것처럼 보인다. 그들은 두 번째 세트의 유혹은 영향을 주는 움직임이 아니라 오직 생각과 번뜩이는 착상일 것이라고 제안한다. 그들은 이렇게 되는 것은 하느님과 조화를 이루는 착하고 관대한 사람들은 조금도 조화롭지 못한 충동을 재빨리 알아차리고는 즉각 그것을 거부하기 때문이라고 주장한다. 그들에게 두 번째 세트의 유혹은 첫 번째 세트의 유혹보다 더 난해하지 않고 다른 원천에서 나온 것이다. 즉, '천사들'이 아니라 '영들'이다. 그러므로 그들에게는 첫 번째 세트와 연관성이 없다.

여기에 택할만한 장점이 없는 것은 아니다. 이냐시오는 각 세트에서 유혹이 어떻게 서로 다른지 매우 조심스럽게 설명했다. 일러두기[315]를 보면 거짓 이유로 혼란스러워지는 것 같은 느낌의 흐름이 있다. 즉 감정적인 유혹이 먼저 일어나고 뒤따라 발전된 거짓 이유는 이러한 감정적 움직임에 더 이바지한다. 예를 들면 어떤 피정자는 먼저 슬퍼하기 시작하고 나중에 오직 실패자처럼 느끼며 아무것도 제대로 할 수 없다고 생각한다. 이냐시오는 일러두기[317]에서 영적 황폐에서 오는 생각은 영적 위안에서 오는 생각과 같지 않다고 말한다.

두 번째 세트의 정서적 혼란은 일러두기[329]에서처럼 악한 존재가 영적 위안 속에 은근히 심어준 거짓 이유에서 비롯된다. 영적 위안을 받으면서 특정한 방법으로 예수님을 섬기고 싶은 피정자를 예로 들어보자. 다음과 같이 자신의 섬김은 위선적이고 과장됐다는 생각이 그녀에게 들어온다. 결국 그녀는 "내가 기억하는 사람들은 대개 이러러한 것을 하지 않는다"고 생각한다. 그런 뒤에, 피정자는 불안해지고 조금씩 마음이 산란해진다. 이런 방법으로 두 번째 세트에서 대개 혼란보다 생각이 먼저 일어난다.

다른 영신수련 지도자들은 다음과 같이 연속성을 주장한다. 무엇보다도 그들은 '천사'라는 말이 첫 번째 세트에서 사용되지 않았다는 사실을 인정한다. 그러나 그들은 연속성을 근거로 이냐시오가 두 번째 세트에서 '천사'와 '영spirit'이라는 용어 모두를 사용하고 있음을 지적한다. 일러두기[335]는 이냐시오가 모든 것을 쉽게 해 주는 착한 영의 방법을 설명하는 일러두기[315]의 연장처럼 보인다. 게다가 영적 위안에 대한 설명 [316]은 두 세트 모두에게 해당한다.

나는 이냐시오가 빛으로 가장한 악한 천사의 유혹과 더불어 언급한 악한 천사와 악한 영의 유혹과 더불어 언급한 악한 영은 확실히 서로 다르다고 믿는다. 이냐시오가 두 번째 세트에서 두 용어 모두를 언급했고 나는 불연속성을 선호하는 지도자들보다 더 발전적인 세계관을 갖고 있기 때문에 첫 번째와 두 번째 세트 사이에 연속성이 있다고 주장한다.

29) 영적으로 온전하게 자유로운 사람이 있는가? 결정과 문제의 복잡성은 시공간에서 내려지는 우리의 결정에 걸맞은 영적 자유를 요구하는 것처럼 보인다. 영적 자유와 결정의 본질nature 사이의 조화는 결정의 건전성과 타당성을 확정하는 데 도움을 준다.

30) 융 학파의 주장에 따르면, 우리는 이러한 움직임이나 유혹을 F 유형이 받는 유혹이나 움직임이라고 부를 수도 있다.

31) 융 학파의 용어로 보면, 우리는 이것을 T 유형이 받는 유혹이나 움직임이라고 부를 수도 있다. 나는 짐 바벨리, S. J.와 존 잉글리쉬, S. J. 조지 셔멀, S. J. 그리고 주디 로머Judy Roemer와 나눈 대화 덕에 이 내용을 떠올리게 되었다.

32) 우리는 고백 사제와 영신수련 지도자 사이의 구별을 당연히 받아들이고 인정해야

한다. 그럼에도 내가 29장에서 구별한 것이 이냐시오가 일러두기[17]에서 의도했던 것임을 나는 깨달았다. 이냐시오가 언급한 '죄'란 개인적인 생각 중의 하나이다. 그러나 영신수련에서 다루는 분야는 개인적인 생각이 아니다. 그것의 영역은 영적인 움직임이다. 이러한 관점에서 보면, 영신수련은 덜 의식적인 생각과 느낌이 의식적인 생각보다 동기 유발에 더 영향impact을 주고 있다고 인식하는 현대 심리학과 조화를 이룬다.

33) 이것은 우리가 역사적으로 영신수련을 사용하면서 자주 잊고 있었던 매우 중요한 사항이다. 『영혼의 길잡이 1』의 미주 23번과 32번을 참조하라. 이냐시오는 영들의 움직임을 촉진하기 위하여 상상과 몰입에 기초한 기법을 사용한다. 이것은 모든 기도 수련은 일러두기[19]와 [20]에 따르는 영신수련에서 이야기, 이미지 그리고 상징이라는 상상력을 사용하기 때문에 사소하지 않다. 이냐시오는 예외적으로 이른바 원리와 기초 그리고 세 가지 유형의 겸손을 기도 수련이 아니라 기도 수련 밖의 성찰로 제시한다.

30장
영신수련을 이해하고 사용하는 다양한 관점

　우리가 색안경을 쓰면 세상은 그 색으로 물들어 보인다. 사실 세상에 살면서 색안경을 쓰지 않고 우리는 그 어떤 것도 볼 수 없다. 삶을 이해할 때와 마찬가지로 영성을 이해할 때도 우리 자신만의 문화·세계관 그리고 다른 관점에 의존하기 때문이다. 게다가 일반적인 영적 여정과 특정한 영신수련을 이해하는 정신적인 틀framework은 피정자를 안내하는 방법을 결정한다. 이 모든 관점은 우리가 피정자들의 이야기를 듣는 내용과 방법에 구체적으로 영향을 준다. 그러므로 우리가 영신수련을 이해하고 제시할 수 있는 다양한 관점을 성찰하는 것은 도움이 된다.

　30장은 주석가들과 영신수련 지도자들의 다양한 관점을 명확하게 요약했다. 나는 이러한 설명이 당신과 다른 이들의 이론과 실습의 평가에 도움이 되길 바란다. 나는 30장의 끝에서 이 책의 관점을 제시했다.

영신수련 지도할 때 사용하는 주 접근법

'밖에서 안으로'와 '안에서부터' 안내

영신수련 지도자가 '밖에서 안으로From Outside In' 접근할 때, 그는 피정자가 기도하며 체험할 것으로 예상되는 것보다 조금 앞선 영신수련 구조를 제시한다. 영성 지도자는 이 접근법으로 영신수련 본문을 제시한 후 피정자의 반응이나 응답을 기다리며 영신수련 '본문'을 더 문자 그대로 사용할 수 있다. 따라서 영성 지도자는 피정자가 체험하도록 영신수련을 인도한 후 피정자가 체험한 관점에서 안내한다. 예를 들면 피정자가 첫째 주간의 셋째 수련에 들어가게 충분히 준비되지 않았을 수도 있지만 영성 지도자는 그것을 하라고 제시할 수 있다. (당연히 하느님께서 함께 하신다!)는 관점에서 제시된 수련의 내용과 구조는 체험을 유발하거나 불러일으킨다.

두 번째 주된 접근법은 '안에서부터From Within'이다. 영성 지도자는 영신수련 본문을 마음에 두고 이 접근법으로 피정자의 진도에 맞게 피정자의 체험을 인식하는 수단으로만 본문을 사용한다. 따라서 영성 지도자는, 하느님의 사랑에 관한 여섯 주 분량의 기도 자료를 먼저 제시한 후, 탕자의 이야기와 같은 예를 제시하기 전에 피정자가 영신수련 첫째 주간의 영적 황폐를 체험하기 시작할 때까지 다섯 주나 그 이상을 기다릴 수도 있다. 영성 지도자는 이러한 '안에서부터' 접근법으로 피정자를 체험하도록 이끄는 것이 아니라 지도자 자신의 영신수련 역동에 대한 이해를 바탕으로 발생한 것을 인식하면서 체험이 일어나기를 기다린다. 그리고 오직, 그 순간에 영성 지도자는 어느 정도 드러난 체험과 조화를 이루는 기도 자료를 제시한다. 후자의 접근법을 사용하는 영성 지도자들은 피정자에게 영신수련의 본문 내용을 주거나 주지 않을 수도 있다. 다음의 분류는 두 가지 접근법의 근본적 차이를 더 명확하게 해줄 수 있다.

밖에서 안으로	안에서부터
영지(영성 지도자)가 이끈다.	영지는 따라간다.
영지는 피정자의 기도 체험에 맞추어 기도 자료를 제시한다.	영지는 영신수련 본문의 관점에서 피정자의 기도 체험을 이해한다.
영지는 영신수련 본문을 문자 그대로 사용하고 피정자가 그것을 이해하기 어려워할 때 적용한다.	피정자가 수련의 은총을 받기 시작한 후에, 영지는 본문 내용을 문자 그대로 따르기보다는 내용을 적용한다.
영지는 침묵 피정에서 첫째 주간을 안내하기 전에 피정자를 준비시키기 위해 5일을 기다리며 준비 기간에 임의로 정한 방법으로 접근해도 된다.	영지는 침묵 피정에서 피정자에게서 영신수련 첫째 주간의 체험이 일어나기를 막연하게 기다리고 그가 표현한 체험과 일치하는 기도 자료를 제시한다.
영지는 본문에 대한 반응이나 응답으로 일어나는 기도 체험의 흐름에 맞춰 지도한 뒤, 피정자가 표현한 체험을 쫓아가거나 따라간다.	영지는 예상 체험이 나타나기를 기다리고, 일어나고 있지만, 피정자 스스로 아직 인식하지 못한, '약간 앞선 단계'를 매우 능숙하게 제시한다.
피정자의 준비 상태는 영지가 영신수련을 지도하는 데 드는 예상 시간과 영지와 피정자가 영신수련을 끝내기로 잠정적으로 약속한 날짜에 어느 정도 달려있다.	준비 상태는 거의 전적으로 피정자의 진도에 맞춰진다. 피정자는 영신수련의 첫째와 둘째 주간만으로 30일 침묵 피정을 마칠 수도 있다.
영지는 기도 체험 과정과 역동을 발전시키기 위하여 확실하게 반복할 것을 피정자에게 요청한다.	영지와 피정자는 어떻게 의식적이고 확실하게 반복하는지[1] 모를 수도 있다. 영지는 은연중에 반복의 목적을 이룬다.
이 접근법은 피정자가 식별의 주체이지 영지가 아니라는 원칙을 조성한다.	이 접근법에서는 피정자가 아니라 영지가 주로 식별한다.

영신수련을 지도하는 두 가지 방법 모두에 장단점이 있다. 다음은 '영신수련을 **밖에서 안으로** 지도하는 경우의 장단점'이다.

1. 피정자는 이 접근법으로 영신수련 전문 용어를 배운다. 그리고 그는 때때로 용인된 유용한 전통에서 사용하는 전문 용어로 매일 신앙체험을 알아보기 시작할 수 있다. 이 접근법은 피정자가 영신수련이 끝난 뒤에 자신의 삶과 다른 사람들의 영적인 체험 그리고 집단에서 나누는 영적 체험을 이해하는 데 영신수련의 영성을 계속 더 의식적으로 사용할 것으로 기대한다.[2)]

2. 또 다른 중요한 장점은 영신수련 기도 길잡이나 지도자가 이 접근법에 세련되지 않아도 된다는 것이다. 그녀는 프로그램을 따를 수 있다. 영신수련의 각 단계는 글로 설명되어 있다. 피정자는 스스로 식별하도록 바로 그런 구조의 도움을 받는다. 반면에, 영성 지도자가 '안에서부터' 영신수련을 지도하려면 영신수련 본문의 이면에 있는 역동 사용, 듣는 방법 그리고 높은 수준의 심리상담 능력을 갖도록 훈련받을 필요가 있다. 이것은 능력이 있는 사람도 뛰어난 실력을 갖출 때까지는 영신수련 지도에서 제외될 수도 있다는 뜻이다.

3. 지도자는 이냐시오가 예상한 통상적인 방법인 밖에서 안으로 지도하면서, 피정자에게 구체적인 자료를 줄 때를 제외하고, 영신수련 본문으로부터 사례를 만들 수 있다.

4. 이 방법의 주요 단점은 지도자가 피정자의 반응을 존중하지 않을 수도 있기에, 피정자가 심리적이나 영적으로 준비되지 않을 수 있는 자료를 제시할 수도 있다. 그럴 경우 지도자는 피정자의 능력에 맞추어 영신수련을 적용하라는 영신수련의 요지를 놓치게 된다.

다음은 '영신수련을 **안에서부터** 지도하는 것'의 장단점이다.

1. 피정자의 준비 상태에 맞추어 영신수련을 진행하는 것이 이 접근법의 핵심 장점이다. 예를 들면 영성 지도자는 침묵 피정일 경우 피정자가 제자 직분의 대가로 말미암은 갈등을 체험하기를 며칠 동안 기다리고, 일러두기[19]일 경우 몇 주를 기다린다. 갈등이 일어나면 영성 지도자는 이것을 기대하던 두 개의 깃발 수련으로 인식한다. 피정자는 제자 직분으로 갈등을 겪으면서 스스로 그것을 풀어내기 때문에 더 좋은 체험을 하게 될 것이다. 그는 당연히 더 좋은 체험을 한다. 이 체험은 오로지 피정자의 필요로부터 나온다. 그것은 그에게 부과된 프로그램의 일부가 아니므로 그는 적절한 은총을 받게 될 것이다.
2. 영신수련 여정이 끝난 뒤 영신수련하며 배운 것에 따라 살면서 정확하게 적용할 때가 되면 이 관점의 단점이 드러날 수도 있다. 예를 들면 앞에서 거론한 영성 지도자가 피정자에게 두 개의 깃발 내용을 주지 않거나 그것에 대해 전혀 언급하지 않았을 경우, 피정자는 피정이 끝난 후 배운 것을 일상에서 의식적으로 적용하기 위한 용어나 실천 신학을 사용하지 못할 수도 있다.

양성 수단과/또는 일생일대의 체험

영신수련은 양성 과정 학습과/또는 일생일대의 체험을 위해 고안된 수단이다. 이러한 하나 또는 다른 관점으로 영신수련을 주는 것은 영성 지도자의 기대, 지도자가 선택한 접근법 그리고 피정자가 기대하는 영신수련 이후의 효과outcome에 영향을 준다.

영신수련을 **양성 과정**formation process의 수단으로 사용하는 영성 지도자는 수련 후 영신수련 영성을 구체적으로 사용하는 데 필요한 감정적이고 지적인 기술과 수단을 피정자에게 제공하는 것을 목표로 삼는다. 우리는 이러한 기술과 수단의 일부분을 영신수련의 신학과 역동에서 의식적으로 파악한다. 예를 들면 피정자는 영신수련 여정을 끝낸 후에도 결정을 식별하고 싶을 때 결정하는 기술을 요긴하게 사용한다. 따라서 영성 지도자는 영신수련 여정 동안 기초를 놓기 위하여 영적 위안, 영적 황폐, 빛으로 가장한 천사에게서 오는 유혹, 반복 등의 전문 용어로 영들을 식별하는 규칙을 의도적으로 겉으로 드러내 놓고 사용해야 한다. 그런 뒤에, 피정자는 자신의 기도 체험에서 드러나는 그러한 움직임을 인식하고 키워서 판단할 수 있다. 나중에 피정자는 결정하는 기술과 수단을 더 유용하게 사용한다. 이것은 이냐시오 영성을 사용하도록 그에게 힘을 준다.

영신수련은 전통적으로 **양성**을 위해서 수련원에서 진행됐다. 그것은 한 달 동안의 수련 체험 이후 더 집중된 교육과 더 강화된 극기주의를 확립하기 위한 기초가 되었다. 따라서, 수련자는 삶을 결정적으로 재정립하고 그 방향으로 힘을 받기 위하여 매우 강력한 일생일대의 영신수련 체험을 해야 하는 경우에서처럼 반드시 철저하게 준비하지 않을 수도 있었다.[3] 강력한 체험은 피정자가 첫째 주간을 철저히 준비할 것을 전제한다. 이러한 관점에서 영성 지도자는 영신수련 시작 전의 준비단계에서 열심히 노력한다. 일생일대라는 관점은 피정자가 부름받는 상태에 있다고 전제한다.

피정자들은 다양한 상태에서 영신수련 여정을 한다

우리는 피정자가 영신수련 여정을 할 때 치유와 정화의 상태[4] 그리고 **부름의 상태** 또는 세 가지가 혼합된 상태에 있다는 것을 알 수 있다. 우리는 우리 자신과 다른 사람의 체험을 통해 우리 모두에게 적절한 치유가 계속 필요하다는 것을 잘 알고 있다. 게다가 반복되는 교회력의 수난 시기는 관대하고 성숙하게 부름받은 모든 사람에게 계속 용서가 필요하다는 것을 우리에게 상기시킨다. 우리는 정화의 길을 가야 한다. 정화는 영적 여정에서 분명하거나 희미하게 선택에 영향을 주는 죄와 죄의 영향으로부터 자유로워져야 하는 시기와 관계가 있다. 우리는 피정자가 하느님의 부름을 발견하고자 더욱 심각하고 확실하게 영신수련 여정을 하고 하느님 나라의 발전에 협력하기를 바라는 하느님의 열망과 관련된 특별한 결정을 할 준비가 되어 있을 때 부름받는다고 생각한다.

일러두기[20]에 따라서 영신수련을 체험하고 있는 가상 피정자의 관점에서, 적어도 둘째 주간의 시작 전까지, 영신수련 본문을 생각해 보자. 그것은 피정자가 주로 집중하던 정화에서 벗어나 눈에 띄게 부름에 집중하는 쪽으로 옮겨갈 것으로 본다. 이것은 둘째 주간 즈음에 그가 예수님을 실제로 더 특별하게 섬길 수 있는 방법에 집중하기를 기대한다는 것을 뜻한다. 또한 영신수련 본문은 피정자가 십중팔구 영들을 식별하는 두 번째 규칙 세트가 필요할 정도로 그리스도인 정체성을 지니고 내적으로 자유로울 것으로 보고 있다. 영신수련 본문은 그가 충분하게 용서받고 치유받았기에 더 이상 구세주의 사랑으로 용서받고 치유받고 픈 욕구에 집중할 것으로 예상하지 않는다. 가상적인 피정자는 망가진 자신을 계속 깊이 자각하면서 영신수련 여정의 이 시점에서 하느님께서 그에게 보여주실 어떠한 방법으로든 하느님의 나라를 세우면서 다시 사랑하기를 원하고 사랑할 준비가 된다.

우리가 일러두기[20]에 따른 침묵 피정과 일러두기[19]에 따른 일상 피정 모두에서 영신수련 여정을 마친 많은 사람의 체험을 고려하면, 어떤 피정자는 영신수련 여정 대부분에서 치유가 필요하다. 우리가 24장에서 좀 더 깊게 논의하였듯이, 치유받는 상태의 피정자들의 특징은 그들의 삶에서 지금 필요한 내적 치유에 집중하고 연장하는 데 있지 않고 그들의 성장 문제에 먼저 또는 현저하게 집중하는 데 있다. 이 피정자들은 둘째 주간을 진행할 때 예수님과의 관계를 계속 발전시키면서 종종 어린 시절에 부모, 친구에게서 받은 상처와 살면서 받은 상처를 계속 치유받는다. 그들은 두 개의 깃발이나 세 가지 유형의 겸손에 있는 세 개의 담화로 기도할 때 수동적으로 고통과 모욕을 '참아 견디게' 해달라고 청한다. 반면에 그들이 부름을 받고 있다면 하느님의 나라를 발전시키고자 다른 사람들과 협력하면서 가난하고 모욕받는 예수님을 실제로 닮는 방법을 원하고 선택하면서 특별한 수련에 응답할 것이다. 치유받는 상태의 입장은 부름받는 상태를 인식하고 예상해서 쓴 문자적인 본문의 입장과 다르다.[5]

우리는 일생일대의 체험인 영신수련에서 이러한 치유를 피정자의 준비 상태로 추정한다. 우리는 피정자가 자신에게 필요한 성장이나 사랑하고 사랑받는 능력이 아니라 인류에 대한 하느님의 계획에 협력하라는 예수님의 열망을 생각하면 예수님과의 직접적인 관계에 집중할 것으로 추정한다.

반면에 영성 지도자가 영신수련을 양성 과정으로 생각한다면, 영신수련 여정을 시작하기 전에 피정자가 반드시 치유되기를 기대하지는 않을 것이다. 그는 피정자가 그리스도 나라, 두 개의 깃발, 세 가지 부류의 사람들, 세 가지 단계의 겸손과 같은 다양한 부름에 오직 치유받는 쪽으로 반응할지라도 놀라지 않을 것이다. 그는 피정자가 나중에 영신수련 여정 중이나 끝난 뒤에 부름을 받는 상태에 들어갈 수도 있다는 것을 알게 될 것이다.

다양한 성숙 단계를 위한 영신수련

영신수련 본문은 나이, 건강, 관대함, 교육 그리고 부여받은 재능과 같은 피정자의 다양한 측면을 고려한다. 다양하게 준비할 수 있도록 기도 자료를 적용하는 여러 가지 제안과 암시가 있다. 영신수련 본문 자체는 치유가 더 필요할 것 같은 피정자에게 본문을 적용하는 방법을 제시하지 않았다.

일러두기[18]은 이나시오 시대에 교육받지 못한 '평범한' 사람에게 영신수련 첫째 주간과 영신수련 본문의 여러 가지 영적 도움을 사용하는 방법을 설명한다. 화해 성사를 강조했던 1950년대의 로마 가톨릭의 교구 사목 방침을 알고 있고 제대 앞의 신앙 고백altar call을 강조했던 복음주의 부흥 방법과 내용에 익숙한 나이 든 사람은 이나시오가 일러두기[18]에 따라서 첫째 주간에 적용한 방법을 이해하게 될 것이다. 우리는 첫째 주간의 이면에 있는 역동성보다 첫째 주간의 내용을 더 부각해야 한다.[6]

일러두기[19]는 영신수련 본문에서 이나시오가 설명하였듯이 일러두기[18]의 연장으로 보인다. 일러두기[19]가 피정자에게 한 가지 묵상을 한 뒤에 다른 것을 하라고 지시하면서, 반복의 필요성을 언급하지 않았음을 주목하라. 반복 없이 다른 것을 묵상한 뒤에 한 가지를 더 묵상하는 사람들은 누적 효과를 체험할 수도 있다. 꾸르실료는 근래에 들어 두 번째 회심을 더 촉진하면서 그와 같은 누적 효과를 발생시킨다. 아마도 이냐시오가 예상했던 체험은 두 번째 회심인데 즉, 예수님을 직접 만나서 관계를 형성하고, '다시 태어나는' 체험이다. 반면에 우리는 일러두기[20]에 따르는 영신수련의 첫째 주간에 반복이 들어 있다고 추정한다[62]. 나아가서 일러두기[19]에 따르면, 이냐시오가 일러두기 [20]에 따르는 영신수련에서 기대하는 유의미한 체험을 일러두기[19] 에서는 기대하지 않은 것처럼 보인다. 그러므로 우리는 영신수련 본문에 따라서 다음과 같은 프로그램으로 영신수련을 줄 수 있다.

 a) 화해 성사를 받도록 준비시켜 주는 프로그램[18]
 b) 내적으로 더 회심하도록 피정자를 준비시켜 주는 프로그램[19]
 c) 하느님을 섬기고 자신의 삶을 탁월하고도 온전하게 재정립하도록 도와 주는 영적 수련 설명서[20]

 치유받는 상태의 피정자에게 영신수련의 적용은 오늘날의 중요 과제 이다. 우리는 발전적 세계관을 가지고 변화하는 문화에서 살고 있다. 사회 과학자들은 이 시대를 탈근대주의라고 부른다. 우리 시대의 많은 사람이 지나치게 내면화되고 심리학적이기 때문에 많은 피정자가 언제 나 스스로 통합의 필요성을 느끼는 것은 당연하다. 달리 말하면, 우리의 상황이 불확실하고 우리가 우리 영에 영향을 주는 상황에 관심을 둘 시간과 여유가 있다면, 우리는 우리의 부서진 인간성을 계속 치유할 필요가 있다는 것을 깊이 깨닫게 될 것이다.[7]

두 개의 목적: 거룩함과 식별

전통적으로 주석가들은 일러두기[20]에 따르는 영신수련 여정의 목적을 다음과 같이 두 가지로 이해하고 있다.

1. 기도 배움터-하느님과 더 깊게 결합하도록 이끄는 수단.
2. 결정하는 수단-전반적이고 실제적으로 자기 삶에서 자신에 대한 하느님의 열망을 직접 발견하도록 고안된 방법.

수년에 걸쳐서 주석가들은 두 가지의 상대적 중요성을 토론했다.

기도 배움터는 영신수련의 목적인 성삼위와의 결합을 강조한다. 종종 우리는 영신수련을 하는 피정자의 깊은 복음 관상에서 이런 체험을 목격한다. 이 목적을 추구하는 영성 지도자는 이런 체험 신비가 나중에 매일의 삶에서 하느님을 섬기는 쪽으로 흘러가기를 기대한다. **결정하는 수단**은 선택을 강조한다. 후자를 강조하는 영성 지도자들은 기도 배움터 측면을 강조하는 사람들보다 선택과 식별을 더 분명하게 강조할 것이다. 이러한 우선순위에 대해서 여러 가지 입장이 있을지라도, 우리는 **영신수련 본문이, 선택하며 결정하는 과정에서 영들을 식별하는 규칙을 사용할 것으로 추정되는, 부름의 관점에서 작성되었다**는 것을 부인할 수 없다.

영신수련 ─ 사적이거나 공적인 활동

우리는 20세기의 다양한 특성에 따라서 영신수련에 주는 영향을 구별할 수 있다. 개인적이고Individual, 인격적이며Personal, 사적인Private 종교 체험과 인격적이고 사회적인Personal-Societal 종교 체험은 서로 구별된다.[8] 북미의 종교는 매우 개인적이 되었고 우리 자신을 매우 개인적으로 이해하기에 사람들은 자주 개인적이고, 인격적이며, 사적인 수준에서 영신수련을 한다. 즉, 영신수련은 공적인 측면에서 흘러나오지 않는다. 따라서 영신수련 여정에서 일어나는 내적 체험은 가정과 직장에서 도덕적이고 윤리적이며 자선을 베푸는 사람이 되려는 개인에게 도움을 줄 수도 있다. 그러한 종교 체험은 피정자들의 정신 구조와 그들이 속해있고 자신들도 모르게 유지하도록 도와주는 사회 구조에 미치는 그들의 향후 행동에 거의 영향을 주지 않는다. 지난 20년 동안 많은 영성 지도자들은 사회에 관심이 없는 피정자들이 종교 체험 후 그들을 지배하는 구조에 대해 스스로 의심하거나 저항하지 않는다는 점에 주목했다.[9] 다른 한편, 사회에 관심이 있는 피정자들은 사회적으로 영신수련의 효과를 더 잘 받아들인다. 다음의 도표는 이러한 두 가지 영성의 입장을 나열했다.

이 시점에서 지구의 역사와 영신수련 영성의 발전에 따라서 또 다른 구분이 필요하다. 피정자가 우리 문화의 당면한 필요에 따라 영신수련 효과를 얻으려면 그런 구분이 필요하다. 그것은 개인적-인격적-사적인 영성과 인격적-사회적인 영성 모두에 도움을 준다. 게다가 그것은 두 영성과 함께 있을 때조차도 두 영성을 넘어서는 영성을 지향한다. 이 패러다임은 공동체-사회communal-societal 영성이다.

개인적-인격적-사적 영성	인격적-사회 영성
• 죄를 하느님 그리고 사람들과의 인격적인 관계를 파괴한 것으로 이해한다. • 개인의 순수성과 자선을 다른 덕보다 더 가치 있게 여기고 그 결과 무책임한 성행위를 탐욕보다 더 악하다고 생각한다.	• 죄를 하느님 그리고 사람들과의 인격적인 관계를 파괴할 뿐만 아니라 다른 사람들을 노예로 만드는 사회적 구조를 파급시키는 것으로 이해한다. • 다른 덕보다 사회적 책임과 자선에 더 가치를 두고 그 결과 탐욕을 무책임한 성행위보다 더 악한 것으로 생각한다.
• 온전해지기 위한 필요에 집중한다. • 자신의 죄와 중독성 그리고 지난날 다른 사람의 죄가 준 영향으로부터 자유로워지는 데 집중한다.	• 온전한 사회에 필요한 것과 온전한 사회에 자유롭게 공헌하는 데 필요한 것에 집중한다.
• 다른 사람과 자신의 관계를 진전시키고자 예수님과 결합하기를 원한다.	• 악한 구조를 하느님의 강생 열망에 유익한 구조로 바꾸면서 은총이 깃든 구조 형성에 기여하고 돕기 위해 예수 그리스도와 결합하기를 원한다.
• 동정을 다른 사람을 사랑하려고 자신에게서 벗어난 것으로 이해한다.	• 동정을 공정한 자원 분배와 (다른 사람들과 협력하는) 지구 공동체 정신을 통해 더 정의로운 세상 건설을 돕는 것으로 이해하고 계발한다.

이러한 구분은 애매해서 당신은 내가 사용하는 '공동체'라는 용어를 오해할 수도 있다. 당신은 단지 사람들 사이의 관계나 사람들이 개인적이고 인격적이며 사적인 영성으로 남아있으면서 단체로서 한때 활동하거나 라르쉬L'Arche 가정이나 함께 사는 수도원 공동체의 단체와 같은 형태를 공동체라고 해석할 수도 있다. 이런 경우에, 공동체-사회 영성은 개인의 이익을 위해서 서로 협력하는 형태로 축소된다. 나의 실용적 정의는 다음과 같다.

공동체 — 사회 영성은 성숙한 그리스도인들이, 함께 식별하여 결정을 하고 지구에 대한 하느님의 열망에 함께 협력하며 행동하는 가운데, 그들 자신을 거대한 우주의 작은 부분으로 겸손하게 이해하고 받아들일 때 형성된다.

이 역사적인 순간에 인류는 오직 함께 행동함으로써 지구의 문제를 풀 수 있다. 우리는 이전과 전혀 다른 상황에 빠르게 들어가고 있다. 지구의 미래는 우리가 용기를 가지고 개인주의를 양보하며 이 시대에 소수만이 알고 있는 상호의존이라는 새로운 방법으로 함께 행동하는 것에 달려있다. 공동체-사회 영성은 우리의 사적인 문제와 온전해지고 싶은 인간의 욕구를 양보하고 더 절박한 문제와 공동선을 다루라고 요청하고 있다. 인간과 환경 그리고 사회 문제는 중요한 영적 문제와 더불어, 혼자서 일하는 개인만으로 더 이상 탁월하게 다루어질 수 없다. '오늘날 불안한 환경이 우리를 가장 많이 위협한다. 그것은 모든 국경을 넘나들고 우리가 공유하는 생태계에 영향을 준다. 생태계는 바뀌지 않을 것이다. 사고구조와 정치, 정부와 기관은 바뀔 수 있고 바뀌어야 한다.'[10] 결국 개개인은 2달러짜리 자메이카산 닭고기가 30달러로 둔갑하는 것을 혼자서 더 이상 막을 수 없다.

표면상으로 우리가 전에 혼자 또는 여럿이 함께 식별하고 기도해서 내린 결정은, 미래는 과거의 연속이었다는 맥락에서 언제나 미래를 생각한 것이었다. 지금 우리는 다음의 주장 외에는 미래에 대해 아무 생각도 없다. **우리가 의미 있고 책임감 있으며 적절하게 행동하기를 원하면 우리는 서로 새롭게 의존하면서 하느님을 섬기는 일을 결정하고 행동하도록 이끌릴 것이다.**

공동체-사회 영성은 개인적-인격적-사적이고, 인격적-사회적 패러다임에 다음 사항을 포함시킨다.

— 우리는 선의를 가진 타종교인들과 함께 일하는 방법을 안다.
— 우리는 사적이고 개인적인 선을 추구하기보다는 공동선을 추구할 정도
  로 자유로울 수 있다.
— 우리는 타인의 다양한 기술과 재능 그리고 깨달음을 사용할 수 있다.
— 우리는 생명life을 우리와 하느님 그리고 타인들과의 상호 작용으로 인식
  한다.
— 우리는 자원을 창조적으로 나누고 지구가 덜 파괴되도록 보호하는 일에
  철저하게 협력할 준비가 되어 있다.
— 우리는 생태적 관점에서[11] 우리 자신의 행위를 더 깊이 인식하면서, 모든
  피조물을 통하여 드러나는 하느님 말씀으로 생명을 인식한다.
— 우리는 우주에서 아주 작은 우리 자신을 인식하고, 매우 짧게 살고 있지만
  다른 사람들과 더불어 더 큰 우주 안에서 지구의 발전에 막대한 영향력을
  줄 수 있음을 알고 있다.
— 우리는 구원을 사적이고 개인적인 체험 너머의 공동 희망으로 인식한다.
— 우리는 느끼고, 바라며, 선택하고 다음의 진실을 지키며 산다. '우리는
  자연과 인간의 마음에 작용하며 우리를 치유하고 하나로 묶는 힘과 진리
  에 의존할 수 있다. 우리는 우주와 함께 춤을 추며 우리 가정의 정원인
  지구에서 공통 기반을 발견할 것이다.'[12]

스콜라 철학에는 다음과 같이 번역할 수 있는 라틴어 인식 원칙이
있다. '받아들이는 사람은 무엇이든 자신에게 맞게 받아들인다.'[13] 예를
들면, 둥근 그릇은 물을 둥글게 받는다. 우리가 색안경을 쓰면 거의

모든 사물은 그 색깔로 물들어 보인다. 같은 방법으로 사람은 대개 자신의 문화와 정신적 구조에 맞게 종교적인 체험을 한다.

이것은 매우 단순하고 상식적인 원리이다. 이 원리는 바오로가 독특하게 회심한 이후에도 자신의 문화인 노예 제도를 계속 수용했고 육성했던 이유를 아주 간명하게 설명한다. 이것은 사람들이 종교적 체험 방법과 삶 그리고 인간의 행위를 이해하는 데 특정한 방법에 어떻게 고착되는지 설명한다. 선량한 사람들과 심지어 영신수련을 체험한 사람들조차도 악한 노예 제도를 오랫동안 이해하느라 갈등했고 문화적 변혁을 거쳤다. 가부장 제도에 꽁꽁 묶여 있던 우리 자신을 이해하는 데 아주 오랜 세월이 걸렸다는 것을 생각해 보라. (자신들의 이해와 느낌 그리고 결정내리고 세상과 상호 작용하는 방법으로 이루어진) 문화적이고 정신적인 구조를

개인적 — 인격적 — 사적 영성 또는

인격적 — 사회 영성 또는

공동체 — 사회 영성에

근거한 사람들은 대개 그러한 영성의 패러다임에 따라서 영신수련의 은총을 받게 될 것이라는 사실은 놀라운 것이 아니다. 영신수련에 대한 이해와 기대 그리고 지도 실습과 관련된 질문 중에서 다음의 질문이 중요하다. 영성 지도자는 영신수련의 공동체-사회 영성을 체험하도록 피정자를 어떻게 준비시켜야 하는가?

영성 지도 사도직과 숙련 정도

우리가 실용적으로 설명하면서 마지막으로 관심을 두는 것은 영적 길잡이 또는 영성 지도자의 다양한 자질에 관한 용어이다. 우리는 결코 이 분야를 명확하게 구분하며 정의할 수는 없을 것이다. 그런 것이 있다면 아마도 그것은 영성 지도에 대한 모든 정의를 훼손할 것이다. 우리가 영성 지도를 '전문화하기' 위해 과학적이고 지성적인 정신 구조를 모방한다면 수련을 더 조종하려고 애쓰면서 그저 우리의 문화를 비인간적으로 만들어가는 전문가 과정 하나를 더 추가하고 있을 것이다. 우리가 우리 자신을 이러한 과정에 사로잡히게 허락해야 한다면, 우리는 아마도 영혼의 친구가 되는 영성 지도의 본질을 파괴하게 될 것이다. 반면에 서로 이해하도록 도와주는 실용적인 설명이 우리에게 필요하다. 다음은 나의 실용적인 정의이다.

기도 동반자prayer companion는 신앙인으로서 다른 사람과 함께할 수 있는 즉, 성숙한 그리스도인의 실천적인 지혜로 기도하면서 신앙 체험을 듣고 나눌 수 있는 사람이다. 그는 사람들에게 기도하고 내적인 체험을 성찰하는 기초를 가르칠 수 있다. 그는 개인 지도로 피정을 받았고 기도에 대한 워크숍에 참가했다. 그는 직접 지도했고, 듣는 방법을 훈련받았으며, 우리 문화에서 성숙한 성인이 지닐 정도의 기초적인 심리학을 알고 있다.

기도 길잡이prayer guide는 기도 동반자의 모든 자질을 지닌 사람이다. 게다가 그는 영신수련을 했고 듣는 방법을 좀 더 훈련받았으며, 영신수련 워크숍에 참가했고 적절히 지도 감독을 받으며 밖에서 안으로 접근하며 영신수련을 안내할 수 있다. 나아가서 그는 작은 규모의 기도 모임 프로그램을 만들 수 있고 교회에서 한 주간 동안 기도를 안내할 수 있다.

영신수련 지도자director of the Exercises는 기도 길잡이의 모든 자질을 갖춘 사람이다. 거기에다 그는 자신이 깊이 이해한 영신수련을 자신의 제2의 천성으로 만든다. 그는 동료의 지도 감독을 받으며 지도 모둠의 일원으로 영신수련을 지도할 수 있다.

영성 지도자spiritual director는 영신수련 지도자의 모든 자질을 갖춘 사람이다. 마찬가지로 그녀는 지속적인 영성 지도 기술을 전수받았고, 지도 감독도 받았다. 그녀는 다른 영성 전통을 구체적으로 알고 있고 이냐시오 영성에 있는 다른 전통 영성을 인식할 수 있고 이냐시오 영성에 없는 다른 전통 영성을 인식할 수 있다. 그녀는 유사한 방법으로 동료와 함께 실천적인 신학 성찰에 계속 참여할 수 있다.

이 책은

밖에서 안으로	그렇다.
안에서부터	아니다.
양성과정 습득	그렇다.
일생일대의 체험	아니다.
기도 배움터	그렇기도 하고 아니기도 하다.
결정하는 수단	그렇다.
일러두기[18]	아니다.
일러두기[19]	그렇다. 하지만 피정자가 이미 제2의 회심을 체험한 것으로 추정했다.
일러두기[20]	그렇기도 하고 아니기도 하다.
정화되는 상태	첫째 주간의 해당 자료에 대해 그렇다.
치유받는 상태	근본적으로는 아니다. 그러나 1장에서 19장

	까지 개방적으로 이것을 설명했다. 24장에서 이것을 깊이 다뤘다.
부름받는 상태	영신 수련의 내용을 문자 그대로 기도 길잡이에게 이해시키기 위한 훈련지침서이기 때문에 그렇다.
개인적-인격적-사적 영성	그렇다.
인격적-사회 영성	아니다. 그러나 이것을 개방적으로 설명했다.
공동체-사회 영성	아니다. 그러나 이것을 개방적으로 설명했다.
기도 동반자	이 정도의 자질을 갖출 것으로 보았다.
기도 길잡이	이 수준의 자질을 잘 사용하도록 사람들을 훈련하기 위해 쓰였다.
영신수련 지도자	지도자에게 이 정도의 자질을 갖추도록 도움을 줄 수 있다.
영성 지도자	지도자에게 이 정도의 자질을 갖추도록 도움을 줄 수도 있을 것이다. 어떤 부분(특히 제3~4부)은 먼저 이 수준에 맞추었다.

다양한 이냐시오 영성 센터 사이의 차이점

당신이 영신수련 영성을 교육하는 다양한 센터를 방문했다면, 당신은 영신수련 본문을 이해하고 다양하게 사용하는 그들의 관점을 체험했을 것이다. 영신수련 본문 자체에 대한 인식과 관련된 최근의 관점은 종종 우리가 이미 토론한 내용의 사용 여부를 결정한다. 그러므로 교사와 실습하는 사람들은 다음의 관점 중 하나나 여러 개를 조합해서 영신수련 본문에 먼저 접근한다.

역사적 관점

그들은 영신수련 본문의 역사를 이해하고 그 역사적 관점에서 영신수련의 의미를 규정한다. 그들이 오로지 역사적 관점에서 사용해야만 했다면 그들에게는 인식론적으로 본문을 이해하라고 강조하는 경향이 있을 것이다. 그들이 피정지도를 받으면서 영신수련의 역동을 경험하지 못했다면 특별히 더 그럴 것이다.

지속적인 인성 개발과 성장의 관점

그들은 영신수련을 인간의 성숙 과정으로 이해하고 주안점focal point에 집중하는 기도를 통하여 성장하도록 피정자를 안내한다. 그들의 주된 관심은 안에서부터 접근법으로 지속적인 영성 지도에 영신수련 영성을 사용한다.

실습으로 이해하는 관점

그들은 영신수련 본문을 문자 그대로 사용한다. 그러나 그들은 본문이 추정한 내적인 과정에 관심을 둔다. 그들은 이러한 과정을 통해 지도한다. 그들은 본문에 반응하고 응답하는 피정자의 양상에 주목한다. 그들은 현시점에서 그렇게 실제로 이해한 것으로 영신수련 본문의 확실한 의도에 관한 이론을 만든다. 그런 뒤에 그들은 그러한 새롭고 구체적인 체험에 따라 본문을 피정자들에게 적용한다.

신학적이고 문화적이며 역사적이고 문학적인 관점

그들은 서구 세계에 속한 다양한 문화와 역사를 통하여, 일반적으로는 영성을 구체적으로는 영신수련을 생각하고 체험하는 방법을 이해하고 있다. 그들은 본문이 쓰인 문화의 관점에서 영신수련 본문을 이해한다. 그리고 그들은 피정자가 기도하며 영신수련을 진행하도록 도와주는 가운데 피정자가 현재의 문화에 맞게 영신수련의 내용을 이해하도록 도와준다. 그들의 관심은 피정자의 사적이고 공적인 세계의 문화적 차이를 극복하는 것이다.

신학적 관점

그들은 조직 신학을 잘 이해하고 조직 신학에 대한 기초가 튼튼하다. 그들은 영신수련 본문과 본문이 제시하는 과정을 이해하고자 신학적이고 철학적으로 사고한다. 그들은 신학적으로 사고하며 피정자들의 이야기를 들어주고 피정자들이 체험을 처리하도록 도와준다.

성경적 관점

그들은 성경 주제의 관점에서 피정자가 이냐시오의 본문을 이해하고 해석하도록 도와주는 것을 최우선으로 삼는다. 결국 그들은 영신수련 여정을 준비하면서 피정자에게 성경 신학을 전유하라고appropriation 강조하고 권장하는 데 많은 시간을 보낸다.

이상적으로 보면 가르치는 사람들과 영성 지도자들은 이론과 실제에서 이 모든 관점으로 영신수련에 접근해야 한다. 그러나 대부분의 우리 삶을 고찰해보면 대개 일어나던 일이 일어나기 마련이다. 인간의 마음은 모든 상대적인 관점을 지니기 어렵기 때문에 언제나 하나 또는 두 개의 관점이 다른 관점을 지배하는 것처럼 보인다.

연구와 성찰 그리고 토론을 위한 자료

1. 영신수련 지도 실습에 관한 논문과 책을 평가하려면 여기 30장이 제시한 관점을 사용하라.
2. 상상으로 세계의 이냐시오 영성센터를 방문하라. 당신이 발견하고 싶은 센터의 전문가들과 강사들이 사용하는 관점은 어떤 것인가?
3. 영신수련을 이용하는 영적 길잡이가 삶에 대한 자신의 사고와 느낌에 영향을 주는 자신의 문화와 관습을 의식하지 못한 채 a) 북미 b) 유럽 c) 퀘벡 d) 로마에서 왔다면 그녀는 어떠한 관점을 사용할 것 같은가?
4. 나는 30장에서 '밖에서 안으로' 하는 접근법이 주로 피정자와 함께 식별하므로 '안에서부터' 하는 접근법보다 피정자에게 더 좋다고 제안했다. 당신은 이에 대해 동의하는가? 왜 동의하거나 동의하지 못하는가?

1) 그들은 특정한 움직임이 충분히 깊어지도록 허락하는 피정자를 의식해서 반복을 묵시적으로 사용한다. 그들은 그런 반복을 덜 의도적으로 사용하고 종종 명백하게 설명하거나 반복 기법을 말하지 않을 수도 있다.

2) 구엘프 영성센터와 펜실베이니아의 스크랜턴 대학에 있는 영성 연구소는 촉진 작업과 출판을 통하여 영신수련의 영성 원리를 매우 창조적이고 구체적으로 공동체 생활에 적용하며 진행하고 있다.

3) 우리는 우리 문화에서 그렇게 기대하는 것이 현실적인지 의심한다. 우리는 더 이상 고정된static 사회에 살고 있지 않다, 우리는 여행하고 오래 살며 성인adult이 되어 그냥 멈춰 있기보다는 발전하고 있는 우리 자신을 체험한다. 더 나아가서 미래는 과거의 연장이 아니다.

4) 이 문장 안에 포함된 생각을 제공한 구엘프 로욜라 하우스의 스태프인 일레인 프리고Elaine Frigo, CSSF에게 감사한다.

5) 사실 어떤 피정자에게는 영들을 식별하는 두 번째 규칙 세트는 거의 필요가 없다. 이 책 29장에서 영들을 식별하는 규칙, 특히 section III, '두 번째 규칙 세트'를 참조하라.

6) 기존의 로마 가톨릭교회 성인 입교 예식(RCIA) 프로그램에서 실행하는 회심 과정은 이냐시오가 일러두기[18]에서 예견한 것보다 더 발전적이다.

7) 전통적으로 우리 문화에서 치유는 언제나 필요하다. 우리의 심리학적 인식과 우리 자신의 독자성에 대한 강렬한 체험은 그런 필요성을 부각한다. 그래서 이 책은 치유받는 상태의 피정자에게 다양한 관점에서 영신수련을 사용하는 방법을 계속 설명한다.

8) 유기적 구조와 체계는 우리 자신과 환경을 생각하고 느끼는 패러다임과 복잡한 정신적 구조에 영향을 준다. 나는 '사회societal'라는 용어를 유기적 구조와 체계가 우리 삶의 체험에 주는 영향을 인식하고 이해하기 위해 사용했다. 그러한 영성의 양상에 관한 매우 유익한 논문을 보려면 제임스 키건James M. Keegan, *To Bring All Things Together*, "PRESENCE: An International Journal of Spiritual Direction", vol. 1 January 1995), 4ff를 참조하라.

9) 우리는 세대와 종교 그리고 영성이 여성들의 사회 체험에 대한 인식과 인지를 어떻게 방해했는지 올바로 성찰해야 한다.

10) 이것은 "Wounded Earth, Wonder Earth"라는 제목의 1989도 메리 사우써드Mary Southard의 달력에서 인용했다. 달력에 대한 문의는 Sister of St. Joseph, 1515 Ogden Ave., La Grange Park, Il., 60525-1798로 한다.

11) '어떤 세대도 우리가 무엇을 해야 한다고 요청받은 적이 없다: 우리가 보고 생각하며 평가하고 행동하는 모든 방법을 바꾸자. 자연을 잘 보존하는 것을 사회의 우선 문제로

삼아 경제, 폐기물 처리, 과소비에서 개인, 가족, 국가, 국제적인 습관을 고치자. 삶의 질을 부wealth 보다도 더 확실하게 높이 평가하자. 이전의 중대사(예, 인간 희생제물 폐지)에 대한 인류의 생각을 바꾸는 데 오랜 시간이 걸렸다. 우리가 반드시 생존하려면 반드시 빨리 변해야 한다. 그리고 거기에 추진 일정은 없다…', "Wounded Earth, Wonder Earth"라는 제목의 1989도 메리 사우써드의 달력.

12) "Wounded Earth, Wonder Earth"라는 제목의 1989도 메리 사우써드의 달력에서 인용함.

13) "Quidquid recipitur secundem modum recipientis recipitur."

14) 지적이고 종교적이며, 감정적이고, 도덕적이며, 사회적인 회심이 공동체 · 사회 영성에 꼭 필요한가? 우리는 부름받는 상태에서 영신수련을 하는 사람은 신앙적 발전Fowler과 도덕적 발전Kolhberg의 어느 단계에 있다고 보는가? 우리는 인간의 삶에 영향을 주는 중요한 문제를 구조적으로 파악하는 능력을 갖도록 피정자를 어떻게 준비시키는가?

4부

지속적인 영성 지도
: 몇 가지 이론과 조언

31장
지속적인 영성 지도의 초기 단계

.

안내문

일러두기[19] 또는 [20]에 따른 영신수련 여정은 유익한 구조의 역동 모델을 보여준다. 우리는 인식할 수 있는 영적 체험으로 그런 모델을 발전시킬 수 있다. 영신수련 지도자는 그런 역동과 구조로(방법, 주제, 신학 등) 영의 움직임을 식별할 수 있다. 일단 피정자가 수련 여정을 시작하면 영적 길잡이가 따라야 할 길이 있다.

그러나 수련 여정 밖의 상황은 어떤가? 오랜 기간 계속 진행되는 영성 지도에서 따를만한 길이 있는가? 저녁 기도 프로그램은 어떤가? 기도 체험 교육 과정은 어떤가? 일러두기[19]의 사전 준비 단계는 어떤가? 영적 길잡이가 영신수련 여정과 다르게 영성 지도하며 따를 수 있는 유익한 구조와 유사한 역동 모델이 있는가? 능숙한 영성 지도자들에게는 이런 질문이 중요하지 않을지도 모른다. 그러나 이런 질문은 영성 지도 기술의 증진이 필요한 영적 길잡이에게 중요하다. **31장은 영성 지도의**

초기 단계와 관련된 질문에 긍정적으로 응답했다. 또한 이 장은 그런 모델을 만들면서 긍정적으로 응답했다.

이 장은 지속적인 영성 지도의 초기 단계에서 영적 안내 그리고 임무와 과정을 이해하기 위해 일반overall 모델을 확립하자고 제안했다. 이 모델은 들은 것을 바탕으로 진행 방향을 좌우하는govern 믿음과 전제assumptions에 충실하도록 영적 길잡이를 도와준다. 이 모델은 다음과 같은 세 가지 기본 자료로부터 나온다.

— 영성 지도의 초기 단계에서 안내받고 안내했던 길잡이의 체험을 성찰한 자료.

— 30일 영신수련 침묵 피정을 사전에 준비하는 데 필요했던 자신의 체험을 다른 사람과 함께 성찰한 자료[20]. 70년대 전반부터 로욜라 하우스 지도자들은 이것을 체험하는 여러 가지 방법을 개발했다. 그들은 이렇게 사전에 준비하는 기간을 준비 기간Disposition Days이라고 불렀다. 나는 그들과 함께 일하고 영신수련 지도를 훈련시키면서 영성 지도의 초기 단계에 필요한 준비 기간 적용 방법을 배웠다.

— 모든 피정자에게 영성 지도 초기 단계에서 도움을 줄 수 있도록 설정한 가상의hypothetical 목적인 영신수련의 시작 요점에 대한 생각.

이 모델은 영신수련 여정의 사전 준비 단계를 전반적으로 이해하는 데 도움을 주는 것과 더불어 영적 양성과정 수립에도 도움을 준다. 초기 단계의 일반 모델을 양성과 사목에 실제로 적용할 수 있다는 주장은 일러두기[20]에 따르는 영신수련 여정의 시작 요점이 비교적 높은 수준의 영적 성숙을 추정한다는 것을 근거로 삼는다. 이 시작 요점은 피정자가 원리와 기초를 깊이 느껴서 알고 있으며 십자가에 달리신 예수님과 대화를 할 수 있을 것으로 본다. 우리는 피정자가 영신수련 여정의 첫날에 회고와 반복을 실행하는 능력을 갖출 것으로 기대한다. 이 모두는 일반적으로 그리고 특별히 영적으로 상당한 수준의 성숙을 보여준다. 우리는 이것을 관상적인 태도라고 부를 수 있다.[1]

관상적인 태도 조성하기

우리가 실용적으로 정의한다면, 관상적인 태도란 하느님께서 우리의 마음에 들어오시도록 허락하는 능력이다. '하느님의 말씀은 살아 있고 양날을 가진 칼처럼 활동하기에 … 마음속의 비밀스러운 감정을 드러냅니다'[2]라는 히브리서 4:14-16의 말씀처럼 하느님의 말씀이 우리의 내면에 영향을 주도록 허락할 때, 우리는 관상적인 태도를 지닌다. 우리는 진정한 반응이 일어나게 허락하고 하느님과 함께 일시적이 아니라 그 이상으로 우리 자신이 나약해지도록 허락할 수 있을 때 관상적으로 된다. 모든 친밀한 관계에서처럼 관계를 맺는 사람들 사이의 자유로운 움직임에서, 정직하게 표현되는 느낌에서, 사랑받고 받아들여지는 근본적인 믿음에서 그리고 상호관계에서 관상적인 태도가 드러난다. 이것이, 우리 서로가 사랑으로 의존되어 있다는 사실을 깊이 느껴서 이해한 것과 더불어, 영신수련 여정의 출발점이다.

하지만 영적 길잡이는 어떻게 피정자를 출발점으로 이끌고 하느님께 개방하도록 촉진해서, 일러두기[15]에 요약된 것처럼 하느님께서 그의 마음에 직접 들어갈 수 있게 할 것인가? 피정자가 자신의 기도와 삶에서 일어나는 내적인 움직임에 '주목하도록' 돕는 것이 정답이다. 또 다른 정답인 '주목하기'는 북미에서 1960년대부터 개발되고 폭넓게 사용되는 것과 같은 능동적이고 반영적인 경청으로 습득된다. 모든 전문 도우미들이 지니고 있을 것으로 추정되는 심리학적 지식이 이 기법에 들어 있다. 그러나 영성 지도에서 우선으로 집중해서 경청하는 것은 기도 체험 자체이다. **기도 길잡이는 특별히 영적 길잡이로서 먼저 기도 체험에서 일어나는 내적인 반응에 주목하고 그 뒤에 그녀의 삶이 기도 체험에 스며들 때 그녀의 삶에서 일어나는 내적인 반응에 주목하도록 피정자를 도와준다.** 당연히 영성 지도에는 다음과 같은 두 명의 신앙인person of faith이 있다. 그들은 기도 체험을 표현하는 신앙인과 그녀의 이야기를 듣고 그녀가 표현한 내적인 현실을 스스로 주목하도록 돕는 또 다른 신앙인이다.[3]

그러나 우리가 초기 모델에서 다뤄야 할 필요가 있는 추가 질문은 다음과 같다. 영적 길잡이는 피정자가 영적 안내를 받는 때와 나중에 더 이상 받지 않는 때의 상황에서 스스로 주목할 수 있도록 어떻게 도와줄 수 있는가? 이 질문은 인간적이고 영적인 성장 모두에 해당한다. 피정자는 능동적으로 주목하고 잇따르는 깨달음을 '비판적으로 성찰해서critical reflection' 의식적으로 결정을 할 때 인격적으로 성장한다. 피정자는 나중에 스스로 그리고 다른 사람과 협력하며 능동적으로 사용할 수 있는 성찰과 식별 기술을 발전시킬 때 영적으로 성장한다. 다른 사람이 주목하고 표현하도록 돕는 것은 기도 안내의 필수 요소이다. 그러나 우리는 그것만으로 영신수련에 근거를 둔 영성의 핵심이며 자발적인 그리스도의 제자 양성으로 추정되는 목적을 획득하지는 못한다.

그러므로 우리는 새롭게 떠오르는 모델에 반드시 다른 것을 포함해야 한다. 당신은 다음의 성찰에 담긴 것을 이미 알고 있다. 당신은 스스로 성찰하고 또는 다른 사람들과 토론하면서 자신의 목록을 쉽게 만들 수 있다. 당신은 연속 해설 2장 또는 더 상세한 미주에서 일부 목록을 확인할 수 있으나[4] 먼저 다음을 묵상하는 것이 당신에게 더 도움이 될 것이다.

연구와 성찰 그리고 토론을 위한 자료

초보 단계에서 안내받았거나 영적 길잡이를 했던 당신의 체험을 간단하게 성찰하라. 또한 다음과 같이 당신의 영신수련 체험을 성찰하라.

— 영신수련 여정의 초기 단계를 준비하면서 지도받은 체험.
— 영신수련 여정 전체에서 받은 주된 은총 몇 가지.

당신은 지금까지 이러한 체험을 성찰해서 제자리에 있어야만 했던 "여러 가지 사항things"의 목록을 나열함으로써 모든 영적 작업의 혜택을 받을 수 있다. 부정적인 체험조차도 이러한 성찰 수련을 위한 긍정적인 통찰을 제공할 수 있음을 명심하라.

당신이 자신의 체험을 성찰할 때, 당신은 '성경으로 기도하는 능력'을 예로 들어 나열할 수 있다. 성경으로 기도할 수 있으려면 어떤 것이 필요한가? 당신은 의심의 여지 없이 성경으로 기도할 수 있는 사람은 성경 구절을 찾을 수 있을 것으로 예상할 것이다. 또 당신은 어떤 방법이 성경으로 하는 기도에 유익하다고 생각해서 나열하겠는가?

또 다른 예가 있다. '현대의 문화에서 영적 성장의 초기 단계에 있는 사람은 다음을 인식해야 한다. 즉 우리는 인간 가족의 일원으로서 다른 사람들과 지구 돌봄에 협력하도록 부름을 받고 있다.' 당신이 이 목록을 갖고 있다고 생각해 보자. 근본적이고 피할 수 없는 그리스도인 제자 직분과 영성을 현실에서 이해하기 위해 여기에 첨가할 필요가 있는 것은 무엇인가? 당신은 의심의 여지 없이 피정자가 지구 돌봄에 관한 그리스도교 자료를 심각하게 읽고 생각했을 것으로 볼 수 있다.

다른 예로 당신은 '영적 성장은 무엇보다도 주도적인 하느님 은총의 결과이다.' 또는 비슷한 원리인 '모든 것은 선물이다'라는 것도 나열할 수 있다. 당신은 피정자가 이것을 진정으로 믿게 만들려면 어떤 항목items 을 배치할 필요가 있는가? 당신은 '삶에 대한 개방적인 태도'라든가 '삶은 신비라고 생각하면서 성장하기'라는 것으로 응답할 수도 있다.

내가 초보 영적 길잡이들에게 자신의 목록lists을 만들라고 요청할 때마다 그들은 당신이 앞의 수련에서 했던 것과 매우 비슷한 목록을 만든다. 그들 각자의 수준은 다를지라도 직관적으로 비슷하게 반응한다. **조금만 성찰하면 대부분의 초보 영적 길잡이들은 영적 여정을 살아온 사람들로서 영성 지도의 초기 단계에서 어떤 측면이 필요한지 직관으로 안다는 것이 요점이다.** 그들이 영신수련과 이에 상응하는 훈련으로 좋은 체험을 하고 있다면 그들은 아마도 더 집중해서 목록을 작성할 수 있을 것이다. 다음은 우리가 네 가지 범주로 나눌 수 있는 목록으로서 앞의 수련 성찰에서 나왔던 유의미한 것이다.

1. 최종적인 믿음과 이 믿음에서 나온 태도가 담긴 **영적 현실**reality**과 진실**truth. 이 범주에 속할 수 있는 측면은 다음의 질문에 응답한다. 영성 지도의 초기 단계에서 피정자를 기도하며 성장하고 은총을 받으며 복음적 가치를 지니게 하는 데 필요한 진실은 어떤 것인가? 달리 말하면 피정자가

영신수련의 유익한 은총을 받는 데 필요한 진실은 어떤 것인가?

2. **인격적 성장.** 당신은 영신수련 여정을 시작하거나 여러 달 동안 기도 안내를 받고 있는 피정자의 관점에서 볼 때 피정자가 어떻게 인격적으로 성장하기를 기대하는가? 예를 들면, 당신은 피정자가 다른 사람들과 좋은 관계를 유지하기를 바라는가? 자신보다도 다른 사람에게 마음 쓰기를 기대하는가? 납득할 만한 정도로 인격을 수양하기 바라는가?

3. **내적 체험의 발생과 성찰을 촉진하는 기도 방법과 성찰 기술.** 다양한 방법은 다양한 체험을 촉진한다. 찾고 있는 은총을 하느님께서 주실 것이라는 희망을 가지고 할 수 있는 것을 한다는 것이 이냐시오 영성의 원리이다. 계속해서 영성 지도를 받기 시작했거나 영신수련 여정에 들어가기로 정한 피정자에게 어떤 기도나 성찰이 도움이 되겠는가? 예를 들면 당신은 피정자가 복음 관상하기를 기대하는가? 기도 일기 작성을 기대하는가? 자신의 느낌을 예술적으로 표현하기를 기대하는가?

4. **공통**common**영성.** 영성은 무無에서 형성되지 않는다. 일반적으로 영성의 원리와 실천은 전통을 가지고 있다. 어떤 영적 전통은 그것들이 지지하는 주관적인 영적 체험을 이해하고 균형을 잡아주는 일정한 구조를 구성한다. 종종 이런 전통은 우리가 참여하는 외적이고 공통적인 정체성을 우리에게 제공하는 기성 종교나 수도회와 연결된다. 이 범주에 속하는 측면은 다음의 질문에 응답한다. 피정자의 신앙 전통에 적절하게 맞아야 하는 실천과 믿음 그리고 가치는 어떤 것인가? 예를 들면 당신은 피정자가 자신의 전통적 성사를 이해하기를 예상하는가? 성경 구절을 발견하기를 예상하는가? 평신도 사도직을 이해하기를 예상하는가? 아침저녁 기도를 드리고 신앙 공동체 전례에 정기적으로 참여하기를 예상하는가?

우리가 이 모델을 계속 발전시키기 전에 앞의 4번 공통 영성과 관련된 몇 가지를 살펴보자. 피정자가 기도 안내의 초기 단계에 있는 캐나다 성공회 신자라면 우리는 그가 성공회 근본 전통과 역사, 관습, 예배 방법 그리고 독창적인 교파의 가치 등을 알고 있을 것으로 예상한다. 기도 안내의 초기 단계에 있는 로마 가톨릭 신자는 로마 가톨릭 공통 영성을 전유appropriate해야 한다. 기도 안내의 초기 단계에 있는 장로교 신자는 장로교 공통 영성을 전유해야 한다. 다른 종파 신자도 마찬가지다. 피정자가 어떤 교파에 능동적으로 참여하고 있다면 우리는 이 모든 것 또한 잘 적용할 수 있다. 피정자가 자신의 종교를 실천하지 않고 있으나 계속 주어진 것에 호감을 갖고 있다면 우리는 그것도 적용할 수 있다.

가상의 피정자에 대해서는 이 정도면 충분하다. 피정자의 교파가 일관된 제도나 신앙적이고 실천적인 구조와 연결되지 않은 것처럼 보일 때, 우리는 구체적이고 독특한 상황에 있는 피정자가 속한 전통에 대한 관심을 매우 다르게 적용할 수 있다. 피정자가 자신이 속한 전통에서 너무 멀어졌을 때 적용은 더 문제가 된다. 우리는 이러한 상황에서 자신의 뿌리에 적용하거나 전통과 연결하려는 피정자의 욕구를 다음과 같은 방법으로 해결할 수 있다. 그것은 기도와 영적인 삶으로 이끌리고 있는 피정자들의 가치를 적용하고 융합하는 것이다.

1. 예배드리는 공동체에 속하는 것은 대체로 도움이 된다.
2. 피정자가 영적 여정과 관련된 공동체의 이야기와 지혜를 나누면 더 도움이 된다.
3. 진행이 어려워지고 피정자가 혼란하거나 진정한 체험을 인식할 수 없을

때, 피정자는 종종 자신의 전통이나 다른 전통에서 나온 다른 이들의 지혜가 필요하다.

4. 자신의 종교적 배경에 불만족한 피정자를 돕는 것 또한 영적 길잡이의 몫이다. 때로 그것은 피정자 자신의 전통을 수용하게 도와주는 기반을 마련해 줄 수 있거나 다른 전통의 지혜를 수용하게 도와주는 기초를 마련해 줄 수 있다.

대체로 주관적 영적 체험은 진실에 대한 내적 일관성뿐만 아니라 과거와 현재 사람들과의 상호작용에서 드러나는 증거로 신뢰를 받는다.

연구, 성찰, 토론을 위한 자료

이 시점에서 기도 안내나 영성 지도의 초기 단계에 필요한 것을 다시 곰곰이 읽고 생각해 보라. 그 뒤에, 당신의 목록을 완성하고 네 범주 중 하나에 각 양상을 다시 조합하라.

내가 지금 이 과제를 제안하는 이유는 당신의 지도받은 체험과 영신 수련의 시작 요점에 대한 이해를 바탕으로 자신의 직관을 믿을 수 있는 방법을 설명하기 위해서이다. 그러면 당신은 초기 단계 모델에 필요한 몇 가지 요소를 구성할 수 있다.

나는 당신이 직관으로 알고 있는 영적 안내의 초기 단계에 필요한 사항을 설명했으니 초기 단계 모델을 다음과 같이 제시하겠다.

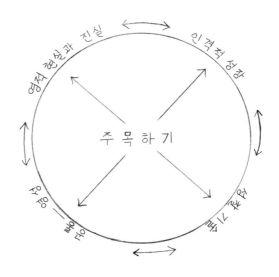

원과 화살표가 원을 따라서 핵심 요점의 앞뒤로 움직이는 이유는
무엇인가? 그것은 더 앞으로 움직이는 후기 단계의 역동과 달리, 영적
길잡이의 활동이 초기 단계에는 '모든 곳에 걸쳐 있는' 것처럼 보이기
때문이다. 영적 길잡이와 피정자 사이의 상호작용은 피정자가 기도로
체험하고 있는 내적 현실에 주목하도록 잘 도와주고 기도할 때 그것을
하느님께 잘 표현하도록 북돋아 줄 것이다. 그러나 영적 길잡이는 초기
단계의 주된 활동뿐만 아니라, 다른 여러 방법을 조합하며 임무를 수행한
다. 때때로 영적 길잡이는 발레 선생, 사목 상담자, 교육자, 길잡이 그리고
영적 벗이라는 역할을 수행한다.

발레 선생으로서의 영적 길잡이는(동기를 부여하고, 가르치고, 예를 들어
주며) 앞의 것을 조화롭게 실행하도록 피정자를 격려한다. 다양한 전통에

[그림 1기 영성 지도의 초기 단계 모델]

는 습득해야 할 다양한 관습이 있을 것이다. 어떤 관습은 하느님께 받은 영향에 마음을 향하도록 도와준다. 다른 관습은 피정자의 내적인 반응에 집중함으로써 이러한 영향을 주목하도록 피정자를 도와준다. 또 다른 관습은 피정자의 영성을 외적으로 표현하는 경배 방법을 담고 있다.

사목 상담가로서의 기도 길잡이는 피정자가 자신만의 하느님 이미지를 만나게 도와주고 그 이미지의 발전과 변화에 도움을 준다. 성경 전통에서 보면 영의 치유는 궁극적으로 탁월한 상담과 치유 기법의 문제가 아니다. 그것은 하느님의 백성과 함께하신 하느님의 업적에 관한 성경의 이야기를 통해서 하느님과의 관계를 맺는 우리 자신을 발견하는 것이다. 이것은 그리스도교 전통에서 예수님을 통해서 표현된다. 우리가 치유의 필요성을 깨닫고 이해할지라도 실제 치유 과정은 이성적이거나 프로그램대로 진행되지 않는다. 치유는 우리 자신의 삶에 대해 말하기를 배우는 것 그 이상이다. 따라서 우리는 하느님의 이야기에 비추어서 우리들의 이야기를 재구성하며, 공동체의 종교 의식인 전례와 상징을 통하여 삶의 신비를 수용하도록 우리 자신을 열어야 한다.[5] 의심할 것 없이 더 완벽하게 그리스도의 이야기에 들어가도록 피정자를 도와주는 경청 기법은 심리 치료 상담사의 기법과 유사할 때가 있다. 그러나 실제로 그 기법을 사용하는 것과 논리적 근거로 보면 관심의 대상이 다르다. 이렇게 실행하는 영적 길잡이의 역할은 사목 상담가의 역할에 비해 더 비유적일 수도 있다.

교사로서의 기도 길잡이는 나중에 지속적인 영성 지도나 영신수련 여정에서 진행하는 식별에 필요한 공통 기반matrix 기술을 가르친다. 이것은 하느님의 은총에 마음을 열도록 피정자를 도와주는 영적 진실을 드러내는 것을 포함한다.

기도 길잡이로서의 그는 성경 구절을 제시하고 사용법을 제시한다. 그는 피정자가 하느님을 더 깊은 차원에서 직접 만나고 모델에 담긴 영적 진실을 알고 이해하여 자신의 것으로 만들기를 기대한다. 기도 길잡이는 피정자가 성경 구절로 기도하면서 일어나는 내적 움직임을 존중하고 주목하도록 도와준다[2], [15]. 그는 하느님의 영향을 받아들일 수 있도록 피정자를 잘 준비시키고자 예술, 시, 문학, 진흙, 영상물 등과 같은 자료의 사용을 제안할 수도 있다.

영적 친구로서의 그는 친구 사이의 친밀감이라고 규정한 비밀 유지, 신뢰, 성실성 그리고 정직과 같은 것으로 피정자와 관계를 맺는다. 그들은 영적 여정에서 동반자가 된다. 영적 길잡이가 여정을 따라가고 일부 분야에 익숙할 때부터 그는 친구로서 주고받는 분위기에서 피정자에게서 알아낸 것을 때때로 나눌 수 있다. 그러나 영적 길잡이와 피정자의 관계는 흔히 말하는 친구는 아니다. 친구 사이의 친밀감으로 규정하는 영적 길잡이와 피정자 사이의 개방과 의존이라는 특징은 전반적으로 달라야 한다. 즉, 간격이 모호해져서 역할의 혼돈이 일어나면 영적 길잡이의 기초가 바로 흔들린다. 영적 친구에서 말하는 '영혼'은 일종의 결합이고 각자의 신비에 대한 깊은 존경으로서 마음과 마음이 연결됨을 내포한다. 몇 년이 지난 뒤, 피정자는 그러한 관계를 하느님의 사랑스러운 돌봄의 표징으로 생각해서 자주 감사하며 기억할 것이다.

영적 길잡이가 이렇게 앞뒤로 움직이는 원의 다양한 요소를 통하여 피정자를 안내하면서 바라는 것은 무엇인가? 그것은 관상적인 태도의 형성과 열거된 개별 요소의 충분한 전유이다. 피정자에게서 깊이 느낀 깨달음과 더불어 이러한 측면이 떠오를 때, 영적 길잡이는 덜 능동적으로 피정자의 체험을 따라가며 균형 잡힌 저울처럼 피정자와 함께할 수 있다[15]. 이러한 균형은 영신수련의 일러두기[2], [15], [22] 그리고 [231]에 표현되어 있다.

왜 우리는 작성한 목록을 있는 그대로 간단하게 사용하지 않는가? 왜 우리는 다양한 요소components를 범주에 전혀 포함시키지 않는가? 이유는 단순하다. 그것이 우리를 사소하게 자극할 수도 있기 때문이다. 내적 체험을 주목하고 하느님께 체험을 대화로 표현하도록 피정자를 돕는 활동 외에, 꼭 필요한 사항은 우리가 각 범주에서 창출한 항목items이 아니라 네 가지 범주이다. 다양한 영적 길잡이들은 자신들의 초기 단계 체험을 성찰하면서 자신만의 목록을 만들 것이다. 영적 길잡이는 먼저 이러한 범주의 필요성을 이해한 후 주목하도록 도와주는 역동을 첨가한다. 그리고 그는 같은 요소를 계속 반복하며 다양하게 돌아오는 주기적인 활동을 첨가하고, 떠오르는 관상적인 태도도 첨가한다. 그러고 나서 영적 길잡이는 자신의 직관과 하느님의 은총을 신뢰할 때 이 모델을 기도 안내의 다양한 상황에 자연스럽게 적용할 수 있을 것이다.[6] 어떤 독자에게는 다양한 설정이나 여러 가지 범주로 생각하는 것이 더 도움이 될 수도 있다. 의심할 것 없이 더 많은 범주를 포함한 모델은 잘 작동할 것이다.

당신은 기도 안내의 초기 단계에서 작동하는operational 믿음과 직관에 대한 성찰 자체를 의심할 수도 있고 다음과 같이 질문할 수도 있다. "도대체 왜 네 개의 범주에 속하는 목록을 걱정해야 하는가? 왜 신앙으로 내적 체험을 주목하도록 피정자를 도와주는 기술을 단순하게 사용하지 않는가?" 답은 다음과 같이 요약된다. 네 개의 범주에 집중하지 않으면 영적 길잡이는 '신앙을 가지고 오직 심리적으로' 안내하는 위험을 감수한다. 이것은 그 자체로 나쁘지는 않으나 우리가 기법의 본질을 주목하지 않으면 우리는 무작정 심리학 모델만을 사용하는 위험을 감수한다. 어떤 영적 길잡이들에게 작용하는 믿음은 신앙, 기도 체험, 종교 용어뿐만 아니라 심리학적 소양도 기도 안내 임무를 완성하는 것처럼 보인다.[7] 그러나 우리는 심리학적 소양만으로 삶의 의미를 근본적으로 다루는 영적 안내의 목적을 성취하지 못한다. 나는 이 주제를 33장의 '영적이고 심리적인 지평과 영성 지도 패러다임'에서 탐구했다.

우리는 영성 지도 초기 단계 모델을 일러두기[19]에 따른 영신수련 여정을 준비하고 있는 피정자에게 어떻게 적용하는가? 이 책의 처음 다섯 장은 그러한 적용을 생생하게 보여준다. 그 장들은 다섯이나 여섯 주간의 영신수련 여정 준비를 설명한다. 신축적인 아코디언의 밴드처럼 우리는 똑같은 자료를 9개월로 늘려서 개인이나 모둠의 사람들에게 적용할 수도 있다. 내가 이 책에서 제시한 처음의 다섯 개나 여섯 개의 기도 자료를 사용하는 것이 영적 길잡이에게 꼭 필요한가? 당연히 그렇지 않다. 기도 자료와 기재된 순서는 그저 제안일 뿐이다. 중요한 것은 오로지 주목하기와 원으로 표현된 네 개의 범주이다.

31장 미주

1) 더 많은 연구와 성찰을 하려면 윌리엄 A. 배리, S. J.와 윌리엄 J. 코넬리, S. J.의 *The Practice of Spiritual Direction* (New York: The Seabury Press, 1982)를 참조하라. 내가 관상적 태도를 위해서 넌지시 비친 요소는 이 책이 잘 설명한 모든 것을 포함한다.

2) 이 번역은 예루살렘 성경의 영어 원본을 인용했다.

3) 피정자는 기도와 삶에서 겪은 체험을 표현한다. 이 표현에는 피정자의 자연스러운 반응인 느낌·생각·욕구·판단 등이 담겨 있다. 때로는 이것이 분명하게 표현되나 피정자 스스로 무슨 일이 일어나고 있는지 확인할 때보다도 오히려 덜 분명하다. 영적 길잡이는 말해진 것, 남겨진 것, 내포된 것 그리고 현재의 느낌에 주의 깊게 집중함으로써 피정자가 자신의 느낌과 생각을 규명하도록 듣고 도와준다. 그래서 피정자는 반응의 방향을 점차 인식하면서 반응 뒤에 있는 의미를 발견하기 시작한다. 이것이 기도 길잡이가 피정자에게 주목하도록 돕는 내적인 현실이다. 이것을 더 깊게 연구한 것은 배리와 코넬리의 *The Practice of Spiritual Direction*에 들어있다.

4) 다음은 영적 길잡이가 영성 지도 초기 단계에 있는 피정자가 발전시킬 것이라고 본 능력으로서 다루며, 찾고, 바라는 것이다.

　　— 성경으로 기도
　　— 기도하면서 긴장 풀기
　　— 주도권을 갖고 기도와 영성으로 우리를 성장시키는 하느님 인식
　　— 회고
　　— 의존되고 사랑받는 피조물성 체험
　　— 영적 자유를 어느 정도 이해하고 영적 자유를 원함-적어도 영적 자유를 머리로 파악
　　— 은총과 은총의 중요성 이해
　　— 의식 성찰
　　— 공동체 경배와 성사의 의미와 필요성에 대한 인식
　　— 다양한 기도 자세 유지와 몸과 마음의 관계 이용
　　— 환경에 대한 현실적인 책임 이해
　　— 하느님의 거룩함 감지
　　— 하느님의 뜻과 인간 책임의 상호작용에 대한 균형 잡힌 신앙과 이해. 즉, 하느님의 뜻은 우리가 발견해야 할 미리 만들어진 청사진이 아니다.
　　— 기도 일기 작성
　　— 일의 구조와 일정 그리고 협력을 통해 다른 이들의 현실적인 필요에 적응
　　— 성경을 통하여 자신의 길을 발견

− 유머감각
  − 삶에 대한 개방적인 태도: 삶을 문제보다는 신비로 받아들임
  − 자신의 재능과 약점을 현실적으로 수용
  − 숨은 동기와 일어나는 충동 인식
  − 하느님과 자신의 이미지 제고 열망
  − 기도하면서 상상력 사용 − 느낌 표현 능력
  − 의식의 바로 밑에 있으면서 미처 의식하지 못한 느낌에 하느님께서 다가오시게 허락
  − 자긍심
  − 자유로워질 필요가 있는 자신의 삶 인식
  − 제자 직분을 다른 이들과 협력하며 활동하라는 부름으로 인식. 그리스도 제자 직분은 더 나은 구조를 위해 의욕적으로 일하는 것이다. 우리는 성숙한 그리스도인으로서 정치적인 역할이나 공공의 삶을 다른 방법으로 실천해야만 한다는 사실을 어느 정도 인식해야 한다.

5) 나는 이것을 이 31장을 위해서 각색했고 캐롤라인 도슨Caroline Dawson, IBVM, D. Min.,과 마크 멀둔Mark Muldoon, Ph. D.,이 *the Way* (April 1996)에 내 도움을 받아 작성하고 게재한 소논문 "Church and the Sea of Life: Ship or Lifeboat?"에서 인용했다.

6) 이 모델은 다음과 같은 여러 가지 경우에 활용된다. 지속적인 영성 지도, 개인 지도 성당 피정, 영신수련 준비 기간, 일정 기간의 개인 지도 피정, 강의 피정, 대학생들과 함께하는 사순절 프로그램 등이다.

7) 여기서 '작동하는Operational'의 의미는 우리의 실천에 내포된 구체적인 신앙이지 의식적이거나 고정된 신앙이 아니다. 우리 모두가 잘 알고 있듯이 하느님, 자신 그리고 다른 이들과 우리가 관계하는 방법에 대한 실제 이미지는 이론과 우리 스스로에게 설명하는 것과 종종 일치하지 않는다.

감사는 하느님께서 우리에게 허락하신 놀라운 덕목이다. 우리가 감사를 드릴 수 있기에 감사하는 마음은 놀라운 선물이다. 우리는 감사하면서 동시에 이기적이거나 인색할 수 없다. 우리의 마음에 그런 자리는 없다. 우리가 받은 축복에 진정으로 감사하면 질투하거나 부러워하지 않는다. 우리는 하찮거나 작지 않다. 그래서 우리는 오늘과… 수년 동안 일어났던 일에 대해 하느님께 감사드린다.

— 브라이언 매시Brian Massey, S.J.의 25주년 기념식 소감에서 인용

32장
기도 역동으로 본 회심 주기와 프로그램 고안

    우리는 대부분의 종교 체험과 마찬가지로 다양하게 회심conversion을 생각할 수 있다. 어떤 사람들은 회심을 새로운 삶을 이끄시는 하느님의 현존에 대한 놀라운 깨달음이라고 생각한다. 다른 이들은 죄를 용서받는 놀라운 체험을 떠올린다. 어떤 사람은 다마스쿠스로 가는 길에서 바오로에게 일어났던 것과 같은 놀라운 사건을 상상한다. 많은 사람은 양심이 놀랍게 바로 잡힌 것을 회심이라고 말한다. 나는 모든 다양한 종류의 회심을 32장에서 다루었다. 나는 성숙한 그리스도인은 영적인 여정에서 다양하게 회심하면서 더 통합된다고 알고 있다. 회심은 종교적이든, 도덕적이든, 감정적이든, 지적이든, 사회적이든 관계없이 결국에는 성숙한 그리스도인의 지평을 넓혀주어야 한다.

    그리스도인 회심의 필수 요소는 예수 그리스도 안에서 사는 우리에게 영향을 주는 자유로운 결정이다. 결정이 내려질 때 마음과 양심에서 변화가 일어난다. 우리는 베드로의 내적 체험을 예로 들 수 있다. 우리와 마찬가지로 그는 자신의 피조물성과 죄를 인식하고 예수님의 사명에 담긴 신비를 더 깊이 깨달음으로써 예수님에게서 처음에 느낀 매력과 다른 다양한 종교적인 체험을 하였다.

베드로는 예수님을 처음 만났을 때 "회심"했을까(요한 1)? 또는 그는 죄인이면서도 부름받는 놀라운 체험을 했을 때 회심했을까(루카 5)? 또는 그는 놀라운 사건을 깨달았을 때 회심했을까(마태 16:16)? 또는 그는 용서해주시는 예수님의 사랑을 체험했을 때 회심했을까(요한 21)? 또는 그는 오순절에 회심했을까(사도2)? 베드로의 모든 종교적인 체험은 하느님과 더 깊이 결합하고 세상을 향해 더 많이 열게 만드는 지속적인 회심과 어느 정도 관계가 있다. 이 모든 것은 베드로의 다양한 양심의 차원에서 새로운 지평을 여는 회심이다. 베드로의 삶에서 일어난 각각의 사건 대부분은 **그의 의식 변화를 대변하고 그의 세계관을 포기하도록 결정하는 데 필요한 방법을 그에게 알려줬다.** 베드로는 사도직을 실행하면서 오랜 세월 자신을 이끌어온 것과 매우 다른 새로운 지평을 향해 회심하였다. 베드로는 영적 여정의 끝에 이르자 다음과 같은 이미지를 포기하도록 부름을 받았다. 그것은 창조에 대한 이미지와(사도 10), 세상에서 활동하시는 하느님의 방법에 대한 이미지 그리고 하느님에 대한 이미지이다. 베드로는 마침내 하느님의 영이 유대인 형제자매들보다도 이방인들에게 먼저 올 수 있다는 것을 받아들였다.

베드로처럼 우리 자신의 종교적인 체험인 받아들여짐, 용서, 부름받음, 피조물, 굴복, 제자 직분은 그것 자체로 회심이고 더 근원적인 회심으로 향하는 움직임이다. 영적 여정에 따라서 일어나는 움직임은 회심 주기conversion cycle를 따라서 움직인다. 우리는 양심의 차원에서 회심이 필요하다. 근본적인 것은 회심이 일어나는 현상이 아니라, 전반적인 삶이나 하느님께 마음을 두고 자유롭게 내린 결정이다. 이러한 결정은 더 모호하고 덜 극적으로 내려질 수도 있다. 하지만 그런 결정은 마음의 변화, 삶에 대한 근본적인 태도의 변화, 새로운 존재 방법, 새로 태어남이라는 '개심(開心, metanoia)'이다.

일반적으로 외적인 사건과 그것과 더불어 발생하는 내적이고 주관적인 체험은 회심 과정에서 일어나는 정화작용과 같다. 주관적이고 내적인 움직임은 우리가 회심이라고 부르는 회심의 결과로써, 결정을 종종 유발한다. 때때로 내적 움직임은 더 모호하고 덜 분명하게 감지된다. 때때로 내적 움직임은 전혀 존재하지 않을 수도 있다. 내적인 움직임이 분명해질 때, 우리는 한 사람의 다양한 삶에서 일어나고 다소 일반적인 패턴에 따라서 움직임을 종종 식별할 수 있다.

회심 현상이 부차적임에도 회심의 기본 패턴에 대한 이해는 영적 안내의 유용한 수단이 될 수 있다. 우리는 바오로의 회심 같은 기본적이고 극적인 회심이나 영적 여정에서 만나는 여러 가지 기본적인 회심 체험의 패턴으로 일반적인 영적 여정의 공통점을 이해할 수 있다. 극적인 사건이나 일련의 과정에서 모든 회심은 몇 가지 공통점이 있다. 우리는 이러한 요소를 머지않아 한 점(·)에 모으거나 여러 개의 점으로(······) 나열할 수 있다. 그렇게 되는 이유는 회심의 요소는 싹을 틔우고 가지를 뻗어 눈을 만들고 잎을 펼치는 씨 뿌리는 과정처럼 하나의 모습이 다른 모습으로 바뀌는 유기체이기 때문이다. 씨는 커다란 나무로 자랄 때까지 하나의 모습이 일정 기간에 걸쳐서 다른 모습으로 바뀐다. 떡갈나무는 상수리 안에 들어 있고 상수리는 떡갈나무 안에 들어 있다.

우리는 회심의 일반적이고 유기적인 패턴을 어느 정도 예측할 수 있다. 따라서 기도 길잡이는 전형적인 회심 체험의 역동을 영성 지도에서 들은 체험을 이해하고 해석하며 판단하기 위한 모델로 사용할 수 있다.

게다가 모델을 실제로 적용한 많은 경우가 여기 32장의 뒷부분에 있다.

이것을 마음에 두고 회심 체험을 다음과 같이 분류해 보자. 1) 바오로의 회심, 2) 일생의 기도에서 일어나는 전형적인 회심, 3) 첫째 주간의 전형적인 회심, 4) 한 번의 기도에서 일어나는 회심.

바오로의 회심

바오로는 다마스쿠스로 가는 길에서 부활하신 주 예수님의 발현에 사로잡힌다. 우리는 바오로의 체험이 보여주는 다양한 양상을 주목하고 나중에 바오로의 체험 성찰을 숙고함으로써 독특한 이 사건을 이해할 수 있다.

(사도 9:3-4) 갑자기 하늘에서 빛이 번쩍이며 그에게 비추었다. 바오로는 땅에 엎드렸다.

여기서 바오로가 체험한 무기력을 살펴보자. 그의 실명blindness은 그가 자신 안에서 발견하고 재확인한 무기력이다. 이것은 자신의 목적을 광적으로 확신하고, 히브리인이며 로마 시민인, 자신이 하는 일을 가장 확실하게 알고 있으며 자기 민족 가운데서 지위를 누리는 교만한 사람의 체험이다. 그는 나중에 체험을 성찰하면서 이것을 깨닫는다.

(필리 3:5 이하) 이 모든 것을 쓰레기로 여겼기에 나는 그리스도를 얻으렵니다.

그는 이렇게 깨닫고 모든 과거를 새롭게 본다.

(로마서 7:14 이하) 나는 죽어야 될 사람이고 죄의 종으로 팔렸습니다. 나는 내가 하는 일을 알 수 없습니다. 내가 하고픈 일은 하지 않고 있으니 말입니다.

그는 거의 맹목적인 광신에 이끌렸던 것처럼 과거의 모든 노력을 '하고 싶지 않았던 것을 하면서' 교회를 박해하는 데 쏟은 것으로 해석한다. 바오로는 다음과 같이 말하면서 단연코 이 한순간에 스스로 죄인임을 깨달았다고 표현한다.

(에페 2:2-5) 사실 우리 모두는 그들과 같았고 육적인 욕망에 따라 살면서 육과 마음이 바라는 대로 따랐습니다.

그는 자신의 과거를 '자연적 욕망에 따른 삶'으로 규정한다. 그는 다른 곳에서 이것을 더 적나라하게 제시한다.

(I티모 1:15) 예수 그리스도께서 죄인들을 구원하시려고 이 세상에 오셨습니다. 나는 죄인들 가운데에서 첫째가는 사람입니다. 그러나 하느님께서는 나에게 자비를 베푸셨습니다.

자신을 속이는 교만과 무지의 거미줄에 사로잡힌 죄인인 바오로가 빛을 받는다. 또한 바오로는 자신을 중독이나 멍에에서 벗어나게 해주고 다른 방법으로 예수님을 섬기라고 부르시는 하느님의 사랑도 권능으로 체험한다.

(갈라 1:14-24) 그러나 어머니 배 속에 있을 때부터 따로 뽑으시어, 내가

복음을 가르칠 수 있도록 당신의 아드님을 내게 계시해 주셨습니다.

이 사건으로 바오로는 또한 예수님과 직접적인 관계를 맺는다.

(필리 3:10 이하) 내가 바라는 것은 그리스도를 알고 그리스도의 부활 능력을 깨달으며 그리스도와 고난을 같이 나누고 그리스도를 닮는 것입니다. 나는 그리스도 예수님께서 이미 나를 당신 것으로 삼으셨다는 그 상을 얻기 위하여 노력하고 있습니다.

이제 관계는 형성된다. 게다가 바오로가 현실을 다르게 다루도록 결정에 영향을 주는 변화가 그의 의식에서 일어난다. 어떤 의미에서, 그는 그렇게 체험하면서 규범적programmatic 인간에서 영적pneumatic 인간으로 바뀐다.[1] 법과 질서에 바탕을 둔 그의 종교관은 인격적 사랑의 관계에 바탕을 둔 종교관으로 바뀐다. 바오로는 이런 회심을 통하여 그리스도의 영에 따라 살고 생각하는 새로운 길을 가기로 결정한다.

바오로의 삶에서 일어난 이와 같은 중요 사건에 담긴 다양한 양상을 성찰해 볼 때, 우리는 체험의 가상적인 시점으로 이 체험을 생각할 수 있다. 우리는 이렇게 진행하면서 사건이 실제로 그렇게 일어났다고 말하려는 것이 아니다. 그러나 우리는 이러한 조합이 한 가지 회심 사건의 다음과 같은 양상을 대변한다는 것을 제시하겠다.

  a) 무기력감을 극복.
  b) 죄인인 자신의 상태(깊이 인식한 교만, 자기기만, 타인 박해, 독선)가 빛을 받음.

c) 새로운 사고방식, 용서, 치유를 통하여 굴레에서 벗어남.

d) 예수님과 새롭게 연결됨.

e) 법을 사랑함에서 법이 가리키는 사람을 사랑하는 쪽으로 바뀌며 새로운 종교인이 됨.

f) 사랑스럽게 섬기며 반응하기를 원함.

g) 그렇게 실행하기로 결정.

우리는 대개 바오로가 다마스쿠스로 가는 길에서 한번 빛을 받아 그의 관점 대부분이 형성됐다고 생각한다. 우리는 이 사건에 이어지는 사막의 긴 여정이 그의 회심에 준 영향을 놓치고 있다. 우연히 일어난 '결정적' 회심 체험 외에도, 우리는 하느님과 또 하느님을 향한 여정에서 여러 가지로 또 다르게 회심을 한다.[2]

일생 동안의 회심 패턴

우리는 기도와 삶에 있는 유사한 패턴을 오랫동안 주목할 수 있다. 우리는 살면서 기도하기 시작하고 하느님께서 우리가 마음을 움직이게 허락하실 때 하느님을 감각으로 체험한다. 하느님께서는 직접 대화하시고 우리 마음속에서 '말씀하신다.' 대개 우리가 사랑이나 놀라움이나 신비를 체험할 때 느끼는 하느님의 현존은 영적 위안이다.

우리가 수개월이나 수년 동안 깊이 믿으며 계속 기도하면 기도가 메마르기 시작한다. 우리는 다음과 같이 메마름을 체험한다. 우리는 하느님의 현존을 느끼지 못한다. 때때로 이렇게 되는 이유는 우리가 하느님의 영에서 멀어지기 때문이고 더 깊은 부름이나 요청에 저항하기 때문이다. 어쩌면 하느님의 말씀은 덜 의식된 감정이나 기억의 표면에서 저항하는 우리 마음의 더 깊은 곳으로 뚫고 들어오고 있을지도 모른다. 혐오감이 일어난다. 어려움이 밀려온다. 기도를 그만두고 싶은 유혹이 생기고 종종 희망이 사라진다. 이것은 영적 황폐이다.

우리가 하느님께 우리의 진짜 느낌을 표현하며 계속 성실하게 기도하고 체험한다면 얼마 후 우리는 이런 영적 황폐를 우리를 이끄는 하느님께 더 깊게 맡기라는 무기력과 어둠으로 인식한다. 우리는 하느님의 달콤한 현존을 전혀 느끼지 못하는 때조차도 믿고 신뢰하며 계속 나아가면 조만간 하느님의 도움으로 상황을 어느 정도 깨닫는다. 하느님께서는 애착이나 삶을 조종하고 싶은 자기중심적인 욕구, 주도하시는 하느님께 우리를 열지 못하게 방해하는 무엇이든 사랑스럽게 드러내신다.

우리가 그렇게 깨달으면 무슨 일이 일어나는가? 우리는 아마도 각자의 굴레에서 어느 정도 자유로워질 것이다. 우리가 악과 공모하였음을 마침내 직면하게 될지도 모른다. 우리는 악의 영향(폭력, 학대, 경멸 등)이 우리 삶을 지배하도록 허락했을 수도 있다. 때로는 우리는 얼마나 자기중심적으로 사랑했는지 인식한다. 우리가 이렇게 아프지만 희망을 가지며 느끼는 슬픔은 영적 위안이다.

그러므로 우리가 다른 사람들의 신앙 체험과 똑같이 우리 삶의 중대한 시기에 겪었던 영적 체험에 집중할 때 바오로가 체험한 회심 패턴과 유사한 회심 패턴을 관찰할 수 있다.

영신수련 첫째 주간의 회심 체험

이제 첫째 주간을 진행하고 있는 가상의 피정자를 예로 들어 보자.[3] 그는 인격적이고 따뜻하며 긍정적으로 하느님을 만나면서도 기도가 메말라지는 것을 발견하기 시작한다. 그는 전혀 인식할 수 없는 뭔가에서 스스로 멀어지고 있다. 그는 전처럼 기도하기가 쉽지 않다. 그는 기도에서 아무 일도 일어나지 않았다고 말하기 시작한다. 그는 면담할 때 그간의 기도 체험을 의심하는 것처럼 보인다[315], [317]. 그는 실망으로 이끄는 혼돈과 무기력을 체험한다. 이러한 체험은 첫째 묵상의 구성에 생생하게 설명되어 있다[47]. 그는 어디로 가야 하고 어떻게 해야 할지 모르고 동시에 그것의 의미를 감지하지 못한 채 혼란스러워진다. 그러자 어떤 기억이 떠오르기 시작한다. 그것은 어떤 사건에 대한 기억으로 크거나 작지만, 결코 나쁘거나 악하게 보이지 않는다. 그는 더 이해하고자 집중하면서 수치심을 느낀 것처럼 혼란스러워지기 시작한다.[4] 그가 첫째 주간의 은총인 수치심과 혼란에 빠져 있을 때 수치심에 들어있는 의미가 떠오르기 시작한다.

영성 지도자는 혼동이 슬픔으로 바뀔 때 황폐한 상황이 둘째 수련의 영적 위안 쪽으로 움직이는 것을 감지했기 때문에 피정자에게 황폐한 상황에 머무르라고 부드럽게 격려한다[7]. 지도자는 또한 십자가에 달린 예수님과 대화를 하고[53] 구원하시는 예수님을 기다리라고 피정자에게 권한다. 피정자가 불쾌한 체험이지만 동시에 의미를 감지하자 어둠은 빛으로 바뀐다. 또한 희망이 솟아나기 시작한다. 한편 지도자는 세 개의 담화와 함께 셋째 수련을 제안한다. 처음에 셋째 수련에서 아무것도 일어나지 않는 것처럼 보였다. 하지만 피정자는 희망과 기대를 가지고 이러한 상태에서 벗어나기 위한 일종의 깨달음을 요청하고 간청하며 셋째 수련을 계속 반복한다.

반면에 피정자는 점차 슬픔을 느끼기 시작하고 어쩌면 눈물을 흘릴지도 모른다. 그러자 뭔가 일어난다. 피정자는 죄를 깊이 느끼는 동시에 깊게 용서받고 어느 정도 자유로워진다. 이런 시점에서 피정자는 그간 실행한 기도와 작업에서 한발 물러나서 상황을 '깊이 들여다본다'[330], [336]. 이제 그는 자신의 죄를 체험했고 동시에 예수님을 구원자나 연인으로 체험했으며 자기 죄를 깊게 깨닫는다. 피정자가 그토록 무기력하게 싸웠던 악의 신비를 이해하고 받아들이게 만드는 단어가 종종 이런 현상을 일으킨다. 피정자는 그 단어를 통하여 모든 것과 심지어 좋은 선택에 영향을 주는 속임수이고 숨겨진 거미줄과 거의 유사한 죄가 자기 삶에 온전히 영향을 주고 있음을 어느 정도 받아들일 수 있게 된다. 그 단어가 이기심, 교만, 자기중심, 유혹, 분노 혹은 그와 비슷한 무엇이든 그 체험에 익숙하지 못한 누군가에게 들려주는 것보다 더 많은 의미를 피정자에게 전해 준다. 뭔가 다른 것도 일어난다. 그 순간 피정자는 죄와 무질서가 그의 의식에 상당히 가려져 있음에도 여전히 악과 공모한 자신을 인식한다. 이렇게 깨닫는 순간 그는 비난받아 마땅하고, 지금 체험하는 예수님의 사랑이라는 은총이 없었다면, 그와 같은 잘못 자체의 타성 때문에 결국 지옥에 떨어졌을 것임을 깨닫는다[65]. 따라서 이것은 부름받는 상태의 피정자가 첫째 주간을 통과할 때 겪는 '전형적인' 체험이다. 우리는 다음 쪽에서 파도 같은 그림으로 이 역동을 볼 수 있다.

대부분 모델이 그렇듯이 너무 부드럽게 표현된 역동이 이 모델의 어려움이다. 그럼에도 이 과정은 우리가 많은 사람의 영신수련 여정을 지도하지 않고서 이론적으로 예상할 수 있는 것보다 더 자주 발생한다.

때때로 피정자들은 다음 모델이 제안한 것보다 덜 명료하게 첫째 주간의 은총을 받을 것이다. 피정자들은 이 상황에서 더 혼란하지만 자유를 매우 깊게 체험하면서 첫째 주간의 은총을 받는다. 피정자들은 종종 이 모델을 체험한다. 따라서 실제로 다른 모델을 사용하는 것이 유익해도 (7장을 참조하라), 우리는 이 모델을 첫째 주간의 영적인 움직임을 이해하는 기본 방법으로 사용한다. 게다가 이 모델은 우리가 영적인 움직임을 전반적으로 이해하는 데 도움을 준다.

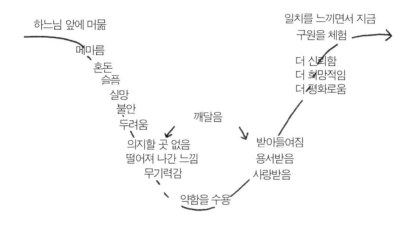

[그림 18] 첫째 주간의 역동 모델

영신수련 전반에 걸쳐서 이와 비슷한 주기가 계속 반복되는 경향이 있다. 하느님은 부르시고, 우리는 저항하다가 혼란하고 무기력해지면 도움을 청한다. 마침내 우리는 더 깊이 이해하거나 새로운 방법으로 뭔가를 '보고' 예수님과 더 깊은 관계를 맺는다.

한 번의 기도에서 일어나는 회심 패턴

그리스도인의 삶에서 주기적으로 일어나는 패턴은 그 자체를 계속 반복한다. 회심은 끝없이 일어나고 경미한 회심도 있다. 회심은 그리스도 안에서 죽고 부활하는 파스카 신비의 반복이다. 우리가 덜 극적일지라도 다음의 내 체험처럼 한 번의 기도에서 주목했던 것과 같은 요소를 당신은 발견할 수 있다.

내 체험

회심

우리가 함께 노래를 부른 뒤 누군가 예수님께서
군중을 먹이시는 성경 구절을 소리 내어 읽었다.
나는 사람들과 함께 기도하기 시작했다. 나는
간절하고 편안하게 하느님 앞으로 갔다. 나는
현존

느긋하게 긴장을 풀었다. 몇몇 사람들이 성경 구절을
듣고 나서 침묵이 편해지자 큰 소리로 기도하기
시작했다. 예닐곱 사람들은 자신들이 겪은 결핍을
개선할 수 있게 도와달라고 하느님께 청했다.
나는 얼마 안 되는 빵과 두 마리의 물고기가
메마름에서

그들에게 이러한 결핍을 상기시켰다고 생각했다.
그들은 예수님께서 그들 삶의 주인이시기에
그들 각자의 결핍을 개선해주시기를 다양한
방법으로 청했다. 나는 불안해지기 시작했다.
나는 혼자서 "저 사람들을 봐라. 자신들의 가난을
분노

드러내고 하느님께 모든 일을 해결해달라고 간청하는
것은 오늘날 신심 깊은 사람들의 유행이지"라고   무기력감
생각했다. 나는 화가 났고 불쾌해졌다. 나는 다른
사람들이 가짜로 보였다. 그러나 나는 성경 말씀이
계속 내게 뭔가를 하게 두었다. 그러자 합당하게 살며
일하는 나는 다른 사람들과 매우 다르다고 생각했다.
그때 나는 "하지만 너 자신의 결핍을 모르는   조명
것이 너의 문제다. 나는 그런 너를 통해서도 여러 번 일했다.
네게는 단지 빵 몇 개와 생선 두 마리가
있을 뿐이다"라는 예수님의 말씀을 상상으로 들었다…   용서 사랑
그 뒤, 나는 예수님을 더 깊고 사랑스럽게 체험했다.   평화
나는 예수님을 더 자주 부르라는 요청을 받았기에
예수님께서는 진정으로 내 삶의 주인이시고 성령은   새롭게 섬기도록
언제나 나의 길잡이시다.   부름받음

회심 과정의 역동 모델

우리는 앞의 네 가지 사례를 고려하고 우리의 인격적인 신앙 여정의
각 단계를 성찰함으로써 회심 과정에서 일어난 현상의 공통 패턴을
관찰할 수 있다. 그래서 우리는 여기서 이 패턴을 네 가지 체험 시기moments
로 요약할 수 있다. 네 가지 시기는 함께 그리고 적절한 순서로 회심
과정의 유용한 역동 모델[5])을 형성한다.

1. 회심 주기의 첫 번째 움직임은 특정한 방법으로 하느님의 현존의식을 다루며 시작한다. 우리는 이 움직임에서 현존을 동반하는 일차적인 움직임을 다음과 같이 설정할 수 있다. 우리는 소통하고 싶은 하느님, 돌보시는 하느님, 친밀하신 하느님, 받아주시는 하느님 등 모두를 하느님 사랑의 재발견이라는 표제로 요약할 수 있다.

2. 회심 주기의 두 번째 주요 움직임은 메마름에서 시작해서 무기력감까지 일어난다. 여기서 우리 대부분은 첫 번째 움직임에서 발생하고 치유와 용서를 받으며 무지로부터 벗어날 필요를 느끼는 것과 같은 다양한 종류의 갈등과 무기력을 체험하는 시기를 설정할 수 있다. 기도와 삶에서 회심 주기의 일부분인 저항이 일어나는 시기가 있다. 우리는 이것들을 부서짐/저항이라는 표제로 요약할 수 있다.

3. 회심 주기의 세 번째 주요 움직임은 부자유에서 시작해서 조명까지 일어난다. 우리는 하느님께서 우리의 부서짐이나 저항이 일어나는 곳에 들어오도록 허락할 때 매달리고 있는 삶의 어떤 부분을 직면하거나 포기할 필요성을 발견한다. 그것은 듣고 싶지 않은 요청인가? 그것은 잊고 싶은 과거인가? 그것은 십자가가 포함된 사명을 받아들이라는 부름인가? 우리는 이 체험을 모순이라는 표제로 요약할 수 있는데 여기서 이 움직임은 대개 자기 포기라는 모순으로 우리를 초대한다.

4. 회심 주기의 네 번째 주요 움직임은 재적응reorientation에서 더 훌륭한 조화까지이다. 앞의 세 가지 움직임에서 벗어나면서 삶을 새로운 방법으로 바라보기, 제자 직분과 관련된 결정, 기쁘게 신뢰하는 마음과 같은 미래에 대한 개방이 발생한다. 우리는 이것을 실행하기 위해 고통을 겪을지라도 회심 주기 끝까지 현존하시는 예수님의 영을 더 깊게 믿게 된다. 그러한 주제를 함께 모은 표제는 재적응/더 아름다운 조화가 될 수 있다.[6]

회심 주기를 구체적으로 적용하기

회심은 은총의 덕분이지만 우리는 사람들이 회심을 선물로 받도록 준비시켜줄 수 있다. 우리는 거르고 물주며 잡초를 뽑으면서 흙을 준비할 수 있으나 신성한 농부는 말씀의 씨앗을 뿌린다. 우리는 씨앗이 뿌리를 내리고 자라기 위한 일을 한다. 우리는 사람들에게 진정한 종교적 체험을 줄 수 없으나 상황contexts을 이용하거나 개발해서 하느님의 은총에 더 마음을 열게 도와줄 수 있다. 우리는 회심이 일어나는 전형적인 패턴을 고려해서 패턴과 조화를 이루는 과정을 개발할 수 있다. 회심 주기는 우리가 여러 가지 방법으로 사용할 수 있는 다음과 같은 역동 모델이나 구조를 제공한다.

1. 지속적인 영성 지도, 단체 피정, 개인 지도 주말 성당 피정,[7] 지역 모임을 위한 교육 세미나, 기타 등등과 같은 안내 피정과 기도 워크숍 단체를 위한 주제 고안
2. 피정자에게 제시하기 위한 성경 기도 자료 고안
3. 다양한 주제나 전례시기에 따른 기도 고안
4. 피정자의 기도와 신앙 체험을 인식하고 해석[8]

그림 19의 일정표는 앞의 1번과 2번의 다양한 일정과 상황에 따른 주제의 기도를 시작하기 위하여 회심 주기의 여러 가지 '시기moments'의 사용법을 당신에게 알려 준다. 당신이 만나게 될 다양한 일정과 단체나 피정자들의 요구는 기도 패턴 속에 있는 시기의 개수와 주제의 선택을 결정할 것이다. 그 시기는 아코디언이나 신축성 있는 밴드처럼 늘어나거

나 줄어들 수 있고 회심 주기의 역동을 계속 따를 수도 있다. 나는 당신에게 일정표 사용법을 알려주기 위해서 세로 칸 두 개를 채웠다. 일정표 밑의 실습은 당신이 남은 세로 칸을 채우는 데 도움을 줄 것이다. 또 다른 실습은 성경 기도 방법을 만들기 위한 일정표 사용법을 보여줄 것이다.

반나절의 세로 칸

강의로 시작해서 각자 묵상을 하고 기도 체험을 나누는 반나절 기도 프로그램을 상상해 보자. 당신은 반나절에 기껏해야 강좌 두 개를 진행할 수 있을 것이다. 그래서 나는 당신에게 먼저 '하느님 사랑의 재발견'을 진행하고 모순에 해당하는 몇몇 측면을 진행할 것을 제안한다. 당신은 각각의 분류에 들어 있는 성경 구절을 선택할 수 있다.

부활 시기의 반나절에 사용되는 성경 자료는 앞의 주제 그리고 부활절과 모두 조화를 이루어야 한다. 예를 들면 마리아 막달레나에게 나타나신 예수님은 '하느님 사랑의 재발견'이라는 주제와 쉽게 조화를 이룰 수 있다. 모순이라는 주제는 엠마우스 이야기(루카 24:13-35) 또는 예수님께서 베드로를 세 번 용서하고 부르신 이야기와 잘 맞을지도 모른다. 엠마우스 이야기는 고통을 통한 영광이라는 모순을 보여준다. 용서받은 베드로의 이야기는 다음과 같은 몇 가지 핵심 모순을 보여준다. 어떻게 하느님께서는 죄인들을 사랑하실 수 있는가? 하느님께서는 나약함 속의 강함으로 놀라운 일과 그 밖의 여러 가지 일을 하고자 평범한 사람을 선택하신다.

주말 일정의 세로 칸

토요일과 주일, 오전 9:30에서 오후 5:30까지 점심시간 30분이 포함된 주말 기도 일정을 교회에서 진행하는 것을 상상하라. 참석자들은 이틀 동안 점심 도시락을 가지고 올 수 있고 마침 전례로 주일미사에 참석할 수도 있다. 이러한 상황에서 당신은 묵상 자료를 설명하고 각 개인은 다섯 번에 걸쳐서 성경으로 묵상하고 기도 체험을 나눌 수 있다. 당신은 '하느님 사랑의 재발견'을 두 번 한 뒤에, 일정표의 지시대로 '망가짐/저항에 들어가기'와 '모순'을 한 번씩 하고 '재적응/조화'를 한 번 해서 다섯 번을 진행한다. 이 프로그램은 성경으로 기도하는 사람들을 위한 것이기 때문에, 당신이 '망가짐/저항'에 들어가는 시기에 치유 문제나 사로잡힘을 선택할 수 있다. 대개 그들은 또 다른 망가진 양상보다도 덜 위협적으로 다룰 수 있는 치유 문제를 발견한다. 당신은 성경으로 기도하는 데 익숙한 단체와 함께할 때 또 다른 망가진 양상에 집중할 수도 있다.

연구, 성찰, 토론을 위한 자료

1. 일정표를 이해하려면 먼저 나머지 세로 칸을 완성하라.

a) '종일'로 표시된 칸에 토요일 오전 9:30에서 오후 5:30까지 진행하는 하루 일정을 상상하라. 30분 동안 점심을 먹고 간단한 전례로 전체 모임을 마쳐라. 일정은 강의와 성경 묵상 그리고 소그룹 묵상 나눔으로 되어 있다. 위의 일정표의 해당 부분에 별표를 해서 세로 칸을 완성하라.

b) '주간'으로 표시된 칸에 성당 기도 주간을 위한 기도 방법을 상상으로 준비하라. 당신을 돕는 가상의 여덟 명 중에는 기도 동반자도 있고 초보 기도 길잡이도 있다. 각자는 주간 동안 세 명이나 네 명을 안내할 것이다. 그들은 피정자들과 여섯 번 면담하면서 즉시 선택할 수 있는 성경 자료로 된 기도 패턴이 필요하다. 앞의 일정표의 여섯 부분에 적절히 표시해서 세로 칸을 완성하라.

프로그램/과정	반나절	종일	주말	주간
하느님 사랑의 재발견 — 언제나 우리와 함께하시는 하느님(이사 43:1-7) — 온유하신 하느님(요한 20)	*		* *	
부서짐/저항 — 사로잡힘 (로마 7:14-25) — 치유의 필요성(마르 8:22-26) — 죄를 뉘우침(루카 19:1-9) — 죄의 희생자(요한 8:1-11)			* *	
모순 — 자유(요한 11) — 부름(루카 1:26-38) — 제자 직분(루카 9:10-17)	*		*	
재적응/더 큰 조화 — 강해짐(마태 17:1-8) — 미래에 대한 희망(예레 31:31)			*	

[그림 19] 회심 일정표

c) 당신은 앞의 일정표를 완성하면 여러 일정에 맞춘 회심 주기와 조화를 이루는 시기의 흐름을 알려주는 도표를 갖게 된다. 이 시기는 아코디언처럼 늘거나 줄 수 있음을 유념하라. 어떤 방법이든 앞의 일정표를 기계적으로만 사용하면 일정표 자체가 추구하는 결과인 영적인 움직임을 파괴할지도 모른다?

2. 회심 주기에서 시기의 순서와 조화를 이루는 주제별 기도 패턴을 개발하라.

a) 기도 길잡이가 초보 피정자들에게 사용할 수 있는 기본적인 성경 자료로 1번의 b)에서 설명한 상황에 맞게 기도 패턴을 만들어라. 기도 패턴을 구성하는 각각의 주제 아래 기도 길잡이가 선택할 수 있는 대안을 마련하라. 기도 길잡이들이 복음 관상을 하라고 가볍게 제안할 수 있는 한두 개의 성경 자료를 각각의 주제에 맞게 포함시켜라. 기도 패턴을 성탄절, 사순절, 부활절과 같은 교회 전례력의 절기에도 사용할 수 있도록 일반화시켜라.[9]

b) 성당에서 진행되는 대림절 기도 주간을 위한 성경 자료로 기도 패턴을 만들어라. 회심 주기의 시기와 교회 전례력 모두에 맞는 성경 자료를 사용하라(대림절 넷째 주간 독서 주제에 따라 기도 패턴 주제를 기반으로 해야 하면, 당신은 회심 주기의 역동을 파악하지 못할 수도 있다).

다음 그림은 회심 주기의 네 가지 시기와 영적 위안과 영적 황폐의 순환을 설명하는 또 다른 방법이다.

모두 잘 되고 있어.

아하! 문제가 생겼다.

문제의 일부를 해결함

모두 잘 되고 있다.

하느님의 현존 체험

혼돈, 혐오 뭔가 잘못됨.

느낌을 정리하고
하느님께 표현하며
성령께 빛을
받음으로써 해결.

하느님의 현존
다시 체험.

[그림 20] 회심 주기의 네 가지 시기(케빈 볼리아나츠Kevin Bolianatz)

32장 미주

1) John C Haughey, S. J., *The conspiracy of God* (New York:Doubleday, 1973), Chapter 4, "Contemporary Spiritualities And the Spirit," 96ff.

David G. Creamer, S. J., *GUIDES FOR THE JOURNEY: John Macmurray, Bernard Lonergan, James Fowler* (Lanham: Unuiversity Press of America, Inc., 1996). 7장, "Fowler's Faith Development Theory"는 Fowler가 3단계-종합적 회심Synthetic Conversion이라고 부르는 것을 설명해 준다. 문제가 많은 사람은 이 단계에 있는 것처럼 보인다. 8장, "A Summing Up"은 로너건Lonergan의 '회심conversions'과 Fowler의 '변환transitions'이 신앙 발전의 다른 단계와 어떻게 서로 일치하는지 보여준다.

2) Jacques Pasquier, "Experience and Conversion," *The Way* (April 1977), 114

3) William A. Barry, S. J., "The Experience Of The First and Second Weeks of the Spiritual Exercises," *Review for Religious* vol. 32(1973), 102-109. 이 논문은 나와 마찬가지로 일러두기[20]에 따른 영신수련 여정의 일반적인 체험에 대한 근본적인 성찰을 설명한다. 그러나 이 모델은 또한 일러두기[19]에 따른 여정에서 피정자의 첫째 주간의 체험을 설명한다.

4) 이것은 여러 형태의 학대에서 일반적으로 일어나는 '비밀' 때문에 느끼는 해로운 수치심이 아니다. 여기서 말하는 수치심은 사랑받으면서 느끼는 일종의 당황이다. 너무 많이 사랑을 받았음에도 아주 조금 사랑했다는 자신이 부끄럽다.

5) 역동 모델에 걸맞은 더 전문적인 명칭은 '발견적 구조heuristic structure'이다. 형용사 '발견적'은 그리스어로 발견한다는 뜻에서 나왔다. 우리가 어떤 사람의 내적 여정의 일부분에 역동 모델이나 발견적 구조를 적용하면, 우리는 그의 체험이 오가는 방향에 담긴 뜻을 이해하고 발견하기 위한 수단을 갖는다.

6) 유사한 표제를 가진 네 개의 구조는 짧은 개인 지도 피정에 유용한 구조로서 원래 엘리자베스 클리어리Elizabeth Cleary, C. S. B.가 1989년에 제시했다. 나는 이 구조와 회심 주기가 서로 연결되었음을 나중에 깨달았다.

7) 개인 지도 성당 피정은 일상에서 하는 개인 지도 피정이다. 그것은 성당, 학교, 대학 또는 사무실에서 쉽게 사용될 수 있는 단순한 구조이다. 이 책의 부록에 있는 이 과정에 대한 설명을 참조하라.

8) 영적 길잡이는 피정자가 기도에 들어가는 데 필요할 것 같은 '다음 단계'를 발견하기 위한 방법으로 이 주기를 사용할 수 있다. 그것은 피정자의 자발적인 과정에서 이미 일어나고 있고 앞으로 향하는 움직임에 집중하는 데 도움을 준다.

9) 당신은 이 수련에서 도움을 받기 위하여 다음 제안을 사용할 수 있다. 다음의 성경 자료는 기도 패턴 개발에 유용하다. 당신은 회심 주기의 다양한 시기/양상의 역동이나

순서와 조화를 이루는 여러 주제를 3~4개 선택할 수 있다. 당신은 내가 무작위로 나열한 다음의 성경 자료 옆의 주제를 수련에 사용할 수도 있다.

시편 121	산들을 향해 눈을 들어라, 네 도움이 오는 곳, 너를 보호하시는 하느님.
루카 10:38-42	마리아와 마르타 이야기.
시편 8	오 하느님, 온 누리에 당신 이름 얼마나 존엄하십니까? 사람이 무엇이기에 이토록 돌보십니까?
요한 20:11-18	부활하신 후 예수님께서 마리아에게 나타나셨다.
이사 43:1-5	두려워 마라. 네가 강을 건넌다 해도 너를 해치지 않게 하리라.
시편 103	하늘이 땅 위에 드높듯이 하느님의 자비는 놀랍다.
마태 23:37	예수님께서 예루살렘을 두고 눈물을 흘리시다. 내가 얼마나 많이 네 자녀들을 모으려 했던가?
루카 19:1-10	세리 자캐오.
요한 8:3-11	예수님과 돌팔매질 당하기 전의 여인.
로마 7:14-25; 5:6-11	무기력감을 체험… '우리가 여전히 무기력함에도 그리스도께서 우리를 위하여 돌아가셨습니다.'
시편 23	하느님께서는 사랑스러운 주님이고 목자이시다.
요한 13:1-9, 12-17	예수님께서 제자들의 발을 씻겨주셨다.
루카 23:32-46	예수님께서 십자가에서 돌아가심…. "너는 나와 함께 오늘 낙원에 있을 것이다."
시편 139:1-18	하느님께서는 제 어머니 뱃속에서 저를 지으셨습니다. 하느님의 신비가 저를 감쌉니다.
에페 2:1-10	여러분은 믿음을 통하여 은총으로 구원을 받았습니다. 그것은 하느님께서 주신 선물입니다.
요한 21	마지막으로 티베리아 호수에서 제자들에게 나타나신 예수님.
루카 5:1-11	베드로의 배에서 가르치신 예수님.
루카 1:26-38	예수님의 잉태와 탄생에 대해 마리아에게 알려준 천사.
루카 24:13-35	엠마우스 길에서 제자들에게 나타나신 예수님.
요한 20:19-23	다락방에 있는 제자들에게 나타나셔서 성령을 주신 예수님.
마태 3:13-4:11	위로와 약함 속에 자신을 드러내는 예수님의 세례와 유혹.

루카 9:28-36, 43-45	변모 사건과 두 번째 수난 예고.
마르 8:27-38;	사람들이 나를 누구라고 말하느냐?
10:35-45	수난과 부활을 처음 예고. 십자가의 원리와 수난에 동참하라는 부름.
요한 19:17-34	십자가형.
루카 9:23-62	제자 직분의 조건.
로마 12:3-8	우리는 모두 그리스도의 지체가 되고 우리 각자는 겸손하게 돌보는 사명을 지니고 있습니다.
루카 2:1-20	성탄과 목동들의 방문.
티토 3:4-7	관대하신 하느님 사랑.
이사 43:1-5	우리가 어떤 일을 겪을지라도 하느님께서는 우리와 함께하신다.
에페 2:1-22	우리는 은총으로 구원을 받았습니다. 이것은 여러분에게서 나온 것이 아닙니다.
요한 3:11-21	하느님께서는 세상을 너무나 사랑하신다.
시편 40	마침내 하느님께서 나에게 몸을 굽히시고 내 울부짖음을 들으셨다.
갈라 4:1-7	때가 되자 하느님께서 여인에게서 당신의 아들을 태어나게 하셨다.
이사 9:1-6	어둠 속을 걷던 사람들이 큰 빛을 봅니다.
루카 2:22-40	부모는 예수를 성전으로 데리고 가서 하느님께 바쳤다.

수련을 위해 무작위로 나열한 주제의 종류
- 우리에게 필요한 하느님에 대한 깊은 인식
- 우리를 직접 구원하고 싶은 예수님
- 있는 그대로 우리 자신을 직면할 필요와 하느님의 도움 없이 있는 그대로 자신을 직면할 수 없는 우리
- '매일 너의 십자가를 지고 나를 따르라'고 우리를 상기하시는 예수님
- 삶의 많은 부분에서 치유가 필요한 우리
- 우리와 깊이 대화하고 싶어 하시는 하느님
- 놀라운 은총-하느님의 도움 없이 아무것도 못 하는 우리
- 우리 삶의 역사를 통하여 우리와 함께하시는 하느님
- 그것은 우리가 받은 선물에 담겨 있다. 그것은 우리가 받은 용서에 담겨 있다. 그것은 우리가 영원한 생명으로 태어나는 죽음에 담겨 있다(아시시의 성 프란치스코의 것으로

추정되는 기도에서 인용)

- 언제나 우리가 죄인임에도 끊임없이 용서하시고 도와주시는 하느님
- 나는 가정과 일터가 속한 사회에서 예수를 따르라고 어떻게 부름받는가?
- 철저한 제자 직분 또는 장터의 싸구려 은총

33장
영적이고 심리적인 지평과
영성 지도 패러다임

    33장은 영성 지도를 실행하는 영성과 다양한 방법으로 심리 치료 상담을 하는 심리학과의 관계를 탐구했다. 이 장은 두 분야의 상호 연관성과 공통부분을 탐구했다. 이 장은 두 분야의 상호보완 역할을 제외한 차이점을 더 깊이 토론한 후 영성 지도 실습과 관점의 문화적 형성 과정을 설명했다. 계속해서 이 장은 오늘의 문화에서 영성 지도자들이 스스로 기량skill과 기술art을 성찰하게 도와줄 수 있는 영성 지도 패러다임을 제시했다. 이 기술을 실행할 때 신비의 지평을 유지하기 위하여 이 장은 영성 지도를 '박학다식 전문generalist specialty'에 두라고 권했다.

    시작하면서 벤 다이어그램의 가운데 겹친 부분을 심리 치료 상담과 영성 지도의 중복 분야로 보자. B는 두 분야의 공통점이며 대부분을 차지한다. A와 C는 차이점이다. 우리는 A와 C를 각각의 입장에서 분석함으로써 두 분야의 차이점을 탐구할 수 있다. 그러나 B의 입장에서 분석하지 않은 채 차이점을 탐구하는 것은 둘의 관점perspective을 약화시킨다.

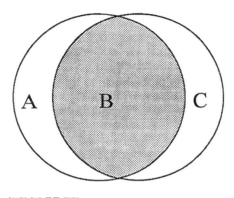

[그림 21] 공통 관점

우리가 심리학을 거의 모르거나 두려워하는 영성 지도자들에게 차이점을 강조하면 심리적인 실재에 대한 그들의 관심이 줄어든다. 마찬가지로 우리가 영적인 현실을 믿지 않거나 더 '과학적이거나' 더 '몰가치적으로' 접근하는 심리 치료 상담사들에게 차이점을 강조하면 내담자들의 영적 현실에 대한 심리 치료 상담사들의 관심이 줄어들거나 영적 현실이 축소된다. 우리가 오직 A와 C의 입장에서만 두 분야를 비교하면 결국엔 고정관념을 갖게 되고 각각의 관점에서 보는 B에 담긴 다양한 의미를 놓친다.[1]

그러나 우리가 우리와 다른 사람들의 역사를 주의 깊게 고찰하면 하느님과 우리의 관계는 정서적 성장과 성숙에 종종 이바지한다는 사실을 분명히 알 수 있다. 심리적으로 어려움을 겪는 사람들이 하느님과 관계를 맺으면서 삶에 대처하고 더 성숙한 인간으로 성장할 수 있는 힘을 갖게 된다. 정서적으로 도전받거나 불이익을 당하는 사람들이 자신들을 격려하시는 하느님의 신비에 감탄한다고 누누이 증언한다.

공통부분

신비한 인간의 정서적 성장과 하느님에 대한 체험을 분리하면 문제가 생긴다. 인간은 개인의 역사에 영향을 주고받는 인격 전체totality · 의식의 맥락과 덜 의식된 감정 · 욕구 · 느낌 · 깊은 생각 등으로 영적 체험을 하고 그것들을 위해서 영적 체험을 한다. 심리 치료 상담사는 먼저 정서적 성장에 관심을 갖는 반면에 영적 길잡이는 하느님과의 관계에 관심을 갖는다. 그러나 이 양상은 대부분의 시간에 서로 뒤섞이는데 우리는 반드시 이것을 서로 뒤섞이는 방향으로 다뤄야 한다. 암암리 일어나는 적개심을 적절히 다루지 못해서 동료와의 관계가 힘든 사람을 예로 들어보자. 유능한 영성 지도자는 일정 시점에서 그가 마음을 열고 사람들과의 상호관계에 영향을 주는 적개심을 다루지 않는다면 그가 특히 영성적으로 미숙하다고 판단할 수 있다. 영성 지도자는 능력에 따라서 다른 사람에게 적개심을 다루게 도움을 줄 수 있는데 그것의 일부는 그의 덜 의식된 것에서 떠오를 수도 있다.

복음은 때로는 성숙한 통합을 추정한다

예수님은 열매를 보고 나무를 알 수 있다고 말씀하셨다. 그 말씀은 하느님과 나의 차원, 너와 나의 차원, 우리 서로의 차원 그리고 우리가 더 넓은 세상과 그 세상의 조직과 구조와 상호작용하는 차원 등의 모든 차원을 알려 준다. 예수님께서 특별히 영성은 그러한 각각의 차원에서 표현되고 영향을 주고받는다는 것을 암시하셨다.

예수님께서는 우리에게 너무 급히 판단하지 말라고 말씀하시면서 우리는 종종 우리 눈에 있는 들보보다 이웃의 눈에 있는 티끌 하나를 빼내려고 한다고 지적하신다. 심리학은 이런 현상을 '투사projection'라고 부른다. 그러나 예수님은 우리가 참 제자가 되려면 반드시 자신의 투사를 다루라고 말씀하신다. 예수님은 형제자매보고 '멍청이'라고 부르면 '지옥 불에 떨어지는 죄'를 짓는다고 가르치신다. 자신을 투사하는 것이 파괴적일 수 있음을 인식하는 사람은 심리적 인식에 걸맞게 성숙한다. 이웃을 멍청이라고 부르면 지옥에 떨어진다는 것을 진정으로 이해한 사람은 심리적이고 영적으로 매우 성숙하다.

복음의 다른 영적 가르침은 영적이고 심리적인 성숙과 비슷한 조합을 전제한다. "안식일이 사람을 위해서 있는 것이지, 사람이 안식일을 위해서 있는 것이 아니다"라는 예수님의 말씀에는 도덕성 발달을 지향하는 법과 질서 너머의 성숙을 내포하고 있다.[2] '다른 쪽 뺨을 돌려대라'는 예수님의 가르침은 더 높은 심리적 통합integration도 내포하고 있다. 자신에게 좋은 감정을 지닌 사람은 다른 쪽 뺨을 돌려대는 것도 가치가 있음을 안다. 우리는 심리 치료 상담만으로는 그런 수준의 통합을 이룰 수 없다. **그런 통합은 부모와 스승, 사회사업가들, 영성 지도자들 그리고 기도 길잡이들의 공동작업이다.**

자신에게서 벗어나라고 요청받는 가람은 반드시 '자아'를 버려야 한다. 영성 지도자는 당연히 자아를 버리라고 피정자를 독려해야 한다면 그가 자아를 버릴 수 있을 정도로 충분히 강해지도록 도와주어야 한다. 심리 치료 상담사는 책임감을 심하게 느끼는 내담자에게는 다른 사람에 대해 책임을 덜 지는 쪽으로 자아를 강화하라고 격려할 필요가 있다. 영적 길잡이는 지나친 책임감을 일종의 이기적이고 육감적인 상태라고 생각할 수도 있고 덜 책임지도록 배우는 과정을 '자아 포기', '절제', '십자가 수용' 또는 '극기'라고 일컬을 수 있다. 동반중독co-dependant 피정자가 이것을 발견하기는 매우 어려울 수도 있다. 하지만 성숙하게 책임지는 과정은 실수를 할 위험과 이기적으로 보이는 행위를 통하여 발전한다는 것을 이해하는 영적 길잡이는 성숙하게 책임지도록 피정자를 격려할 수 있다. 피정자는 이런 과정을 통하여 '거짓 자아'에서 '진정한 자아'로 나아가도록 도움을 받는다.

반면, 자신의 필요를 돌보지 않는 내담자를 상대방의 입장에서 먼저 생각하지 않도록 이끌지 못하는 심리 치료 상담사는 때때로 매우 축소되고 해로운 심리학을 적용한다. 심리 치료 상담은 내담자가 놀이와 놀라움 그리고 근본적이고 더 깊은 의미를 포함한 삶과 친하기 위하여 자아와 친하도록 격려하지 않을 때 그 자체로 실패한다. 인간은 자신을 초월해서 공공복리와 공동체에 대한 구체적인 관심을 가지면서 인격적으로 성장하지 않으면, 더 깊은 의미를 발견할 수 없다.

어떤 영적 길잡이들과 심리 치료 상담사들은 앞의 벤다이어그램에서처럼 A와 C의 입장에서 각자의 방법을 계속 성찰하기 때문에, 그들은 영성 지도에서 심리적인 부분을 계속 분리하려고 하고 그 반대로 심리 치료 상담에서 영적인 부분을 분리하려고 한다. 불행하게도 심리학은 다양한 교회에서 영성이 거의 사라지던 이 시대의 초기에 영성과 무관하게 심리 치료 상담 기법을 다양하게 적용하면서 나타났다. 수도원처럼 영성이 존재했던 곳에서는 영성에 대한 이해와 표현은 널리 알려진 명확하고 뚜렷한 합리주의의 관념으로 축소되었다. 게다가 여러 교회와 결과적으로 그들이 육성한 것으로 추정되는 영성은 개인의 선good을 넘어 조직의 선을 강조하였다. 그들은 또한 '진짜 실재really real'는 머리 꼭대기에서 내려오기보다는 목에서 올라온다는 믿음을 키워 주었다.[3]

심리학은 개인이 겪는 정서적 괴리감에 뛰어들고 전의식과 무의식이라는 직접적인 의식 밑에 있는 것으로서 '마음heart' 또는 '내적 인간' 또는 '깊은 곳'에 관해 영성이 늘 언급했던 측면을 찾아내기 시작했다. 심리학은 성숙에 관한 경험은 심리학에 속한다고 주장하였다. 그렇게 해서 심리학은 개인의 성숙과 관련된 학문으로 이해되지만, 영성은 정지되고 고정된 것이라는 고정관념이 만들어졌다.[4]

심리적 방법과 치료가 우리 자신을 이해하고 정서적인 상처를 다룰 수 있도록 도와주는 데 효과가 있다고 널리 알려지자 우리는 현재의 문화에서 교육받은 사람들은 심리학적 소양을 지닐 것으로 기대하게 되었다. 이것은 개인의 역사와 무의식적 발달 모두가 연결된 인간 성숙 과정에 관한 지식과 더불어 자신과 타인의 더 유의미한 느낌을 집중해서 듣는 기술을 포함한다. 모든 전문 도움에서 보면 한 사람의 체험을 듣는 가장 근본 단계는 경청과 듣기이며 그가 유의미한 느낌을 어떻게 표현하는지와 이 모든 것이 삶을 판단하는 그의 방법과 어떻게 연결되는지 주목하는 것이다. **도와주는 사람은 신앙을 포함한 다른 맥락에서 인간의 체험에 담긴 의미를 알기 전에 그 체험 자체를 알아야 한다.** 다양하게 도와주는 전문가들은 숙련되지 않은 방법을 사용하지 말아야 함에도 그들이 심리학 연구에서 나온 지식과 방법을 사용하지 않는다면 자신들의 고유한 전문성을 무력하게 만들 수도 있다. 우리는 교육받은 성인으로서 심리학적 범주에서 생각할 수밖에 없다. 정말 문제는 우리가 그것을 사용할 때 우리 자신의 한계를 알고 있느냐는 것이다.[5]

영성 지도자는 우리 문화에서 다른 전문 도우미들처럼 피정자의 내적 체험을 이해하기 위한 심리학적 소양이 필요하다. 영성 지도자의 기본적인 심리학적 소양은 유용한 심리 기법을 더 적절하게 사용할 수 있는 한계를 영성 지도자에게 알려줄 것이다. 기본적인 심리학적 소양은 투사와 전이가 발생할 위험에서 영적 길잡이를 보호해줄 것이다. 밤에 찾아온 니고데모와 우물가에서 사마리아 여인을 만났던 예수님처럼 다른 사람의 마음을 공감하며 읽어 줄 수 있는 천부의 능력과 은총을 받은 아주 귀한 사람들에게는 이런 심리학적 소양은 필요 없다. 천부의 재능을 가진 아르스의 요한 비안네 신부와 몬트리올의 앙드레 수사가 그런 사람들이다. 그런 재능을 가진 사람들은 이런 토론으로 방해받지 말아야 한다. 그들은 훈련으로 받을 수 없는 지혜를 이미 가진 사람들이다.

　지금까지 나는 영성 지도와 심리 치료 상담이 심리학적 소양으로 연결된다는 것을 주장했다. 그러나 그밖에 관련 사항도 많이 있다.

1) 둘 다 고통과 삶의 전환 같은 성숙이라는 공통점을 자주 다룬다.
2) 하느님의 이미지는 자신과 세상에 대한 이미지에 관련되고 그 반대도 성립되므로 둘 다 내적 이미지의 승화에 관여한다.
3) 둘 다 느낌을 탐구하고 부정적인 상황을 살펴보고 체험 방법을 다시 구성하며 기억을 떠올리도록 상상을 유도하고 회상과 꿈을 논의하는 등의 기법을 사용한다.
4) 둘 다 의식과 덜 의식된 부분을 다룬다.
5) 둘 다 내적 삶과 행위에 영향을 준 개인의 역사를 다룬다.

다른 점과 보충할 점

반면에, 우리가 기도와 지속적 하느님과의 관계에서 일어나는 움직임에 집중하는 영성 지도자의 숙련되고 집중된 기술과 무의식의 상처를 드러내는 심리 치료 상담사의 훈련되고 집중된 기술을 비교하면 심리 치료 상담과 영성 지도의 차이점을 쉽게 설명할 수 있다.

심리 치료 상담사	영성 지도자
상담사는 먼저 내담자의 현재 삶에 집중하고 심리적 성숙의 방해물을 제거하기 위해 과거로 돌아간다. 때로, 완화와/또는 치유가 필요한 방해물은 의식 밑에 있고 근본적 성격 구조나 억압된 무의식에서 떠오른다.	지도자는(피정자의 삶에 분명하게[6]) 관계된) 피정자의 현재 기도 체험에 집중한 뒤, 이것을 통하여, 좋은 관계를 형성하며 앞으로 나아가라는 하느님의 부름을 발견하도록 피정자를 도와준다.
상담사는 앞날을 숙고하고 좋은 결정을 내리고 살아가려는 내담자에게 삶의 장애물과 변화에 대처하기 위한 선택과 작전을 제공한다.	지도자는 피정자의 기도 역동에서 떠오르는 자료를(피정자가 덜 의식적으로 허락함) 근거로 무의식이나 성격 구조를 다루도록 피정자를 도와줄 수 있다.
상담사는 내담자가 사는 환경에서 더 효과적으로 대처하도록 힘을 주기 위하여 먼저 내담자의 자아와 자아 안에서 일어나는 갈등에 기술적으로 집중한다. 상담사가 다른 사람들과 관계를 맺고 있는 내담자에게 집중한다면, 그는 내담자의 자아를 다루면서 집중한다.[7]	지도자는 다른 사람들과의 관계를 체험하는 피정자에게 먼저 능숙하게 집중한다. 그것은 세상에 참여하는 성삼위를 통하여 드러나는 하느님과 우리의 관계이다. 지도자가 피정자의 자아와 갈등에 집중한다면, 그는 피정자와 하느님과의 관계를 통하여 집중한다.

많은 경우 영성 지도자는 심리 치료 상담으로부터 도움을 받고 그 반대로 심리 치료 상담사가 영성 지도로부터 도움을 받는다. 피정자/내담자가 영성 지도자와 심리 치료 상담사로부터 자유롭고 만족스럽게 도움을 받으면서 둘이 서로 조언하라고 허락했을 때, 그들은 서로 다르지만 보완적 역할을 매우 확실하게 수행할 것이다. 그 상황에서 내담자/피

정자는 영성 지도자와 심리 치료 상담사 둘 다 같은 내적 과정에 좀 더 접근해가는 것을 알아챌 것이다. 그런 체험은 앞 표의 차이점을 분명하게 드러낸다. 심리 치료 상담사가 자아(내담자의 내적인 갈등이나 성격 구조)에 집중하는 반면에 영성 지도자는 다른 사람과의 관계(하느님과 피정자의 관계, 이 관계를 통하여 이뤄지는 세상에서 다른 사람들과의 관계)를 통해 그 사람에게 집중한다.

치유 관련성Healing Connection

심리 치료 상담사와 영성 지도자 모두 온전함을 추구하는 성숙, 통합, 더 사람다움, 건강 등이라는 용어를 사용한다. 이것은 두 분야 모두 치유를 다루고 있음을 함축한다. 심리학과 심리 치료 상담이 사람들을 돕기 위한 전문성이 필요한 특별한 지식으로 출현하기 오래전에 영적 안내와 종교 의식은 늘 심리 치료 상담을 다루었다.[8] 도유의식의 상징과 치유 기도는 선사시대부터 이어진 종교 행위였다.[9] 영적 안내는 매우 적절하게 언제나 마음을 치유하는 일에 관여했다.[10]

그러므로 우리는 치유가 다양한 그리스도교 영성의 전통에 따른 영적 안내의 결론이었음을 전제로 받아들여야 한다. 불행하게도 수세기를 걸치면서 특히 3000년을 준비하고 있는 오늘날, 대중 종교 문화는 치유를 완치cure, 기적, 능력 행사 등과 연관시키며 이 전제를 잘못 사용하고 있다. 대중 종교는 **통합 치유**healing of integration라기보다는 **의미 치유**healing of meaning인 영적 안내의 본질을 더 적절하게 실행하지 못하면서 어지럽히고 있다.[11]

의미 치유

그리스도교의 전통에서 보면 의미 치유는 근본적으로 탁월한 상담이나 치료 방법의 문제가 아니다. 그것은 우리가 복음의 예수님 이야기를 통해서 하느님과 관계를 맺는 것이다. 의미 치유는 복음에 비추어 자신의 이야기를 다시 정립하거나 자신에 관해 이야기하는 법을 배우는 것 그 이상이다. 따라서 의미 치유는 하느님 영의 영향을 받아서 자기 삶의 신비를 수용하도록 자신을 여는 것이다. 내가 앞에서 제시했듯이, 우리는 자아나 자아가 겪는 갈등에 집중하지 않는다. 오히려 우리는 우리를 돌보시는 하느님의 신비를 통해서 한 사람이 지금[12] 우리 삶에서 우리에게 주어진 역사적이고 현존하는 인간 공동체인 다른 사람들과의 관계에 먼저 집중한다.

영성 지도자는 의미 치유 과정에서 통합 치유를 주로 다루는 다른 전문가들의 심리 치료 기법과 같은 것을 사용할 수도 있다. 때로는 영성 지도자가 피정자의 요구에 맞게 치료 기법을 사용하지 못할 수도 있다. 그렇다면 우리 시대의 다른 전문가들과 마찬가지로 영성 지도자는 심리학적 기법을 적절하게 사용하고 있는 누군가로부터 피정자에 대해 조언을 들을 필요가 있을 것이다. 일정한 시간이 흐른 뒤, 영성 지도자가 집중한 영적 안내가 피정자에게 충분히 도움이 되지 않음을 감지하였을 때 조언은 더욱더 필요하게 된다.

몇 가지 간단한 그림은 영적 안내와 심리 치료 상담 사이의 내적 관계 성찰에 도움을 줄 수 있다. 그 첫 번째는 DNA 모델이다. DNA 모델에서 이중나선으로 된 두 개의 선은 대체로 같은 방향으로 움직인다. 모델의 다리는 서로 교차한다. 한쪽 선은 영성 지도이고 다른 쪽 선은

[그림22] 이중 나선

심리 치료 상담으로 생각하라. 나선 위의 어떤 지점에서도 피정자나 내담자는 자신의 삶의 여정을 따라서 다른 경로를 사용하기 위해 건너갈 수도 있다. 그러나 머지않아 결국 심리학 경로의 치유를 넘어서 영적인 경로의 의미 치유가 그 사람에게 필요할 것이다. 또 다른 그림은 기초 과학에서 가져온 것이다. 이것은 물이 중력 때문에 같은 높이로 유지되는 현상을 설명하는 도구의 그림이다. 우리가 실험 도구의 원통들 가운데 하나에 물을 부으면 다른 모든 원통의 물은 같은 높이로 올라온다. 각각의 원통은 사람의 체험을 이해하고 다루는 관점을 표현할 수 있다. 우리가 영성 지도 원통에 '물'을 부으면 심리 치료 원통에도 '물'이 올라오고 그 반대 현상도 일어난다.

의미 치유 ─ 영성 지도의 지평

통합 치유와 의미 치유healing of integration는 구별하기 매우 어렵다. 우리는 실제 상황에서 그 차이를 놓치기 쉽다. 우리는 우리 문화에서 교육받은 심리학을 이용하면서도 우리의 심리학적 소양을 인식하지 못한다. 이것은 마치 평범한proverbial 사람이 어느 날 자신의 유창한 말솜씨에 놀라는 것과 같다. 우리는 심리학 문화에서 숨 쉬며 살고 있다. 영화관과 서점에는 이러한 현실로 가득하다. **우리는 이러한 생각이 인간 경험을 이해하는**

**핵심이라고
생각한다.** 그
러므로 우리
가 영성 지도
패러다임이
라는 특별한
수단이 아니

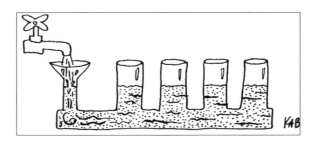

[그림23] 같은 높이로 올라오는 물

라 오직 심리적 패러다임만으로 영성 지도를 하고 있음을 깨닫지 못하면
영성 지도를 하찮은 것으로 만들 수 있다. 우리는 그 순간에 '신앙으로
심리학을 하는' 위험을 시도한다. 우리가 그것을 깨닫지 못하면 무의식적
으로 형편없는 심리학으로 '형편없는 은총'을 배양시킬지도 모른다.

심리 치료 상담은 내담자가 과거에 정서적으로 영향을 받은 마음psyche
을 치유받고 점점 더 자유롭게 살아가도록 돕기 위해 심리학의 방법과
지식을 종종 사용한다. 반면에 영성 지도와 영성은 그런 장애의 영향이
온전히 해소되지 않았을 때조차 피정자가 의미 있는 삶을 위해 그런
영향과 자체의 방법을 적절하게 사용할 수 있도록 의미와 힘을 준다.
신학과 다음 예문의 삶에 대한 태도는 이런 의미를 가장 적절하게 설명한
다. 다음 예문은 영성 지도를 통하여 피정자를 준비시키는 각양각색의
유의미한 시기를 알려준다.

첫 번째 예문은 라인홀드 니버Reinhold Niebuhr의 평온의 기도Serenity Prayer
이다. 이것은 그리스도교 영성을 잘 요약한 것이다. 그것은 많은 다른
영성 전통과도 일치한다.

평온의 기도	내포된 신학과 영적인 태도
하느님, 제가 바꿀 수 없는 것을 평온히 받아들일 수 있게 해주소서.	— 이것은 모든 세상과 우리 하나하나를 인격적으로 함께하시며 돌보시는 하느님과 함께 시작된다. 나는 어쩔 수 없이 무기력을 체험하는 수많은 것들 너머에 있는 우주의 일부분이다. — 나는 균형(고요, 자유)을 유지하기 위하여 하느님의 활동에 의존한다. — 내가 원하지 않는데도 어쩔 수 없이 그냥 받아들이는 것 외는 달리 아무것도 할 수 없는 수많은 외부 사건과 육체적이고 심리적인 사건이 일어난다.
제가 바꿀 수 있는 것을 바꾸게 용기를 주시며 이 둘을 구별할 지혜를 주소서.	— 나에게는 하느님의 도움으로 나 자신과 내가 속한 세상을 변화시킬 능력과 책임이 있다. — 대부분의 경우 지난날 마음의 상처를 온전히 치유하는 것은 환상이다. — 나는 나 자신의 결함을 받아들임으로써 지혜롭게 된다.
하루하루 충실히 살게 해주시고 한 번에 한순간을 즐기게 해주시며.	— 내게 절대적으로 확실한 것은 하루가 아니라 순간이라는 매우 작은 '현재' 뿐이다. — 나는 모든 것을 거저 받았기에, 진정한 기쁨을 주는 겸손한 마음으로, 선물인 삶을 환영할 뿐이다.
고난을 평화로 가는 길로 받아들이게 하소서.	— 나는 신비로운 죄와 뒤섞인 고난 그 자체로 진화하는 삶이라는 천을 짠다. — 다른 사람과 마찬가지로 나는 나 자신을 버리는 모순을 겪으며 지고 가야 할 내 십자가를 매일 직면한다. 나는 죽기까지 온전히 평화를 누릴 수 없다.
제가 원하는 대로가 아니라 예수님처럼 있는 그대로 죄로 물든 세상을 받아들이게 하소서.	— 하느님께서는 예수님을 통하여 세상을 있는 그대로 껴안으셨다. 나는 하느님은 아니지만 그 정도는 할 수 있다.
하느님의 뜻을 따르면 하느님께서 사랑으로 모든 것을 바로잡으실 것이라고 믿게 해주소서.	— 하느님께서는 나와 함께하시며 생명의 신비와 전체적인 목적에 복종하도록 도와주신다.

평온의 기도	내포된 신학과 영적인 태도
	— 나는 다른 사람들과 창조사업에 계속 협력함으로써 "하느님의 뜻을 실행한다."
지금 사는 동안 적절하게 행복하고	— 생명은 오직 영원 속에서만 온전해진다.
다음 세상에서 하느님과 함께 한없이 행복할 수 있게 해주소서. 아멘!	— 우리는 사는 동안 적절하게 행복하기를 오로지 바랄 뿐이다. — 우리는 하느님과 친밀해지도록 만들어졌기에 하느님께서 우리를 데려가실 때까지 마음 편히 쉴 수 없고 만족할 수 없다.

다음은 베드로 아루페 신부가 삶의 끝 무렵에 쓴 일기이다.[13]

"무엇보다도 나는 하느님의 손에 있는 나 자신을 발견한다. 나는 어렸을 때부터 줄곧 이것을 원했다. 그러나 나는 지금 달라졌다. 하느님께서 주도권을 온전히 잡으셨다. 이것은 하느님의 손에 있는 나 자신을 온전히 알고 느끼는 참으로 놀라운 영적 체험이다."

앞의 두 예는 인생의 영적 여정에 담긴 의미를 표현하고 있다. 첫 번째가 여정의 중간에서 나왔다면 두 번째는 여정의 마지막에서 나왔다. 당신은 두 글에 표현된 주제 대부분이 심리 치료 상담을 통하여 다듬어진 삶의 흐름에 대한 개방성, 자신을 받아들이기, 삶을 있는 그대로 받아들이기, 자신과 타인에 대한 현실적인 감각, 변화와 위기를 통한 인격 성장이라는 몇몇 주제와 일치하고 있음을 알게 될 것이다.

요약하면 영성 지도는 심리학 지식과 연구 그리고 심리 치료와 연결되어 있다. 영성 지도와 심리 치료 상담은 모두 치유와 관련 있다. 심리 치료 상담은 먼저 내담자 자신과 자신이 속한 세상에서 겪는 위기로 말미암은 갈등에 초점을 맞춘 것으로서 통합 치유이다. 반면에 영적 안내는 먼저 하느님과의 관계에 초점을 맞추고 그것을 통하여 타인과 세상의 관계를 다루는 것으로서의 의미치료이다.

온전히 건강해지고 싶은 환상

우리는 우리 자신이나 지인들이 받는 심리 치료와 치유를 주의 깊게 관찰하거나 성찰한다면 **누구나 결코 완벽하게 통합 치유를 받을 수 없다는** 결론을 쉽게 내릴 수 있다. 우리는 우리 자신을 받아들이면 성장할 수 있고 더 온전하게 사는 것을 방해하는 심리적 장애물로부터 자유로워질 수 있다. 그러나 우리 개인의 역사와 위험한 환경 때문에 마음에 새겨진 근원적인 상처는 우리 안에 늘 남아 있다. 자신을 '만나는' 심리적 작업을 한 대부분의 사람들은 삶의 변천을 겪을 때 자신을 계속 인식하고 다양하게 받은 과거의 상처로부터 스스로 계속 벗어날 필요가 있다.

이런 영속성eternity**에는 건강이나 능력, 성취나 통합을 이루려는 환상이 있다.** 이 진실은 과거에도 알려진 것이다. 어쩌면 우리는 삶이 너무나 막막하고 힘들어서 이런 영속성을 더 쉽게 받아들였을지도 모른다. 대부분의 사람들은 먼저 생존하려고 애쓰지만 지난 30년간의 지적 탐구는 삶을 더 많이 조절하고 싶은 쪽으로 우리를 이끌었다. 우리 중의 많은 사람은 제때 제대로 전문적인 도움을 받으면 역기능에서 완전히 자유로워질 수 있다고 믿게 되었다. 우리가 발견한 정치적 권리는 심리적으로 만족하기 위한 개인적 권리로 바뀌었다.

우리는 현재 유행하는 치유를 믿고 있기에 시간을 충분히 내서 보살피면 우리 마음을 완전하게 고칠 수 있다고 기대하게 되었다. 우리는 내적으로 충분히 작업하면 다음과 같이 될 것이라고 믿는다.

"나는 버려지는 끔찍한 느낌에서 벗어날 수 있다…." 또는 "내 마음속의 암담한 상실… 나는 아주 텅 빈 것 같아! 내가 행복해지려면 그것을 채워야 할 필요가 있어….", 또는 "어쩌면 나는 마침내 끔찍한 두려움을 지금 없앨 수 있을지도 몰라….", "내 기분을 좀 더 느낄 수 있고 그것을 충분히 표현하고 집중한다면 그것은 결국 내가 알아야 할 필요가 있는 모든 것을 드러내서 나는 완전하게 치유되겠지…."

하지만 대부분의 경우에서 현실적으로 어린 시절 마음에 새겨진 근원적인 상처와 치명적 결함은 결코 완벽하게 치유되거나 충족되지 못한다. 자신이 어렸을 때 버림받았다면 내적 작업과 치유를 받은 뒤에도 특별히 스트레스가 자신의 약한 부분을 건드릴 때 성인이 되어서도 계속 버림받는 체험을 한다. 치유는 그러한 느낌 뒤의 역사적인 상황을 없애지 못한다. 치유 과정에서 일반적으로 일어나는 현상은 다음과 같다. 우리가 일어났던 것을 받아들이고 이해하면 우리는 일상에서 그 사건의 더 왜곡된 영향을 피하는 방법을 계속 배울 수 있다.

컴퓨터 문화에서 비롯된 비유를 하나 들어보자. 모든 워드프로세서에는 화면에 나타나는 것과 최종적으로 산출되는 것을 프로그램하고 결정하는 숨겨진 지시가 있다. 이러한 단계는 미리 프로그램된 지시를 이행하지 않는다. 누군가 형식을 규정하지 않고 워드프로세서 프로그램을 사용하면 숨겨진 불이행 시스템default system이 뒤를 인계받는다. 예를 들면 당신이 왼쪽과 오른쪽의 여백을 정하고 싶지만 불이행 시스템은 자동으로 왼쪽 여백만 정해놓았기 때문에 바꾸기 위해서 당신은 그것을 다시 프로그램 한다. 때때로 실수하거나 컴퓨터가 잘못되었거나 사정이 생겨서 당신이 숨겨진 명령을 다시 프로그램 하는 것을 잊었을 때는 불이행 시스템은 자동으로 임무를 넘겨받는다. 당신은 그 상황에서 불이행 사항을 다시 프로그램해야 한다.

마찬가지로 우리 각자의 역사는 우리 마음속에 자동 불이행 시스템을 설치한다. 우리 마음은 특별히 나약한 상황에 있을 때 견디기 위해서 더 부적합한 자동 불이행 프로그램을 사용하는 경향이 있다. 이러한 시기에 우리는 그것을 다시 프로그램할 필요가 있다. 심리 치료 상담은 불이행 시스템을 다시 프로그램하기 위한 수단과 선택을 탁월하게 발전시켰다.

'준 안전지대Quasi-Safe Zone'에서 실행하는 도전과 위험

우리는 살면서 바위투성이의 길을 만날 때 깊은 갈등이 만든 거칠고 위협적인 곳을 헤쳐 나가기 위해 일정 기간 숙련된 심리학의 도움을 받아야 할지도 모른다. 그리고 나서 우리는 풀리지 않은 갈등에서 어느 정도 벗어난 뒤나 자기 억압의 뿌리를 깊이 깨닫고 받아들인 뒤에 다음과 같이 희망의 징조를 체험하기 시작한다. '나는 머지않아 혼자서 앞으로 나갈 수 있을 것이다.' 이것은 치료의 목적에 도달하기 전에 시작되는 준 안전지대일 수도 있다. 내담자는 준 안전지대에 접근할 때 더 많이 스스로 책임지기 시작할 필요가 있다. 그녀는 점점 더 통합되면 다음과 같이 스스로 두 가지 중요한 질문과 대답을 해야 한다.

— 나는 치유되었다고 스스로 받아들이기까지 얼마나 오랫동안 앞으로 나

아가지 않고 여기서 '멈춰'야 하는가?

— 나는 완치되기 전에 어느 정도로 치유되기를 원하는가?

그녀는 언제까지나 준 안전지대에 머무를 수 있으나 어떤 시점에서는 치료받고 싶은 마음에서 벗어나도록 원음과 같이 자신을 자극할 필요가 있다. '나는 이제 충분해…' 또는 '나는 비슷한 문제를 다시 다루게 될 수도 있음에도 지금 앞으로 나갈 수 있어…' 그녀가 앞으로 나가기를 진정으로 원하면 머지않아 실수를 할 수도 있는 모험을 시도하고 초기 치료 과정에서 절실했던 자신의 관심사self-concern에서 벗어날 것을 결정해야 한다(우리는 살아가면서 문제를 다룬다는 원리를 언제나 기억해야 한다). 이것은 매우 신비로운 통합 과정이다. 아무도 다른 이에게 그것을 언제 어떻게 진행하는지 말해줄 수 없다. 그 책임은 각자의 가치 체계value system에 달려 있다.

그러나 모험은 역시 모험이다. 우리는 이미 시작한 치유 과정을 거부할 수 있거나 안전이나 우리 문화에게서 받은 유산expectations이라는 이름 아래 자신에게 애착하며 자신의 관심사에 사로잡힐 수도 있다. 그럼에도 준 안전지대에 있는 사람은 스스로 책임을 질 수 있도록 종종 활발한living 영성으로부터 충분히 힘을 받을 수 있다.

앞에서 언급한 것과 같이 **우리는 우리 자신을 넘어서 공동체의 현실에 관심을 갖고 인격적으로 성장할 때 심리적으로 건강하게 성장한다. 영성 지도는, 의미 그 자체의 맥락으로 공동선에 대한 관심을 구체적으로 실행하기 위한 힘과 용기를 갖도록 피정자를 준비시킬 수 있다. 우리는 여전히 망가져 있음에도, 영적으로 성장을 하는 가운데, 남을 섬기라고 부르시는 하느님께 이끌린다.**

탁월한 영성 지도로부터 나온 영성은 우리를 망가진 자신으로부터 도피하거나 망가진 자신을 제거하려고 애쓰기보다는 끌어안고 온전히 살게 이끈다. 영적 지혜는 우리가 스스로 고치려는 욕구에서 벗어나 오직 하느님의 도움을 받을 때 그렇게 될 수 있다고 가르친다. 모든 영적 안내의 근본으로서 하느님의 자유로운 선물인 은총의 모든 원리는 여기에 바탕을 둔다.

우리가 실제로 사용하는 패러다임 성찰하기

나는 앞에서 영성 지도와 심리 치료 상담이 서로 연결되는 방법을 보여주고 서로 다른 점을 설명했다. 이제 나는 둘 사이에 차이가 있음에도 우리 시대의 많은 영성 지도자가 실제로 '신앙을 지니고 심리학을 사용한다는 점'을 설명하겠다. 우리가 신앙 언어를 사용하고 있고 살아계신 하느님을 믿고 있음에도 실제로 사용하는 영성 지도 모델은 심리 치료 상담사들이 사용하는 것과 많이 다르지 않을 수도 있다. 그러므로 이 시점에서 우리가 지속적으로 실행하는 영성 지도의 이면에 있는 전제as-sumptions와 가치를 생각해 보자. 우리는 신앙 용어를 사용하고 피정자의 영적 성장을 도와줄 때 실제적으로 어떤 패러다임을 사용하는가?[14]

대다수 영성 지도자의 공통 접근법

나는 중요한 전제를 논하기 전에 대다수의 영성 지도자가 영적으로 다른 사람을 도와주는 작업을 약술하겠다. 나는 당신을 포함해서 대부분의 독자는 다음의 약술을 너무 심하게 반대하지 않으면서 공감할 것으로

확신한다. 영성 지도자들은 영성 지도하면서 대체로:

— 다른 사람의 개인적인 기도와 매일의 삶 속에서 내적으로 체험하는 하느님에 대해 듣는다.
— 피정자의 체험을 들어주고 피정자가 핵심적인 내적 현실을 묘사하고 설명하며 탐구하고 주목하도록 도와줌으로써 스스로 표현하고 있는 체험을 신앙으로 이해할 수 있게 한다.
— 어떤 방법으로든 체험을 해석한다.
— 피정자와 함께 실용적으로 해석하고 미래를 위해서 몇 가지를 시도한다.
— 신앙과 복음 그리고/또는 영신수련 용어를 말한다.
— 피정자를 1대1 개인적으로 만난다.

대부분의 영성 지도자와 기도 길잡이들은 거의 모든 영성 지도에서 위와 같이 한다. 여기서 던지는 질문은 다음과 같다. 우리는 무엇을 전제로 그것을 하는가?

공통 작업의 이면에 놓인 전제

나는 영성 지도자 중 많은 이가 다음의 전제로부터 멀리 벗어나지 않는다고 생각한다.

a) 우리는 대개 사회적인 차원으로 옮겨가기 전에 개인intra-personal과 대인interpersonal의 차원을 다룬다.[15] 우리는 면담에서 이런 차원을 늘 다룬다. 그리고 우리는 장기간 지속되는 면담에서도 이러한 차원을 다룬다. 이에

따라 우리는 피정자들이 사회적인 영역에 대한 부름을 받아들일 수 있다
고 생각하기 전에 사회 전체를 인식하고sense of wholeness 있을 것으로 기대
한다. 우리는 이 부름에 걸맞게 기대하면서 우리 문화에서 신앙/지지/기
도 단체의 체험을 성찰함으로써 이 접근법을 입증할 수 있다. 대인에서
사회로의 전환은 그런 단체에 거대한 장애물을 형성한다.

b) 우리는 1960년대부터 과거의 정서적인 상처로 말미암은 영향을 점점
더 의식하게 되었다. 우리는 영성 지도를 하면서 직면하는 문제를 다루기
위해 우리 문화의 유용하고 다양한 기술을 사용하게 되었다. 그 기술은
다음과 같다.

공감과 듣기, 일기 쓰기, 근친상간과 성적 학대에 대한 연구, 에니어그램
과 MBTI, 예술 치료, 꿈 해석, 12단계.

c) 우리는 사람들이 건강하게 하느님께 응답할 수 있으려면 그들 스스로에
게 좋은 감정을 가져야 한다고 생각한다. 신앙을 바탕으로 진행되는 내적
치유는 영성 지도를 받으러 오는 사람들과 나누는 우리들의 시간을 점점
더 많이 차지한다.

d) 우리는 정서적인 준비가 성장을 위한 격려보다 선행해야 한다는 사실을
당연하게 받아들인다. 다른 전문인들과 마찬가지로 우리 중 많은 사람은
한 사람의 성장에 도움을 주는 질문이나 필요한 것을 촉구하기 전에 그
사람이 준비될 때까지 기다리도록 훈련을 받았다. 이 말은 많이 듣고
기다리되 아주 조금 가르친다는 것을 뜻한다. 우리는 영적인 건강이 정서
적인 건강과 직접 연결된다고 믿고 있다. 우리는 주체성을 가지고 있고
우리의 내면에는 진정한 자아가 어떤 식으로든 존재한다는 사실을 당연
하게 생각한다. 따라서 우리는 반드시 각 사람이 스스로 자신을 이해하고
진정한 인격체로 살아가도록 격려해야 한다.

당신은 위의 a)부터 d)까지의 주장이 당신 전제의 일부라는 것을 입증하기 위하여 여기서 다음의 20가지 질문을 생각하는 것이 도움이 될 수도 있다. 나의 관점에서 보면 다음의 질문은 영성 지도자들이 기법이나 기술을 사용할 때 다루어야 하는 대부분의 주제와 함께 섞인다. 33장 첫 부분의 벤다이어그램에서 영성 지도자들이 B(공통부분)와 A(다른 부분) 모두에서 작업해야 한다면 다음의 질문은 영성 지도자들이 다루는 주제를 건드린다. 당신이 이러한 전제를 입증하려면 영성 지도받은 당신의 체험을 성찰하거나, 다른 사람들을 안내하는 당신의 행동 양식modus operandi에 집중하거나, 원하면 영성 지도자들의 영성 지도 문제 토론 방식을 성찰하라.

연구, 성찰 토론을 위한 자료

아래의 의견과 질문은 '영성 지도자들은 영성 지도하며 일반적으로 탐구하는' 부분에 대한 것이다. 당연히 어떤 영성 지도자들도 똑같은 질문과 의견으로 문제를 탐구하지 않을 것이다. 다음은 그저 제안일 뿐이다. 그것들은 영성 지도자들이 연구할 수도 있는 주제를 대변한다. 각각의 관심 분야 옆에다가 영성 지도에서 그것들을 사용하는 빈도를 추정해 보라; (1) 거의 없음, (2) 이따금, (3) 자주.

1. 당신은 그것에 대해서 어떤 기분이 들었나요?
2. 당신은 자신을 용서하는 법을 배워야 하는 것처럼 보이네요.
3. 당신은 그것에 대해 무척 화(수치심/두려움/당황함)가 난 것처럼 보입니다. 그것을 하느님께 표현해 보십시오.

4. 당신은 모든 것을 책임지지 않고 사람들의 기대에 맞추며 살지 않는 법을 배우고 있습니다. 이 부분에 해당되는 의견은 다음과 같습니다. 일을 조종하려는 당신의 방법이 당면한 문제로 보입니다.

5. 기억을 떠올리고 다시 체험하며, 예수님께 그 장면에 들어오시라고 청하십시오. 자신의 느낌이 올라오게 두고 예수님께서 그 기억을 다루시게 허락하십시오.

6. 당신은 지금 어떤 은총이 필요합니까?

7. 당신은 그런 체험을 영적 위안이나 영적 황폐라고 부르겠습니까?

8. 나는 당신이 정말로 영적 위안을 체험하고 있다고 들었습니다. 하지만 그것이 스펀지나 돌 위에 떨어지는 물처럼 보이네요?

9. 당신이 지난주에 체험한 영적 위안이 그 전주에 이러저러한 문제를 기도하고 있을 때 받았던 영적 위안(또는 유의미한 것으로 인식되는 몇 가지 요점)과 어떻게 다릅니까?

10. 그 상황을 발생시킨 사회의 역사는 무엇입니까? 우리의 현재 문화는 그 상황에 어떤 영향을 줍니까?

11. 그 상황에서 돈은 어떻게 영향을 줍니까? 누가 이익을 보고 누가 손해를 봅니까?

12. 그 단체(공동체/가족)에서 누가 진짜 권력을 행사합니까?

13. 어떤 상징(가치/언어/이념)이 그 상황에서 합법적으로 사용됩니까? 그 상황에서 결코 의심받지 않으며 드러나지 않는 양상이나 구조는 어떤 것입니까? 그 상황이 벌어지게 허락한 말로 된unwritten 규칙은 어떤 것입니까?

14. 당신은 그 상황에서 예수님의 어떤 신비를 드러내라고 초대받고 있습니까?

15. 당신은 은총으로 주어지는 하느님의 선물은 자유로운 선물이라는 믿음

과 그 사업이 조화를 이루도록 어떻게 진심으로 노력하고 있습니까? 우리
는 창조되었고 시공간의 제약을 받는 존재라는 믿음이 이러저러한 한계
에서 당신이 느끼는 분노와 어떻게 연결됩니까?

16. 당신에게 영향을 주는 신학은 어떤 것이고 그것은 당신이 주장했던 신학
이나 신앙과 어떻게 조화를 이룹니까?

17. 그리스도교의 어떤 신앙이 당신의 체험을 예증합니까 (또는 필요로 하
나요)? 왜 그럽니까?

18. 당신이 당신 교회의 집행부를 우물가의 사마리아 여인으로 생각했다면
예수님은 그녀에게 어떻게 반응하실까요? 그 집행부에게 필요한 '생명
의 물'은 무엇일까요? 예수님은 '가서 남편을 데려오라'는 말 대신 무슨
말을 하실까요?

19. 당신은 지난주에 라자로의 이야기를 기도하면서 무덤에 있는 당신보고
나오라고 부르시는 예수님의 목소리를 듣고 아주 많이 치유되었습니
다… 이제 라자로의 이야기를 다시 기도하세요. 그리고 상상으로 모든
상황에서 스스로 라자로가 되게 두세요… '라자로야 나와라!'라고 부르
시는 예수님의 목소리를 들을 때까지 기도하며 기다리십시오.

20. 당신은 그 회의에서 업무를 잘 설명하였고 당신의 평가를 나누었습니다.
그 모둠은 이러저러한 일이 일어날 때 영적 위안이나 영적 황폐를 겪었습
니까? 그 회의는 진복팔단 체험을 어떻게 드러냈습니까?

이 성찰의 목적은 영성 지도자들의 주된 관심 분야는 대인 차원의
정서적이고 치유와 관련된 문제라는 점을 보여주는 것이다. 그들은 사회
제도나 사회적 인식 또는 신학적 원리에 대한 인식 또는 영신수련과
식별에 관련된 전문적인 용어를 다루는 분야에 훨씬 덜 관심을 갖는다.

1번에서 5번까지의 관심 분야는 심리적 역동의 관점과 심리학적인 차원이 연합된 문제이다.

6번에서 9번까지의 관심 분야는 영신수련과 식별에 관한 전문 용어의 명시적인 사용과 더 관련이 있다.

10번에서 13번까지의 관심 분야는 피정자의 개인적인 체험에 부정적인 영향을 주는 사회 구조나 조직적systemic 환경이다.

14번에서 17번까지의 관심 분야는 신학적 진리와 피정자의 인생 체험 사이의 관계를 연결하는 신학적 성찰의 예이다.

18번에서 20번까지의 관심 분야는 피정자에게 영향을 주고받는 공동체-사회의 전망이다.

새로운 언어가 필요한 발전적 세계관

우리가 전제하는 접근법은 어디에서 오는가? 대체로 우리의 전제는 우리가 세계를 체험하고 이해하는 다양한 방법에서 발생한다. 서구 문화에 속한 우리는 우리의 전통적인 세계관을 더 발전적인 세계관으로 바꿨다.[16] 발전적인 세계관은 이론에서 체험으로의 영역 전환shift이다. 또한 그것은 외적 이상ideal과 우리 자신과 우리들의 상호관계를 고착시켜서 이해하는 사고방식mode에서 더 발전적으로 이해하는 사고방식으로의 전환이다. 이 전환은 제2차 세계 대전 이후 20년 동안 서구 세계 전반에 걸쳐 일어났다. 이 전환은 로마의 제2차 바티칸 공의회를 자극했다. 그것은 자아 · 일 · 교회 · 하느님 · 예수님 등에 대한 이미지에 영향을 주었다. 우리의 새로운 지평은[17] 우리 스스로 피정자들 그리고 우주를 다른 관점으로 보게 만들었다. 다음은 이 전환이 가져온 다양한 양상에 대한 부분적인 목록이다.

전통적Classicist 세계관	발전적Developmental 세계관
진리는 객관적으로 알려지고 절대적인 것이라고 믿는다. 우리는 이성으로 진리에 다가갈 수 있다. 객관적 진리는 주관적 체험의 척도이다. 더 중요한 것은 원리를 연역적 학습과 상황에 적용해서 획득된다. 해석에 대한 내면의 논리적 일관성 강조.	진리는 상대적이고 새로운 정보에 의존한다고 믿는다. 그러므로 우리는 체험으로 진리를 판단한다. 더 중요한 것은 체험으로 얻은 정보를 통한 귀납적 학습으로 획득된다. 통계 강조.
고정되고 영원한 범주로 생명 이해.	발전적이고 역사적으로 생명 이해. 생명의 의미는 시공간의 영향을 받는다.
하느님의 계시는 확고한 방법으로 전달되고 문화적 의미와 무관하게 믿어지고 교육될 수 있다.	하느님의 계시는 상징을 통하여 이미지와 은유로 전달된다.
교계 제도에서 비밀리에 결정.	개방적 구조에서 더 조언적 접근법으로 결정.
하느님의 뜻은 정확한 수단means에 관심이 있다.	하느님의 뜻은 먼저 우리의 최종 목적인 구원에 관심을 둔다. 우리는 그 뜻을 발견할 책임이 있다.
우리는 이미 알려진 하느님의 뜻을 발견해야 한다.	우리는 하느님의 뜻을 만들고 책임진다. 우리는 식별할 필요가 있다.
우리는 구원을 받을 목적으로 창조된 사물을 이용한다.	창조의 일부분인 우리는 하느님 창조사업의 협조자이다.
윤리적 결정은 연역적으로 원리를 적용하여 만들어진다. 영성과 관계없이 윤리적 결정이 내려질 수 있다.	다양한 원리가 충돌할 때, 윤리적 결정은 관련 원리를 정직하게 적용한 가치의 총합에 따라 내려진다. 윤리와 영성은 서로 분리되지 않는다.
영성을 먼저 하느님과 함께하는 개인의 일로 이해한다. 세상과의 교류를 자선과 성실의 맥락에서 순명으로 규정한다.	영성을 대인적이며interpersonal 사회적으로 이해한다. 자선이 순명보다 앞선다. 양심이 핵심이다.

가장 명확하게 규명된 영성은 이 전환이 일어나기 전 오랫동안 느낌과 양심을 신뢰하지 않았다. 그것은 세상에 대한 외적이고 객관적이며 이성적인 이해를 강조했다. 우리는 이 전환 덕분에 영적이고 신학적인 통찰의 이면에 있는 인간의 체험을 재고할 필요가 있었다. 우리는 당연히 자신과 세상을 발전적으로 이해할 필요가 있었다. 데카르트적 명료성 Cartesian clarity을 강조하고, 합리주의에 근거한 신학을 사용하며, 성경의 상징을 잃어버린 채 우리는 문화를 통해서 쉽게 사용할 수 있는 수단과 방법 외에는 세상을 발전적으로 이해할 적절한 방법을 찾지 못했다. 결국, 우리 영성 지도자들은 피정자들의 내적이고 주관적인 체험에 집중하고 표현하는 데 유용한 언어를 개발하기 위하여 더 유용한 방법론method-ologies을 수용하게 되었다.

경건주의 언어, 실존주의, 심리학

심리학 연구와 실습은 이 전환의 시기에 거대 문화의 일부로써 내적 체험에 집중하는 중요 방법을 제공했다. 경건주의는 그리스도교 전통에서 나온 문구와 단어와 더불어 마음의 언어를 단순하게 표현하는 방법을 우리에게 제공함으로써 이 전환을 보완했다.[19)]

우리가 심리주의psychologism라고 부를 수 있을 정도로 과장해서 사용하는 심리학은 자아를 고치는 대상으로 삼는다. 심리주의psychologism는 정확히 표현하면 우리가 우리 자신을 충분히 알고 있고 무의식에 들어가도록 허락하면 결국에는 온전해질 수 있을 것이라고 주장한다. 심리주의는 개인의 역사를 심리적이고 구조적이며 정서적인 발전의 관점에서 다루면서 과거에 집중한다. 심리주의는 종종 개인의 역사가 만들어지는 사회의 구조와 그 구조가 우리 마음 안에 영속시키는 불의의 지속적인 영향에 조금 집중하거나 거의 집중하지 않는다.[20] 더 나아가 심리주의는 **우리 자신의 노력만으로 궁극적인 목적을 철저히 성취할 수 없다는 그리스도교의 근본 통찰에 거의 관심을 두지 않는다. 우리는 은총이라는 무상의 선물 없이 우리 자신을 구원할 수 없다.**

경건주의는 신학이 난해해지고 보통 사람들에게서 신학을 분리시켰던 개신교 개혁 이후에 일어난 신학적 거대 담론의 반동주의 시대로 돌아간다. 그것은 감리교와 카리스마Charismatic 운동과 같은 매우 다양한 방법으로 우리에게 영향을 주었다. 경건주의는 더 헌신적이고 부드러운 관점으로 하느님의 신비를 생각하고 말하는 방식이다. 그것은 사회적인 체험에서 분리된 개인적이고 사적이며 헌신적인 체험을 강조하기에 우리 삶에 대해 무비판적일 수 있다.

우리의 영성 지도 방법론에 영향을 준 다른 요소는 서구 문화의 일부로 받아들여지고 있는 실존주의다. 실존주의는 지난 100년 동안 행동의 중심으로 자아와 실존주의 자체가 지닌 의미의 중심으로써 자아를 강조했다.

당신은 피정자들이 가장 깊은 자아에 집중하도록 도와주는 수많은 방법에 들어있는 이러한 영향을 주목할 수 있다. 우리는 그들이 내적 체험에 주목하고 그것으로 하느님과 정서적인 유대 관계를 형성하게 도와준다. 우리가 이것을 실행할 때 피정자들은 자신의 역사가 더 깊은 감정에 끼친 영향에 주목하게 된다. 우리는 피정자들이 자신을 만나고 그 안에서 하느님을 발견하고, 치유를 받으며 성장할 수 있는 방법을 발견하도록 격려하는 데 많은 시간을 쓴다. 피정자들은 종종 바로 그렇게 발견하고 성장하기 위해서 영성 지도를 받는다. 나는 대부분의 영성 지도자들은 피정자들이 어떻게 문화의 영향을 받아 자신들이 온전해질 수 있다고 기대하게 되었는지 함께 분석하는 데 시간을 거의 쓰지 않고 있다고 생각한다.

역완벽주의Reverse Perfectionism를 조장할 위험성

우리는 이렇게 분석하지 않은 채 완벽주의라는 위험을 무릅쓴다. 전통적 세계관에서 보면 우리는 객관적으로 인식 가능한 세계의 관점에서 완벽을 성장으로 이해했기 때문에 영성 지도자들은 외적으로 완벽주의를 다뤄야만 했다. 피정자들은 그러한 기준 틀frame of reference로 자주 종교 관행의 실천religious practices, 기도 안의 분심, 순명, 외적인 선행을 통한 자신의 선goodness을 엄격하게 입증하려고 했다. 규칙을 외적으로 완벽하게 지키려는 세심증은 매우 일반적이었다. 반면 우리는 체험으로 진리를 파악하는 것을 강조하는 발전적 세계관과 우리의 내면을 통하여 다음과 같은 완벽주의와 반대로 생각할 수 있다.

― 우리 자신을 온전히 이해하기
― 우리들의 모든 문제를 다루기
― 최대한의 인격적 성취를 가져올 확실한 대안을 요구하기

내적 진실과 온전함에 대한 욕구는 우리 시대의 환상으로 쉽게 이어진다. 우리는 내적 자아를 알고 자신의 '건강wellness'을 열심히 관리하면 완벽하게 되고 싶은 열망을 완전히 충족시킬 수 있다고 믿게 되었다. 사실 그렇게 하는 데 유용한 수많은 기술 때문에 영성 지도자들은 '마음속

습관'이 되어버린 일종의 개인주의에 부지불식간 협력하는 위험을 감수한다.

개인주의는 공동선common enterprise보다 '개인의 선'에 더 집중하게 한다. 개인주의는 완성에 대한 욕구와 온전함의 가능성을 당연히 여긴다. 개인주의는 결혼·공동체·협동 작업 등의 공동선이 각 개인의 욕구 성취에 달려있다고 믿는다. 진정으로 온전하게 되려는 욕구를 성취하려는 노력은 통합과 온전함이라는 이름으로 영성 지도자들을 피정자의 유일성에 너무 심히 집중하게 하는 덫으로 쉽게 이끈다.[21]

결국 우리는 다음과 같이 자문해야 한다. '나는 기도를 안내하면서 어떤 패러다임을 사용하는가?' 나는 우리 영성 지도자들 중의 많은 이가 주로 심리 치료 상담 모델을 사용하고 있다고 본다. 심리학의 영향을 받는 바로 그 문화 때문에 우리는 심리학 모델의 통합 치료를 강조할 수밖에 없다. 우리가 예수님의 제자가 되려는 피정자를 더 자유로워지는 쪽으로 이끌어 가려고 시도할 때 우리는 접근하기 쉬운 문화에 쉽게 빠져든다.[22]

연구, 성찰, 토론을 위한 자료

1. 당신은 우리가 영성 지도하면서 심리 치료 상담 패러다임을 먼저 적용시킨다는 사실에 동의하는가? 그렇지 않다면, 당신은 우리가 사용하는 패러다임을 뭐라고 부르겠는가?
2. 사람들이 우리가 사용하는 패러다임으로 성찰과 권장을 하거나/하지 않는 사회적 관심은 다음 중 어느 것인가?
   — 정치적 참여

— 삶의 다양한 체험과 신앙 체계 또는 신학 사이의 관계

　　— 일간 신문의 사설과 의식 성찰 사이의 관계

　　— 공적인 사건과 청하는 은총 사이의 관계

　　— 소외된 사람들과 구체적으로 함께하기

3. 우리는 주로 어느 계층의 사람들을 영성 지도 하는가? 사업가? 실업자?
　시각장애인들? 죄수들? 중상위층 사람들? 중하위층 사람들?

적절한 영성 지도의 지평에서 영성 지도 모델 발전시키기

　영성 지도자는 피정자가 내적으로 체험한 하느님과의 관계를 표현하고 성찰하도록 도와준다. 영성 지도자는 피정자가 표현한 것을 식별하도록 돕기 위하여 다양한 학문에서 나온 통찰과 접근법을 묵시적으로 사용한다. 영성 지도자는 다양한 방법의 영적 안내로 영성을 활용하면서 다른 분야와 제휴할 수 있고 제휴가 필요하다. 이것은 역사적으로 언제나 그러했는데, 특히 계속되는 과학적이고 전문적인 발전도 그러했다.

　영성 지도는 20세기에 이르러 덕과 거룩한 상징, 통상적인ordinary 기도와 신비로운 기도를 이해하고 분류하는 것에(합리주의 시대 이후에 유행하던 전통적 세계관 안에서) 귀속된 수덕신학에 최종적으로 통합되었다. 결국, 영적 안내는 그 시기에 이르러 인간의 성장 및 발달과 거의 무관했지만 외적 행위를 관찰하고 안내하는 쪽에서 무척 많은 일을 했다. 더 발전적인 세계관 쪽으로의 변화와 그에 따른 체험을 통하여 하느님과의 인격적인 관계를 재발견할 필요성 때문에, 인간의 성장에 대한 관심만이 영성 지도의 필수 요소로 되돌아갔다.

　우리가 33장 전반부에서 논의하였듯이 심리학적 소양은 영성을 다

룰 때 체험에 집중하는 방법의 교정에 매우 중요하다. 그러나 나는 현재 많은 지도자가 심리 치료 상담 패러다임만을 부지불식간에 사용하고 있다고 생각한다. 그렇다면 나는 그것이 적절하지 않음을 암시하였다. 인간의 성장은 심리 치료 상담 패러다임보다 더 넓다. 영성은 가치와 세계관, 궁극적인 의미, 다른 사람들과 세상 그리고 우주와의 인격적인 관계를 망라하기 때문에 인간 체험을 전적으로 필요로 한다. 우리의 영성은 이 모든 측면에 영향을 주고받는다. 그러므로 우리는 영성 지도에 담긴 심리 치료 상담을 뛰어넘어 더 분명하게 신학적이고 공동체-사회적인 면을 강조해야 한다. 즉, 우리의 모델은 우리가 작업하는 상황을 더 분명하게 사용해야 한다.

내포된 것 드러내기

우리 상황의 필수적인 측면은 다음과 같이 모든 피정자와 맺는 면담 계약covenant과 내재된 협약contract으로 이루어진다.

1. 우리는 복음 영성을 핵심 가치로 사용할 것을 기대한다. 이냐시오 전통에 따라서 우리는 매우 명백하게 복음에 집중하는 방법을 제시하는 영신수 련의 용어와 구조를 통하여 복음 영성을 종종 전달한다.
2. 지도자와 피정자는 모두 역사의 이 시점에서 **모두를 위한 정의롭고 포용적 인 영역을 만들기** 위하여 더 큰 세상에서 일하면서 자신을 **초월하는 가치를 표방하는** 영성 패러다임으로 작업하기를 기대해야 한다.

영성 지도자들은 심리 치료 상담 모델을 사용하면서 이런 상황을 받아들여야 한다. 피정자가 그런 문제를 제기하거나 상황에 내포된 가치와 통찰을 생각하고 선택하며 행동하도록 "심리적으로 준비되지" 않는 한 대체로 이런 상황이 분명하게 형성될 수 없다. 오직 심리 치료 상담 모델만 사용하는 영성 지도자들에게는 영신수련과 신학 전문용어를 사용하는 것은 '머리로 하거나' 피정자들의 느낌이나 준비 상태를 충분히 고려하지 않는 것으로 보일 수 있다.

우리가 탈근대주의 시대에 살지 않고 있다면, 피정자는 지도자나 공동체의 사람들과 정체성을 분명히 공유하기 때문에 심리 치료 상담 모델만으로 충분할 수도 있다. 수없이 많은 다원주의를 표방하는 탈근대주의 상황에서, 피정자들은 자신들이 속할 수도 있는 매우 지지적인 공동체에서조차도 정체성을 더 이상 확고하게 지닐 수 없다.

이런 상황에 잘 맞는 매우 상징적인 사건 하나가 계속 나의 관심을 끈다. 그것은 세 수도회 수련원장들이 나를 양성 프로그램 평가에 초대했던 1980년대 초의 일이다. 우리는 평가하면서 정체성의 문제를 "이리저리 궁리하기" 시작했다. 우리는 수련자들의 상호관계가 대단히 복잡했음에도 기본적인 로마 가톨릭 전통에 무지한 그들의 상태를 논의하였다. 그 뒤, 나는 다음과 같이 제안했다. "수련자들은 기본적인 교리를 교육받지 않았고 신앙을 실천적으로 수용하지 못했습니다. 따라서 양성 프로그램의 지도자들로서, 당신들이 기본적인 지침을 명확하게 제시하면 그들에게 도움이 되지 않을까요? 예를 들면 현명하지 않을 수도 있는데, 수련자는 세 달에 한 번 또는 각 전례 시기 동안 적어도 한 번 금욕 실천으로 화해 성사를 받는 것이 현명하지 않을까요?" 그들은 그러한 지침의 가치를 고려하지 않았다. 나는 그들이 사실상 판단하기 위해 그동안 심리 치료 상담 패러다임을 사용했다고 믿는다.

우리가 영적으로 안내하며 신학에 대한 이해와 신학이 내포하는 세상에 대한 전망을 명백하게 표현하지 않는다면 우리 문화의 심리학적 소양에 있는 공통분모를 무시하게 된다. 우리가 심리 치료 상담 모델을 지나치게 강조하지 않으려면 우리 자신뿐만 아니라 피정자들과 함께 우리의 상황을 명백히 밝힐 필요가 있다.[23]

다음의 그림 24는 이냐시오 영성으로 숙련된 영성 지도자가 우리 문화에서 마땅히 사용해야 할 영성 지도 모델의 방향을 보여준다.

a) 첫 번째 원은 기도와 삶의 체험을 대변한다.

b) 두 번째 원은 영성 지도자가 즉각적으로 듣는 관점의 방향을 대변하는데, 대부분은 현대 문화에서 교육받은 그리스도인에게 기대하는 것으로서 다음과 같다.

— 심리학, 사회, 환경에 관한 소양

— 자신의 삶에서 활동하시는 하느님에 대한 감사와 이해

— 자신의 신앙 유산에 대한 감사와 기본적인 이해 그리고 피정자의 신앙 유산에 대한 친숙도

— 성경 전체 특히, 신약 성경의 주제와 상징 그리고 가치에 대한 기본적인 이해

c) 세 번째 원은 다음에 대한 실제적 지식과 이해와 같은 것으로서 더 세련되고 복잡한 측면을 대변한다. 영신수련의 방법론, 역동성 그리고 신학 (*), 영성의 역사 사회적 분석 (*) "실제적"은 비판적 성찰에 따라 지식을 실제로 사용하는 능력이다.

d) 네 번째 원은 다른 원으로부터 모아지고 어느 정도 이해가 된 정보를 받은 후 오로지 일반적으로 발생할 수 있는 '신학적 성찰' (*)의 차원을 대변한다.

[그림 24] 탈근대주의 시대를 위한 영성 지도 모델

　　나는 서구 문화에서 충분히 훈련받은 이냐시오 영성 지도자의 정신 구조는 이 모든 관점으로 이루어야 한다고 믿고 있다. 그러나 앞에서 논의한 것처럼 이 시점에서 영성 지도자가 마음 깊은 곳에서 이 관점을 함축적으로 사용하는 것만으로 충분하지 않다. 나는 영성 지도자가 피정자의 삶과 기도 체험을 탐구하기 위해 피정자의 이야기를 들어주고 도와줄 때 앞의 별표(*) 관점을 더 명백하게 사용할 필요가 있다고 생각한다. 나는 별표 관점으로 영성 지도의 함축된 내용을 더 드러낼 수 있는 방법을 논의하고 설명하기 전에 먼저 여담으로 보일 수도 있는 것, 즉 영성 지도에서 필요한 신학적 사고의 중요성을 논의하겠다.

영성 지도에서 사용되는 신학적 사고

나는 사람들이 이 기술을 잘 사용하는 것을 직접 체험하거나 목격할 때가 있다. 그때마다 나는 그들이 이 모델의 다양한 측면을 꽤 적절하게 다루고 있음을 알아챈다. 그들은 주로 마음속으로 판단할 때 신학적으로 사고한다. 통찰력이 뛰어난 피정자라도 길잡이의 마음속에서 진행되는 신학적 사고를 거의 주목하지 못한다. 반면 어떤 영성 지도자들은 피정자들과 대화를 하면서 함께 신학적으로 사고한다.[24] 영성 지도자가 직관적인 방법 이상으로 신학적으로 사고할 때, 그것은 영성 지도 모델을 더 명백하게 사용하는 것처럼 보인다.

신학적 사고는 신학적 훈련과 교육을 매우 적절하게 받은 영성 지도자들이 사용하는 사고방식이다. 따라서 그들은 신학적 토론에 사용하는 개념과 용어를 영성 지도에서 의식적으로 사용한다.[25] 그들은 때때로 다른 관점보다 먼저 신학적 관점에서 인간 체험에 관한 문제를 감지하고 이해한다. 그들은 피정자들의 체험 이면에 내포된 신학적 원리를 감지하고 식별에 이용하도록 훈련을 받았다.

마음속으로 하는 신학적 사고

영성 지도자들은 일반적 방식이든 좀 더 심리학적 방식이든 피정자에게 자기 수용이 필요하다고 생각하는 대신에 다음과 같이 신학의 관점에서 문제를 더 깊이 인식한다.

— 있는 그대로 받아주고 사랑하시는 하느님에 대한 체험과 결국 받아들여

짐을 허용하는 용기가 필요한 피정자.

— 피조물임을 깨달을 필요가 있는 피정자.

— 죄를 드러내실 필요가 있는 하느님과 용서가 필요한 피정자.

— 강생이나 예수님의 인성에 대한 믿음이 부족한 피정자.

우리가 신학적 사고 기술을 지닌 영성 지도자의 마음에 들어갈 수 있다. 다음을 엿들을 수도 있다. 그것은 내적인 체험에서 떠오르는 은총에 협력하기 위해 집중할 필요가 있는 피정자 앞에 있는 영성 지도자의 독백이다. 당신은 다음과 같이 속으로 중얼대는 소리를 들을 수도 있다.

— "진은 자신의 죄를 인정하면 자신이 무가치해질 것이라고 추측하는 것처럼 보인다."

— "수잔은 다른 사람들을 위한 하느님의 도구가 되도록 자신을 허락할 수 있기 전에 고칠 필요가 있다고 생각하고 있다."

— "로버트는 너무 두려워한다. 그는 공포에서 벗어나려면 계속 예수님의 사랑으로 감동받을 필요가 있다."

— "멜린다는 느껴야 하는 것만 느낄 뿐이다. 하느님과 함께 사는 그녀는 굳어 있다."

— "마르타는 하느님의 뜻은 이미 정해진 청사진과 같고 자신이 해야 할 모든 것은 기존의 것을 발견하는 것이라고 믿고 있다. 하느님의 뜻과 인간의 책임에 대한 그녀의 이미지가 그녀를 망설이게 한다."

— "버버리는 거짓 영적 위안 때문에 혼란스럽고 엉망이 된 채 며칠을 보냈다. 기도 외에는 어떤 것도 엉망이 된 그녀를 설명할 수 없었다. 그녀는 하느님을 위해서 언제나 뭔가 대단한 일을 하길 원한다. 그러나 그녀는 지난

주간의 결정 과정에서 당연히 더 어려운 일이 하느님의 눈에는 더 대단한 것으로 받아들였기에 잘못된 대안을 선택했다. 그러한 신심은 잘못된 신학이다."

따라서 당신은 구체적인 신학 용어로 영신수련 안이든 밖이든 다양한 영성 지도에서 피정자에게서 일어나고 있는 것을 듣고 해석하며, 생각하고 판단해서 이름 붙이는 영성 지도자를 주목할 수 있다.

이러한 예는 지도자가 스스로 피정자의 체험을 성찰하고 판단을 식별하는 과정을 이해하기 위한 수단으로서, 신학적 사고의 의미와 영성 지도자가 마음속으로 하는 신학적 사고의 방식을 설명하려는 시도이다.

드러내 놓고 하는 신학적 사고

다른 영성 지도자들은 피정자들과 나누는 영적 대화에서 드러내 놓고 신학적으로 사고한다. 우리가 앞의 몇몇 피정자들에게 드러내 놓고 신학적으로 사고를 했던 면담 장소에 영성 지도자와 함께 머무는 특권을 받았다면 다음과 같이 관찰할 수도 있다(앞의 예 중의 하나로 돌아가서, 영성 지도자 셔언이 다양한 피정자들을 동반한다고 생각하자. 나는 다음의 약호를 사용하겠다).

— TT: 신학적 사고를 오직 내적이고 정신적인 구조로 사용
— PL: 심리학적 소양을 사용
— ME: 영신수련 방법을 사용
— ETT: 신학적 사고를 영성 지도에서 드러내 놓고 사용

진을 동반하는 셔언

이것은 일러두기[19]에 따른 영신수련 여정에서 주 1회 면담으로 진행하는 영적 동반이다. 셔언은 영적 황폐를(ME) 촉발했던 원인을 진과 함께 탐구하고 불안하고 죄의식에 사로잡힌 그녀의 심정을 들어주고 추적하였다(PL). 셔언은 지난 면담과 지금 면담에서 나온 많은 단서를 근거로 진이 죄를 지은 자신은 무가치하다는 심각한 거짓 신앙을 지니고 있을 것으로 감지했다(TT). 어느 시점에서 셔언은 다음과 같이 말했다.

> "진, 당신은 자신이 겪고 있는 체험이 영적 황폐임을 알아챘고(ME) 당신이 그렇게 반응했을 때 어떻게 죄의식을 느꼈는지 나에게 말했습니다(PL). 당신이 죄인이라는 사실을 인정해서 몹시 나쁠 것은 무엇입니까? 그것을 인정하면 당신에게 무슨 일이 일어납니까?"

셔언은 이것에 대해 어느 정도 함께 논의하면서 이러한 개입의 가치를 발견했다(ETT). 면담이 끝나가는 후반부에서 셔언은 영적 황폐가 일어나기 시작했던 성경 자료로 돌아가 반복을 하라고 진에게 제시했다(ME). 그는 그녀에게 반복하고 대화할 때 신학적인 대화의 결과를(ETT) 사용하라고 주지시켰다(ME).

멜린다를 동반하는 셔언

셔언은 멜린다가 성경으로 기도하는 사람들을 가르치는 주말 프로그램에서 기도하면서 오직 느껴야 하는 것만 느끼고 진짜 느낌이 떠오르게 두지 않았다는 것을 발견했다. 멜린다와 하느님과의 관계는 몹시 위축되었다(TT). 어린 소녀였던 그녀가 자신을 학대했던 오빠들 앞에서 진짜 감정을 표현하려고 할 때 느꼈던 두려움처럼 그렇게 위축된 원인이 많을 수도 있다(PL). 여러 가지 원인이 있기 때문에 셔언은 당분간 하나의 원인에 대해 신학적으로 더 깊이 사고하며 개입하기로 했다. 셔언은 면담하며 다음과 같이 말했다.

> "당신은 계약에 따라서 기도하며 자신을 표현하고 있는 것처럼 보입니다. 당신은 하느님을 기쁘게 해주려고 바른 것을 말하고 바르게 느끼는 것처럼 보입니다…"

영신수련의 일러두기[22]는 영성 지도자가 발전된 이 기술을 가지고 신학적으로 사고할 수 있는 또 다른 방법을 제시한다. 피정자는 그 기술 덕에 이러저러한 것에 관해서 신학적으로 성찰하는 대화에 매우 깊이 참여한다. 다음이 한 가지 예이다.

베버리를 동반하는 셔언

베버리는 일러두기[19]에 따른 영신수련 여정의 두 번째 주의 마지막 셋째 수련을 하는 동안 거짓 영적 위안을 겪고 며칠 동안 엉망으로 지내며 혼란스러웠다. 자신의 기도에서 일어난 것을 빼고 엉망이 된 그녀의 상태를 설명해 줄 수 있는 것은 아무것도 없었다(ME).
그녀는 자기가 하는 일의 중요성을 언제나 확인하려고 했다(PL). 몇 해가 지나면서 이것은 하느님을 위해서 뭔가 중요한 일을 하고 싶은 열망으로 변화되었다. 그녀는 영적으로 성장하고 있었고 정말로 관대했다. 서언은 영신수련 여정 초기에 식별하기 위한 두 번째 규칙 세트가 베버리에게 필요하다는 것을 인식했다(ME).

그녀는 지난주에 결정하는 과정에서 하느님의 계획과 더 일치할 것처럼 보인다는 이유로 잘못된 대안 하나를 선택했다. 그것은 또한 더 어려운 일이었다. 그녀는 더 어려운 일이 더 중요하다고 생각했다(TT). 대화를 나누는 중에 서언은 다음과 같이 말했다.

> "베버리, 더 중요한 것을 선택하고 싶어서 두 가지 대안 중에 더 어려운 것을 선택했다는 당신의 말을 들었어요. 당신은 무엇 때문에 더 어려운 일이 하느님의 눈에 더 기쁘거나 중요하다고 생각했나요?"

그래서 그들은 더 힘든 일이 더 좋은 일이라는 생각이 신학적으로 좋은지 그리고 십자가 수용에 대해서 대화를 나누었다. 심지어 그들은 구원사업에 담긴 우리의 역할에 대해서도 대화를 했다(ETT). 서언은 면담하면서 그녀가 빛으로 가장한 유혹에서 벗어나도록 도와주었고 앞으로도 이것을 주목하도록 도와주었다[333](ME).

이것은 신앙의 관점을 벗어나서 심리 치료 상담사가 해로운 독백을 이끌어내고, 이어서 불쾌한 감정을 발생시키는 특정한 생각의 흐름을 확인하려고 내담자의 생각을 살펴보도록examine 유도하는 인지 치료와 조금 비슷하다.

신학적 사고에 대한 평설

영성 지도자가 내가 앞의 예에서 제안했던 것보다 더 깊게 드러내 놓고 신학적으로 사고할 수도 있는 시기가 있다. 영성 지도자가 효과적으로 신학적인 사고를 하고, 표면적으로는 피정자의 영적 체험이 인지적이고 미신적으로 심각하게 영향을 받는 것처럼 보일 때, 신학적 사고는 피정자의 체험을 어떻게 진행시키는가? 나는 다음의 방향으로 진행된다고 생각한다. 영성 지도자는 피정자의 체험에 상응하는 몇 가지 신학적 요점으로 피정자와 함께 논의한다. 피정자가 신학적 논의를 통하여 좀 더 체험에 집중하면 나중에 피정자의 영적 체험 과정 자체가 발전된다. 우리는 이러한 추가적인 관찰을 다음과 같이 나열할 수 있다.

— 영적 길잡이는 내가 이 책 전반에서 적용한 것보다도 훨씬 더 성경적이고 조직 신학적인 관점에서 인지 수련을 한다(7장).
— 영적 길잡이가 마음속이든 겉이든 상관없이 실제적 직관과 조화를 이루며 신비로운 피정자 앞에서 적절히 발휘하는 신학적 사고는 여기 제시된 영성 지도 모델이 보여주는 관점을 많이 포함한다.[26]
— 모든 영성 지도자들에게 어느 정도의 신학이 필요함에도, 신학적 사고 능력은 내가 앞에서 설명한 대로 먼저 요구되는 자질은 아닌 것으로 보인다.[27]

능력자는 비판적 성찰critical reflection을 해야 한다

내가 관찰해 보면 신학적 사고 기술을 확실하게 지니지 않았지만 유능한 영적 길잡이들도 있다. 그들은 물려받은 신학적 원리에 따른 신앙을 이용한다. 그들의 신학은 때때로 더 직관적이고 신앙에 대한 일반적인 인식이나 성경에 대한 깊은 깨달음에서 나온다. 그러나 내가 보기에 이러한 영적 길잡이들은 피정자들의 체험을 비판적으로 성찰할 능력을 분명히 갖고 있다. 비록 그들의 기술이 피정자들이나 더 신학적으로 말할 수도 있는 동료들에게는 분명해 보이지 않을지라도 그들은 마음속으로 식별을 하고 있다.

성찰 자체는 어떤 대상object이나 사건event을 생각하고 판단하는 자연스러운 인간의 행위human process이다. 비판적 성찰은 자연스러운 인간의 행위와 동일하지만, 상이하고 적절한 이해의 틀로 성찰 대상의 다양한 측면aspects을 분석하고 그 측면의 의미를 평가하기 위해 고도로 훈련된 집중력을 사용한다. 비판적 성찰은 성찰 그 자체의 자연적인 과정과 마찬가지로 다양한 수준의 변론sophistication을 허용한다. 사실, 대부분의 분야에서 교육하는 목적은 비판적 성찰의 모든 분야인 참여·서술·묘사·구별·평가·이해와 판단 기술을 개발하기 위한 것이다. 신학만이 영성 지도자가 비판적으로 성찰하기 위해 배워야 할 유일하고 적절한 틀이 아니라는 것이 내 주장이다.

연구, 성찰, 토론을 위한 자료

신학적인 것이 아니지만 영적 길잡이가 되려는 사람이 지녀야 할 것으로서, 참여·서술·묘사·구별·평가·이해와 판단 기술을 개발하는 데 도움을 주는 교육적 질문은 다음과 같다.

1. 그는 자신의 체험에 사용했던 단어들과 같은 것을 피정자가 사용하고 있음에도 피정자의 체험이 그의 체험과 다르다는 것을 인식하는가?
2. 그는 피정자의 좋은 느낌은 영적 위안과 같은 것이 아니거나 나쁜 느낌은 영적 황폐와 같은 것이 아님을 확인하는가?
3. 그는 덜 중요하고 혼란스러운 문제로부터 핵심 문제를 분리하도록 피정자를 도와주는가?
4. 그는 피정자가 원인 없이 위로를 받는 시기와 뒤따라오는 시기를 구별하도록 도와주는가?
5. 그는 다음과 같이 주장하는 피정자에게 어떻게 반응하는가? "나는 복음 관상을 하면서 예수님과 같이 걷고 대화를 나누는 나 자신을 발견했다. 나는 일어나고 있는 것을 이해했으나 정말로 예수님께서 내게 말을 했는지 또는 그것은 그저 상상에 불과한지 말할 수 없다."

앞의 성찰을 마치면 아마도 당신은 다음과 같이 추측할 것이다.

혼자든 피정자와 함께든 명확하게 서술하며 신학적 사고를 할 수 없는 영적 길잡이는 자신의 영적 체험과 피정자의 영적 체험을 비판적으로 성찰하는 기술을 반드시 지녀야 한다.

이제 나는 영성 지도 모델(그림 24)을 가지고 세 가지의 관점을(*) 더 드러내며 다시 토론하겠다.

드러내 놓고 영신수련 사용하기

이 책의 1 · 2 · 3부에는 영적 여정에서 영신수련을 더 드러내 놓고 사용하면서 다른 사람을 안내하는 것과 관련된 여러 가지 예가 있다. 또한 거기에는 다른 영성 지도에서 영신수련을 더 드러내 놓고 사용하는 것에 관한 삽화가 포함되어 있다.[28] 나는 4부에서 영신수련을 드러내 놓고 사용하는 것과 기타 지속적인 영성 지도 사이의 다양한 관계를 탐구하였다. 내가 앞에서 진, 멜린다, 베버리를 주인공으로 만든 각본 역시 영성 지도에서 영신수련을 드러내 놓고 사용하는 것을 설명했다. 그러므로 나는 다음과 같이 간단하게 질문하겠다. 지속적인 영성 지도에서 영적 길잡이가 영신수련을 더 드러내 놓고 사용해야만 한다면, 당신은 어떤 부분에 주목하겠는가?

33장 전반부의 6번에서 9번까지의 질문은 길잡이가 질문할 수도 있는 것을 설명한다. 나는 그러한 다양한 주제를 직접적인 질문이 아니라 간접적인 질문으로 소개할 수도 있음을 받아들인다. 나는 거기서 알기 쉽게 설명하기 위해 질문 형식을 사용했다. 사실 당신이 대부분의 시간에 면담실의 벽에 붙어 있는 파리였다면 당신은 드러내 놓고 영신수련을 사용하는 영성 지도자와 영신수련을 전혀 사용하지 않는 사람 사이의 차이를 전혀 알아차리지 못했을 것이다.

그러나 당신이 충분히 오랫동안 벽에 붙어 있었고 영성 지도자가 피정자를 안내하는 다양한 방법을 비판적으로 성찰했다면 당신은 다음과 같은 차이를 발견했을 것이다.

a) 그는 대체로 특정한 기도에서 실제로 일어났던 피정자의 특정한 내적
   체험에 주목한다.

   예를 들면, 그가 한 달에 한 번 피정자를 만난다면 그는 그녀의 삶과 기도
   모두에서 있었던 전반적인 하느님과의 관계와 지난달의 세 가지 기도
   요점에 관하여 더 구체적으로 듣기를 기대할 수도 있다.[29]

   더 암시적으로 접근하거나 다른 영성 전통을 지닌 영성 지도자들도 피정
   자들에게 전반적인 하느님과의 관계를 질문할 수 있다. 하지만 그들은
   피정자들에게 기도 체험을 구체적으로 말하라고 거의 요청하지 않는다.

b) 그는 영신수련의 기도 방법과 성찰 방법이 도움이 될 것 같으면 언제라도
   그것을 제안한다. 예를 들면 복음 관상, 회고, 반복, 의식 성찰 등이다(31
   장 참조).

c) 그는 적절한 때에 영들을 식별하는 규칙이나 용어를 드러내 놓고 사용한
   다[313]-[336].

d) 그는 영신수련 여정을 하는 피정자에게 영신수련의 관점에서 자신에게
   일어난 사건을 인식하도록 때때로 도와준다. 그는 다음과 같이 질문할
   수도 있다.

― "우리가 대화한 그 사건은 두 개의 깃발과 어떤 관계가 있나요?"

― "성삼위께서는 그 이야기를 중요하게 생각하시나요?"[102]

― "당신은 영신수련 여정에서 예수님의 수난과 죽음을 기도하며 은총을
   받았지요. 그 후 당신은 죽어가는 친구의 곁에서 어떤 체험을 했나
   요?"[193]

e) 그는 현시점에서 피정자에게 필요한 은총에 대해 피정자와 함께 자주
   논의한다. 그는 그 논의를 바탕으로 피정자가 은총을 받도록 준비시키기
   위하여 성경으로 기도하는 데 필요한 방법을 피정자와 함께 생각한다[1], [5].

f) 그는 피정자에게 영향을 주는 신학을 피정자와 함께 논의한다[22].

g) 그는 선택을 식별하기 위한 영신수련의 역동과 방법 중 몇 가지를 사용한다[169]-[189].

h) 그는 피정자의 기도 체험에서 떠오르는 삶의 문제를 먼저 다룬다.

i) 그는 예수님의 인성, 십자가의 중심성, 의식적인 결정의 중요성 그리고 하느님의 동반자인 인간의 활동과 책임을 강조한다[91]-[98], [230]-[237].

j) 그는 영신수련의 원리와 기초에서 이냐시오가 선언한 핵심 원리를 적용한다. 즉, 우리는 하느님을 찬미하고 공경하고 섬기는 데 도움이 되는 만큼 피조물을 사용할 것이고 방해가 되는 만큼 사용하지 말 것이다[23]. 따라서 그는 오직 '…하는 만큼…' 영신수련을 사용하는 것으로 해석한다.

마무리 설명: 영성 지도자가 적절한 태도로 더 드러내 놓고 영신수련을 사용할 때 그는 복음적 가치, 신학적 통찰, 신앙이라는 영성 지도 모델의 여러 측면을 자연스럽고 더 명백하게 사용하게 될 것이다.

연구, 성찰, 토론을 위한 자료

1. 마지막 문장에서 나는 적절한 태도라는 자질을 언급했다. 왜 적절해야 하는가?

2. 영성 지도자가 영신수련 여정 밖의 다양한 상황에서 영성 지도할 때 영신수련을 드러내 놓고 사용하면, 영성 지도 모델의 복음적이고 신학적이며 신앙적인 차원이 저절로 드러나는 근거를 예를 들어 설명하라.

사회적 분석

수많은 다원주의나, 지도자와 피정자 모두에게 공통되게 보이는 세계관에서나, 개인의 체험은 독특한 개인의 역사와 즉각적인 상황 사이의 교점interface이 된다. 개인의 체험은 우리의 방법을 느끼게 해주는 그리고 확실하거나 그렇게 확실하지 않은 모든 근본 구조의 산물이다. 따라서 개인의 체험이 형성되는 과정을 인식하는 것이 중요하다. 다음 예는 우리 자신의 느낌과 체험이 어떻게 우리가 살고 있는 제도의 산물인지 알려준다.

— 멀리 있는 딸이 열흘 전에 함께 있었음에도 어머니날을 기억하지 않았을 때 어머니가 느낀 실망과 서러움
— 다음과 같은 표현의 이면에 있는 느낌과 체험. "나는 정말로 나 자신을 좋게 느끼는 법을 배워야 한다. 나는 다른 사람들이 바라는 대로 사는 것을 멈춰야 한다. 나는 나를 위해 이것을 했다. 나는 안전한 경배 장소가 필요하다."
— 작은 학교에서 기계적이고 의무적으로 관공서에 보고서와 조사 결과를 써서 보낼 때마다 피곤한 교장
— 대부분 주임 신부가 벌린 일 때문에 피곤한 본당 직원
— 위축된 경제 상황에서 낭패한 실직 남성
— 더 이상 파티에 초대받지 못해서 화나고 죄스러운 독신이나 이혼한 사람들
— 좌뇌 활동을 조장하는 조직에서 무시당하는 우뇌형의 사람
　이와 같은 문제가 영성 지도에서 때때로 떠오른다. 이러한 문제는 거의 심리 치료 상담 또는 신앙의 맥락으로만 다뤄진다. 지도자와 피정자는

모두 체험을 이해하기 위하여 자연스럽게 자신들의 심리학적 소양을 사용한 후 신앙의 맥락으로 추가 안내를 찾는다. 피정자들은 흔히 자신들에게 전적으로 책임이 있다고 생각하는 체험에 이끌린다. 그러나 많은 경우 그 책임은 영성 지도를 초래한 상황과 이에 따른 인간 행동에 근본적으로 영향을 주는 구조로 이루어진 조직에 있다. 그런 영향을 주는 구조 분석은 서로 성찰하면서 우리가 나중에 신앙으로 전달될 수 있는 현재 체험을 이해하는 데 도움을 줄 수 있다. '진리가 너희를 자유롭게 하리라.'

가상으로, 대형 교회에서 운영하는 사립학교의 합창 지휘자며 오르간 연주자인 짐을 예로 들어보자. 짐은 교장에게 무시당하고 해고되자 화가 났고 혼란스러웠다. 이 예에 따르면 그는 영성 지도자에게 방금 전에 그 사건을 말했다. 그들은 면담 내내 그 일에 대해 이야기했다.

지난 2년 동안 영성 지도자는 짐의 배경을 매우 잘 알고 있었고 자신의 지식으로 그의 체험을 탐구했다. 정말로 영성 지도자는 짐의 체험을 그의 역사에 비추어 더 깊이 이해하도록 그를 도와줄 수 있다. 짐은 이 집 저 집으로 옮겨 다니며 자란 입양아였다. 지난번 면담에서 영성 지도자는 그가 과거와 타협하고 싶을 때 지나치게 열성적이고 인정받고 픈 욕구를 과장하는 태도를 성숙하게 다룰 수 있도록 도와주었다.

그러나 영성 지도자가 짐이 속한 교육 기관의 가치 구조와 음악과 예술에 대한 학교의 입장을 분석하도록 그를 도와준다면, 그들은 학교가 짐의 일을 지지한다고 공언했음에도 실질적으로 지지해 주지 않았다는 사실을 함께 발견할 수 있을 것이다. 짐은 자신이 일하고 사는 제도가 자기 일을 너무 무가치하게 취급한다는 사실을 인식하기 시작할 수도 있다. 그는 참으로 무시당했고 무가치하게 취급됐다. 그의 반응과 인식은 매우 적절했다. 그것은 그의 과거에서 비롯된 왜곡된 결과가 아니며 오히려 짐 자신이 발견한 현재 사회 구조에 대한 성실한 성찰이다.

사회적 분석이란 무엇인가?

사회적 분석은 평범하고 힘이 없어서 억압받는 사람들에게 힘이 필요했던 라틴 아메리카에서 발생했다. 사회적 분석은 집단의 활동에 관한 중요 결정을 내리기 위하여 더 철저하게 사회적 상황을 이해하려는 집단과정의 촉진이다. 사회적 분석은 우리가 상황에 대해 결정할 수 있기 전에 상황과 관련된 자료를 모으고 분석하도록 도와준다.

집단이 사회적 분석을 실행할 때, 구성원 모두 계속 공동체를 억압하고 힘을 뺏는 상황에 대해 질문한다. 하나의 질문은 다른 질문을 이끌어 낸다. 단순한 농부에서 더 교육받은 지도자까지 집단의 모든 사람은 다음의 간단한 사회적 분석과 같은 질문으로 중요한 원인과 구조를 발견하는 데 도움을 받는다.[30]

사회적 분석 단계

상황의 다양한 측면 설명

1. 당신은 상황을 설명할 수 있는가?
2. 그것에 관하여 인간적이거나 비인간적인 것은 무엇인가?
3. 누가 고통을 받는가?
4. 누가 이익을 얻는가?

일이 진행된 원인 함께 탐구

5. 이 상황의 역사는 무엇인가?

6. 이 상황에서 누가 이익을 얻는가? 누가 힘을 갖고 있고 이 힘은 어떻게 실행되는가? 누가 집단에 속해 있고 누가 집단에서 밀려나는가?

7. 이 상황에서 돈money은 어떤 역할을 하는가?

8. 어떤 구조가 이 상황을 지지하는가? 어떤 상징이나 구호가 이 상황을 그대로 유지시키는가?

9. 이 상황에서 마주친 난관의 이면에 있는 전통과 사고방식은 무엇인가?

10. 경제 구조와 더불어 더 큰 문화가 어떻게 이 상황에 이바지하는가?

11. 어떤 규칙과 역할, 정책, 사고방식, 전제assumptions가 상황을 만들고 강화하는가?

어떤 것을 할 수 있고 해야 하는지 함께 논의.

12. 이 상황 자체와 타당한 상황 사이에 간격이 있는가?

13. 이 상황이 지속된다면 우리에게 어떤 결과가 나오겠는가? 다른 사람들에게는?

14. 우리가 다른 태도를 취하면 이 상황은 어떤 영향을 받는가?

영성 지도자는 앞에 주어진 각본의 짐과 함께 사회적으로 분석해서 그가 그리스도인으로서 자신의 상황을 다루도록 도와줄 수 있다. 짐은 자신의 상황과 연계된 사회적이고 지속적인 정신적 구조를 인식하도록 자극받음으로써 조금씩 상황을 있는 그대로 적극 수용하도록 안내받을 수 있다. 그는 나중에 다음을 성찰하면서 자신의 다양한 체험과 신앙으로 체험을 재정립하도록 격려 받을 것이다. 그는 이렇게 접근해서 상황에 대한 자신의 체험과 분노가 정당해지면 그리스도인답게 상황을 처리할 수 있다. 사회적이고 정신적인 구조에 대한 무지는 그를 더 무가치하게 만들 수 있는 거짓말과 함께 시작된다.

연구 성찰 토론 자료

1. 당신은 짐의 영성 지도자로서 심리학적 방법을 넘어서 그가 자신을 무가치하게 만드는 체험을 이해하도록 도와주고 싶다면 앞의 사회적 분석을 위한 질문 중에 어떤 것이 적절하다고 보는가?
2. 요즘의 문화에서 영성 지도에 도움을 줄 수 있는 사회적 분석은 어떤 것인가?

신학적 성찰

신학적 성찰은 비판적 성찰의 연장이다. 그것은 우리가 체험과 체험이 발생한 상황을 명확하게 생각하게 도와준다. 그래서 우리는 삶의 의미와/또는 신학적 관점에서 체험과 상황을 더 깊게 이해할 수 있다. 우리가 신학적 성찰을 통하여 발견한 다양한 관점(심리학·철학·성경 등)과 더불어 사회적 분석으로 발견한 중요한 구조는 복음의 가치 및 그리스도교 신앙과 연결된다. 우리는 더 이상 더 객관적이고 고정된 세계관에 의존할 수 없고 하나의 작은 신앙 공동체 안에서도 다양한 구성원들의 이해관계에 직면하기 때문에, 서로 수용하고 폭넓게 협의하며consensual 세상을 생각하도록 도와줄 수단이 필요하다. 우리는 체험을 성찰하며 더 광범위하게 환경에 관한 자료에 집중함으로써 사적이고 공적인 세상에서 일하시는 하느님 영의 징표를 따르는 좋은 결정을 내릴 수 있다. 지도자와 피정자가 나누는 신학적 성찰이나 대화를 통하여 영성 지도의 모든 측면에서 균형이 이루어진다.[31]

　신학적 성찰은 더 발전적인 세계관을 지닌 신학 교수들이 신뢰성과 타당성을 지닌 신학 이론을 만들기 위하여 자신들의 전문성을 인간의 체험과, 최종적으로 다른 분야의 지식과 연결하는 방법을 이해하기 시작한 1970년대 후반 즈음에 여러 신학 센터에서 개발한 기술이다. 그것은 사회적 분석처럼 집단을 추구한다. 다양한 촉진자들은 집단과 함께 신학적으로 성찰하고자 다음의 개요와 유사한 단계를 포함한 다양한 형식for-mats을 창안했다.[32]

신학적 성찰 단계

자료에 집중

1. 체험을 듣고 탐구하라.
2. 체험의 이면에 있는 자료는 무엇인가?

자료 분석

3. 당신은 사회적 분석의[33] 관점에서 체험을 어떻게 이해하는가?
4. 체험에 스며있는 복음의 가치는 어떤 것인가?

5. 체험에 내포되어 영향을 주는 신학은 어떤 것인가?
6. 그 신학은 성경, 교의, 교회의 역사, 전례와 어떻게 조화를 이루는가?

자료 판단

7. 당신은 이것으로부터 어떤 결론을 도출하는가?
8. 당신이 이 결론을 이해하는 데 도움을 주는 이미지나 상징 또는 복음의
   이야기는 어떤 것인가?

결정

9. 당신은 이것에 대해서 어떻게 새롭게 생각하거나 행동하겠는가?

　　지도자는 1:1 영성 지도에서 피정자의 복잡한 상황에 따라 이 형식을
바꾸는 것이 타당할 수 있다. 예를 들면 지도자는 이러한 질문 중의 몇
가지로 심각하게 대화하며 사회적으로 분석한 뒤에, 적절한 시점에서
아마도 다음과 같은 진실을 이해하면서 성장하는 쪽으로 짐을 안내할
수도 있다.
— 짐을 무시하는 교장은 특별한 위치에 있음에도 짐이 겪는 제도의 희생자
　이다.
— 하느님께서는 어쩌면 짐에게 그 제도에서 일할 정도로 더 자유로워지라
　고 초대하시고 있을지도 모른다. 그러나 짐은 자기 일을 이해하지 못하는
　동료들 가운데서도 그 일의 가치를 이해할 수 있는 은총이 필요하다.
— '정의를 위해서 고통을 당하는 사람들은 행복하다.'

― '너의 십자가를 지고 나를 따라라.'

― 그는 조직에서 소외를 겪으면서 세상에서 소외당하는 많은 사람들과 연대한다. 짐은 이 체험으로 다른 사람들을 위해 기도하는 것을 배울 수 있다.

나는 영성 지도자가 피정자와 나눈 대화에 맞춰 신학적 성찰 질문을 변경해야 할 수도 있기에, 이론상 짐에게서 떠오를 수도 있는 깨달음을 설명하기 위해 위의 목록을 만들었다. 그러나 짐의 삶에서 그러한 성찰은 전혀 도움이 되지 않을 수도 있다. 짐은 여전히 그 문제를 더 심리적으로 다루어야 할 필요가 있을지도 모른다. 그리고 그러한 논의는 단지 인지 cognitive 수련으로 귀착될 수도 있다. 그럼에도 신학적 성찰은, 더 넓은 관점에서, 짐이 과거의 어려움을 극복하고 다른 사람의 가치 체계로 평가받으려는 욕구에서 벗어나도록 도와주는 수련이 될 수 있다.

어떠한 경우든 언제나 이 과정은 의미가 있을 수 있다. 우리는 이렇게 접근함으로써 경건주의 영성에 치우치는 경향을 더 확고하고 깊은 사고로 대치시킬 수 있다. 행동하도록 힘을 받는 피정자는 심리주의를 교정한다. 우리는 체험에 바탕을 두고 체험을 연결하는 '객관적objectifying 대화로' 더 넓은 세상을 변화시키려면 먼저 자아를 고쳐야 한다고 더 이상 주장하지 않는다.

연구, 성찰, 토론 자료

1. 다른 영성 지도자들과 함께 다음과 같이 짐의 체험에 따른 각본으로 역할 놀이를 해 보라.

— 장면1: 짐과 교장 사이에 있었던 실제 사건

— 장면 2: 심리 치료 상담 모델을 신앙으로 사용하는 초기 영성 지도 단계

— 장면 3: 이어서 비판적 성찰이나 신학적인 성찰을 사용하는 영성 지도

토론

2. 비판적이거나 신학적인 성찰이 영성 지도자의 지평을 적절하게 유지하는데 어떻게 도움이 되거나 되지 않은가?

당신은 이 시점에서 의심 없이 다음과 같이 질문할 수 있다. "왜 우리는 영성 지도 패러다임에 그렇게 많은 측면을 포함해야 하는가?" "영성 지도자들이 성령의 활동에 집중해야 한다면 다른 전문가들처럼 영성 지도자들의 주안점focus에 제한을 두지 말아야 하는가?" "우리는 내적이고(숙련된 지도자의 정신적 틀) 외적인(영성 지도에서 나누는 대화) 측면 모두를 포함하는 영성 지도를 요구하면서 전문적인 주안점을 잃어버릴 위험을 감수하고 있지 않은가?" 이러한 질문에 답하고자 나는 주술magic과 종교 그리고 신비의 영역에서 분리된 채 진화한 인간 지식의 역사 전반을 제시하겠다.

영성 지도자의 지평에 꼭 필요한 신비

모든 지식은 원래 종교적인 지식이었다. 사람들은 영적인 세계가 곧바로 물질세계와 연결된다고 믿었고 그 역도 성립했다. 시냇물에는 물의 영이 있고 불에는 불의 영이 있으며 산에는 산의 영이 있었다.

거친 세상에서 일어나는 알 수 없는 모든 것은 선하고 악한 영들의 지배 탓으로 돌렸다. 성경이 쓰인 시대에 살던 사람들은 질병을 영적인 영향으로 이해했다. 종교와 모든 다른 지식 사이의 직접적인 연결은 중세까지 지속되었다. 사람들은 16세기까지도 마음에서 떠오르는 생각은 선하고 악한 영들로 말미암아 일어나는 것이라고 믿었다.

원시 문화는 우주의 원소elements를 돕거나 다스리기 위해 의식ritual을 거행했다. 원시 문화는 우주를 '주술적으로' 이해했으나 대다수의 원시 문화가 신비를 심오하게 감지했고 삶과 우주를 존경했다. 때때로 하느님의 현존에 대한 진정한 감각은 우주를 다루는 주술적인 틀과 공존했다. 때로 주술과 신비는 차별 없이 사이좋게 협력했다. 문화와 사회가 더 과학적인 방법을 발전시킴에 따라 특정한 지식 분야들은 서로 달라졌고 종교적인 지식과 주술적인 세계관이 서로 달라졌다. 아무 대학의 요람에 담긴 수많은 인간 지식의 범주를 주의 깊게 읽어보라.

과학적 방법에서 전문적 방법으로

우리는 이러한 발전 때문에 자료 수집과 측정 그리고 검증 가능한 실험에 바탕을 둔 지식만이 과학적이고 객관적이며 진실하다고 생각했다. 우리는 이런 지식을 가지고 역사와 현재의 모든 장점과 단점으로 어느 정도 환경을 조절하게 되었다. 우리는 심리학·사회학·부부 상담·사목 상담 등의 영역에도 이와 같은 방법을 효과적으로 적용하려고 노력했다. 우리는 삶을 이해하는 미신적이고superstitious 주술적인 방법에서 스스로 분리하면서 신비로운 영역을 상실할 준비를 하고 있다.

우리가 관찰할 수 있고 측정할 수 있는 세상을 지식이라는 상자 속에 계속 효과적으로 분리시킴으로써 다음과 같은 일이 벌어졌다.

— 결국 분리된 상자는 전문적으로 더 분명하게 구별되며, 상자가 늘어날수록 더욱 단편적이 되었다.
— 우리는 더 많은 정보나 더 깊이 식별한 정보로 더 온전해질 수 있다는 거짓 믿음에 굴복했다.
— 서구 문명은 과학적 방식을 사용하지 않는 철학·신학·예술 등의 모든 지적 분야를 폄하했다.
— 교회 대학들은 세속 대학들과 마찬가지로 '진짜 현실the really real'은 의식conscious과 논리적 사고logical mind에 있다고 강조하고 결국은 과학적으로 측정할 수 없는 지식의 방법을 평가 절하하는 편견에 똑같이 사로잡혔다.

북미의 모든 사람이 인정했고 다원주의 속에서도 삶을 확고하게 이해하기 위한 방법을 제공했던 한줄기의 성스러운 라포rapport가 20세기 중반까지 남아 있었다. 그러나 금세기 말에 이른 지금 서구 문명이 한때 받아들였던 그렇게 소중한 라포는 더 이상 없다.

당연히 오늘날 삶의 여정에서 신비에 대한 감각을 유지하거나 회복하고 사람들의 영혼을 잃지 않도록 돕는 우리 가운데 누군가는 '전문성'을 자신의 접근법에 능숙하게 통합하는 도우미가 될 필요가 있다. 영성 지도가 이렇게 되어야 한다는 것이 나의 지론이다. 아마도 다른 분야 역시 이렇게 해야 하나 영혼을 돌보는 일이야말로 이러한 통합의 목적을 분명히 실행해야 한다.

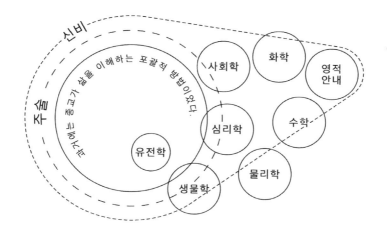

[그림25] 박학다식 전문인 영성 지도는 신비를 지지한다.

위의 세 겹으로 된 바탕 원은 모든 지식을 주술, 종교 그리고 신비로 이루어진 지식으로 이해했던 원시 사회를 대변한다. 작은 원은 인간 지식의 분화와 특수성을 대변한다. 분화되지 않았던 작은 원은 주술과 종교에서 분리되자 신비에서도 분리되었다. 그러나 신비는 몇몇 전문 분야에서 중요하다. 신비는 다른 전문 분야 중 일부와 연결된 채 그것들에서 완전하게 분리하려고 시도하지 않음으로써 유지된다. 신비는 또한 우리가 다양한 영적 전통에서 발전시킨 적절한 전문 용어를 명백하게 사용할 때 유지된다.

우리는 앞에 제시된 패러다임의 모든 측면을 영성 지도에서 명백히 사용하면 신비를 유지할 수 있을 것이다. 따라서 우리는 영성 지도에 대해 글을 쓰고 생각하면서 '전문' 용어를 사용할 때, 우리 문화의 전문가들과 똑같이 그것을 생각하지 않도록 주의해야 한다. 탁월하게 접근하려는 영성 지도자들은 언제나 '박학다식'해야 한다.

박학다식한 사람을 전문가로 인식하기

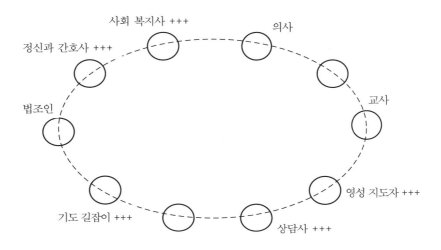

[그림26] 영성 지도자의 심리학적 소양

앞의 설명처럼 영성 지도자들은 우리 문화에서 다른 많은 전문가가 지닌 심리학적 소양과 같은 것이 필요하다. 위의 그림 26의 커다란 타원은 현재 우리 문화에서 모든 전문 도우미들에게 필요한 최소한의 심리학적 소양을 표현한다. 각각의 작은 원은 타원에 걸쳐 있다. 즉, 각 원의 타원 안쪽에 속한 부분은 다른 전문 도우미들과 더불어 영적 길잡이가 지닌 공통 소양을 가리킨다. 각 원의 타원 바깥쪽은 특정 전문 도우미에게만 해당되는 특수 소양을 가리킨다. +++가 붙은 사람들은 다른 지적 분야와 공통적으로 연결되어 있다.

나는 이렇게 생각하면서 영성 지도를 공적으로 검증하는 문제의 전후관계를 설정하는 명백한 사실로써 다음과 같은 몇 가지 상식을 떠올린다.

— 비록 더 과학적으로 훈련받은 많은 전문가가 동의하지 않을지라도 박학다식하게 교육받은 사람educated generalist도 전문가이다.

— 영적 안내로 얻은 체험적 지식을 분리한 채 영성 지도를 다른 전문가들의 작업과 똑같이 이론적으로 다루면, 아마도 그들은 철학적이고 신학적인 요소를 지나치게 강조할 것이고 또한 박학다식하게 교육받은 사람을 '비전문가'라고 주장할 것이다.

— 영성 지도자들은 사람들이 표현한 내적 체험을 이해하고 알기 위하여 공통적인 심리학적 소양을 쌓는 훈련을 받을 필요가 있다. 또한 그들은 모든 전문 도우미들에게 유용한 심리 치료 상담 기술을 사용하는 데에 그들 자신에게 한계가 있음을 인식할 필요가 있다.

— 영성 지도자들은 박학다식하게 교육받아야 한다. 그들은 기도와 신앙생활 그리고 기도 안내 기술에 대한 실제 훈련과 지도 감독에 덧붙여서 적어도 신학, 심리학, 사회적 활동, 경제, 지역 문화 인류학 등과 같은 분야에 대한 이론적이거나 실제적인 지식을 상당히 숙지하고 있어야 한다. 이것은 아마도 영성 지도자에게는 신학 학위에 상당하는 것이 필요하다고 주장하는 전통적인 지혜와 모순될 것이다. 그것은 또한 영성 지도자에게 심리 치료 상담 학위에 상당하는 학위의 필요성을 주장하는 신흥 지혜와도 모순된다.

영성 지도자들은 지도 감독을 받으며 적절하게 훈련을 받은 뒤에라도 언제나 지속적인 지도 감독이 필요할 것이다. 이것은 개인 영성 지도, 동료 지도 감독peer-peer supervision, 1:1 지도 감독, 집단 지도 감독peer group supervision이라는 여러 가지 방법으로 진행될 수 있다. 지속적으로 진행되는 공식적이거나 비공식적인 지도 감독의 목적은 균형 잡히고 심리학적 소양이 담긴 요소(그림 26의 가장 큰 중앙 타원)가 현장에서 실행되는 것을 보장한다. 지속적인 지도 감독과/또는 지지support 조직system은 지도자의 개인적인 '것stuff'을 의식적이든 무의식적이든 피정자에게 투사하지 않도록 도와준다. 이것은 심리적 전이를 방지하도록 도와주고 영성 지도자의 심리적인 전이를 다룰 수 있도록 협조한다.

그러나 영성 지도자들을 지지하는 조직이 33장의 시작에 있는 벤다이어그램 A(심리학의 차이점)에 담긴 측면을 다루지 않기 때문에 그 조직은 대체적으로 도움이 안 된다고 나는 믿는다. 그러한 조직은 영성 지도자들을 지지하기 위해서, 33장의 앞부분에서 약술한 신학적 성찰과 같은 명시적이고 통합적이며 비판적인 성찰도 필요하다.

연구, 성찰, 토론 자료

1. 당신은 앞의 마지막 주장에 동의하거나 동의하지 않는가?
2. 특별히 자격증을 원하는 사람들이 다음을 알아차릴 때 어떻게 영향을 받는가?
― 임금 협상하기와 우리 문화에서 다른 전문가들과 동일한 위상을 차지하기.
― 우리 문화에 많이 퍼져있는 법적 소송과 보험금 청구로부터 그들 자신을 보호하기.
3. 우리는 소송이 두려워서 더 온전한 영성 지도 패러다임보다 심리적 패러다임을 더 강조하도록 어떻게 이끌리는가?
4. 다음은 성찰과 토론을 위한 돈 베이트의 이야기이다.

돈은 43세로 부인 쉐릴과 같이 지난 8개월 동안 엠마우스 단체에 속했다.

둘 다 단체에 충실했고 자신들의 체험을 표현하며 성경으로 기도하는 능력을 키웠다. 돈은 하느님에게 반응하지 못하도록 자신을 방해하는 심리적으로 분명한 덫을 쉐릴보다 조금 빨리 인식했다. 그는 다른 사람들의 기대에 맞추려는 증상을 깊게 치유를 받았다. 그는 술을 마시면 아이처럼adult child 행동한다는 것을 깨달았다. 또한 그는 겉으로 미적거리고 조심하며 일하는 것은 사실상 다른 사람들을 즐겁게 해주며 편안해지고 싶은 행동임을 깨달았다. 그는 살면서 남의 죄 때문에 받은 영향과 관련된 영적 문제로서 이러한 자신의 특성을 더 잘 인식하기 시작했다.

돈은 대형 슈퍼마켓의 지배인이다. 그는 슈퍼마켓 직원들이 진정으로 자신을 지배인으로 인정해주고 있음에도 자신의 직무 때문에 무척 혼란했다. 사실, 슈퍼마켓의 책임자는 어떤 연쇄점보다도 돈의 매장에 대해 덜 불평했다. 고객들은 돈이 효율성과 예산 삭감보다 자신들을 더 중요하게 여기는 것으로 알고 있다. 돈과 직원들은 때때로 물건을 차에 싣는 고객들을 도와주고 틈틈이 그들의 가족에 대해 물어봤다. 돈은 사람들에게 불필요한 것을 권하지 말라고 직원들에게 지시하곤 했다. 한편 전체 수익은 격주로 평균 9만 불 증가했다.

본부에서 온 32세의 감독자는 거의 일주일 단위로 본부가 설정한 효율적인 기준에 도달하지 못한다며 돈을 질책했다. 직원들이 상품을 진열장에 설치하고 가격표를 붙이며, 포장하는 속도는 매 분 단위로 미리 고정된 목표에 맞추어 감시된다. 예를 들어 본부는 직원들이 방침에 따라서 우유 캔이 담긴 세 개의 대형 카네이션 상자를 1분 30초마다 새로 진열하기를 기대했다. 돈은 서글서글하고 다정다감하며 편안했다. 그는 직원들이 감독자의 기준에 맞추지 못하고 있음을 알면서도 그것을 대면하기 싫었다. 돈은 기본적으로 이 일을 좋아했다. 그는 이 직장에 머물고 싶지만 더 젊고 열정적인 지배인에게 기회를 주어야 하고 수입이 감소할지도 모르는 긴장이 덜한 직장을 찾아야 했다. 그러나 그가 그렇게 하지 못하는 중요한 이유 중 하나는 지금의 수입으로 내는 집세였다.

화요일 저녁 엠마우스 기도 모임에서 돈은 자기 차례가 오자 자신의 어려움을 말하기 시작했다. 그는 떨리는 목소리로 말했고 눈물을 글썽거렸다. 사람들은 단체의 문제를 한편으로 밀어두고 돈의 문제를 탐구하는 데 대부분의 시간을 보냈다. 그는 문제의 근원을 밝혀낼 정도로 기꺼이 사람들에게 말하는 것 같았다. 그는 때가 되자 "나는 화요일 밤마다 모임을 마치면 굉장한 힘을 체험한다. 그러나 내 안의 평화는 이틀이 지나면 사라진다. 틀림없이 나는 어딘가 잘못되어 있다. 나는 더 이상 견딜 수 없다"고 말했다. 모임을 진행하면서 사람들은 돈이 다른 지배인보다 더 많은 감사의 카드를 고객들에게서 받았음을 발견하였다. 그들은 또한 최근에 채소 매장의 직원이 돈에게 너무 느리다고 불만을 터트리며 비난했다는 것을 발견하였다. 사람들은 돈에게 이것에 대해 영성 지도자와 논의하라고 제안하면서 끝을 내었다. 그의 영성 지도자가 남의 말을 경청한다는 것을 전제로 다음과 같은 영성 지도 상황에서 그가 듣고 강조해야 할 점은 무엇인가?

a) 영성 지도자가 오로지 심리 치료 상담 모델만 사용하면서 영적 안내를 하고 있다면?
b) 그가 오직 사회적 측면에서 듣고 있다면?
c) 그가 영성 지도 패러다임을 온전히 사용하고 있다면?
5. 당신은 강의실이나 모둠에서 33장의 관점에 대한 당신의 반응을 신학적으로 성찰할 수도 있다.

33장 미주

1) 1990년대 후반 북미에서 영적 안내의 합법성 문제로 재판이 열렸다. 이런 일이 계속 일어날 수도 있기에 지방 검사들은 아마도 A나 C의 관점에서 분석함으로써 자신들의 주장을 방어하고자 노력할 것이다. 이것은 고정관념을 더 악화시킬 것이다.

2) 로렌스 콜버그Lawrence Kohlberg(1927~1987)는 사람들이 일정 단계stage의 도덕적 사고에서 더 높은 단계의 도덕적 사고로 발전하는 과정을 설명하였다. 제임스 파울러James Fowler는 다양한 성장 단계를 통하여 신앙이 발전하는 것을 우리에게 알려 주었다. 버나드 로너건Bernard Loner- gan(1904~1984)과 다른 신학자들은 사람들이 종교적ㆍ지적ㆍ도덕적ㆍ감정적ㆍ사회 정치적으로 회심하는 과정을 살면서 겪는다고 주장하였다. 영성 지도자는 당연히 피정자가 이와 같은 회심이나 단계의 일부분이나 전부를 통과하도록 도와준다.

3) 모튼 T. 켈시Morton T. Kelsey, *Companions on the Inner Way* (New York Crossroad, 1985) Chapter 2, "Spiritual Guidance and the Western World"를 참조하라.

4) 당신은 심리 치료 상담 배경을 가진 몇몇 사람들이 영성이 인간의 성숙과 무관하다고 생각했던 원인을 역사적으로 이해하려면 도서관에 가서 1900년에서 1960년 사이에 쓰인 영성 서적들을 조사할 필요가 있다.

5) 영성은 인간 체험의 다의성ambiguities을 회복하기reclaim 위하여 심리학이 필요하다. 심리학은 인간 체험의 신비를 회복하기 위하여 영성이 필요하다.

6) 이것이 당연한가? 그렇다. 그리고 영성 지도자는 피정자의 기도와 삶이 연결되지 않는다는 것을 감지했다면 피정자의 기도와 삶의 통합을 촉진한다.

7) 대화 중에 이 생각을 내게 나눠 준 존 잉글리시에게 감사한다.

8) 당신은 이것을 입증하려면 성공회 공통 기도서와 가톨릭 로마 전례서와 같은 초기 전례 자료 기도문을 살펴볼 필요가 있다. 두 교회 모두 도유식은 몸과 마찬가지로 마음을 위한 것이다.

9) *Grail: An Ecumenical Journal* vol 11, no 4 (1996), 25-43의 마크 멀둔과 존 벨트리의 "From Symbolic Rapport to Public Rhetoric in the Roman Catholic Church"를 참조하라.

10) 변호사들이 영성 지도자들은 심리학자가 아니기에 사람의 내면 다루기를 삼가야 한다는 것을 의도적으로 포함할 수도 있는 현재 북미의 소송 분위기에서 이것은 중요할 수 있다. 결국 훈련 센터는 그런 비난으로부터 미래의 영성 지도자들을 보호하고자 우리 문화에서 교육받은 성인을 위한 심리학적 지식에다 영성 지도자를 위한 심리 치료 상담 훈련을 요구할 수 있다. 이것이 영성 지도의 이론과 실제에 어떤 영향을 줄 수 있는가?

11) 이어지는 이런 통찰과 차이에 대해 마크 멀둔에게 감사드린다.

12) 가톨릭 전통은 이것을 성인들의 통공이라고 표현한다.

13) 베드로 아루페Pedro Arrupe, S. J. (1907~1991)는 제2차 바티칸 공의회가 끝난 직후부터 수년 동안 예수회의 총장이었다. 그는 뇌졸중을 앓다가 맞이한 삶의 끝 무렵에 이것을 썼다.

14) *Sojourners* (November 1991), 10-15에 있는 리차드 로어Richard Rohr의 "왜 심리학은 언제나 승리하는가?"를 참조하라.

15) 나는 개인intra-personal을 하느님과 사람, 즉 하느님과 나의 직접적인personal 관계로 이해했다. 나는 대인interpersonal을 나와 동료들의 관계로 이해했다. 두 관계 모두 우리가 삶에 대처하는 방법을 내포하고 있다. 나는 우리가 공적인 측면에서 어떻게 행동하고 영향을 받는지 사회학적으로 설명했다. 사회적인 차원은 다음과 같은 측면을 포함한다.
   ― 우리의 선택에 영향을 주고받는 구조와 조직
   ― 문화와 세계관
   ― 정치적 태도: 환경과 실직과 같은 세계적 관심
30장의 '영신수련을 이해하고 이용하는 다양한 관점'을 참조하라. 또한 필립 쉘드레이크 Philip Sheldrake, S. J.가 편집한 엘리노어 셰아Elinor Shea, *Spiritual Direction and Social Consciousness* (Saint Luis: Institute of Jesuit Sources, 1991)의 203-215쪽을 참조하라.

16) 데이비드 G. 크리머David G. Creamer의 *Guides For The Journey: John MacMurray, Bernard Lonergan, James Fowler* (Lanham: University Press of America, Inc., 1996). 5장 "Lonergan's Understanding of Understanding"은 고전적이고 현대적인 세계관을 요약했다. 우리는 사회 철학가들이 말하는 탈근대주의 시대에 살고 있다. 우리 중의 많은 사람은 여전히 근대적인 세계관의 패러다임으로 살고 있다. 나는 고전적 세계관 이후를 발전적 세계관(로너건Lonergan의 근대가 아님)이라고 불렀는데 발전적이라는 단어를 탈근대주의 시대의 시작과 융합하는 근대의 끝자락을 의미하는 것으로 사용했다. '발전적'이라는 단어는 체험과 역사의식을 강조하는 의미가 담겨 있다. 그리고 그것은 또한 떠오르는 환경 의식에 대해 열려 있다. 나는 이냐시오가 고전적 세계관보다 발전적 세계관에 더 익숙했다고 믿는다. 그는 중세 문화에서 성장한 사람임에도 내적 체험을 성찰하는 기술을 발전시켰다. 이것은 발전적 세계관에 더 일치한다(98쪽).
리처드 M. 굴라Richard M. Gula, S. S.의 *What are they saying about Moral Norms?* (Ramsey: Paulist Press, 1982) 2장이 "The New Context for Moral Norms"는 근본적인 철학적 설명과 탁월한 시각적 도식schema을 담고 있다.

17) 우주에 있는 우리 자신을 이해하는 방법에 끼치는 다양한 관점의 영향을 시각적으로 비유하면, 우리는 골짜기, 산꼭대기, 비행기, 우주선 같은 곳에서 지형을 다양한 관점으로 볼 수 있다. 다른 시각적 전망은 다른 지평을 제공한다. 우리는 다른 지평에서 다른 지형을 본다. 교회 지도자들은 태양의 주위를 도는 행성에 관한 갈릴레오의 발견을 받아들이는 데 오랜 시간이 걸렸다. 갈릴레오의 새로운 지평은 그들이 오래된 지평을 통해 이해하고 믿었던 것을 의심해야 한다는 것을 깨닫게 했다.

18) 세계관의 변화에 대한 매우 탁월한 요약에 대해서는 Catherine Harmer, *Religious*

Life in the 21st Century (Mystic City: Twenty-Third Publications, 1995), 1장, "Paradigm Shifts: 'A New Creation'."의 15쪽을 참조하라.

19) 이것을 더 깊게 연구하려면 조지 바움Gregory Baum, *Theology and Society* (New York: Paulist Press, 1987)의 261쪽 15장, "The Retrieval of Subjectivity"를 참조하라.

20) 심리학 모델에 부지불식간에 집중하는 예는 여성 운동의 문화적이고 체계적인 발견을 심리적으로 고찰하는 영성 지도에서 볼 수 있다. 우리는 영적 길잡이로서 북미의 남성에게 정체성을 재발견하라고 격려하고 북미의 여성에게 진정한 자신으로서 함께 일하는 남성에게 자신의 의견을 정당하게 밝히라고 격려한다. 우리는 내면의 아이 작업, 느낌 성찰, 상상 안내와 같은 오직 심리적인 모델을 사용하는 상담자들의 기술과 동일한 기술을 사용하여 내적 작업을 격려함으로써 이것을 실행한다. 하지만 여성 운동은 우리가 사는 구조를 변화시키기 위하여 주로 우리 사회의 권력 행사에 대한 여성주의자들의 분석을 주장한다.

21) 더 고전적인 세계관으로 진행하는 영성 지도는 외적으로 주어진 구조라는 이름으로 피정자의 유일성을 간과하도록 유도하는 덫에 쉽게 빠질 수 있다.

22) 윌리엄 A. 배리, S. J.의 *Spiritual Direction and the Encounter with God: A Theological inquiry* (New Jersey: Paulist Press, 1992). 3장의 "The Religious Dimension of Experience"는 모든 인간의 체험에 들어있는 매우 다양한 차원을 보여준다. 종교적인 차원과 내용 또는 인식은 종교적으로 인간의 체험을 주목한다. 사람들은 영성 지도를 통해서 그러한 차원을 주목하도록 특별한 도움을 받는다(24쪽). 나는 이것을 받아들인다. 그러나 나는 탈근대주의 시대에서 실행하는 영성 지도에는 이것만으로 충분하지 않다고 생각한다. 영적 길잡이가 사람들의 체험에서 오로지 종교적인 면만 주목할 때, 그들은 자기도 모르게 심리학적인 모델을 사용할 수도 있다.

23) 우리는 피정자들의 체험을 잘 듣는 데 중점을 두다 보니(심리학적 소양) 피정자들과 계약한 복음적 가치를 명백히 드러내기를 주저한다. 우리가 충분히 듣고서 다음과 같이 복음과 명백하게 연결하는 것은 당연하지 않은가? "당신은 분명하게 상처받았고 우리는 그 상처와 관련된 문제에 대해 이야기했습니다. 여기서 어떻게 원수를 사랑하겠습니까?" 또는 "이러저러한 것이 '정의'를 위하여 고통을 받는 사람들은 행복하다는 가르침과 어떻게 조화를 이룰까요?"

24) 신학적 사고 기술은 30장에서 논의하고 요약한 영신수련에 대한 '밖에서 안으로'와 '안에서부터'라는 접근법 모두에게 매우 도움이 된다.

25) 폴 W. 프루이저Paul W. Pruyser의 *The Minister As Diagnostician: Personal Problems in Pastoral Perspective* (Philadelphia: Westminster Press, 1976) 5장 "Guidelines for Pastoral Diagnosis"은 심리학적 고찰과 분리된 신학적 사고의 좋은 예이다.

26) 내가 보기에 우리가 인간의 행위를 탁월하게 다루는 심리학 · 신학 · 사회학과 그 밖의 것을 실제로 적용할 때 서로 많은 공통영역을 넘나든다.

27) 우리는 전통적으로 영성 지도자는 신학적으로 훈련을 받아야 할 필요가 있다고

들었다. 이것이 대부분 사실일지라도 아무도 영성 지도를 유능하게 실행하는 데 필요한 신학이 무엇이고 얼마큼인지 분명하게 설명하지 않았다. 또한 우리는 신학적으로 빈틈없는 사람들이 유능한 영성 지도자에게 필요한 자질을 지니지 못했다는 것을 관찰을 통해서 깨달았다. 영성 지도자는 우리 문화에서 교육받은 성인에게 기대되는 그리스도교 기본 신앙을 머리와 마음으로 깨달은 지식이 당연히 필요하다.

하지만 우리에게 말하고 있는 사람들은 어떤 사람들인가? 그들은 대개 신학을 공부하였거나 신학 대학에서 가르치는 사람들이다. 역사적으로 이러한 사람들 대부분은 서품을 받은 성직자들이었다. 하지만 로욜라의 이냐시오는 신학을 공부하고 로마 가톨릭에서 사제로 서품받기 오래전부터 영신수련을 지도하였다.

또한 우리에게 말했던 사람 중에서 매우 탁월했던 성녀 아빌라의 데레사는 교육받은 영성 지도자들에게서 도움을 받았지만, 적당히 배운 지도자들에게서 해를 입었음을 깨달았다. 키어런 캐버너Kieran Kavanaugh, O. C. D와 오틸리오 로드리케스Otilio Rodriquez, O. C. D가 번역한 아빌라의 성녀 데레사St. Teresa of Avila의 저서 총람(Washington: Institute of Carmelite Studies, 1976)의 71쪽을 참조하라.

28) 28장의 '승인과 결정 과정'이 그 예이다.

29) 구엘프 로욜라 하우스의 스태프였고 지도자였던 버지니아 발리Virginia Varley, C. S. J.가 이 실습을 제안했다.

30) 이 방법은 존 밀란John Milan, M. S. W.가 1980년경에 구엘프 로욜라 하우스의 스태프였을 때 만들었던 내용에서 적용한 것이다. 캐슬린 피셔Kathleen Fischer의 *Women at the Well: Feminist Perspectives on Spiritual Direction* (Mahwah: Paulist Press, 1988)의 123쪽에서 126쪽까지 사회적 분석의 필요성에 관하여 단순하지만 훌륭한 사례가 있다.

31) 영성과 영성 지도가 다른 분야와 여러 가지로 관련된 것을 보여주기 위한 캐슬린 피셔의 *Reclaiming the Connections* (London: Sheed and Ward, 1991)을 참조하라.

32) 신학적 성찰의 본질과 실제에 관하여 도움을 준 캐롤라인 도슨Caroline Dawson, IBVM에게 감사한다. 그녀는 신학적 성찰에 관한 자신의 독창적인 생각을 내게 주었다.

33) 나는 신학적으로 성찰하는 맥락에다 사회적 분석을 넣었다. 나는 영적 길잡이를 위해 이 책을 쓰고 있었기에 그렇게 하였다. Elaine Frigo, CSSF는 중남미에서 행해지고 있고 결정을 하도록 이끄는 사회적 분석의 일부로써 신학적 성찰 역시 포함될 수 있다는 사실을 올바로 지적했다.

34) 북미에서 대체로 실천되는 지혜에 따르면 심하게 책임을 지는 문제를 드러내는 면담의 초기에는 짐과 함께 신학적 성찰이나 사회적 분석을 하는 것은 적절하지 않다. 우리는 그가 자신의 감정을 다룰 때까지 그렇게 '머리를 쓰는' 것을 밀어두어야 한다. 그러나 이러한 접근법은 심리학적인 맥락이 가장 중요하다는 것을 전제로 하는 것이 아닌가? 이러한 접근법은 우리의 듣는 행위를 제한한다는 것이 사실일 수도 있다. 애초에 사회적이거나 신학적인 맥락에서 '이 세상에 있는 짐에게' 집중하는 것이 더 도움이 될 때가 있을지도 모른다. 이 점에 관하여 생각을 깊게 나눈 일레인 프리고Elaine Frigo, CSSF에게 감사한다.

사랑스러운 성삼위께서 마지막 날에 하실 위대한 업적이 있다. 나는 그것을 볼 때, 그리스도 아래에 있는 모든 피조물은 그 업적이 언제 어떻게 이루어질지 모른다. 그것은 이루어지기까지 가려져 있을 것이다. 이것은 시간이 시작되기 전부터 … 모든 것이 잘 되게 하시는 … [하느님을 통해서] … 그분의 복된 가슴에 새겨지고 숨겨진 채, 오직 그분께만 알려지고, … 우리 주님께서 정하신 위대한 업적이다. 복되신 성삼위께서 무無에서 모든 것을 만드신 것처럼 같은 복되신 성삼위께서 좋지 않은 모든 것을 좋게 만드실 것이다.

— **노리치 줄리안**Norwich Julian의 "Revelation of the Divine Love"에서

부록

부 록 1
영적 길잡이를 위한 수단

이 부록에는 영성 지도 및 기도 안내와 관련된 다양한 활동을 도와주는 다음의 내용이 담겨 있다.

1. 영성 지도 과정
2. 면담 내용을 기억하기
3. 환영과 경청 기술
4. 지도 감독 보고서
5. 팀 모임
6. 개인 지도 성당 피정

성령께 드리는 기도

— **윌리엄 브라우닝** William Browning, C. P.

오 성령이시여,
제 영혼을 당신 안에서 고요하게 해주소서.
부드러운 당신의 평화로,
혼란을 수습해 주소서.
당신에 대한 깊은 신뢰로,
불안을 없애 주소서.
당신에게서 용서받은 기쁨으로,
죄의 상처를 낫게 해주소서.
당신의 현존에 대한 깨달음으로,
믿음을 강하게 해주소서.
당신의 힘에 대한 지식으로,
희망을 심어주소서.
쏟아지는 당신의 사랑으로,
사랑을 충만하게 해주소서.

하느님의 영이시여,
제게 빛과 힘과 용기의 원천이 되시어
저로 하여금 당신의 부름을 더 분명히 듣고
당신을 더 관대하게 따르게 하소서. 아멘.

영성 지도

모든 영성 지도 요소의 종합은 한 국면phase이 다음 국면으로 유기적으로 옮겨가는 역동 모델의 다양한 측면이 된다. 다음 과정은 인간관계 연구자들이 개발한 경청 모델과 일치하고 영적 성장 센터가 사용하는 경청 모델과도 일치한다.[1]

1단계: 맞이하기

이것은 신뢰하는 분위기를 자아내는 편안한 장소에서 안정감과 라포를 이루는 단계이다.[2]

2단계: 단순하게 경청

믿음을 가지고 단순히 1차적으로 경청. 길잡이는 피정자가 표현한 것 외에는 아무것도 더하지 않고 있는 그대로 피정자와 함께한다. 길잡이는[3] 피정자의 핵심 단어와 느낌 그리고 자연스럽게 떠올린 생각을 반영하고 피정자의 표현을 명료화하면서 직접적인 메시지를 해독한다. 이것은 피정자가 자신의 내면을 주목하게 도와준다.[4]

3단계: 탐색

믿음을 가지고 탐색하며 경청하기. 여기서 길잡이는 피정자 표현의 이면에 있는 함의implications와 느낌과 의미에 집중함으로써 피정자의 표현에 더 깊이 들어간다.[5] 종종 이것은 피정자의 내면에 더 깊게 주목하고 이런 현실에 대한 그의 지평을 넓혀주도록 도와주는 '부가반응'에 따라 진행된다. 우리는 부가 반응을 비롯하여 많은 영적 전통과 심리학적 소양, 문화 등을 유용한 탐구 수단으로 사용할 수 있다.[6)]

4단계: 해석하고 식별하기

길잡이는 과정의 이 시점 이전에 감정적이고 인지적으로 피정자의 체험을 해석한다. 성찰하고 탐구하는 길잡이의 반응은 피아노 줄의 음과 소리굽쇠처럼 피정자가 표현한 체험과 조화를 이룬다. 길잡이는 이 단계에서 피정자가 영적 여정에서 겪고 있는 다양한 기반matrixes에서 표현한 것을 해석하도록 돕는다.[7)]

5단계: 앞으로 나아가기

이 단계에서 영적 길잡이와 피정자는 함께 나아갈 방향을 결정한다. 즉, 그것은 다음 주(들)week(s)에 구할 은총이고 그 은총을 받도록 피정자 스스로 준비하는 다음 단계이다.

— 이것은 영신수련 여정에서 기도 자료의 주안점이다.
— 앞으로 나아가기는 지속적인 영성 지도에서 매우 다양한 형식을 취할 수도 있다.

다른 단계가 잘 진행되면 영적 길잡이들은 과정[8)] 자체가 드러내는 나아갈 곳을 곧 발견한다.

면담 회고

방금 끝낸 영성 지도를 평가받기 위한 성찰

1. 면담은 어떻게 진행되었는가?(나중에 면담을 돌아다보는 데 도움을 줄 중요한 말과/또는 이미지)

2. 당신은 들으면서 마음속으로 어떻게 반응했는가? 당신이 그렇게 반응할 때 피정자는 뭐라고 말했는가? 당신은 영적 위안이나 황폐의 관점에서 이런 반응을 뭐라고 부르겠는가?

3. 피정자가 표현한 핵심 문제, 은총, 통찰 또는 열망은 무엇이었나?

4. 당신은 다음을 기반으로 3번의 답을 어떻게 이해하는가?

   영신수련 역동 • 회심 곡선 • 영들을 식별하는 규칙 • 신학적 원리 • 사회적 방법으로 이해 등

5. 당신은 면담의 처음과 중간 마지막에서 피정자에게 어떻게 반응했는가?

6. 당신은 다음 면담까지 무엇을 제안했는가?

   기도 요점 · 성경 자료 · 활동 등

7. 당신이 앞으로 익히 알고 있어야 할 것으로서 피정자와/또는 당신 자신에 대해서 놀라거나 깨달은 것은 무엇인가?

   다음 면담에서 할 몇 가지 질문, 계속 점검해야 할 떠오르는 깨달음 등

환영과 경청

이 목록은 유능한 영적 길잡이가 영성 지도에서 환영하고 경청하는 방법을 성찰하는 데 도움을 준다.[9]

1. **면담 준비**
    1) 길잡이는 준비하면서 그간의 면담을 기억하고 피정자에게서 들은 해당 사실을 떠올린다.

2. **라포 형성**
    2) 길잡이는 피정자를 따뜻하게 맞아 준다.
    3) 길잡이는 피정자의 느낌, 체험 그리고 행동을 정확히 이해하며 대화한다.
    4) 길잡이는 피정자를 압도하지 않으면서 개방적이고 자연스럽게 행동한다(자신의 역할 뒤에 숨지 않음). 길잡이는 자신을 방어하지 않는다.

3. **경청**
    5) 길잡이는 적극적으로(소극적이거나 무관심의 반대) 피정자가 말하는 것에 관심을 둔다.
    6) 길잡이는 자신이 피정자를 '위해' 면담하고 있음을 은연중에 드러낸다.
    7) 길잡이는 피정자가 특정 상황에서 겪은 구체적이고 특별한 느낌과 체험을 말하도록 돕는다. 길잡이는 잡담이나 상투적인 신앙보다는 관계된 내용을 표현하도록 피정자를 격려한다.

4. 침묵

8) 길잡이는 잠시 침묵할 때 편안하고 여유가 있다.

9) 길잡이는 말을 끊거나 너무 많이 말하지 않는다.

10) 길잡이는 피정자가 넌지시 비춘 것이나 말하기 주저한 것이나 두서 없이 나열한 것만을 이해하려고 대화한다. 길잡이는 피정자 스스로 자신을 좀 더 깊은 차원에서 이해하도록 도와준다.

11) 길잡이는 판단하지 않으면서 반응한다.

5. 식별

12) 길잡이는 번지르르한 심리학이나 사회학 언어가 아니라 살아있는 믿음의 언어로 말한다.

13) 길잡이는 기도 체험의 일부인 영적이고 신학적이며 신앙적인 원리 를 이해하도록 피정자를 돕는다.

14) 길잡이는 피정자 스스로 체험을 더 잘 이해할 수 있도록 길잡이 자신 의 이야기를 털어놓을 준비를 한다. 그러나 길잡이는 자신의 이야기 가 피정자를 혼란스럽게 하기보다는 오직 도움을 줄 때만 자신에 관하여 구체적으로 털어놓는다.

15) 길잡이는 침착하고 부드럽게 하느님께서 일하시게 두되, 적절한 시 기에 피정자에게 요청하거나 직면시킬 수 있다.

16) 피정자가 혼란스러워하거나 힘들어하면 길잡이는 심리적·사회적 ·영적·신학적 문제이든 간에 피정자가 관계된 문제에서 벗어나도록 도움을 준다.

17) 길잡이는 상식을 표현한다.

18) 길잡이는 모르는 것을 아는 척하지 않는다.

19) 길잡이는 인간 행동dynamics of human behavior에 대해 교육받고 이해했음을 보여준다.

20) 길잡이는 자신의 지론pet understanding을 피정자에게 투사하지 않거나 오직 자신 안에 있는 것만을 피정자에게서 찾아내지 않는다.

6. 마무리

21) 길잡이는 면담 과정을 종합하도록 피정자를 도와준다.

22) 길잡이와 피정자는 함께 구할 은총이나 나아갈 다음 단계를 고려한다.

7. 전반적인 사항

23) 길잡이는 피정자가 더 자유롭고 독립적이 되도록 돕는다.

24) 길잡이는 스스로 기도하며 분명하게 신앙을 드러낸다.

25) 길잡이는 체험적이고 신학적으로 영성생활을 이해하고 확신하며 대화할 수 있다.[10]

지도 감독 보고서[11]

다음의 질문은 지도 감독 실행과 보고서 작성에 도움을 줄 수도 있다. 구체적으로 예를 들어서 답을 하면 더 도움이 된다.

1. 신앙 — 영적 길잡이는 무엇을 근거로 피정자의 삶과 기도에서 일하시는 하느님의 영을 인식하는가? 영적 길잡이는 피정자가 삶의 체험으로 기도 하게 잘 도와주는가?

2. 경청 — 영적 길잡이는 왜곡하지 않고 잘 경청하는가?

3. 식별 — 길잡이는 영신수련과 조화를 이루는가?

4. 영신수련에 대한 지식 — 길잡이는 영신수련의 내용, 구조, 역동에 대한 지식을 어떻게 드러내는가?

5. 길잡이는 어떤 관점에서 피정자가 부서짐, 한계, 죄를 인식하고 직면하며 다루도록 지지할 수 있는가?

6. 길잡이는 안내할 때 자신의 내적인 체험을 인식하고 내적인 체험이 식별 과 판단에 주는 영향을 인식함을 어떻게 보여주는가?

7. 길잡이는 때에 맞추어 피정자가 복음 관상과 반복을 하도록 어떻게 격려 하며 그것을 어떻게 '해석'하고 '식별'하는가?[12]

8. 길잡이는 다른 영성의 전통에서 나온 다양한 접근법과 이해를 어떻게 존중하고 사용하는가? 예를 들면, 추천하기 • 유용한 관상 기도 방법을 사용하기(예: 향심기도) • 고요한 기도로 바뀐 체험을 인식하고 다루기.

9. 길잡이가 피정자의 체험(우울, 양심의 가책, 성적인 고민, 직장의 어려움 등)에 반응하며 자신의 신앙, 기도, 가치나 정서에 자극을 받았을 때 어떻 게 대처하는가?

10. 연대하는 방법, 태도, 재능 — 길잡이는 영성 센터와 대중 앞에서 일하는데 중요한 능력을 어떻게 발휘하는가?

- 모둠의 일원으로 일하는 능력?
- 강론과 강의하는 능력?
- 타인과 기꺼이 심각한 대화(비판적 성찰)를 하는 능력?[13]
- 영성 지도에서의 영성과 영성 실천에서의 더 인지적인 차원을 기꺼이 개발하고 사용하는 능력?
- 작은 모둠에서 함께 일하는 능력(신앙 나눔 촉진, 신학적 성찰, 기도 과정 고안)?

11. 성장을 위한 제안 — 길잡이는 어떤 부분에서 성장이 필요한가? 가까운 미래와 오랜 기간에 걸쳐서 길잡이의 성장을 위한 구체적인 제안을 제시하라.

팀 모임

영적 길잡이들은 '개인 지도 성당 피정'(3권 394쪽)과 같은 짧은 피정, 피정 센터에 진행하는 일주일 권의 개인 지도 침묵 피정, 2~3일간의 개인 지도 기도 등의 프로그램을 진행하면서 서로 지지하고 대화하기 위해 정기적으로 모인다. 이러한 방법은 모둠의 모임에 도움을 준다. 또한 그것은 집단 지도 감독과[14] 다른 집단의 과정을 보강하는 데 적용될 수 있다.

1단계: 모임 여는 시간

이 시간은 함께 모이기 위한 것이다.

2단계: 돌아가면서 확인

진행자는 참석자 모두에게 진행 과정을 간단하게(1분이나 최대 2분 정도) 나누고 설명하라고 초대한다. 길잡이들은 다음과 같이 말할 수 있다: "비교적 괜찮다. 생각했던 것보다 면담이 덜 힘들었다. 그러나 아직도 한두 가지가 마음 쓰인다." 또는 "좋았지만 아무런 감정도 표현하지 못하는 피정자 때문에 많이 불안하다." 또는 "어젯밤에 충분히 잠을 자지 못했다. 그러나 그것 외에는 정말로 잘되어 가고 있다."

3단계: 함께 믿음으로 청원 기도

- 다음과 같이 참석자에게 조용히 하라고 초대하면서 3단계를 시작한다. "다 같이 감사하는 마음으로 거룩하신 분 앞에 머무릅시다." 그리고 이어서 잠깐 침묵하라.
- 하느님의 말씀을 들어라. 짧은 시간 동안 침묵하면서 어쩌면 짧은 성경 구절을 낭송하거나 간단한 전례를 할 수 있다.
- 그리고 이 시간에 필요한 것을 간구하라. 다음과 같은 말이나 비슷한 말로 이것을 소개하라. "감사를 드리며 하느님 앞에 우리 자신을 두고, 우리에게 필요할 수도 있는 것-선물이나 은총 혹은 깨달음이나 빛-을 청합시다."

4단계: 탐색을 위한 나눔과 토론

이것은 몇몇 길잡이들이[15] 피정자들의 이야기를 들을 때 그들 자신에게서 일어났던 것을 더 구체적으로 나누면서 도움을 받는 시간이다. 지도자는 다음과 같은 말이나 비슷한 말로 4단계를 초대한다. "우리 중에 몇몇이 돌아가며 나누고 기도를 드리면서 관심사를 표현했습니다. 아마도 우리는 어떻게든 여러분에게 도움을 줄 수 있을 것입니다." 그런 뒤에, 지도자는 길잡이의 문제와 관련된 것을 듣고 감정적으로 탐색하기 위한 대화를 촉진한다.[16]

5단계: 사무

'기본적인 사무business'를 위한 시간을 남겨 두라. 모임 초기에 사무를 다루느라 너무 많은 시간을 사용하면 더 중요한 기도와 나눔을 위한 시간이 대체로 부족하게 되므로 사무 처리는 모임의 마지막에 다뤄라. 쉬운 사무부터 다뤄라.

6단계: 간략한 평가

지도자는 다음과 같이 질문한다. "오늘 모임에서 어떤 점이 도움이 되지 않았고 다음에 그것을 어떻게 개선할 수 있을까요?" "오늘 모임에서 어떤 점이 좋았습니까?"

신학적 성찰과 학습

나는 1:1 지도 감독을 집중적으로 다루는 것에 덧붙여서 지속적으로 길잡이들의 자질을 성장시키는 데 가장 유용한 수단은 다른 길잡이들과의 비판적 성찰(심각한 대화)이라고 주장한다. 우리는 시간이 충분할 경우 이것을 위해 팀 미팅을 할 수 있다. 따라서 참가자는 4단계를 마친 뒤에 '신학적 성찰'의 일부 방식에 따라서 조용히 침묵하며 성찰하자고 초대받는다. 이 상황에서 변화(*)가 이 방식에 따라서 다음과 같이 일어날 수도 있다.

1단계: 4단계인 탐구를 조용히 성찰하기

촉진자는 다음을 진행하고자 3분 동안 침묵하자고 참가자를 초대한다.

1. 탐구하기 위해 토론하는 동안 내게서 일어난 일은? (4단계)
2. 우리가 탐구한 체험과 관련된 문제는 어떤 것인가?
3. 이들 중에서 어떤 것이 영성 지도력 증진에 중요한가?

2단계: 신학적 성찰을 위한 주제 선택

촉진자는 참가자에게 첫 번째와 세 번째 질문에 간단하게 1분 30초 이내로 차례로 돌아가면서 답하라고 초대한다. 그런 뒤에 촉진자는 참가자들이 한 가지 주제를 빨리 선택하도록 돕는다.

3단계: 신학적 성찰

- 주제를 이해하기 위한 사실과 자료는 무엇인가?
- 우리는 이것을 심리학적, 역사적, 사회적, 조직적으로 어떻게 이해할 수 있는가?
- 우리는 다음과 같이 이것을 신학적으로 어떻게 이해하는가? 우리가 이것을 성찰하도록 도와주는 성경 구절은 어떤 것인가? 왜 그것을 택했나? 거기에는 어떤 신앙이나 신학적 주제가 들어있나? 우리는 영성 지도에서 이것을 어떻게 입증하는가? 이것과 영신수련과의 관계는? 우리의 삶에서 이런 인식이 만들어내는 변화는?

이것을 진행한 뒤에 5단계와 6단계로 들어가라.

(*) 이것은 동료 집단 지도 감독에 대한 워크숍을 진행하던 일레인 크리고Elaine Frigo, CSSF와 버지니아 발리Virginia Varley, C. S. J.와의 대화에서 나왔다. 그들은 워크숍에서 신학적 성찰을 강조했다.

개인 지도 성당 피정

개인 지도 성당 피정은 일상에서 개인적으로 지도를 받는 피정이다. 그것은 근처의 성당, 학교, 대학 또는 직장에서 쉽게 사용될 수 있는 단순한 구조이다. 그리고 그것은 효과가 있다. 형식은 매일 30분 정도의 기도와 매일 30분 정도 영성 지도를 바탕으로 한다. 참가자는 월요일에서 금요일까지 집에서 기도 수련을 하고 본당이나 다른 장소에서 30분에서 45분 정도 개인 지도를 받는다. 주일에 시작하고 토요일에 마치는데 시작과 마침은 전체가 모여서 진행한다.

이 과정의 구조는 매우 단순하다. 가까운 성당에서 피정하는 것을 상상하라. 당신은 7명의 길잡이로 팀을 구성한다. 35명 정도가 이 체험에 참여할 수 있다. 평신도와 사도직의 전문가들이 기도 길잡이로 팀에 참여한다. 당신은 다양한 사람들이 참가하기를 예상하고 바란다. 그러나 그들 모두 더 깊이 기도하면서 살거나 성경으로 기도하기를 배우고 싶어서 참가한다. 모든 것은 사전에 준비된다. 담당자가 강당을 준비하고, 면담실이나 장소를 예약한다. 기도 길잡이들은 자신들이 담당할 피정자들의 명단을 지참한다. 피정자와 기도 길잡이들 각자는 면담 시간을 알고 있다. 좀 더 구체적으로 보이는 사항은 다음과 같다.

시작 모임 — 일요일, 오후 1:30-오후 4:30

시작 모임의 목적은 서로 만나기, 기도 길잡이 소개, 시작하기, 기도 조금 설명하기, 마지막까지 모임에 참여하기, 분위기 조성하기, 공동기도 시작하거나 계속하기이다. 이 모임에서 기도 길잡이들은 자기가 담당하는 피정자들을 만나 면담 시간과 장소를 정한다. 이 모임의 끝 무렵에 모든 참가자는 매일 30분 정도의 영신수련을 하도록 자극받고, 받은 성경 구절로 어떻게 잘 기도할 것인가를 생각한다.

면담

참가자는 월요일에서 금요일까지 매일 30분에서 45분 동안 지도를 받으러 준비된 장소에 간다. 기도 자료는 제시된 기도 방법이나 도움이 될 수 있는 다른 기도 방법에 따른 것으로 성경에 바탕을 둔다. 우리가 모든 개인 지도 피정에서 보았듯이 피정지도 또한 기도나 기도와 관련되어 떠오르는 체험을 포함한다. 이 과정에서 기도 길잡이들은 30분 동안 모임을 갖는다. 이 모임과 더불어 길잡이들이 함께 식사하는 것은 도움이 된다.

마침 모임

토요일, 오후 1:30-오후 4:30. 이 모임의 목적은 피정 체험을 돌아가며 나누기 위함이다. 이 나눔을 통해서 다음과 같은 요구가 충족된다.

a) 피정 체험에 적응하기
b) 미래를 위해 약간의 도움을 주기
c) 조금 실망한 사람들이 있을 경우 도와주기
d) 공동체 기도를 시작하고 지속하도록 도와주기
e) 축하하기

f) 기도 생활에 유용한 자료를 제안하기

개인 지도 성당 피정은 다음과 같은 다소 단순한 구조의 방법으로 사용될 수 있다.

- 하루건너 영성 지도받는 2주 프로그램
- 첫 번째 주에 매일 영성 지도를 받고 나머지 5주 동안 일주일에 두 번 영성 지도를 받는 6주 프로그램
- 기타 등등

부록1 미주

1) 경청 모델 비교

이 책	인간관계 전문가 모델	영성 센터 모델
--	--	a) 체험
(1) 환영	* 외적 집중	
	* 심리적 집중	
(2) 기본적으로 듣기	* 공감	a) 표현
	* 존중	
	* 따뜻한 마음	
(3) 탐구	* 집중	c) 성찰
	* 진실성genuineness	
	* 자기 개방	
(4) 해석과 식별	* 직면confrontation	d) 해석
(5) 앞으로 나아가기	* 즉시성immediacy	e) 앞으로 나아가기

두 번째 세로줄은 마가렛 페리스Margaret Ferris의 책 *Compassioning: Basic Counselling Skills for Christian Care-Givers* (Kansas: Sheed & Ward)의 3쪽에서 인용했다. 그녀는 이것을 카커프-가즈다Carkhuff-Gazda 모델이라고 불렀다. 세 번째 세로줄은 구엘프 영성 센터에서 인용했다. 그것은 원래 존 잉글리시가 창안하였다.

세로줄들 사이의 차이는 각 세로줄이 쓰인 상황에 달려있다. 첫 번째 세로줄의 관점은 영적 길잡이의 관점이다. 세 번째 세로줄의 관점은 피정자의 관점이다. 두 번째 세로줄의 관점은 인간관계 이론에 따른 상담자의 관점이다. 또한 두 번째 세로줄은 여러 번에 걸쳐서 도달한 온전한 상담 과정을 먼저 지칭한다. 그러나 어떤 경우에는 이러한 역동이 한 번의 상담에서 발견될 수 있다.

2) 이 단계는 다음에 이어지는 '환영과 경청'이라는 제목 밑에 있는 1번에서 4번까지 그리고 24번의 내용에 설명되어 있다.

3) 이 부록에서 영적 길잡이는 여성이고 피정자는 남성이다.

4) 이 단계는 영신수련 여정과 지속적인 영성 지도에서 일정 기간이 흐른 뒤에 피정자가 회고·반복·은총 청하기와 의식 성찰로 자신의 체험을 성찰하는 것을 배울 때 발전된다. 이 모든 것은 2권의 1부 일러두기[19]의 맥락으로 설명된 연속 해설에 있다. 이 단계는 다음에 이어지는 '환영과 듣기'라는 제목 밑에 있는 3번에서 11번까지의 내용이다.

이런 시도에는 (모든 일반적인 시도가 그러하듯이) 결정적인 단점이 있다. 그것은

부록1 ┆ 393

33장의 미주 34번에서 제시한 것과 같은 많은 예외를 인정한다.

5) 어떤 피정자들은 영성 지도를 받기 전에 자신들의 체험을 실제로 성찰하는 것이 능숙하고 내적인 체험을 잘 표현할 수 있기에 이 단계가 전혀 필요하지 않을 수도 있다. 그러나 피정자에게 그런 능력이 없거나 실제로 하지 못하고 (그리고 많은 사람이 그러하다), 앞으로 나아갈 수 없다거나, 혼란하다면, 우리는 탐구적인 경청 단계를 실행할 필요가 있다. 이 단계는 다음에 이어지는 '환영과 경청'이라는 제목 밑의 10번에서 20번까지 그리고 25번의 내용이다.

6) **비판적 성찰 기술**(우리가 공유하는 인간의 전통에서 나온 것임): 복잡한 상황에서 문제 분리 · 창안 · 우선순위 · 이야기 · 체험과 관련된 역사적 사실과 과거의 느낌 상세히 열거 등.

심리적 수단: 떠오르는 대로 쓰기 · 안내받는 상상 · 사실과 느낌의 역사 · 재정립 · 자신에게 편지쓰기 · 예술적으로 느낌 표현 · 저술하듯이 일기 쓰기 · 원가족 과정Family of origin processes 등

영신수련 수단: 회고 · 은총을 구하는 기도 · 반복 · 선한 영과 악한 영을 식별하는 규칙 · 영들의 내적인 움직임에 집중 · 복음 관상 · 의식 성찰 · 선택 식별 과정 · 선택 식별 기술 · 자신의 역사로 기도 등

다른 영적 전통에서 나온 수단: 향심 기도 · 동양 명상 이완법 · 십자가의 요한이 설명한 내적 여정에 대한 개략과 이해 등

기타 수단: 신학적 성찰 · 사회적 분석 등

7) 이 단계는 다음에 이어지는 '환영과 경청'이라는 제목 밑의 15번에서 20번까지의 내용이다(미주 5번의 설명과 겹치는 것을 주목하라).

33장의 '적절한 지평에서 영성 지도 모델 발전시키기' 부분을 참조하라. 거기서 개발된 모델은 영적 길잡이가 사용할 수 있는 여러 가지 기반을 제공한다.

나는 이 단계에서 대부분을 문자 그대로 '해석'했다. 식별은 특별한 해석이다. 영적 길잡이들은 영성 지도하면서 듣고 해석하려고 '식별'이라는 말을 때때로 사용한다. 그러나 엄격히 말해서 이냐시오 식별은 '결심한 것을 최종 결정하기'와 관련해서 '영적 위안'과 '영적 황폐'라는 용어와 영들을 식별하는 규칙의 관점에서 경청할 때만이 가능하다. 11장 그림 4를 참조하라.

8) 이 단계는 다음에 이어지는 '환영과 경청'이라는 제목 밑의 21번에서 23번까지이다. 다음 단계는 줄기에서 잎이 나오고 꽃이 필 수 있기 전에 씨에서 뿌리가 뻗어 나오고 싹이 트는 것과 같이 연속되는 과거의 작은 단계로부터 만들어진다. 씨에 식물이 이미 들어 있듯이 앞으로 발전되는 방법은 피정자의 체험에 현존한다. 즉, 조금 나아갈 단계는 앞으로 나아가기에서 제안된 다음 단계의 작은 움직임이다.

때로는, 그것은 청하는 은총과 조금 다른 것이거나, 기도를 위한 성경 자료와 약간 다른 요점이거나, 다른 방법으로 기도하는 것이거나, 기도하면서 믿음이 깊어졌던 부분으로 돌아가는 것이거나, 신문 기사를 거룩한 독서로 읽는 것이거나, 앞으로 과정을 실행할

임무이다.

　다음은 피정자의 기도와 삶의 체험에서 앞으로 가야 할 방향을 발견하는 또 다른 원리이다.

　• 조금 앞선 다음 단계는 때때로 피정자의 의식과 신앙의 성숙에 달려있다. 예를 들면, 피정자가 자신의 감정을 무시하는 규범적인programmatic 유형일 때, 영적 안내자는 그의 내적인 진행과정을 바탕으로 다음 단계를 예측할 수 없다. 길잡이는 피정자가 위기에서 벗어나고 감정을 더 분명하게 느낄 때까지 기다려야 할지도 모른다.

　• 피정자가 진정으로 영적 위안을 체험할 때, 영성 지도자는 다음 단계를 걱정하지 말아야 한다. 영적 길잡이는 하느님께서 이끌어 가실 것임을 믿을 수 있다.

　• 영적 황폐나 저항이 일어나는 곳은 지도자가 다음 단계라고 확신할 수도 있는 곳을 때때로 알려준다.

　• 우리가 32장에서 연구하고 설명한 회심 곡선은 피정자의 기도와/또는 삶의 체험에서 나타나는 조금 앞선 다음 단계를 결정하는 데 많은 도움을 준다. 영신수련 여정에서, 영적 위안과 영적 황폐에 대한 판단은 수련의 역동에서 보면 조금 앞선 다음 단계를 결정하기 위한 핵심 수단이다.

　9) 나는 이러한 논제 대부분을 1980년대에 출처를 모르는 자료에서 각색했다. 무명의 저자에게 감사를 드린다.

　10) 이 책 33장 특히 신학적 사고, 비판적 성찰 그리고 영신수련을 드러내 놓고 사용하기라는 주제를 참조하라.

　11) 나는 이 질문의 대부분을 1980년대에 내게 넘겨준 저자 불명의 자료에서 각색했다. 익명의 저자들에게 감사드린다.

　12) 11장의 '복음 관상과 기도 길잡이'와 그림 4(2권 211쪽)를 참조하라.

　13) 33장의 '신학적으로 성찰하기'를 참조하라.

　14) 매우 실행 가능한 방식으로 동료 집단에서 지도 감독의 본질을 충분하게 다루고 또한 실행하려면, 모린 콘로이Maureen Conroy, R. S. M.의 *Looking into the Well: Supervision of Spiritual Director* (Chicago: Loyola University Press, 1995)를 참조하라. 이 책의 2장은 탁월한 예를 들어서 동료 집단의 지도 감독을 위한 두 개의 모델을 제공한다. 그것은 자신의 체험을 설명하는 길잡이의 맥락에 맞추어 관상적인 태도로 기도하며 집중해서 반응할 것을 강조한다. 이 내용은 준비 기간의 미주 3번의 측면을 포함한 나의 제안보다 더 의도적으로 드러난 것이다. 반면에 신학적 성찰 내용은 33장의 시각으로 보면, 내게도 더 명백해진다.

　15) 팀은 모임을 시작하기 위해 돌아가면서 나눴던 것 이상으로 모두가 나누기를 기대하지 않는다. 달리 보면 모임에서 필요한 지지를 위한 시간이 충분하지 않을 수도 있다.

　16) 팀은 이 단계에서 주어진 모임의 시간과 목적에 따라서 다른 길잡이의 문제를 다루기 전에 한 길잡이의 문제를 먼저 충분하고 적절하게 다루는 것이 좋다. 팀 모임의

본질과 영적 길잡이들의 기대에 따라서 다음 쪽의 신학적으로 성찰하며 배우기처럼 이 단계는 더 집중적으로 적용될 수 있다.

부 록 2
용어 풀이

이 책에 관해 실용적으로 정의한 용어집¹⁾

다음의 기호는 용어집의 여러 용어와 관련된다.

(*) 영신수련 본문과 밀접하게 관련된 용어(영신수련 본문에서 구체적으로
사용하거나 번역자들이 사용한 것).

(+) 영신수련이나 현재 우리 문화에서 영신수련 여정을 지도할 때 쓰는 단어
나 개념을 전문적으로 설명한 것.

(!) 주석가들, 예수회원들, 영성 지도자들이 영신수련의 단어와 개념을 규정
한 용어이며 줄곧 사용하는 전통적인 설명.

(〈) 영신수련을 실행하는 사람들이 현재 사용하고 있고 이냐시오 영성 전통
에 속할 것 같은 용어.

● **가난** | Poverty (*)
예수님 시대의 대부분 사람들은 가난했고 생활 수준은 매우 낮았다.
오직 소수의 사람만 부유했고 중산층은 없었다. 예수님은 추종자들이

부유하든 가난하든 가난한 영을 지니라고 가르치셨다. 즉, 그것은 물질적인 것을 지녔든 안 지녔든 간에 물질적인 것으로부터 내적으로 초연해지는 것이다. 예수님은 독실한 신자의 실제적인 가난에 담긴 영적 가치와 실제적 가난에 대한 태도를 우리에게 가르치셨다 (마태 6,25-33). 가난은 우리가 영감을 받아 하느님을 믿을 때 내적 초연의 표징과 수단이 될 수 있다(간스Ganss에게서 인용). 실제적인 가난 · 영적 가난을 보라.

● 감정 | Affectivity (!)

이 용어는 1960년대 중반까지 이냐시오 영성에 대한 구전에서oral tradition 내적인 반응과 자발성을 의미했다. 애정을 보라.

● 강생 | Incarnation (*)

말씀이 사람이 되신 성삼위의 제2위격이 인간 본성을 취하셨기에 역사적인 예수님의 인격은 하느님의 본성(온전한 하느님)과 인간의 본성(온전한 인간)을 모두 지녔다는 그리스도교 교리.

● 개인적인 생각 | Private Thoughts (*)

들어오고 나가는 자연스러운 생각이 아니라 자신만의 생각으로 선택한 생각. 우리는 마음이나 느낌과 동떨어져서 머리를 쓸 때 이냐시오가 일컫는 개인적인 생각을 표현한다. 이것은 영신수련 여정에서 진행되는 영성 지도의 주된 대상은 아니다. 일러두기[17], [32], [33]을 참조하라.

● 거룩한 독서 | Lectio Divina

성경이나 개인적인 체험, 저녁노을 등과 같은 것에서 하느님의 현존을 마음으로 듣는 기도 방법. 불행하게도 어떤 영성 지도자들은 거룩한 독서를 묵상하듯이 읽는 것으로만 설명하지만(이것도 한 가지 진행 방법일 수 있다) 거룩한 독서는 그리스도교의 초기에 글을 모르는 수도승들을 위한 기도였다. 그것은 수도원에서 중요한 묵상 형식으로 발전되었다. 그것은 마음으로 듣기lectio 시작해서 마음으로 숙고하거나 성찰하는 묵상meditatio 쪽으로 움직여서, 마음으로 반응하고 (기도oratio) 하느님 안에 머물게 된다(관상contemplatio). 일부 전통적 세계관에서 거룩한 독서는 성무일도에 붙여진 이름이다. 로마 가톨릭과 성공회는 전통적으로 혼자나 여러 사람이 함께 거룩한 독서를 합창한다.

● **거짓 영적 위안** | Counterfeit Consolation (+)

나는 이것을 이냐시오의 언어로 악한 천사가 우리의 마음에 영향을 주는 동안 일어나는 원인 있는 영적 위안에[331] 적용한다. 영성 지도자들은 때로 이것을 '가짜 위안false consolation'이라고 지칭한다.

● **경건주의** | Pietism

경건주의는 신학이 난해해지고 일반 사람들의 체험에서 분리되었던 프로테스탄트 개혁 이후 신학적 대논쟁의 반동reactionary 시기로 돌아간다. 그것은 더 헌신적이고 부드러운 관점으로 하느님의 신비를 생각하고 말하는 방식이다. 즉, 그것은 사회적 체험에서 분리되거나 통합되지 않은 채, 인격적이고 사적이며 헌신적인 체험을 강조할 수도 있기 때문에 삶을 무비판적으로 성찰할 수 있다. 비판적 성찰, 신학적 성찰, 신학적 사고를 보라.

• 계명을 지키는 삶 | Life of Commandments (!)

선량하고 도덕적인 사람의 바탕이 되는 도덕적인 삶. 제2차 바티칸 공의회 전의 로마 가톨릭교회는 이것을 모든 그리스도인의 일반적인 성소로 이해하였다. 한편 복음적 완덕은 수도원이나 수도회의 봉헌한 삶과 같은 것으로서 특별하게 제자 직분을 수행하기 위하여 하느님께서 선택한 사람들의 좀 더 특별한 성소로 이해되었다. 일러두기[135]는 '계명을 지키는 삶'을 계명을 따르는 '우선적인 삶'으로 지칭했다. 복음적 완덕, 완덕을 보라.

• 고행 | Penance (*)

외적인 고행 [82]-[90]은 보통 몸과 영 사이의 더 큰 조화를 이루기 위해 스스로 행하는 훈련이다. 외적인 보속은 아래와 같은 이유로 실행하는 신체적 불편(단식, 밤샘 기도 등)에서 선행(양로원 방문, 자선금 기부 등)까지 해당한다.

— 하느님께 자신의 죄를 보속하기[87].
— 진정한 자신의 열망과 일치시키려고 부적절한 감각을 제어하기[87].
— 찾고 있는 은총을 받도록 준비하기[89].
— 자신의 잘못을 없애기[90].
결국, 외적인 고행은 내적인 고행을 구체적으로 드러낸 것이다(감사나 용서 등의 선물에 대한 열망과 같은 것임).

• 공감 | Empathy

기도 길잡이나 영성 지도자 같은 도우미가 지니는 태도로서 객관성을 유지하면서 다른 사람의 체험에 상상으로 참여하는 자질. 이것은 듣고 이해하는 데 꼭 필요하다(울프Wuff와 프리고Frigo에게서 인용). 주목하기, 부적격이라는 은총을 보라.

● **공동체-사회 영성** | Communal-Societal Spirituality (+)
　이 영성은 성숙한 그리스도인들이 우주의 작은 일부로서 인류와 지구에 대한 하느님의 열망에 협력하고 다른 이들과 함께 결정 과정을 식별하고 실행하면서 자신들을 겸손하게 이해하고 받아들이는 가운데 존재한다.[2]

● **관상** | Contemplation (*)
　이 용어에 대한 효과적인 설명은 23장 '복음 관상에 관하여'의 처음 몇 쪽에 기록했다. 복음 관상을 보라.

● **관상적 태도** | Contemplative Attitude(⟨⟩)(+)
　우리 마음에 하느님을 받아들이는 능력. 우리는 진정한 반응이 떠오르도록 허락할 수 있고 일시적인 방법 이상으로 하느님 앞에서 스스로 약해질 수 있도록 허락할 때 관상적인 태도를 지닌다.

● **교리** | Catechisms
　질문과 답으로 이루어진 교의서. 마르틴 루터가 처음 시작했다. 트리엔트 공의회의 로마 교리서는 1885년에 처음 발간돼서 1950년대까지 널리 사용된 볼티모어 교리서와 똑같은 교리서의 원전이다.

● 권고를 따르는 삶 | Life of Counsels (!)

철저한 제자 직분과 행복 선언에 표현된 거룩함에 투신하는 삶. 복음적 완덕, 계명을 지키는 삶을 보라.

● 그리스도인의 완덕 | Christian Perfection

복음적 완덕과 권고를 따르는 삶을 보라.

● 그림자 | Shadow

융 심리학에서 부정적이고 미발달된 인격을 지칭할 때 사용하는 용어. 그것은 경우에 따라 개인이 의식적으로 표현한 것에 대한 무의식적인 반대이다.

● 극기 | Temperance (*)

음식과 다른 생활필수품을 사용할 때 절제와 균형을 지킴.

● 근대적 세계관 | Modern Worldview

이것은 객관성을 가치로 삼은 17세기에 뿌리를 두고 있다. 초기에 이것은 이성적인 논리로 중재된 체험을 통해서 객관성이 획득된다고 주장했다. 나중에 객관이라고 간주된 것은 과학적인 검증을 받아야 했다. 과학이 발전하던 시기에 객관성은 일의어적이univocal 아닌 개념으로 판명되었다. 이것은 지식 전반에 대한 역사 의식historical consciousness을 제고했다. 더 나아가서 근대적 세계관은 상대성 이론과 양자 물리학, 우주 팽창이론 그리고 인간의 이익 추구 대상으로 지구를 이해하고 다루는 데 실패한 것 때문에 탈근대주의에게 길을 내어주었다. 데카르트 정신,

전통적 세계관, 탈근대주의를 보라.

● **근본적인 무질서** | Basic Disorder (!)

지도자들은 피정자가 하느님을 더 깊이 사랑하지 못하도록 방해하는 근원을 더 깊이 인식하도록 도와주려고 수십 년 동안 이 용어를 사용했다. 그들은 대죄나 한 가지 근원적인 잘못이 죄, 잘못 또는 무질서한 행동의 뿌리나 원천이라고 생각했다. 이 개념은 영신수련에는 나오지 않는다. 무질서한 행동을 보라.

● **기도 길잡이** | Prayer Guide (+)(⟨)

영신수련을 했고 듣는 훈련을 받았으며 영신수련 워크숍에 참여했으므로 유능한 감독supervisor에게 지도를 받으며 단계적으로 영신수련을 지도할 수 있는 사람. 나아가서 그는 단체를 위한 기도 프로그램(하루, 주말 프로그램 등)을 고안할 수 있다.

● **기준** | Criteria (+) (⟨)

기준은 판단의 표준으로써, 어떤 것에 대해 올바른 판단을 내리려고 할 때 고려하는 규칙rule이나 심사test이다. 우리는 결정하는 모든 과정에서 최종 결정을 하기 위하여 많은 변수를 고려한다. 모든 변수의 관점에서 기준은, 내포되어 있든 명백하든, 고려하기 위한 사실과 각각의 우선순위, 거절할 것, 전체 과정의 최종 결정으로 수용되는 것을 최종적으로 결정한다. 드러나지 않은 (때때로 결정을 식별할 때) 기준은 결정하는 사람의 전제assumption, 가치, 신념 등에 깊이 새겨있다.

● **길잡이** | Preludes (*)

각 기도 수련에는 길잡이가 있다. 그것은 요점 앞에 주어지고 피정자가 기도 수련을 시작하면서 익숙해지는 단계이다. 피정자는 때때로 길잡이가 촉진하는 자연스러운 흐름을 이해하려면 '이것을 기계적으로 취급하지 말아야' 한다. '은총 청하기'는 일반적인 길잡이의 하나이다.

● **난해한 영적 위안**| Hard Consolation

이 용어는 존 게이븐John Gavan, S.J.이 개발한 것으로서 우리가 영적 황폐로 오해할 수도 있는 고통, 슬픔, 걱정, 고민 등과 같은 힘든 체험을 동반하기 때문에 인식하기 쉽지 않은 영적 위안을 일컫는다. 이러한 종류의 영적 위안은 일러두기[316]의 마지막 문장의 설명에 잘 들어맞는다. 평이한 영적 위안을 보라.

● **담화(대화)** | Colloquy (*)

피정자가 기도 수련의 아무 때라도 할 수 있고 이나시오가 기도 수련[53], [54], [199]에서 모델로 삼으라고 삽입한 대화방식. 피정자는 예수님, 하느님 아버지, 성령 그리고 다른 이름이나 이미지로 된 하느님, 또는 성인Saint이나 덕망 있는 사람saint과 대화를 나눌 수 있다. 성인들의 통공을 보라.

● **대죄** | Mortal Sins (*)

우리가 충분하게 성찰하고 온전히 동의해서 자유롭게 실행한 심각한 죄는 죽음을 초래한다. 이러한 죄는 하느님께서 주는 은총에서 우리를 떼어 놓는다. 그리스도교는 영신수련에 있는 내용으로, 누군가 통회하지 않고 대죄를 지은 채 죽는다면 그 사람은 하느님에게서 영원히 분리된 다고 가르친다. 지옥, 가벼운venial 죄를 보라.

* **더(더욱)** | More (*) (!)

이 단어는 영신수련 영성에서 발전된 예수회 영성으로 예수회 설립 이후 중대한 의미를 갖게 되었다. 그것의 원천은 예수님을 따르는 중세 기사가 방금 회심하고 고상한 사랑의 열정에 사로잡힌 채 누구보다도 더 열심히 사랑하고 존경하며 헌신하기를 바라는 영성으로 그리스도 나라 [97]에 최초로 기록된 이나시오의 삶이다. 이 주제는 예수회 회헌과 더불어 선택을 권고받은 예수회원들이 교회에 더 큰 유익이 되는 것에 상응하며 사도직을 선택하는 기준이 되었다. 이 영성은 '하느님의 더 큰 영광Ad Majorem Dei Gloriam'이라는 말로 요약된다. '더'라는 주제는 영신수 련 전체에 해당한다.

* **덜 의식된** | less-than-conscious (+)

온전히 의식되지 않은 마음의 모든 부분을 지칭하기 위해 존 벨트리 가 만든 용어.

* **데카르트 정신 또는 태도** | Cartesian Mind or Attitude

르네 데카르트(1596-1650)의 철학과 연관된 근본적인 신념을 따르는 것. 데카르트에 따르면 진실하고 믿을 만하다고 받아들여져야 하는 것은 의식conscious mind을 통하여 직접 알려진 명백하고 분명한 생각으로 전달되 어야 한다. 사상의 역사에서, 데카르트 철학은 합리주의로 이어지고 과학적 방법에서 계량quantification과 측정measurement을 강조했다. 전통적 세계관은 이성reason을 사용할 때 데카르트의 신념을 빌렸으나 그 신념에서 나온 후기의 과학적 발전은 수용하지 않았다.

- **동정** | Compassion （!）

동정은 '함께 아파함'이라는 라틴어에서 왔다. 우리는 이냐시오가 셋째 주간에서 다음과 같이 청하라고 우리에게 지시한 은총을 설명하기 위하여 이 단어를 사용한다[193]. '슬퍼하고 아파하며 고통받는 예수와 함께 깊이 느낀다.' 이것은 고통 중에 있는 다른 사람과 진정으로 함께 있을 수 있는 능력이다. 그냥 물리적으로 거기에 있는 것이 아니라 그 사람의 마음과 영에 집중하면서 함께 있는 것이다.

- **마음（심리）** | Psyche

의식하거나 온전히 의식하지 못한 측면 모두를 포함한 정신 전체로서 자연스러운 생각, 느낌, 정서 등과 연결된다. 성경은 정신에서 일어나는 생각과 느낌을 마음의 생각이라고 지칭한다. 우리는 이러한 영역을 우리의 깊은 곳이라고 지칭할 수 있으며 그곳은 더 깊은 가치, 희망, 꿈, 욕구 등의 집합소이다.

- **메마름** | Dryness （!）

기도나 영적 여정이 어려워지고 지금 하느님을 체험하는 것이 전처럼 즐겁지 않음을 의미한다. 앞으로 나아가기가 귀찮아진다. 영성 지도자들은 피정자들이 기도나 일상에서 메마름을 체험한다고 종종 말한다. '메마름,' '무미건조aridity,' 사막 통과, 사막 체험과 같은 용어는 영적 서적에서 공통적으로 사용된다. 이러한 말이나 구절은 영신수련 본문에는 없다. 영신수련 여정 동안 메마름은 영적 위안, 영적 황폐, 영적 황폐의 초기, 평온 [177], 피곤, 저항, 생리적 반응 등의 표징일 수 있다. 메마름은 그 자체로 모호하다. 그것이 단순한 생리적 증상일지라도 영적 움직임의 성질을 결정하는 것으로서 메마른 체험과 관계 맺는 피정자의 방식이다. 어두운 밤, 영적 황폐, 영적 위안, 저항, 평온을 보라.

● **모델** | Model

비유로 복잡한 현실을 묘사하고 설명하는 데 도움을 주는 구조. 예를 들면, 선으로 병렬 연결된 당구공들은 물질의 단위로 함께 결합되는 특정 원자들의 방식을 묘사하거나 설명할 수 있다. 역동적 모델, 발견적 구조, 패러다임을 보라.

● **무의식** | Unconscious

내용을 거의 인식하기 쉽지 않은 마음의 일부분. 그것은 결코 의식된 적이 없거나(1차 억압) 간단하게 의식되고 나중에 억압될(2차 억압) 수도 있는 자료data의 저장소이다(Psychiatric에서 인용).

● **무절제한 애정** | Inordinate Affection (*) (!)

애정, 숨겨진 무질서한 경향을 보라.

● **무절제한 애착** | Inordinate Attachment (*) (!)

무질서한 애착을 보라.

● 무질서한 애착 | Disordered Attachment

우리가 어떤 사물에 무절제하게 애착하거나 기울어지면 무질서하게 애착하게 된다. 즉, 우리가 어떤 사람, 장소, 사물, 태도나 입장 등에 기울어지면 그것은 우선적으로 하느님의 열망에 협력한다는 목적을 위한 것이 아니다. 모든 애착의 이면에는 애정이 있다. 영신수련의 용어로 말하면 '무절제하다'와 '무질서하다'는 의미로 보면 무절제한 애정과 무질서한 애착과 매우 가깝다. 무질서한 행동을 보라.

● 무질서한 행동 | Disorder of One's Action (*)

이 구절은 첫째 주간의 셋째 수련에 나온다[63]. 나는 이것을 숨겨진 무질서한 경향이라고 부른다. 이냐시오는 우리가 하는 일이 올바르더라도 하느님을 찬미하고 섬기는 쪽으로 향하는 애정affection과 애착attachment 때문에 유발되지 않았다면 그것은 무질서한 행동이라고 생각했다. 어떤 것을 우리가 선택하도록 움직이고 영향을 주는 사랑은 '위에서 내려와야' 한다[184]. 즉, 우리의 창조주에 대한 애정이 우리를 궁극적으로 선택하게 이끈다[166].

● 묵주기도 | Rosary

성모 마리아 삶의 신비에 집중하는 가톨릭 기도. 이것은 묵주라는 둥근 줄로 엮은 구슬을 사용하며 반복하는 기도이다. 가장 일반적인 묵주기도는 50번의 성모송으로 (그녀가 예수님을 낳아야 한다는 것을 마리아에게 말해주는 천사의 방문) 되어 있고, 각 10개는 주님의 기도로 진행되며 영광송을 바치고 다음으로 넘어간다(울프에게서 인용). 신비를 보라.

● **미사** | Mass

성경에 있는 하느님의 말씀을 읽고 빵과 포도주라는 상징으로 된 예수님의 몸과 피의 현존을 통하여 파스카 신비인 예수님의 수난·죽음·부활을 거행하는 가톨릭의 핵심 전례. 이냐시오 시대에는 매일 이른 아침에 미사가 거행됐다. 일러두기[20]에 따른 영신수련 중에 피정자는 보통 매일 미사에 참여했다. 일러두기[20], [72]를 참조하라. 성체성사를 보라.

● **미승인 결정** | Unconfirmed Decision (+)

피정자가 최종적으로 승인받기 전에 식별 과정에서 내린 결정을 지칭하는 특별한 용어. 승인을 보라.

● **바티칸 공의회** | Vatican Council

제2차 바티칸 공의회를 보라.

● **반대 방향으로** | Agere Contra (!) (*)

이 라틴어 구절은 문자 그대로 "거슬러서 행동하기"이다. 그것은 예수님께 더욱 열정적으로 따르는 사람들이 육정을 거슬러서 행동하기를 바라는 일러두기[97]과 황폐한 영을 거슬러서 행동하도록 지시하는 일러두기[319]에 나와 있다. 그것은 또한 선택하는 사람의 개인적인 선호를 거스르는 훈련이나 절제를 뜻하기도 한다.

● **반복** | Repetition (*)

가장 최근의 기도에서 겪는 영적으로 위안을 받는 순간(들어 올려지는 느낌, 하느님의 현존, 예상치 못한 깨달음이나 의미 등) 또는 영적으로 황폐한 순간(갈등, 불편함, 하느님의 부재 등) 또는 영적으로 이해한 순간(통찰insight 이나 인식awareness에 대한 이해appreciation가 시작되거나 깊어지는 느낌)과 같은 움직임을 체험했던 [62] 곳으로 의도적으로 돌아가는 영신수련.

● 발견적 구조 | Heuristic Structure

Heuristic은 그리스어로 "발견하다"에서 나왔다. 단어의 모델이나 구조의 형성에서, 발견적이란 우리가 이해하고 설명할 뿐만 아니라 발견하기 위하여 그 모델과 구조를 사용할 수 있는 방법을 더 분명하게 명시하는 것을 말한다.

● 발전적 세계관 | Developmental Worldview (+)

지상의 모든 생명이 성장 단계를 통하여 발전하고 다른 생명체들과 선하고 악한 결과를 만들면서 상호작용하는 방식을 인식하는 현대적 세계관. 이 세계관은 우주가 고정되고 객관적으로 인식 가능하다고 믿었던 초기의 근대적이고 전통적인 세계관에서 벗어난다. 그것은 후기 근대적 세계관의 역사 인식을 포용한다. 무의식과 인식과 의식적인 선택에 주는 무의식의 영향을 발견한 덕택에, 발전적 세계관은 역사적 조건과 주관적인 체험에 깊은 관심을 기울여서 우리 자신을 이해하는 방식을 알려준다. 생태적 세계관, 근대적 세계관, 탈근대주의를 보라.

● 방어 기제 | Defense Mechanism

정서적인 갈등이나 불안에서 벗어나는 데 도움을 주는 무의식적이고 내적인 심리 과정. 우리가 같은 이유로 빈번하게 의식적으로 벗어나고자 노력하지만 진짜 방어 기제는 무의식에 있다. 일반적인 방어 기제는 다음과 같다. 부정, 치환, 투사, 반동형성, 이념화 등(Psychiatric에서 인용).

● **복음 관상** | Gospel Contemplation (+)

선택한 복음을 마치 지금 벌어지고 있는 것처럼 상상하며 복음 사건에 참여하는 방법의 기도. 어떤 사람들은 이 방법을 일컬어 이냐시오 관상이라고 한다. 이냐시오는 이것을 간단하게 '관상'이라고 했다. 더 분명한 구별과 실용적 정의는 23장, '복음 관상'에 있다.

● **복음적 완덕** | Evangelical Perfection (*)

이 구절은 전적으로 투철한 제자 직분과 예수님을 더 완전하게 따른다는 의미를 전달하는 데 사용되었다. 이것은 1900년대에 로마 가톨릭 문학이 사용했던 '복음적 삶life of beatitudes'과 '권고를 따르는 삶life of counsels'의 의미와 비슷하다. 다른 설명과 마찬가지로 복음적 완덕에는 서원하고 실천하며 투신하는 삶이 포함된다. 일러두기 [135]에서 이것은 두 번째 신분으로서 복음적 완덕을 지칭한다. 계명을 지키는 삶, 권고를 따르는 삶, 완덕, 서원을 보라.

● **부름받는 상태** | Call Mode (⟨)

우리는 피정자들이 하느님의 부름을 발견하기 위해 더 집중적이고 분명하게 영신수련 여정을 할 때 부름받는 상태에 있다고 생각한다. 또한 우리는 그들이 하느님 나라를 발전시키고자 그들에 대한 하느님의 열망에 부합하는 구체적인 결정을 할 준비가 되어 있을 때도 부름받는 상태에 있다고 생각한다. 그들은 치유가 필요해도 하느님의 나라에서 일하라고 부르시는 하느님의 방법에 먼저 집중한다. 치유 문제가 여전히 남아 있을 수도 있으나 그 문제는 영신수련의 시기에 잘 드러나지 않는다. 치유받는 상태를 보라.

● **부적격이라는 은총** | Grace of Inadequacy

영적 길잡이는, 피정자 앞에서, 다른 사람의 신비를 온전히 이해하지 못하는 자신을 종종 발견한다. 이것은 길잡이 자신의 어둠, 그림자 또는 한계 등등 때문일 수 있다. 그러나 그것은 또한 은총은 신비를 풀거나 펼치기 위해 주어지는 것이 아님을 인식한 데서 기인할 수 있다 (Whelan). 영적 가난을 보라.

● **부칙** | Additions (!)

이것은 영신수련의 일러두기[73]-[86]을 일컫는다. 부칙은 피정자가 영신수련 여정에서 하느님의 초대에 응하도록 자신을 적절하게 준비시키는 방법을 제시한다. 이것은 먼저 이냐시오 시대에 오늘날 피정집과 다른 환경에서 때때로 주어졌던 일러두기[20]에 따른 영신수련을 하는 피정자를 위한 것이다. 예를 들면 피정자가 전례에 참석하려면 마을을 지나가야 했으므로 청하고 있는 은총을 방해할 수도 있는 이미지와 생각을 피하고자 시선을 아래로 향하는 것이 매우 중요했다. 이냐시오는 영신수련 전체를 통하여 다양한 과정이나 주간에서 이런 제시를 적용하기 위한 주의 사항을 넣었다.

● 비유 | Analogy

아는 것에서 모르는 것으로 옮겨가기 위하여 두 사물 사이의 실제적이거나 가상적인 관계의 유사성을 일정한 방법으로 비교하거나 직관적으로 추리하는 방법. 예를 들면 마침내 우리가 어떤 사물을 어느 정도 이해하였을 때, 우리는 보통 '오, 나는 그것을 지금 보았습니다'라고 말한다. 우리는 실제로 보지 않았으나 감각으로 지각해서 비유(이 경우는 은유metaphor)로 말하고 있다. 이러한 특정한 비교는 '서로가 완전히 다르지만 몸으로 보고 영혼으로 이해한다'라고 쓴 아리스토텔레스에게로 거슬러 올라간다. 지식은 아는 것에서 모르는 것으로 발전하기에 비유는 인간 인식 기능에 필수적이다.

문학에서 은유, 유사성similes, 풍유allegories, 우화parable 등은 특정한 비유이다. 과학에서 모델과 방식은 비유로 인식하는 방법을 함유한다. 예를 들면 원자 구조는 그 자체가 우주로서 한 가지 과학적 모델이다. 1997년 7월 4일 과학자들은 화성에 바로 착륙한 우주선에서 사진을 보내기 시작했다. 그들은 오직 천문학과 물리학 등을 통하여 화성을 연구했음에도 사진을 보내는 방법을 알았다. 그들은 우리 지구에 적용되는 물리학 법칙을 비유해서 지구와 화성의 유사점과 다른 점을 인식하고 외삽법으로extrapolate 추정할 수 있었다. 그러나 그들은 화성을 지금까지 직접 이해한 지구의 양상과 관계가 있는 존재로 추정해야 했다. 이것을 실행하기 위해 그들은 비유로 생각해야 했다.

신학과 영성은 우리의 종교 체험과 성경에 쓰인 것과 같은 다른 이들의 종교 체험을 깊게 성찰한 것을 바탕으로, 비유하지 않고서 전개할 수 없다. 우리에 대한 하느님의 관계가 우리 부모의 역할 체험에 반영되기 때문에 하느님의 '부모 역할'에 대해 말하는 것은 적절하다. 성경 그

자체는 그러한 비유를 사용한다(이사 49:14, 시편 131).[3]

우리는 영신수련 책을 역사적이고 문화적인 맥락뿐만 아니라 우리 자신과 다른 사람의 영적인 체험을 비유로 이해한다. 우리는 때때로 영신수련 본문 자체에서 특정한 개념을 이해하고 비유로 적용한다. 다음이 그러한 예이다.

— 우리가 특정한 체험과 비슷한 체험을 했기 때문에 우리는 단순하게 이것 또는 저것을 의미하는 것으로서 그 체험을 인식한다. 그래서 비유로써, 우리는 피정자의 체험을 일정한 **방법**으로 인식하고 이해할 수 있다.

— 속임수의 첫째 또는 우선적인 의미가 영들을 식별하는 두 번째 규칙 세트와 관계됨에도, 우리는 속임수를 첫 번째 규칙 세트에 속하는 것이 더 적절하다고 이해한 유혹에 비유로 적용할 수 있다.

비유할 때의 두 가지 근본적인 위험은 다음과 같다.

— 첫 번째는 일의어적univocal 위험이다. 우리가 비유로 온전히 이해했다고 전제하면, 마치 비교되는 두 가지 사물에 일의어적인 관계가 있는 것처럼, 즉 비교된 두 가지 사물의 모든 양상이 1:1 관계가 있는 것처럼 비교를 잘못 이해할 수도 있다. 따라서 우리는 하느님의 부모 역할이라는 생각을 가지고 하느님의 부모 역할을 우리가 이해하고 체험한 부모 역할로 축소한다.

— 두 번째는 다의어적equivocal 위험이다. 우리가 피정자들이 사용하는 말이 우리에게 의미하는 것과 똑같이 그들에게도 의미한다고 전제하면, 우리는 그들이 표현하려는 것을 오해하거나 잘못 해석한다. 이것은 비유

를 적절하게 사용하는 것이 전혀 아니다. 이것은 종종 투사로 발생한다. 피정자는 지도자에게 뭔가를 이해하지 못해 겪고 있는 어려움을 말하기 시작한다. 기도 길잡이는 '어려움을 겪는다struggling'는 말을 듣고서 지도자 자신의 이러저러한 것에 대한 '어려움'이 피정자의 '어려움'과 정확히 같은 의미일 것이라고 속단한다. 사용하는 말이 실제로 같을 수도 있다. 그러나 그 말이 가리키는 현실은 전혀 다르다. 기도 길잡이가 두 어려움을 비교하고 추론한 관점은 의도했던 것과 완전히 다르다. 이러한 다의어적인 위험은 피정자의 체험을 축소하게 만든다.

● 비판적 성찰 | Critical Reflection
성찰 자체는 어떤 대상object이나 사건event직 생각하고 판단하는 자연스러운 인간의 행위human process이다. 비판적 성찰은 자연스러운 인간의 행위와 동일하지만, 상이하고 적절한 이해의 틀로 성찰 대상의 다양한 측면을 분석하고 그 측면의 의미를 평가하기 위해 훈련된 집중력을 사용한다. 사회적 분석, 신학적 성찰을 보라.

● 빛으로 가장한 유혹 | Temptation Under the Guise of Light (*)
영적으로 성숙하고 관대한 사람이 빠질 수 있는 유혹으로 일러두기 [332]에 설명되어 있다. 속임수를 보라.

● 사탄의 꼬리 | Serpent Tail (*)
사탄이 속임수로 피해를 입히고 기어나가면 우리는 유혹에 굴복함으로써 발생한 악의 흔적인 사탄의 꼬리를 볼 수 있다[332].

● 사회적 | Societal (+)

조직의 구조와 체계가 우리 삶에 주는 영향을 인식하고 이해하는 것을 지칭한다. 조직의 구조와 체계는 우리 자신과 환경을 생각하고 느끼고 결정하는 우리의 방식과 정신적 구조에 영향을 준다.

● 사회적 분석 | Social Analysis

사회적 분석은 평범하고 힘이 없어서 억압받는 사람들에게 힘이 필요했던 라틴 아메리카에서 발생했다. 사회적 분석은 집단의 활동에 관한 중요 결정을 내리기 위하여 더 철저하게 사회적 상황을 이해하려는 집단과정의 촉진이다. 그것은 비판적 성찰의 한 가지 예이다. 비판적 성찰, 신학적 성찰을 보라.

● 상상 | Imagination (*)

상상은 현재 있지 않은 것을 우리 안에 존재하도록 만드는 각자의 능력이다. 상상은 환경으로부터 우리에게 오는 자료를 수용하는 감각과 직접 연결되어 있다. 상상은 또한 우리 안에서 나오는 자료를 접속하도록 기억을 도와줌으로써 기억과 직접 연결된다. 우리의 인식력에 휘말린 상상은 의미를 파악하고 의미와 대화하는 데 필수적이다.[4] 상상은 기억력과 연합하여 무의식과 깊은 감정으로 가는 문이 될 수 있다. 상상은 이성적인 존재인 우리에게 필수인 상징을 사용하고 만드는 우리의 핵심 능력이다.

● 상징 | Symbol

진정한 상징은 단순한 표시sign가 아니다. 어원학적으로 상징은 '함께 모음'을 뜻한다. 상징은 감지할 수 있는 형상figure을 통하여 감지할 수 없는 질서를 드러낸다. 이러한 상징의 노출 기능은 상징을 정의하고 단순한 표시와 구별한다. 예를 들면 도로 표시는 고속도로에서 복잡한 교통을 조절하고자 편리하게 만들어진 그림이다. 그것은 인간적인 고안이지만 물리적인 세계에 대한 우리의 체험을 깊고 풍요롭게 인식하도록 우리를 이끌지 않는다. 반면에, 상징은 세상에 존재하는 우리를 윤색하는embellishes 체험을 불러일으키고 감지할 수 있는 형상을 지칭한다. 그것은 객관적인 세상이 물리적으로 표현하는 것 그 이상을 드러냄으로써 이것을 실행한다. 이러한 체험의 의미는 결코 문자나 객관적인 정의로 풀이되지 않는다. 그것은 추론적인 이성이 쉽게 접근할 수 없는 의식의 틈fissure을 열어준다(멀둔Muldoon).

● 생태적 세계관 | Ecological Worldview

20세기 말엽에 뿌리를 두고 있는 세계관. 그것은 우리가 지구의 다른 생명체에 참여하는 방법을 모색하고 미래의 환경을 보호하기 위하여 책임감을 갖고 다른 사람들과 협력하는 방법을 강조한다. 발전적 세계관을 보라.

● 생활 개선 | Reformation of Life (*)(!)

일러두기[189]의 '신분에 맞게 생활을 개선하고 쇄신하기'는 이미 신분을 선택한 피정자의 쇄신에 대한 내용이다. 이냐시오의 관점과 사회적 구조 안에서 영신수련 여정에 들어가고 항구하게 투신하거나 선택한 신분으로 계속 살아야 할 때, 그는 선택할 수 없으나 생활과 상태를 개선할 수는 있다[171].[5] 선택을 보라.

● **서원** | Vows (*)

스스로 투신한 삶의 방식에 따라 교회 안에서 하느님께 드리는 중대하고 항구적인 약속.

● **선택** | Election (*)(!)

'선택choice'이라는 의미의 스페인어에서 나왔다. 선택을 식별하고자 영신수련에서 사용되는 일차적인 예나 비유는 중요하고 항구적인 삶의 방식과 관련 있으므로 선택election이라는 단어는 일러두기[169]에 있는 부름이나 성소와 같은 항구한 삶의 방식에 대한 선택을 의미하게 되었다. 성소를 보라.

● **선택의 시기** | Times of Election (*)

피정자가 영신수련을 하고 있고 중요한 결정을 식별할 때 결정을 잘 내릴 수 있다고 신뢰할 수 있는 순간이 있다. 이냐시오는 이러한 순간을 선택의 시기라고 불렀다. 일러두기[175], [176], [177]은 세 가지 시기를 매우 분명하게 설명하고 있다. 일러두기[20]에 따르는 영신수련은 영들의 움직임으로 영적 자유를 식별하는 내용인 두 번째 시기 [176]의 관점에서 쓰인 것이다.[6)]

● **선한 영** | Good Spirit (*)

영들을 보라. 우리 시대의 표현으로 보면 우리는 착한 영을 사람의 마음에서 유래한 선good에 미치는 자연스러운 영향으로 이해할 수 있다.

● **선한 천사** | Good Angel (*)

천사를 보라. 우리는 현재의 문화에서 사용하는 언어로 보면 영들을 식별하는 두 번째 규칙 세트의 선한 천사를 하느님의 영이나 성령의 출현으로 이해할 수 있다.

● **성삼위** | Trinity (*)

이냐시오 영성은 당연히 성삼위이다. 그것은 하느님께서는 한 분이고 성부, 성자, 성령으로 이루어진 인격체로서 하느님 자신을 드러내신다는 그리스도교의 핵심이며 근본적인 신앙에 뿌리를 두고 있다. 강생 관상은 예수님의 구원사업은 우리를 구원하기 위한 성삼위의 구원사업이라는 근본적인 신앙으로 피정자의 주의를 끈다[101]. 이냐시오의 핵심적인 신비 체험 중의 하나는 성삼위와 연결되어 있다.

● **성소** | Vocation (*)

대체로 부름과 같은 것을 뜻함. 이냐시오 시대와 마찬가지로 로마 교회에서 성소는 먼저 결혼, 사제직, 독신 서원(정결 서원, 수도 공동체에 투신하는 서원)과 같은 항구적인 삶으로의 부름이다. 선택을 보라.

● **성인들의 통공** | Communion of Saints (*)

죽어서 하느님과 함께하고 있는 모든 사람. 그들은 모두 성인들Saints이다. 로마, 정교회, 성공회의 전통에서 성인들은Saints 죽은 이들이고 탁월하고 착하게 살았던 제자라고 공식적으로 인정받은 사람들이다.

● **성찰** | Examen (*)

의식 성찰, 특별 성찰을 보라.

● **성체성사** | Eucharist (*)

이 말은 그리스어의 '감사thanksgiving'라는 뜻에서 나왔다. 가톨릭교회 전통에서 성체성사Eucharist란 성찬례 자체나 성찬례가 포함되거나 성찬례를 이끌어 가는 경배 예식을 뜻한다. 후자는 때때로 전례, 미사 또는 감사 성제로 지칭된다. 미사를 보라. 영적 가난을 보라.

● **세계관** | Worldview

한 사람이 세상을 인식하는 방식. 세계관은 사람이 자신의 환경과 그 환경에서 자신과 타인에게 일어난 일을 스스로 체험하고 생각하며 판단하도록 허락하는 상징적이고, 정신적이며, 정서적인 틀이다. 전통적 세계관, 생태적 세계관, 중세적 세계관, 모델, 근대적 세계관, 패러다임을 보라.

● **세 번째 겸손** | Third Kind of Humility (*)

세 번째 유형(정도, 상태, 태도)의 겸손은 일러두기[167]에 설명되어 있다.

● **세상(세속)** | World

일러두기[63]에서 피정자는 '세속에 대한 인식'을 요청하라고 지시받음으로써 세속에게서 영향을 받지 않을 수 있다. 우리 문화에서, '세속'은 탐욕, 경쟁, 물질주의, 일중독, 개인주의 그리고 지나친 소유욕 등이다. 더 엄밀히 말하면, 세속은 하느님의 말씀을 듣는 우리의 방법을 훼손시키고 우리의 생각과 선택에 영향을 주는 조직을 지지하는 정신적 구조라는 악순환에 우리를 계속 가두는 문화의 영향을 의미한다.

● 세속적 사랑 | Worldly Love (*)
육욕적이고 세속적인 사랑을 보라.

● 세속화 | Secularization
전통적 종교 행사event에 대한 비종교적이고 흔한 과학적 해석의 점진적인 대체 현상(Wulff). 세속화는 또한 전통적인 종교 가치가 비종교적인 가치로 대체될 때 발생한다. 예를 들면 안식일에 누리는 휴식은 경쟁적인 사업으로 대체되고, 상호 용서와 화해는 경제적이고 법적인 정의로 대체되며, 개인의 죄의식은 사회적으로 용인되는 범위에서 느껴지지 않는 죄의식으로 대체되고, 극기주의와 절제는 건강을 위한 단식으로 대체된다. 그 밖의 대체 현상도 있다.

● 세심증 | Scrupulosity
도덕적이나 종교적인 상세한 요구에 지나치게 마음 쓰는 불안증.

● 속임수 | Deception (*) (〈)
엄밀히 말하면 속임수는 빛으로 가장한 유혹이다. 그것은 진정한 영적 위안과 영적 자유를 체험하고 있는 관대하고 영적으로 성숙한 사람에게 다가온다. 악한 천사는 온전해 보이지만 사실은 '술수'(잘못된 정보, 모호함에서 비롯된 잘못된 판단 등)로 유혹하여 사람을 죄를 짓는 길로 이끈다. [332] 빛으로 가장한 유혹을 보라.

● **숙고하기/숙고** | Consider/Consideration (*)

이냐시오가 사용했던 '숙고'라는 단어는 우리가 의미하는 '분석'이 아니었다. 이냐시오와 중세문화에서는 상상력·기억력·이해력이 함께 섞여 있었고, 사람들은 그것들을 더 분석적이고 과학적인 방법으로 분리하지 않았다.

● **숨겨진 무질서한 경향** | Hidden Disordered Tendencies (+)(<)

이것은 이냐시오의 '내 행동의 무질서'라는 구절에 대해서 내가 사용하는 용어이다[63]. 그것은 특정 행동에 잠재된 하느님과 무관한 양상에 대한 이냐시오의 해석을 담고 있다. 이 모든 양상은 우리의 행동에 앞서서 우리가 의식하거나 덜 의식한 선택에 영향을 준다.

● **승인** | Confirmation (*)(!)

결정 과정을 끝내게 만드는 결정 내리기의 마지막 단계. 하느님께서는 결정이 아니라 결정을 하는 사람을 받아주신다. 승인은 결정이 성공을 이끌 것이라는 뜻이 아니다. 그것은 끝났다는 느낌과 함께 이 시점에서 할 수 있는 한 좋은 결정을 했다는 영적 위안이다[183]. 이러한 주관적이고 체험적인 승인과 더불어 기혼 피정자는 자신의 배우자에게서 객관적인 승인을 받을 필요가 있을 수도 있고, 공동체에 속한 피정자는 공동체에게서 승인을 받을 필요가 있을 수도 있다.

- **식별** | Discernment (*)

식별은, 영신수련에서, 특별히, 더 크게 영적 자유를 누리며 의식적으로 결정을 내리고 싶은 피정자가 자신에 대한 하느님의 열망을 기대하고 참여하며 발견할 때 피정자의 마음에서 일어나는 영적인 움직임을 구별하고 판단하는 것을 의미한다. 영성 지도자들은 복음 관상의 의미를 피정자가 해석하도록 도와주는 것과 같은 모든 영적 방법에 이 용어를 종종 덜 구체적으로 사용한다. 12장의 복음 관상에 대한 사용 관찰과, 해석 그리고 식별 사이의 차이점을 참조하라. 해석을 보라.

- **신비** | Mystery (*) (!)

'복음적 신비를 관상하기'라는 구절과 같음. 예수님의 생애에서 일어난 사건을 관상하는 것은 신비로운 세계로 들어가는 것이다. 로마 가톨릭에서 묵주기도를 바칠 때 우리는 10개의 묵주 다발로 다양한 신비를 관상한다. 바오로가 자주 가르쳤듯이 예수님은 하느님의 신비를 드러내셨다. 부활하신 주 예수님의 기억으로 예수님의 삶에서 일어난 모든 사건은 현재가 된다. 모든 사건은 하느님의 신비를 더 구체적으로 드러내신 그리스도를 드러내는 신비이다.

- **신학적 사고** | Theological Thinking (+)

일부 영성 지도자들이 신학적 이해를 바탕으로 개념과 언어를 사용하는 사고방식이다. 예를 들면 그들은 일반적인 방식으로든 더 심리적인 방식으로든 피정자의 자아 수용 결핍을 생각하는 대신에 신학적 관점에서 피정자가 피조물임을 체험하거나 믿어야 할 필요가 있는 강생과 같은 문제를 감지한다. 즉, 영성 지도자들은 인간의 체험 이면에 내포된 신학적 원리를 감지하고 식별에 사용할 때 신학적으로 사고한다. 신학적 성찰을 보라.

● **신학적 성찰** | Theological Reflection

성경과 습득된 신학적 사고로 사회 제도 안의 사건이나 개인의 체험을 이해하려는 비판적 성찰 방식. 신학적 성찰은 신학교 교수들이 믿을 만하고 타당한 신학 이론을 확립하기 위해 자신들의 전문성을 인간의 체험과 다른 분야의 지식과 연결하는 방법을 이해하기 시작하던 1970년대 후반에 많은 신학 센터가 개발한 방법이다. 비판적 성찰, 신학적 사고를 보라.

● **신화** | Myth

우리는 이야기 · 노래 · 이미지 등으로 신화를 표현할 수 있다. 그것들은 우리 마음의 의식과 덜 의식된 부분 모두에 작용한다. 신화는 우리 삶의 방향을 잡아주고 우리가 궁극적인 의미의 세계 그리고 신성하고 말로 표현할 수 없는 것과 연결하게 도와준다. 실용적으로 정의하면, 신화는 가치 · 이미지 · 통찰 · 꿈 · 구성 · 의미 등과 혼합된 유의미한 이미지나 이야기이다. 가치 · 이미지 · 통찰 · 꿈 · 구성 · 의미 등은, 유의미한 이미지나 이야기 안에서 함께하면서, 우리에게 힘을 주고 우리 삶에 집중한다.[7] 신화는 상징적 담론이다symbolic discourse. 비유와 상징을 보라.

● **실제적인 가난(*)** | Actual Poverty

실제적인 물질의 결핍. 그것은 또한 수도회에 속한 사람이 서원한 가난을 뜻할 수도 있다. 이냐시오 시대에 예수님을 따른 많은 사람은 신심 깊은 부자 청년에 대한 다음과 같은 예수님의 부름을 문자 그대로 계속 받아들였다. '가서 네가 가진 것을 팔아서 가난한 사람들에게 주어라. 너는 하늘에 보화를 쌓게 될 것이다. 와서 나를 따라라'(루카 18, 22). 그들은 종종 탁발 수도회에 들어갔고 하느님께 대한 믿음과 의존의 징표로써 생활필수품을 구걸했다. 우리 시대조차도 사람들은 청빈서원을 통하여 그들 자신을 하느님께 바친다. 다양한 수도회는 회헌에 따라서 이러한 서원을 다양하게 설명하고 실천한다. 많은 사람에게 가난은 자신들이 일해서 번 모든 것을 내어놓고 정말로 필요한 것을 다른 사람들에게 의존함으로써 공동체에서 다른 이들과 자원을 함께 나누며 사는 것이다. 청빈을 서원하며 사는 목적은 언제나 영적인 가난 속에서 성장하기 위함이다. 가난과 영적인 가난을 보라.

● 실존주의 | Existentialism

실존주의의 금언: 실존은 본질을 앞선다(Jean-Paul Sartre). 우리는 우리 자신을 이해하고 우리가 창조한 자아를 책임진다는 것이 요점이다. 실존주의자들은 크게 정과 반이라는 두 날개로 나뉠 수 있다. 즉, 그들은 이 관점의 하나나 다른 것으로 20세기 철학의 핵심 문제를 이해한다(크리이머Creamer에게서 인용).

● 심리 치료 상담 | Psychotherapeutic Counselling

이것은 기본적으로 증세를 완화하거나 삶의 문제를 풀거나, 인격적인 성장을 원하는 사람이 심리 치료 상담사와 함께 지정된prescribed 방법으로 상호작용하기 위하여 은연중에 또는 겉으로 드러나게 약정을 체결한 과정이다. 나는 이 책 전반을 통하여 이 용어를 심리학 학위 과정으로 수련을 받아서 다른 이의 성장을 돕고 의식됐거나 덜 의식된 심리적 양상을 이해하고자 심리학의 깊은 통찰력을 적용하는 심리학자, 심리치료 상담사, 가족치료사, 사회복지사 모두에게 적용했다.

- **심리학적 소양** | Psychological Literacy (+)
다음과 같은 인식과 능력을 갖춘 사람은 심리학적 소양을 가졌다.

— 다른 사람의 매우 깊은 느낌을 공감하고 기본적인 인간관계 기술로 듣는 능력.
— 우리 자신과 타인의 투사를 어느 정도 인식하고 조절할 수 있음을 충분히 인식.
— 덜 의식된 심리에 의해 작동하는 방식을 습관적으로 인지하고 방어de-fenses의 가치와 욕구를 인식.
— 상징과 느낌의 언어를 사용하는 능력.

- **심리학주의** | Psychologism
심리학이 인간을 완벽히 다룰 수 있다고 강력히 주장하는 믿음.

- **악령** | Evil Spirit (*)
악마 즉 루치펠보다 낮고 타락한 천사이다. 일러두기[141]은 루치펠이 사람들을 하느님에게서 떠나도록 이끌기 위하여 모든 장소와 모든 사람에게 덫을 놓으라고 악마들을 파견하는 것을 묘사한다. 중세의 사람들은 인간 정신을 이해하는 데 있어서 저절로 일어나는 느낌이나 생각을 선한 영들과 악한 영들로 말미암아 일어나는 것으로 여겼다. '영spirit'이라는 용어가 로마 교회에서는 선하거나 악한 천사를 의미할 수 있다.

◉ **악한 천사** | Bad Angel (*)

루치펠 또는 루치펠의 작은 천사들이나 영들 [50], [331]. 일러두기
[332]는 빛 (또는 선)으로 가장한 유혹으로 관대한 사람들을 타락시키는
존재로 악한 천사를 묘사한다. '빛을 나르는 자'는 루치펠을 번역한 것이
다. 천사들과 선한 천사를 보라.

◉ **양심 성찰** | Examen of Conscience (*)

이것은 의식 성찰과 같은 것이 아니다. 양심 성찰은 그리스도인의
가치에 따라 생각, 말 또는 행위로 행동하거나 행동하지 않은 것을 판단하
고자 '양심'에 비추어서 자신을 성찰하는 활동이다. 많은 신자가 밤에
잠자기 전에 이 방법으로 기도하며 하루를 성찰한다.

◉ **애정** | Affections (!)

대중문화로 보면 애정은 부드러운 느낌이다. 어떤 철학가들은 애정
은 이성의 기능을 초월하는 것을 상징할 수 있다고 말한다. 영신수련에서
애정은 느낌, 저절로 떠오르는 생각, 욕구, 깊은 정서 그리고 이들의
여러 가지 조합과 같은 내적인 반응을 지칭한다. 그것들은 우리가 마음을
성찰할 때 사용하는 '감각-사고-기억-상상'에 대해 반응하며 즉각적이
고 저절로 우리 안에서 발생한다. 우리의 느낌은 생각과 언제나 뒤섞인
다. 애정은 인식 가능한 객관적인 자료와 일치하기 때문에 그 이면에는
의도적이거나 유의미한 속성quality이 있다고 말할 수 있다. 우리가 기도
또는 일상에서 애정을 주목할 때, 우리는 영들의 움직임을 주목한다.

영신수련 지도자는 하느님 앞에서 영신수련 여정을 하는 피정자의 삶에 대한 응답이나 반응에서 일어나는 애정에 먼저 관심을 둔다. 영들의 움직임, 주목하기를 보라.

● 애정 어린 기도 | Affective Prayer (!)

애정이 일어나게 하는 기도. 이 기도는 대화로 진행된다. 우리는 직접적이고 친밀하게 하느님께 반응하고 하느님께서는 우리에게 반응하신다[15].

● 어두운 밤 | Dark Night (*) (〈)

십자가의 요한이 설명하는 영적 여정에서 전반적으로 일어나는 영적 성장의 한 단계. 그는 하느님과 일치하고자 더 강하게 굴복하는 영혼이 체험하는 것에 대한 은유로서 다양한 농도의 어둠으로 여러 가지 어둠의 이미지를 사용했다. 감각의 어두운 밤과 영혼의 어두운 밤 등의 다양한 형태의 어둠이 있다.

● 억압 | Repression

인식 밖에서 지속적으로 일어나는 불안한 충동, 이미지 또는 생각을 의식으로부터 배제하는 현상. 억압은 가장 근본적인 방어 기제이다 (Wulff).

● 여운 | Afterglow (!)

원인 없는 영적 위안을 받은 뒤에 일어나는 체험(느낌 또는 생각 그리고 해석 등).

● **역동 모델** | Dynamic Model

우리가 복잡한 현실을 이해하기 위해 만든 구체적인 구조이다. 물질의 한 단위에 대한 원자 구조를 그림으로 보여주는 플라스틱 모델이 그 예가 될 수 있다. 모델은 고정되거나 역동적일 수 있다. 어떤 모델이 인간의 성장 과정을 그려낼 때, 우리는 그것을 역동 모델이라고 부른다. 에릭 에릭슨(Erik Erikson,1902-1994)의 인간 성장의 8단계는 역동 모델을 구성한다. 일러두기[20]에 따른 영신수련 역시 우리에게 역동 모델을 제공한다. 32장의 회심 곡선은 또 다른 역동 모델을 설명한다. 역동 모델은 인간의 행위에 담긴 의미를 설명하고/또는 그것을 더 깊이 발견하는 데 사용된다. 그것은 더 발견하도록 자극할 수 있기 때문에 '발견적 구조'라고도 불린다. 발견적 구조를 보라.

● **역전이** | Counter transference

도움을 받고 있는 사람, 내담자 또는 피정자에 대한 도움이의 어느 정도 무의식적이거나 의식적인 감정적 반응.

● **연옥** | Purgatory (*)

로마 교회의 가르침에 따르면 죽은 뒤에 하느님 앞에서 즐거움을 온전히 누리는 천국에 들어가기 전에 정화가 필요한 사람이 머무는 곳이다. 연옥은 지상의 삶에서 끝내지 못한 문제를 죽은 뒤에 다루는 곳이다. 힌두교 교리에 따르면 이 개념은 재생 신앙에 표현된다.

● **열망 (욕구)** | Desire (*)

원하는 은총을 보라.

● **열정** | Enthusiasm (!)

일러두기[14]는 강한 영적 위안과 같은 것을 체험한 피정자에게 해당한다. 그는 위안을 받은 후 충동적이고 부적절한 판단이나 결정을 쉽게 한다. 사실 열정은 영적 위안, 거짓 영적 위안 또는 심지어 영적 황폐일 수도 있다. 열정은 심리적 도취euphoria 상태를 나타낼 수 있다. 열정이 무엇이든 돌 위로 떨어지는 물처럼 거짓 영적 위안이거나 [331] 영적 위안이라고 판단하는 것이 영성 지도자에게 안전하다[334]. 순진하거나 정서적으로 미숙한 피정자의 열정을 영적 자유의 징표로 해석하지 말아야 한다. 역사적으로 모든 종교에서 열정은 다양한 광신주의로fa-naticism 끌고 가는 결정과 움직임의 기반이 되었다.

● **영들** | Spirits (*)

영들은 이냐시오에게 언제나 인격을 지닌 존재이다. 즉, 지성적인 존재이다(간스Ganss). 성경과 중세적 세계관에서 영들에 대한 믿음은 오늘날 많은 종교 문화에서처럼 매우 생생했다. 이러한 믿음에 따라 보일 수 있는 가시적 세계와 더불어 우리에게 선하고 악한 영향을 계속 주고 있는 비가시적인 영들의 세계가 공존했다. 영신수련의 심리학은 영들의 존재를 받아들인다. 그러나 우리는 그것들을 사용해서 난해한 이냐시오의 영들을 식별하는 규칙을 이해하며 영적인 움직임을 식별하고 판단할 때 중세적 세계관에서 나온 심리학을 믿을 필요는 없다. 선한 영, 악한 영을 보라.

● **영들로 말미암은 생각** | Thoughts Caused by Spirits (*)

일러두기[32]를 참조하라. 영들과 천사들을 보라.

● 영들을 식별하는 규칙 | Guidelines for Discerning Spirits (+)

'영혼에서 일어나는 여러 가지 변화를 어떤 식으로든 느끼고 알아차려서 좋은 것은 받아들이고 나쁜 것은 배척하기 위한 규칙'[313].

● 영들을 식별하는 두 번째 규칙 세트 | Second Set of Guidelines for Discerning Spirits (+)

일러두기[328]-[336]에 들어 있는 규칙 세트는 영들의 움직임을 더 정교하게 이해하기 위한 것이다. 이것은 내적으로 자유롭고, 인격적으로 친밀하며, 타인 중심이고, 하느님께 관대한 피정자들에게 적용되는 규칙이다. 그들이 빛으로 가장한 것과 같은 유혹을 체험한다. 그들의 내적인 태도와 감정 상태 대부분은 하느님의 열망과 일치한다. 그래서 그들은 영적으로 거의 자유로워진다. 두 번째 규칙 세트와 첫 번째 규칙 세트를 확실하게 구별하기는 어렵다. 왜냐하면 두 번째 규칙 세트는 더 숙련되게 영적으로 인식하며 무질서한 애착으로 인한 유혹을 확실히 덜 받지만 사랑스러운 관대함 때문에 잘못 인도되고 있는 선량한 사람을 예시하기 때문이다[10], [332].

● 영들을 식별하는 첫 번째 규칙 세트 | First Set of Guidelines for Discerning Spirits (+)

영성 지도자들이 '첫째 주간의 규칙 세트'라고 일컫는 구절. 이것은 선에서 더 나은 선으로 나아가려는 모든 사람, 즉 하느님과의 사랑스러운 관계를 발전시키는 데 열심인 모든 사람과 피정자들에게 해당되는 규칙 [313]과 [315]-[327]이다. 그들이 비록 영적 자유를 누리지 못하더라도 그들의 내적인 태도와 감정은 하느님의 열망과 대부분 일치한다.

두 번째 규칙 세트와 첫 번째 규칙 세트를 구별하기는 어렵다. 첫 번째 규칙 세트는 영적인 사정을 잘 알지 못하며 분명하게 드러나는, 예를 들면 힘든 일, 수치심, 사람들의 존경, 지위 상실에 대한 걱정 등과 같은 하느님을 꾸준히 섬기는 데 장애를 초래하는 걱정이라는 유혹을 받고 있는 사람을 예시한다[9].[8]

- **영들의 움직임** | Movement(s) of Spirits (*)
생각과 느낌 그리고 그것들의 조합으로 이루어진 내적이고 자연적인 반응. 그것들은 그것들 자체가 이끄는 방향의 관점에서 신앙으로 평가된다. 내적인 반응은 지루함, 화, 흥분, 걱정, 우울, 불안, 자극, 깨달음, 의미 등으로 우리 안에서 일어나는 모든 느낌과 저절로 일어나는 생각을 포함한다. 매우 인간적인 내적 체험을 영적 움직임으로 만드는 것은 반응의 일부나 안에서 감지된 방향으로써 신앙으로 본 반응의 의미이다. 의도적으로, 움직임, 영들을 보라.

- **영성** | Spirituality
사람들은 영성을 신심 생활, 봉헌한 삶, 기도하는 내적 생활 등으로 지칭한다. 발타사르Urs von Balthasar는 영성은 도덕적이고 종교적으로 투신하는 자신을 이해하고 이에 따라서 습관적으로 행동하고 반응하는 방식이라고 썼다. 신비로운 예수 그리스도의 다양한 양상을 드러내는 그리스도교 영성은 매우 다양하게 표현된다. 영성의 다양성은 다양한 신학과 마찬가지로 다양한 심리학적 인간 유형의 영향을 받는다. 가톨릭 전통이 개신교 전통보다 영성 생활을 더 체계적으로 관리하고 있음에도 두 전통 모두 영적 고전을 창출했다(사전에서 인용).

- **영성 지도자** | Spiritual Director

우리는 영성 지도자를 이냐시오 영성의 맥락에서 영신수련을 지도하는 자질을 지닌 사람으로 예상할 수 있다. 마찬가지로 그는 지속적인 영성 지도 기술을 전수받았고 지도 감독을 받았다. 그는 다른 전통의 영성뿐만 아니라 그것과 이냐시오 영성과의 관계를 능숙하게 활용한다. 그는 용어집에서 설명된 심리학적 소양을 지니고 있고 유사한 사도직에서 동료와 함께 구체적으로 신학적 성찰에 계속 참여할 수 있다. 영신수련 지도자, 기도 길잡이를 보라.

- **영신수련의 네 가지 주간** | Four Weeks of the Exercises (*)

일러두기[19]나 [20]에 따른 영신수련 여정의 네 가지 주요 단계.

- **영신수련 지도자** | Director of the Exercises (*)

영신수련을 지도하면서 이 사도직과 연관된 식별 능력과 기술을 제시하는 사람. 그는 영신수련 본문을 깊이 이해한다. 따라서 그의 영신수련에 대한 깊은 지식은 제2의 천성이 된다. 그는 동료의 지도 감독을 받으면서 지도 모둠의 일원으로 영신수련을 줄 수 있다.

- **영의 가난** | Poverty of Spirit (*)

영적 가난을 보라.

- **영적 가난** | Spiritual Poverty (*)

영의 가난에 대한 또 다른 용어. 그것은 하느님께 온전히 의탁하며 성장하는 사람의 마음가짐을 의미한다. 그것은 누군가의 영성이 부족하다는 것을 의미하지 않는다! 피정자는 최고의 영적 가난으로 예수님을 따를 수 있게 해달라고 기도하도록 지시받았기에[147], 이것을 하느님께로부터 오는 특별한 선물로 받아들인다. 영적으로 가장 가난한 사람의 특징은 다음과 같다. 한계를 지닌 피조물인 자신 수용, 자신의 과거history와 화해, 자신의 소유resource보다 하느님께 더 의존, 언제나 영적으로 온전히 자유롭지 못한 자신을 수용(Whelan), 성령을 따름, 자신의 가장 소중한 방어막을 하느님께서 뚫고 들어오시게 기꺼이 허용, 평범함을 수용, 일러두기[166]의 치우치지 않음 등. 실제적 가난, 부적격이라는 은총, 영적 자유를 보라.

- **영적 위안 (위로)** | Consolation (*)
일러두기[316]을 보라.

- **영적 자유** | Spiritual Freedom
존 잉글리시가 만들어 널리 알려진 용어. 치우치지 않음, 초연detachment과 영적 가난이라는 의미가 영적 자유에 들어있다. 우리는 예수 그리스도의 사랑에 완전히 사로잡혀서 우리의 마음과 행동·정서·생각에 있는 열망과 그 열망에서 나온 결정이 하느님께로 향하는 순간에 영적 자유를 체험한다. 그 순간 우리는 지구와 사람들에 대한 하느님의 열망에 협력하는 가운데 섬기고 찬미하며 사랑에 사랑으로 보답하기를 원한다. 일러두기[316]의 영적 위안에 대한 이냐시오의 첫 번째 설명은 영적 자유에 대한 탁월하고 실용적인 정의이다.

● **영적 황폐(실망)** | Desolation (*)

이것은 이냐시오가 일러두기[317]에서 황폐라고 부른 것을 지칭한다. 이냐시오는 황폐Desolation 자체가 언제나 영적인 조건을 의미함에도 황폐라는 용어와 함께 형용사 '영적spiritual'을 한 번만 언급한다. 일러두기[317]은 이냐시오가 스스로 실용적으로 정의를 내린 것이다. 영적 황폐는 종종 사랑스러운 하느님께 대한 저항으로 일어난다. 때때로 우리의 마음은 의식에 떠올리기 원치 않는 것을 의식적으로 덜 인식하기에 영적 황폐는 하느님의 사랑에 의식적으로 저항하는 증세이다. 일반적인 언어로 황폐한 느낌, 황폐한 상태 그리고 황폐는 하느님과 우리의 관계에서 아무 관련이 없거나 관련이 있을 수도 있다. 저항, 메마름을 보라.

● **영적 황폐의 초기** | Incipient Desolation (+)

피정자가 계속 기도할 수 있고, 행복해 보이며, 동시에, 하느님의 부재를 인식하지 못하기 때문에 감지되지 않는 영적 황폐. 영적 황폐 그 자체가 움직이도록 두면 아마도 피정자는 기도하면서 점점 힘들어지고 멀어지거나 지루해질 것이다.

● **영혼** | Soul

종종 이냐시오는 '영혼'이라는 단어를 사람, 몸과 영혼이 함께하는 자아 전체라는 의미로 사용했다. 많은 그리스도인이 수 세기에 걸쳐서 이름을 붙였듯이 이냐시오도 종종 자아 전체, 살아 있는 인간 존재를 표현하기 위하여 그 부분에(라틴어 'anima'에서 나온 영혼soul) 이름을 붙였다(간스에게서 인용).

● 영혼의 세 가지 능력을 사용하는 묵상 | Meditation Using the Three Powers of Soul (*)

이냐시오가 말하는 영혼의 세 가지 능력은 의지력, 기억력 그리고 이해력이다. 그는 첫째 주간의 각 기도 수련은 세 가지 능력을 사용하는 묵상Meditation이라고 불렀다[45]. 이것은 추론적인discursive 기도가 아니다. 중세적 세계관을 지닌 사람들은 상상이란 대부분 기억이며, 이성에 사로잡혀 느끼고 이해하도록 이끌어진다고 생각했다. 이 묵상 방법으로 수련할 때 느껴서 깨닫기 위한(이해력) 성경이나 개인적인 이야기에서 (상상을 동반한다고 추정되는 기억력) 일어나는 이미지나 사실에 주의를 기울이고 집중할 것을 다짐하는(의지력). 상상을 보라.

● 오감 활용 | Application of Senses(*)

일러두기[121]–[126]에 설명된 기도 방법. 이냐시오는 첫 번째와 두 번째 [복음 관상]을 통하여 상상으로 다섯 가지 감각을 활용하는 것이 유익하다고 보는 오감 활용을 소개한다. 이냐시오는 후각과 미각을 활용하는 방법을 제시하면서 후각과 미각으로 '신성divinity의 무한한 부드러움과 달콤함을 냄새 맡고 맛보라'[124]고 썼다. 이것은 그가 맛보고 냄새 맡고 보고 만지는 등의 물리적인 상상보다 더 깊은 어떤 것, 더 직관적으로 '영적 감각'이라고 불리는 것을 생각했음을 의미한다. 오감 활용은 능동적으로 감각하는 것이라기보다는 깊은 친밀감을 수동적으로 받아들이는 것이다. 영신수련 여정에서 관상의 신비가 주는 수동적이고 점진적인 단순성을 키워주는 반복은 오감 활용에 도움을 준다.[9]

• **올바르고 좋은 선택** | Correct and Good Choice (*) (⟨)

이것은 물란Mullan이 '건전하고 좋은 선택'이라고 번역한 일러두기 [175]의 한 가지 제목을 풀Puhl이 번역한 것이다. 우리가 그런 선택을 하려면 여러 조건 중의 하나인 영적 위안과 영적 자유를 체험해야 한다.

• **완전** | Perfection (*)

이냐시오는 온 마음과 정신 그리고 의지로 하느님을 습관적으로 사랑하는 사람들의 상태를 완전이라고 불렀다. 완전해지고 있는 사람은 선택한 것을 바탕으로 자신의 마음에서 모든 악을 씻고 선택한 것과 삶을 하느님의 열망에 일치시키기 위하여 열심히 노력한다. 그들은 하느님의 열망과 조화를 이룰수록 이러한 사랑을 동료에게 더욱 많이 표현한다. 따라서 그들은 '더 위대한 완전으로 나아가고 있다'고 말할 수 있다 [335]. 복음적 완전, 계명을 지키는 삶을 보라.

• **움직임** | Movements (*) (!)

스페인어 'mociones'에서 나온 말로 문자 그대로는 '움직임motions'인데 이냐시오가 스콜라 철학의 관점에서 사용했다. 그것은 생각, 추진력impulse, 경향, 기분mood, 충동, 영적 위안, 영적 황폐 등과 같은 내적인 체험을 의미한다(간스).

• **원리와 기초** | Principle and Foundation (P&P)(*)

영신수련 책의 모든 영적 수련의 목적을 이해하기 위한 신학적이고 철학적인 원칙framework [23].

● 원인 없는 영적 위안 | Consolation Without Cause (*)

동반하는 내적이나 외적인 어떠한 사건도 하적 위안의 원인을 온전히 설명할 수 없는 경우, 우리는 그것을 원인이 없이 일어나는 영적 위안이라고 말한다. 영적 위안은 그 자체의 원인을 초월한다. 어떤 그리스도인은 이런 방식으로 부름을 체험한다. 건전한 선택을 할 수 있는 첫 번째 시기인 일러두기 [175]가 한 가지 예이다. 영신수련 지도자는 창조주가 피조물과 직접 대화하도록 두어야 하기 때문에, 일러두기 [15]는 원인 없는 영적 위안이라는 체험은 예외적으로 일러두기 [20]을 따르는 영신수련 동안에 필요하지 않다고 제안한다.[10] 존 잉글리시는 '원인 없는 영적 위안은 우리의 인격 전체를 사로잡는 하느님의 현존 체험이다'라고 설명한다. 나는 이 체험을 다음과 같은 두 가지 사실을 묶어서 설명하겠다. 그것은 하느님의 조건 없는 사랑 체험과 이 사랑에 대한 조건 없고 능동적인 체험이다. 그런 영적 위안은 스스로 입증되기에 의심의 여지가 없다.'[11]

● 원인 있는 영적 위안 | Consolation With Cause (*)

우리는 외부 원인 때문에 영적 위안을 받으므로 외부 원인으로 그것을 설명할 수 있다. 외부 영향은 개인적인 통찰이나 이해와 같은 내적인 사건, 들려오는 아름다운 음악, 또는 누군가에게서 받은 선물, 타결, 잘 마무리된 일 등일 수 있다. 달리 말하면 외부의 영향이 영적 위안을 설명해 줄 수 있다. 피정자들과 함께하는 우리 일의 대부분은 원인 있는 영적 위안을 수반하므로 식별이 필요하다.

● 원초아 | 原初我 Id

프로이트의 정신 모델로서 원초아는 무의식적이고 지속적으로 영향력을 행사하는 본능적이고 비이성적인 경향의 저장소reservoir이다(울프).

● 원하는 은총 | Grace I Desire (*)

또는 라틴어 '이드 꿔드 볼로Id quod volo'(!)는 영신수련 전체에 걸쳐서 다음과 같이 사용되는 개념이다. '두 번째 길잡이는 내가 원하고 바라는 것을 하느님께 청하는 것이다'[48]. 이냐시오 영성은 열정적이고passionate 정연한 열망ordered desire이라는 영성으로 불릴 수 있다. 영신수련 중에 피정자는 어떤 면에서 영신수련을 자신의 열망을 정화하는 과정으로 이해할 수 있기 때문에 자신의 열망에 주의를 기울이라고 종종 요구받는다.

● 원형 | Archetype

원형은 온전히 의식하지 못한 상태에서 심리적 에너지를 전달하며 channel 순환하는 신화적 유형의 원초적인 에너지이다. 예를 들면, 자신의 환경에서 인식한 적과 싸우는 사람에게는 전사 원형이 있고 변화무쌍한 삶을 놀이터로 바꾸는 사람에게는 장난치는 아이 원형이 있다. 융의 이론에서 원형은 집단 무의식에서 발견되는 우주적이고 근원적인 이미지이다.

● 육욕 | Sensuality (*)

육욕은 우리의 몸과 연관된 육적 쾌락으로서 육체적 선호의 지나친 만족과 관련된다. 그것은 '육체의 강한 욕망'이라고 불리기도 한다. 육욕을 다른 육체적 쾌락(시각적이고 청각적인 호기심, 지나치게 안락하고 편안하고픈 욕구, 외모에 대한 지나친 관심, 대체로 쾌락을 지나치게 추구함 등)보다 성적인 쾌락에 더 치중해서 육욕을 해석하는 경향이 있다[87], [97].

● 육욕적이고 세속적인 사랑 | Carnal and Worldly Love (*)

형용사 육욕적Carnal의 본뜻은 관능성Sensuality과 같다. 그러나 '육욕적이고 세속적인 사랑'이라는 구절은 좋은 평판, 지위, 쾌락 추구, 자기중심, 야망, 다른 사람들의 기대에 맞추어 살기, 경쟁심, 지배, 지나친 책임감, 지나치게 인정받고 싶은 욕구 등을 포함한다. 관능성Sensuality, 세속을 보라.

● 은총 | Grace (*)(!)

그리스도인들은 인류 전체 또는 개개인과 이루어지는 하느님과의 인격적인 관계와 그로 인한 활동을 지칭하거나 암시하고자 수 세기에 걸쳐 이 말을 사용했다. 매우 일찍부터 그리스도인들은 우리가 하는 것으로써 하느님의 사랑 안에서 우리의 구원과 관계가 있든 성장과 관계가 있든 모든 것은 하느님께서 이끈 결과라고 믿었다. "우리는 하느님의 은총으로 구원을 받았습니다(에페 2,5)." "우리가 하느님을 사랑한 것이 아니라 하느님께서 우리를 먼저 사랑하셨습니다(1요한 4, 10; 로마 5, 8)." 은총은 자유롭게 주어지는 것이지 획득되지 않는다. 그것은 우리 안에 있는 하느님 생명의 영속적 현존을 일컫는다. 로마 가톨릭 신학은 그것을 거룩한 은총이라고 부른다. 은총은 또한 하느님의 생명에 우리를 더 깊이 참여하도록 끝까지 격려하는 자극impulses, 주도성initiatives, 영감inspirations 등을 일컫는 것으로서 로마 가톨릭에서는 그것을 실제적인 은총이라고 부른다. 은총 청하기를 보라.

● 은총의 역사 | Blessed History (⟨⟩)

이것은 우리가 우리의 역사가 성경에 있는 구원의 역사와 어떤 의미로 유사한지 깊이 인식할 때 체험하는 특별한 영적 위안을 지칭하는데 자주 사용되었다. 또한 이 용어는 피정자에게 '은총의 역사와 만나도록' 도움을 주기 위한 기도 수련을 지칭한다. 하느님께서는 이스라엘 백성과 독특하게 관계를 맺었듯이 각 사람과 독특하게 관계를 맺으신다. 하느님께서는 이스라엘 공동체와 초기 그리스도인들을 독특한 방법으로 만났기에 각 사람을 독특한 방법으로 만나신다. 우리는 구원의 역사에서 반복되는 하느님의 활동을 하느님의 계약, 하느님의 백성을 배필로 삼은 하느님의 사랑, 예수님의 죽음과 부활 등과 같은 주제의 관점에서 이해했다. 개인은 '믿음으로 자신의 독특한 역사를 전유하면서'[12] 영적 위안을 받아 자신의 역사에서 하느님의 성실한 활동을 비춰주는 독특한 주제가 담긴 방식을 식별할 수 있다. 북미의 사람들이 자신들의 뿌리에 관심을 두기 시작하였고, 심리학연구로 원 가족family of origin 기법이 유행했을 때에 존 잉글리시와 구엘프의 영성 센터의 노력 덕분에 영성 지도자들이 은총의 역사를 유익하게 사용하게 되었다. 은총의 역사라는 개념은 영성 지도에 사용될 뿐만 아니라 단체 촉진에도 효과적으로 사용된다.[13]

● 은총 청하기 | Asking for a Grace (*)

피정자는 기도 수련을 할 때마다 은총을 청할 것을 지시받는다. 그것은 자신의 열망을 하느님께 표현하는 것이다. 우리는 궁극적으로 은총은 오직 하느님에게서 오는 것이지 우리가 원하는 것을 받도록 노력해서 얻는 것이 아니라는 것을 안다. 은총을 청하는 것 자체와 특정한 방법으로 하느님과 자신의 관계를 깊게 만들려는 열망은 하느님에게서 온다. 초기

initial 자극, 초기 자극에 따른 양심의 변화, 선물에 대한 개방성, 선물을 받아들임, 내면의 하느님 현존 등은 은총이다. 은총을 보라.

● 의도적으로/의도 | Intentional/Intentionality

버나드 로너건Bernard Lonergan(예수회 철학자 1904~1984)은 '의도적으로' 또는 '의도'를 계획적이나 의지적인 것으로 받아들이지 않았다. 그는 경험하고, 이해하며, 판단하고 결정하는 행위는 바로 그 행위로 대상ob-jects을 지향한다는 것으로써 의도를 의미했다. 즉 눈을 떠서 보는 것은 의도적인 행위이다(Creamer). 피정자가 영성 지도에서 주의를 기울이는 자신의 내적인 반응에는 의도가 있다. 말하자면 그것은 우리가 이해할 수 있는 의미를 지닌다.

● 의식 | Conscious

우리가 깨닫는 우리 마음이나 정신 작용의 내용.

● 의식 성찰 | Awareness Examen (!)(+),

내적인 움직임과 그것에 따른 일상의 선택과 선택의 실행에 주는 영향을 성찰하기 위한 식별 기도. 우리는 이 수련으로 언제 어떻게 하느님께서 우리의 일상에 현존했거나 드러내셨는지 발견하려고 노력한다. **성찰과 그날의 관계는 회고와 기도 수련의 관계와 같다.** 많은 사람이 일반 성찰[43]을 하기 위해서 다섯 가지의 제목을 사용할지라도 의식 성찰을 일반 성찰과 혼동하지 말아야 한다. 때로는 다음과 같은 이름이 성찰 기도 지칭에 사용된다.

consciousness examen(!), examen of consciousness, awareness exercises, awareness process. 일반 성찰을 보라.

● **이념** | Ideology

공통적인 근거로 현실을 규정하고 사람들을 통합하는 데 이바지하는 생각과 가치 체계의 총합(울프). 종종 이 말은 조직이나 개인이 만든 신화가 더는 유효하지 않을 때 경멸의 뜻으로 사용된다.

● **일러두기들** | Annotations (!)

일러두기[1]–[22]는 영신수련 책의 부분을 일컫는 것이다. 이냐시 오는 일러두기에 영신수련 전체의 목적과 사용에 관하여 미리 관찰한 것을 함께 모아 두었다. 어떤 것은 지도자와 피정자 모두를 위한 것이고, 다른 것은 지도자만을 위하거나 피정자만을 위한 것이다.

● **일러두기** | Notation (*)

영신수련 책에 있는 숫자를 매긴 여러 문장 중의 하나. 이러한 숫자는 영신수련의 다양한 부분을 쉽게 참조한 편집 덕분에 표준화되고 일반적으로 수용되었다.

● **일반 성찰** | General Examen (*)

이것은 사람이 악과 타협해서 생긴 모든 생각과 말과 행동 목록inventory을 조사하는 양심 성찰의 모든 내용이다. 이것은 익명의 알코올 중독자 모임과 12단계의 네 번째 단계와 매우 유사하다. 우리는 매일, 매주, 매월, 매해 등등을 일반 성찰할 수 있다. 죄의 본성을 정확하게 밝히는 방법에 대한 상세한 설명은 일러두기[32]–[42]에 묘사되어 있고 이냐시오 시대의 극기 실천에 근거한다.

● **일상에서 영신수련하기**| Spiritual Exercises in Daily Life
일러두기[19]의 설명을 따르는 영신수련 여정.

● **자아 전유** | Self-appropriation
이것은 버나드 로너건의 사상에서 중요하다. 오직 우리는 양심을
인식하고 전유할 때 인간이라는 우리 자신과 진실하고 좋은 것을 이해한
다(크리머Creamer). 이것은 당연히 영성 지도자가 피정자의 기도와 삶의
체험에서 일어나는 것을 주목하고 성찰하도록 도와줄 때 발생한다.

● **장소 구성** | Composition of Place (*)(!)
문자 그대로 '장소를 보는 것'(물란Mullan). 각 기도 수련에서 구성은
피정자가 내적으로 고요해지고 기도 수련 자료로 가능한 하느님 앞에
현존하도록 자신을 구성해서(마음을 모아서) 수련에 들어가도록 지시하
는 준비이다. 이냐시오는 상상력을 사용하여, 말하자면, 관상하거나
묵상하는 신비를 회상하고 그 안에 우리 자신을 두면서 장소를 구성하라
고 제안한다. 이것은 기도하고 있는 피정자가 느긋하지만 관심을 집중하
여 주변에서 일어나는 것에서 벗어나서 수련하도록 도와준다.[14]

● **저항** | Resistance
대체로 저항은 움직임을 거스르는 모든 힘이다. 심리학적으로 저항
은 무의식적이고 의식적인 내용(생각, 느낌, 이미지, 기억 등)을 드러내기를
방해하는 심리적 방어라고 할 수 있다. 영성 지도에서 저항은 하느님과의

깊은 관계 형성을 방해하는 의식하거나 덜 의식된 장애물이다. 이것은 기도 자체, 피정자와 영성 지도자의 관계 그리고 영성 지도자와 피정자의 관계에서 일어날 수 있다. 어두운 밤, 영적 황폐, 메마름, 투사, 전이, 역전이를 보라.

● **전유** | Appropriate (〈)

피정자는 영성 지도를 받으면서 내적인 의식을 주목하고 수용할 뿐만 아니라 자신의 일부로 만들기 위하여 그것을 전유하도록 도움을 받는다. 자아 전유를 보라.

● **전의식** | Preconscious

즉각적인 인식은 아니나 의식적인 노력으로 다시 생각해낼 수 있는 의식.

● **전이** | Transference

어린 시절에 중요했던 사람과 관련된 타인에 대한 느낌이나 태도의 무의식적인 지시assignment. 전이된 관계는 전이 원형의 양상을 따른다. 심리 치료 상담의 일정 분야(심리분석)에서 상담자는 내담자가 정서적인 문제와 근원에 대한 이해를 돕기 위한 치료 수단으로 전이를 활용한다. 환자와 의사의 관계에서 전이는 부정적(적대적)이거나 긍정적(호의적)일 수도 있다. 영성 지도에서도 전이는 일어나고 특별히 영성 지도자가 전이와 역전이를 의식하지 못하면 영성 지도 과정을 망가뜨릴 수 있다 (Psychiatric에서 원용).

● **전통적 세계관** | Classicist Worldview

신학자들은 종종 후기 중세적 세계관과 초기 근대적 세계관을 합쳐서 전통적 세계관이라고 부른다. 전통적 세계관은 초기 근대적 세계관에 속했던 이성적 논리를 수용하면서 중세적 세계관에다가 더 직관적이고 논리적인 본질을 탐구한다. 이것은 모든 진실한 인식에서 주관의 개입을 배제하고자 객관적이 되었다. 이것은 이성적 논리를 통하여 중개된mediated 보편적인 이론과 원리를 강조했다. 이것은 근대적 세계관 때문에 의심을 받았다(멀둔Muldoon). 데카르트 정신, 근대적 세계관을 보라.

● **정체성** | Identity (〈)

에릭 에릭슨Erik Erikson에 따르면, 심리학적인 차원에서 정체성은 한 사람이 형성한 다른 사람들과의 연대로 확인되는 지속적이고 통합적인 내적 동질감이다(Wulff). 영성 지도자들은 때로는 우리가 죄인인 동시에 사랑받는 하느님의 자녀라는 끊임없는 내적 확신과 느낌 차원의 인식felt sense에 덧붙여 앞의 내적 동질감을 의미하기 위해 이 단어를 사용한다.[15]

● **정화되는 상태** | Purgative Mode (+)

'정화되는 상태'라는 용어는 일생 동안 진행되는 영적 여정의 어디에서든 언제라도 용서(여기서는 정화)가 필요한 사람을 지칭하고자 일레인 프리고Elaine Frigo, CSSF가 제안한 전문 용어이다.

● **정화의 길** | Purgative Way (*)

조명의 길을 보라.

• 제2차 바티칸 공의회 | Second Vatican Council

로마 가톨릭교회가 두 번째로 바티칸에서 실행한 제21차 교회 일치 공의회로서 1962년에서 1965까지 열렸다. 그 공의회는 세계의 다양한 곳에 있는 로마 교회의 모든 주교를 함께 모으려고 했기 때문에 교회 일치라고 불린다. 교회는 제2차 바티칸 공의회가 종교개혁과 트리엔트 공의회 이후로 교회 역사에서 가장 중요한 행사였다고 말한다(크리머에게서 인용).

• 조명의 길 | Illuminative way (*)

일생 동안 하느님과 완전히 일치하려는 영적 여정에 대한 전통적인 해석에서 보면, 우리는 더 근본적인 정화의 길을 온전히 마치고 일치의 길에 들어가기 전에 조명의 길에 들어간다. '영혼이 일단 잘못한 횟수와 심각성에 부합하는 길고 고통스러운 보속으로 과거의 잘못을 정화하고, 묵상하며, 교정하고, 무질서한 이끌림과 유혹에 저항하면서 덕을 쌓게 되면 조명의 길로 들어간다. 이제 영혼의 목적은 그리스도인의 덕을 긍정적으로 실천하면서 그리스도를 닮고 따르는 것이기 때문에 우리는 이러한 영적인 삶의 단계를 조명의 길이라고 부른다'(땅크레Tanquerey에서 인용).[16] 예수님은 세상의 빛이시고 예수님을 따르는 사람은 누구나 생명의 빛을 가질 것입니다(요한 8, 12).

• 죄 | Sin (*)

하느님의 열망에 반대되는 것을 인식하고 생각하며 말하고 행동하는 것을 선택할 때마다 사람은 죄를 짓는다. 그러므로 좋은 것을 넘어 악한 것을 선택하는 것이 죄다. 이것은 태만과 실행의 죄 모두를 포함한다.

● **주목하기/주목** | Notice/Noticing (〈)

영성 지도자가 식별할 수 있도록 피정자를 도와주는 기본적인 방법.
영성 지도자는 피정자의 체험을 들으면서 그의 더 깊은 내적 반응(명시적
또는 묵시적인 내적 반응)을 통하여, 하느님께서 그의 마음에 주는 영향을
주목하게 도와준다. 배리Barry와 코넬리Connolly는 이 단어를 전문 용어로
만들었다.17)

● **준비 기간** | Disposition Days (〈)

구엘프 영성센터가 영신수련을 적절하게 시작하기 전의 사전 준비
과정preparatory phase을 지칭하는 용어이다.18) 이 센터는 이 기간에 매일
개인적으로 영성 지도를 하면서도 피정자의 전반적인 영적/문화적 필요
에 따른 주제도 설명한다. 이 센터는 전통적으로 수년간 원리와 기초에
내포된 주제에 관한 2~3일 정도의 사전 준비과정을 마치고 개인 지도
침묵피정을 진행했다. 1970년대 초부터 준비 기간은 보통 5일에서 7일
정도가 되었다. 일러두기[19]에 따른 영신수련 과정에서 한 가지 준비
기간에 대한 연속 해설에 있는 이 책의 '시작을 위한 여섯 장'을 보라.
31장은 지속적인 영성 지도의 초기 단계에 이 개념을 적용했다.

● **준주성범** | Imitation of Christ (*)

그리스도인이 예수님의 삶에 표현된 가치를 본받아 실천하는 것.
이냐시오는 이 용어를 예수님을 가까이 따르기 위한 구절로 사용했다
[104] [167]. 이것은 또한 15세기 독일 수도승인 토마스 아 켐피스(대략
1497에 죽음)가 썼다고 추정되는 실천적 영성에 관한 통찰을 수록한
작은 책의 제목으로도 유명하다[100].

● 중세적 세계관 | Medival Worldview

중세적 세계관을 가진 사람들 모두는 하느님께서 이 세상에 존재할 뿐만 아니라 친밀하게 참여하셨다는 것을 사실로 받아들였다. 하나의 그리스도교 세계가 이상적이었다. 사람들은 위계적 논리 질서 그 너머의 위계질서로 우주 전체가 서로 연결된 것으로 생각했다. 위계질서는 형이상학적으로 포함된 현실을 표현했다. 예를 들면 동물은 식물이 지닌 모든 것을 포함하지만 식물을 초월했고, 인간은 동물이 지닌 모든 것을 포함하지만 동물을 초월했다. 천사들의 집단조차도 위계질서가 있었다. 사람들은 이러한 위계에서 나온 관점은 성경의 진실과 더불어 사물의 본성도 알려 준다고 믿었다. 각 사람은 이 세계관으로 사물의 구조에서 적절한 자신의 위치를 지켰다. 사람들이 이 세계관으로 본 모든 것은 능력과 신비와 초월성으로 가득 채워졌기 때문에 사람들은 언제나 기적을 기대하였다. 영들은 우리의 생각에 영향을 주었고, 금은 철에서 만들어질 수 있었다. 사람들은 이 세계관으로 세상을 이해할 때 직관적인 논리를[19] 자연스럽게 사용하였다. 직관적인 논리는 전통적인 세계관 때문에 수용되고 강조된 이성적 논리와는 달랐다. 전통적인 세계관을 보라.

● 중죄 | Capital Sins(*)

죽음에 이르는 칠죄종(교만, 인색, 음욕, 분노, 탐욕, 질투, 나태). 칠죄종은 우리가 죄를 짓는 일반적인 방법을 범주화하는 데 사용되는 전통적인 목록이다(13세기 훨씬 이전으로 돌아감). 그것은 죄가 아니나 죄로 이끄는 경향일 수 있다. 근본적인 무질서를 보라.

● **지옥** | Hell (*)

사랑에 응답하지 않는 결정적인 태도Stance나 선택(Frigo). 최종적으로 하느님에게서 영원히 분리됨.

● **질서와 무질서** | Order and Disorder (*)

이냐시오의 생각에 따르면 자기 삶을 정리하는 것은 자기 삶의 세세한 부분이 '원리와 기초'와 조화를 이루는 것이다(Ganss). 일러두기[1]과 [21]에서 보면, 영신수련의 목적은 피정자가 정리되고 영적으로 자유로워져서 자신의 열망과 선택과 행동을 하느님의 열망에 맞추도록 돕는 것이다.

● **집단 무의식** | Collective Unconscious

원형으로 표현된 특정 경험에 대한 보편적 경향의 저장소repository라고 융이 제시한 무의식의 아주 깊은 부분.

● **천사들** | Angels (*)

이사야 6장이나 루카 2장에 나오는 하느님의 심부름꾼들. 로마 가톨릭의 가르침에 따르면 그들은 물질이나 어떠한 실체materiality가 아닌 온전히 '영적인' 존재로 창조되었다. 그들은 순수한(전적으로, 온전히) 영들이라고 불린다. 선한 천사, 사탄Lucifer, 악한 천사를 보라.

● **천사들로 말미암은 생각** | Thoughts Caused by Angels (*)

이냐시오는 영들을 식별하는 두 번째 규칙 세트에서 생각은 영들이라기보다는 천사들로 말미암아 일어났음을 암시한다. 로마 가톨릭교회의 교리에는 이런 구별이 없다. 천사들로 말미암은 생각은 의견ideas에서 (일차적으로) 시작해서 감정affection이 (이차적으로) 일어난다. 반면에 영들에게서 말미암은 생각은 감정에서 (일차적으로) 시작해서 의견이 (이차적으로) 떠오른다. 일러두기[32]와 [331]을 참조하라.

- **첫 번째 겸손** | First Kind of Humility (*)
일러두기[165]를 보라.

- **추론적 기도** | Discursive Prayer (!)
이성이 주관하는 분석력을 사용하는 정신적 기도 방법. 전통적 세계관을 가진 사람들은 이러한 정신적 기도 방법을 '묵상meditation'이라고 불렀다. 불행하게도 이 용어는 이냐시오가 사용하는 영혼의 '세 가지 능력을 사용하는 묵상'이라는 의미와 같아졌다. 이냐시오는 묵상이라는 단어를 추론적 기도를 의미하는 것으로 사용하지 않았다. 오히려 그는 상상력을 사용하고 마음으로 성찰하는 것과 무관한 분석적인 수련이 아니라 마음으로 곰곰이 생각하는 것을 의미했다. 중세적 세계관에 머물렀던 이냐시오 시대의 사람들은 우리가 우리 교육 제도에서 매우 적절하게 전수받은 추론과 분석을 알지 못했다.[20]

- **치우치지 않음** | Indifference (*)
이냐시오는 이것을 원리와 기초 [23]보다 두 번째 겸손 [166]에서 더 명백히 설명하고, 세 가지 부류의 사람들 [155]에서 더 역동적으로 설명한다. 영적 자유, 이탈을 보라.

● 치유받는 상태 | Healing Mode （〈）

피정자들은 그들 자신의 인격적인 성장에 먼저 집중할 때 치유받는 상태가 된다. 그들은 성장하기 위하여 먼저 하느님의 지속적인 도움을 원한다. 이러한 집중은 그들이 제자로서 더 공적인 역할과 관련된 식별을 하지 못하게 방해한다. 피정자들은 자신들의 삶에서 어느 때는 치유받는 상태에 있을 수 있고 다른 때에는 부름받는 상태에 있다. 부름받는 상태를 보라.

● 친밀한(깊은) 인식 | Intimate knowledge （*）

분석하지 않아도 마음과 정신에 깊은 인상을 주는 깊은 깨달음. 예를 들면, 가족의 농장에서 수년간 일한 농부는 그 땅에 대해 과학자나 영농학자보다 더 친밀하게 알고 있다.

● 쾌락 원리 | Pleasure Principle

현실을 무시한 채 쾌락을 극대화하고 불쾌감을 최소화하기 위한 원초아id의 맹목적인 투신blind dedication. 현실 원리reality principle 때문에 최종적으로 제거되어도 때때로 쾌락 원리는 삶 전체를 통하여 마음속 깊이 언제라도 작용하도록 준비된 채 남아 있으며 심지어 현실 원리를 제압한다(울프). 육욕적이고 세속적인 사랑, 감성을 보라.

● 탈근대주의 | Postmodern

넓게 보면 이것은 실패한 근대적 세계관의 전제assumptions 너머로 우리를 안내한다는 것을 의미한다(크리머).

● 투사 | Projection

무의식적으로 영향을 주며, 자아가 감정적으로 수용할 수 없는 것을 무의식적으로 거부하고 남을 탓하는(투사하는) 방어 기제(Psychiatric).

● 특별 성찰 | Particular Examen (*)

잘못, 한 가지 행위 또는 교정하고 싶은 행위의 한 가지 양상에(자주 그리고 더 의도적으로) 집중해서 진행하는 매우 특별한 양심 성찰. 우리는 효과적인 방법 중 하나로서 성공하거나 실패한 횟수를 작은 책에 표시할 수도 있다. 이냐시오는 피정자에게 영신수련 여정 중에 영신수련의 은총과 조화를 이루기 위하여 부칙을 잘 지키고 있는지 관찰하려면monitor 특별 성찰을 하라고 권한다.

일러두기 [24]-[31]을 보라.

● 패러다임 | Paradigm

과학에서 패러다임은 그것에 동의하는 사람들이 지속적으로 연구하게 이끄는 과학적 원본prototype으로써 이론, 원리, 방법, 결과 그리고 응용이다(Wulff). 일반적으로 말하면 패러다임은 어떤 것에 대한 상세하고 명백한 예다. 종종 이 말은 사람이 체험한 자료를 감지하는 사고방식이나 유형을 암시하는connote 데 사용된다. 패러다임은 성찰한 자료를 정제하거나 조명하는 여과지로 작용한다. 모델을 보라.

● 평온 | Tranquility (*)

이냐시오는 일러두기[117]에서 평온을 결정 과정의 맥락에서 사용했다. 그것은 '영혼이 다양한 영들에 의해 움직이지 않는 상태에서 자유

롭고 평온하게 자연적인 능력을 사용하는 고요한 시기이다.' 피정자는
평온할 때, 계속 영적 위안을 체험하고 영적 자유까지도 체험할 수 있다.
그러나 결정하는 상황에서 보면 영적 움직임은 충분히 명확하지 않다.
즉, 감정적 체험의 지표가 충분하고 명확하게 미승인 결정을 가리키지
않는다. 선택의 시기, 미승인 결정을 보라.

● **평이한 영적 위안** | Easy Consolation

인식하기 쉬운 영적 위안으로 일컬어지는 존 게이븐John Gavan, S.J.이
만든 구절. 난해한Hard 영적 위안을 보라.

● **피정자** | Directee (+) (〈)

개인 지도 침묵 피정이나 일상에서 지속적으로 영성 지도를 받는
사람. 나는 피정자라는 용어를 영신수련을 하거나 하지 않는 경우에도
사용했다.

● **함께 아파함** | Suffer With (*)
동정을 보라.

● **합리주의** | Rationalism

진리를 확립하기 위해 감각적 체험과 반대로 이성을 신뢰하는 사상
(울프). 합리주의는 실재reality가 연역적 추론으로 알려질 수 있는 논리적
구조를 갖고 있다는 철학이다(크리머). 합리주의는 19세기에 번성했는
데 데카르트와 같은 초기 철학자들에게서 영향을 받았다. 데카르트 정
신, 전통적 세계관을 보라.

- **해석** | Interpretation (+)

홑 따옴표 안의 '해석'이라는 단어는 엄밀히 보면 식별하기 전에 판단한다는 의미이다. 특별히 지속적인 영성 지도에서 가끔 식별 기술과 관계없이 단지 이러한 행위만 요구된다.

- **향심기도** | Centering Prayer (⟨)

하느님 앞에서 자신을 비우고 내적으로 고요해지며, 때로는 만트라를 사용하는 관상기도 형식이나 방법.

- **회고** | Review (*) (!)

피정자가 기도를 막 끝낸 뒤에 기도 수련의 체험을 성찰하고 기도 수련에서 일어났던 여러 가지 영적인 움직임을 직접 주목하기 위해서 영신수련 여정에서 사용하는 독특한 방법이나 영적 수련[77].

부록2 미주

1) 용어집은 이 책에서 구체적으로 사용되거나 함축된 단어와 개념에 대한 실용적 정의이다. 나는 다음에서 도움을 받았다.

David Wulff, *Psychology of Religion: Classic and Contemporary Views* (New York: John Wiley and Sons, 1991); (Wufff)로 표시함.

American Psychiatric Association, *A Psychiatric Glossary*, 5th ed. (Boston: Little Brown and Co., 1980); (Psychiatric)으로 표시함.

David G. Creamer, *Guides For The Journey* (Lanham: University Press of America, Inc., 1996); (Creamer)로 표시함.

Mark Muldoon/John Veltri, "From Symbolic Rapport to Public Rhetoric in the Roman Catholic Church," *Grail: An Ecumenical Journal*, vol. 11, no.4 (1996), 25-43; (Muldoon)으로 표시함.

Alan Rihardson, ed., *A Dictionary of Christian Theology* (London: SCM Press Ltd., 1972); (Dictionary)로 표시함.

또한 Elaine Frigo, CSSF(Frigo), Mark S. Muldoon, Ph. D.(Muldoon), Frank H. Whelan, S. J.(Whelan)와 나눈 대화.

2) 나에게 있어서 이 용어는 존 잉글리시의 *Spiritual Freedom* (Chicago: Loyola University Press, 1955)의 275쪽에 영성 지도자들에게 실용적인 어휘로 소개된 '공동체 영성'이라는 용어나 구절과 같은 것을 의미한다. 영성을 설명하는 단어 그 자체를 '공동체communal'로 사용하는 어려움은 아미쉬Amish처럼 수도원이나 마을 안에서처럼 함께 살며 서로 신앙을 나누는 단체나 종교적 단체를 지칭하는 데 있다. 내가 보기에는 공동체라는 단어와 연합해서 '사회적societal'이라는 단어는 사회적 정의와 정치적이고 제도적인 면도 포함하는 영성에 우리의 관심을 끈다. 다른 단어 없이 '공동체'라는 단어를 사용하는 것은 심리학적 문화에서 많은 혼란을 초래할 수 있다.

3) Ian G. Barbour의 *Myths, Models an Paradigm: A Comparative Study in Science and Religion* (New York: Harper & Row, Publishers, 1976)을 참조하라.

4) 지성의 힘에 휘말린 상상력에 대해서 많은 대화를 나눈 Mark Muldoon, Ph. D.에게 감사드린다.

5) 이냐시오가 선택 과정에서 사용한 비유는 중요한 신분의 선택이나 변경할 수 없는 신분에의 영원한 투신이 포함된 '부름'에 관한 것이다.

6) 이냐시오는 왜 첫 번째 시기나 [175] 세 번째 시기의 관점에서 영신수련 본문의 저작을 생각하지 않았을까?

7) 어떤 신화는 매우 의식적이다. 우리는 그들을 이념ideology이라고 부른다. 개인적인 이념이 더는 긍정적인 힘을 갖지 못할 때 우리의 개인적인 신화를 갱신한다.

8) 이냐시오가 '겉으로 드러나게 심한'이라고 여긴 유혹을 주목하라. 그것은 일러두기 [314]와 연합하는 것과 같지 않다.

9) 더 전통적인 세계관의 주석가들은 근거를 제시하면서 이것이 온종일 기도하느라 지친 피정자에게 사용할 수 있는 매우 쉬운 방법이라고 제안한다. 그들의 주석은 매일 네 차례 한 시간씩 기도 수련하고 남은 시간에 오감 활용을 하라는 일러두기[20]에 따르는 영신수련을 지칭한다. 전통적인 세계관에서, 우리가 네 번의 기도 수련을 '추론적인' 기도로 생각하면 이것은 당연할 것이다. 그들의 결론이 그들에게 유효했던 근거는 무엇일까?

그러나 우리가 발전적 세계관에 비추어 보고 중세적 세계관을 더 깊이 이해하게 되자, 우리는 기억과 직관 그리고 지성 사이의 밀접한 관계에서 상상의 중요성을 다시 발견하고 이해하게 되었다. 이 책 23장의 마무리 쪽을 참조하라.

10) 여기서 '직접적으로immediately'는 '매개체 없이without mediation'라는 뜻이다. 이것은 '그런 위안을 줄 수도 있는 어떤 대상을 지성과 의지로 사전에 감지하거나 인식하지 못한다'는 [330] 뜻이다.

11) 존 잉글리시의 "Mysterious Joy of the Poor and the Complex Causes of Consolation," *Review of Ignatian Spiritualtiy* [CIS], no. 85(Rome: 1997), 74-75.

12) 존 잉글리시가 이 구절을 창안했다. *In Choosing Life: Significance of Personal History in Decision-Making* (New York: Paulist Press, 1978).

13) In Choosing Life 1쪽의 미주를 참조하라. ISECP 단체(Ignatian Spiritual Exercises for the Corpoate Person)는 이 개념을 개발하는 데 크게 이바지했다. ISECP group은 이 개념을 "은총의 역사Graced History"라고 부른다. *Focusing Group Energies*, "Volume 1: Structured Resources for Group Development," (Scranton: University of Scranton, 1992). 그것에 참여한 사람들은 자신의 '개인적인 은총의 역사'를 기도하고 나서 단체의 '역사 연표'를 사용하여 '공동체 은총의 역사'를 기도하라고 요청받는다.

14) 조지 E. 간스가 쓴 *The Spiritual Exercises of Saint Ignatius: A Translation and Commentary* (St. Louis: Institute of Jesuit Sources, 1992)의 미주 34를 참조하라. 간스는 이냐시오의 스페인어를 다음과 같이 번역했다. '장소를 상상하여 구성함…' 이것은 이 용어집에서 사용된 간스의 번역에 매우 가깝다.

풀Puhl의 번역과 같이, 구성을 '장소의 정신적인 재현'으로 다룬 다른 번역은 전통적 해석에 계속 이바지할 수도 있다. 1960년대 이전의 많은 주석가의 배경이 되었던 전통적 세계관에서 구성은 피정자가 연극에 필요한 무대와 같은 장소를 먼저 상상해야 하는 별도의 단계로 제시되었다. 이것은 피정자가 장소를 먼저 상상해야 했고, 그 장소에 계속 머물면서 남은 기도 수련을 계속했다. 이 모든 것은 계속해서 마음에 방해받지 않기 위함이었다. 나는 그러한 정신적 훈련을 할 능력을 갖춘 사람을 만나본 적이 없다. 당신은 만난 적이 있는가? 그러한 가르침이 전통적 세계관과 일치해야 하는가?

15) 1980년대 중반에 몇몇 영신수련 지도자들은 '정체성을 찾는 상태identity mode'에서 영신수련의 일부분을 체험하고 영신수련의 은총을 받는 피정자들을 언급하기 시작했다.

16) 아돌프 땅끄레Adolphe Tanquerey, *The Spiritual Life: a Treatise on Ascetical and Mystical Theology* (Paris: Desclee & Co., 1930), 454.

17) 윌리엄 A. 배리와 윌리엄 J. 코넬리의 *The Practice of Spiritual Direction* (New York: The Seabury Press, 1982).

18) 침묵 피정으로 하는 일러두기[20]에 따른 영신수련은 첫째 주간의 첫 번째 수련에서 시작한다.

19) 직관은 사물을 부분이 아니라 전체로써 감지하는 기능이다. 직관은 판단하기 위한 온전한 자료를 알기 전에 상황이나 일부 자료만 가지고도 전체를 감지하고 예감한다. 예수님은 씨 뿌리는 사람의 우화를 들려주고 설명할 때 직관적 논리를 사용하셨다.

20) 그러므로 당신은 16세기의 묵상에 관한 고전을 읽을 때 데카르트의 방식으로 해석하지 마라.

부록 3
연구 자료 색인

그림과 도표

이나 전문가들에게 필요한 상식이다.

번호 없는 도표

사례 연구와 사례 유형

복음 관상과 오감 활용 사례

치유받는 상태의 피정자들과 함께 식별
하기

영들을 식별하는 두 번째 규칙 세트 사용

b) 드러내 놓고 사고하기(신학적 사고
의 예)

3권 364

돈 베이트의 이야기는 지도자의 듣는
패러다임에 따라 다양한 방법으로 다루
어 질 수 있다.

영성 지도에서의 사회적 분석과 신학적 성찰

3권 351

비판적 성찰 기술은 오르간 연주자이며
합창 지휘자인 짐이 학교장에게서 무시
당했을 때 힘을 주는 방법을 보여준다.

비판적 성찰, 자아 인식, 실천

의미를 밝혀주는 상황

2권 211, 2권 267, 3권 175, 3권 180-184

상황은 종종 체험이 영적 위안이나 영적
황폐 중의 하나임을 알려 준다.

영신수련 체험 성찰

2권 390

영적 길잡이와 피정자가 영신수련 체험
을 성찰하고 개인적인 체험을 영신수련
용어와 다양한 부분과 연결하기 위하여
다루는 9개의 주제

3권 109

개인적인 이미지와 신화를 영신수련의
내용과 용어와 연결하기

3권 256

영신수련에 관해 쓰거나 사용하는 관점
에 관한 의식 제고 질문

복음 관상

3권 50

상상이 성찰과 상호 연계되는 방법을
보여주는 중세 자료

치유받는 상태의 피정자들

3권 95

치유받는 상태의 피정자들에게 사용되
는 영신수련 방법
(특별히 복음 관상)과 관련된 다양하고
중대한 문제

영신수련의 필수 사항

3권 95

치유받는 상태의 피정자들에게 적용하
는 영신수련의 필수 사항

3권 349

영신수련을 명백하게 사용할 때 영성
지도 모델의 복음적이고 신학적이며 신
앙적인 면이 저절로 드러나는 과정

결정 과정의 기준

3권 137

기준은 종종 암묵적이고 당연하게 여겨
진다. 이 작업module은 당신이 기준의
중요성을 이해하고 결정과정에 기준을
이용하게 도와준다.

용어와 개념 색인
2권 및 3권

용; 2권 260, 2권 263, 2권 276, 3권 140-143, 3권 148-150; 그림 11〉3권 134; 승인을 보라.

ㅂ

- **반대 방향으로 Agera Contra**
  용; 3권 218 □24
- **반복 Repetition**
  용; 2권 59-60, 2권 214, 2권 234, 2권 244, 2권 288, 3권 75, 3권 77-85, 3권 95, 3권 136, 3권 154, 3권 197; 첫째 주간 동안 2권 147-157; 그리고 복음 관상 3권 39, 3권 55-57; 오감 활용으로 발전, 그림 8〉3권 57; 베로니카의 사례에서 반복 사용 3권 206-214; [62], [110], [120], [129], [132], [148], [204], [227]
- **발전적 세계관 Development Worldview**
  용; 2권 388, 3권 327-332
- **발견적 Heuristic**
  용; 역동 모델을 보라
- **방어 기제 Defense Mechanism**
  용; 2권 226, 복음 관상에서 방어 기제에 대한 가시적 사례 3권 39; 방어 기제와 치유받는 상태의 피정자들 3권 79, 3권 92-93; [7], [22]
- **보속 Penance**
  용; 2권 169; 부칙을 보라; [82]-[89]
- **복음 관상 Gospel Contemplation**
  용; 2권 323, 2권 327, 3권 33; 23장〉3권 29-61; 둘째 주간의 시작에서 복음 관상은 부름받는 상태를 표현할 수 있다. 2권

197; 복음 관상과 상상의 올바른 사용 2권 203-209; 해석 대비 복음 관상의 식별 2권 209-213, 2권 221-227; 복음 관상에서 일상의 문제가 나타남 2권 213, 2권 226, 3권 38-41, 3권 49-56, 3권 391; 복음 관상과 오감 활용 2권 213, 3권 56-58, 3권 59-61; 심상 유도 기법 3권 33; 상상의 중요성 3권 34; 상상의 종류 3권 36-38; 상상에서 어려움 3권 38-41; 덜 의식된 것과 관련성 3권 41, 그림 5〉3권 42; 분석적 해설보다 깊은 영향을 주는 이야기체 해설, 그림 6〉3권 43; 그리스도의 기억 3권 157, 그림 7〉3권 46; 치유받는 상태의 피정자 3권 68; 저항 3권 83; 의미를 표현하게 도와주는 구조 3권 83; 복음 관상으로 받는 승인 3권 142-155; [110]-[117]

- **복음적 완덕 Evangelical Perfection**
  용; 3권 178; 완덕, 계명에 따른 삶을 보라; [15], [135]
- **부름(성소) Vocation**
  용; [15], [135]
- **부름받는 상태 Call Mode**
  용; 2권 393, 2권 403, 3권 159, 3권 241-243; 둘째 주간에서 2권 194-204, 2권 220, 2권 227; 치유받는 이의 상태와의 구별 3권 241-243; 치유와 회개가 필요한 부름받는 상태의 피정자 3권 190; 그리스도 나라 제시 [98]
- **부칙 Additions**
  용; 2권 76-78, 2권 86; 외부 환경에 대한

in Daily Life

용; 해설 2권 387-394; 일러두기[19]를 보라.

ㅈ

■ 자세 Posture

2권 170, 2권 225; 부칙을 보라; [76]

■ 장소 설정 Composition of Place

용; 2권 135, 3권 49-53, [47], [91], [103], [138], [151], [192], [220], [232]

■ 저항 Resistance

용; 2권 63-66, 2권 226, 3권 75-85, 3권 197, 3권 292-296, 3권 378 ㅁ8; 의식적인 결정 내리기 2권 236; 그리고 영적 황폐 3권 198 ㅁ22; 다양한 방법으로 발생 3권 198; [7], [22]

■ 전이 Transference

용; 2권 94, 2권 181 ㅁ23, 3권 47

■ 전통적 세계관 Classical World-view

용; 2권 144, 3권 308 ㅁ4, 3권 328-332, 3권 401 ㅁ2; 표 3권 328; 전통적 세계관의 전환과 심리학적 용어의 필요성 3권 330

■ 정체성을 찾는 상태 Identity mode

용; 2권 211, 3권 446 ㅁ15

■ 정화되는 상태 Purgative Mode

용; 3권 183, 3권 185 ㅁ8, 3권 218-222; 부름받는 상태의 피정자를 비롯해서 모두에게 적용 3권 241

■ 정화의 길 Purgative Way

용; 3권 183, 3권 185 ㅁ8, 3권 218-222,

3권 219 ㅁ25; 영신수련에서 용어 사용 [10]

■ 죄 Sin

용; 2권 147; 문화적 불신앙 2권 145, 무질서, 숨겨진 무질서한 경향, 첫째 주간, 대죄를 보라.

■ 주목 Noticing

용; 2권 44-55, 2권 224, 2권 229, 2권 248, 2권 277, 3권 91, 3권 115; 그리고 영적 황폐 2권 64; 복음 관상은 피정자로 하여금 주목하게 도움 3권 74-78 과 영적 길잡이에서 초기 단계 3권 264; 영적 길잡이의 초기 단계에서 네 개의 범주를 통한 3권 273-274; [17], [77]

■ 준비 기간 Disposition Days

용; 2권 31; 준비 기간의 목적 2권 42; 준비 기간의 끝에서 2권 103; 1장-6장〉2권 31-125; 준비 기간을 위한 기도 자료 2권 299-312; 하느님의 이미지 다루기 2권 399; 초기 단계와 일치하는 준비 기간 모델과 타당성 31장〉3권 261-276; 원리와 기초를 보라.

■ 준주성범 Imitation of Christ

용; 친밀한 인식; [100], [104], [167]

■ 중세적 세계관 Medieval World-view

용; 2권 181, 3권 118, 3권 121, 3권 327 ㅁ16; 두 개의 깃발에서 2권 231; 중세 자료에서 보인 3권 35; 그리스도 나라에서 3권 99

■ 지도 감독 Supervision

3권 70, 3권 86, 지도 감독을 위한 보고서

보라.

■ 치유받는 상태 Healing Mode

용; 24장〉3권 67-98; 둘째 주간에서 치유받는 상태의 피정자 2권 196, 2권 215, 2권 225; 치유받는 상태의 피정자들과 오감 활용 3권 56; 복음 관상 중의 치유 3권 70; ~와 영들을 식별하는 규칙 3권 73; 결정 내리기와 치유받는 상태의 피정자들 3권 87; ~와 세 가지 부류의 3권 88-94; 부름받는 상태와의 구별 3권 241-244

■ 친밀한(깊은) 인식 Intimate Knowledge

용; 2권 202, 3권 118-123; 깊이 느낀 인식 2권 205, 2권 214, 2권 232, 2권 247; 하느님을 친밀하게 인식한 이냐시오 2권 384; 다른 사람들과 친밀하게 인식하며 대화하기를 바라는 이냐시오 2권 384-385, 2권 392; 은총 청하기, 오감 활용, 동정, 세 가지 유형의 겸손을 보라; [63], [104], [118], [213], [233]

ㅌ

■ 투사 Projection

용; 3권 49, 3권 53, 3권 83, 3권 95, 3권 127

■ 특별 성찰 Particular Examen

용; [24]

ㅍ

■ 패러다임 Paradigm

용; 3권 103 ㅁ6, 3권 246-250, 작동하는 패 3권 320-332; 내적인 것을 분명하게 함으로써 패러다임 전환 3권 334

■ 평온 Tranquility

용; 그림 11〉3권 134; [177]

■ 평온의 기도Serenity Prayer, 그것이 내포된 신학과 함께

3권 314-316

■ 평화 Peace

2권 222, 2권 184; 평화 중의 저항 3권 82; 진짜 평화와 거짓 평화 3권 216; 영적 위안을 보라

■ 탈근대주의 Post-modern

용; 우리의 포스트모던 시대 3권 335; 발전적 세계관

ㅎ

■ 함께 고통 받음 Suffer With

용; 2권 407; 동정을 보라.

■ 합리주의 Rationalism

용; 3권 34, 3권 308 ㅁ4; 영성에 주는 영향 3권 328-334

■ 향심기도 Centering Prayer

용; 3권 31

■ 해석 Interpretation

용; 3권 378; 내포됨 그러나 엄격한 의미에서 식별과 다름 2권 208-213, 그림 4〉2권 211, 3권 378 ㅁ7

■ 환경적 세계관 Ecological World-view

용; 3권 248-249 ㅁ10&11, 3권 327 ㅁ16; [23], [102]

■ 회고 Review